Joomla!
für Dummies

Joomla! für Dummies – Schummelseite

Wichtige Schaltflächen in der Werkzeugleiste

Neu	Neues Element (etwa einen Beitrag) erstellen	Freigeben	Ausgewählte Elemente auf der Site veröffentlichen
Bearbeiten	Ausgewähltes Element bearbeiten	Sperren	Ausgewählte Elemente nicht mehr auf der Site anzeigen
Als Kopie speichern	Ausgewähltes Element als Kopie speichern	Archivieren	Ausgewählte Beiträge ins Archiv verschieben
Speichern & Neu	Element speichern und neuen Beitrag erstellen	Einchecken	Ausgewählte Beiträge zur Bearbeitung freigeben
Papierkorb	Ausgewählte Elemente in den Papierkorb werfen	Optionen	Einstellungen anzeigen und bearbeiten
Papierkorb leeren	Ausgewählte Elemente endgültig löschen	Standard	Ausgewähltes Element als Standard festlegen
Startseite	Ausgewählte Elemente auf der Startseite anzeigen	Hilfe	Joomla-Hilfe zum Thema anzeigen
Speichern & Schließen	Element speichern und Bearbeitungsansicht schließen	Speichern	Element speichern und Bearbeitungsansicht geöffnet lassen
Vorschau	Vorschau der Seite anzeigen	Schließen	Bearbeitungsansicht schließen, ohne zu speichern

Joomla! für Dummies – Schummelseite

Der entscheidende Unterschied

- **Website:** Die Gesamtheit aller Seiten Ihres Webauftritts
- **Site:** Ihre Joomla!-Website für Besucher und Site-Benutzer (das Frontend). Hier wird angezeigt, was Sie in der Administration (dem Backend) eingestellt haben.
- **(Web-)Seite:** Im Browser dargestellte HTML-Datei, die von Joomla! erzeugt wurde und beispielsweise Beiträge und Menüs enthält
- **Homepage:** Die Startseite Ihres Webauftritts, also die erste Seite, die man sieht, wenn man Ihre Website aufruft

Für Umsteiger von Joomla 1.5.x

Alle, die mit Joomla 1.5.x bereits gearbeitet haben, müssen sich bei Joomla 1.6 an neue Begriffe gewöhnen. Hier die wichtigsten Neuerungen:

Früher	Heute
Bereich	gibt es nicht mehr
Anwenden	Speichern
Speichern	Speichern & Schließen
Vorschau (im Artikel)	gibt es nicht mehr
Startseite	Hauptbeitrag
Beitrag kopieren in der Beitragsübersicht	Beitrag kopieren im Artikel
Einstellungen	Optionen
Medien im Menü Site	Medien im Menü Inhalt
Globales Einchecken im Menü Werkzeuge	Globales Einchecken im Menü Site|Wartung
Massenmail im Menü Werkzeuge	Massenmail im Menü Benutzer
Nachricht schreiben/lesen im Menü Werkzeuge	Nachricht schreiben/lesen in keine Nachrichten
Papierkorb Beiträge im Menü Inhalt	Papierkorb Beiträge in der Artikelliste (im Status)

Martin Häberle, Gunter Hellmann, Nebil Messaoudi,
Theresa Rickmann und Frank Ully

Joomla! für Dummies

2., überarbeitete und aktualisierte Auflage

WILEY-VCH

WILEY-VCH Verlag GmbH & Co. KGaA

Bibliografische Information der Deutschen Nationalbibliothek
Die Deutsche Nationalbibliothek verzeichnet diese Publikation in der Deutschen Nationalbibliografie; detaillierte bibliografische Daten sind im Internet über http://dnb.d-nb.de abrufbar.

2., überarbeitete und aktualisierte Auflage 2012

Printed in Germany

Gedruckt auf säurefreiem Papier

Coverfoto © fotolia, Nmedia
Korrektur: Petra Heubach-Erdmann und Jürgen Erdmann, Düsseldorf
Satz: Mitterweger & Partner, Plankstadt
Druck und Bindung: CPI – Ebner & Spiegel, Ulm

ISBN: 978-3-527-70770-6

Über die Autoren

Martin Häberle wurde 1982 geboren und absolvierte gemeinsam mit Nebil Messaoudi, Theresa Rickmann und Frank Ully in der Internetmetropole Karlsruhe den Studiengang »Technische Redaktion«. Durch zahlreiche Projekte sammelte er Erfahrungen im Web- und Printdesign. Er arbeitet seit 2009 als Technischer Autor und Information Manager bei einem Softwarehersteller. In Vorträgen und Artikeln beschäftigt er sich zudem mit Web-Technologien und dem Bereitstellen von Inhalten auf Tablet-PCs.

Gunter Hellmann ist Gründer der Firma »Hellmann Webconsulting«. Er erstellt Webseiten mit dem CMS Joomla 1.5 und 1.6. Der Autor ist gelernter Elektromechaniker und sammelte bereits früh erste Erfahrungen an Großrechnern. Seit 2004 erstellt er eigene Webprojekte, anfangs noch mit HTML und seit etwa 2007 auf der Basis von Joomla.

Nebil Messaoudi ist Berater für Technische Dokumentation. Er administriert Websites mit Joomla, hat Erfahrungen mit Datenbanken und XML und gestaltet Flyer, Verpackungen und Cover für Fachbücher. An der Hochschule Karlsruhe hielt er Vorlesungen in den Fächern Datenbanken und Single Source Publishing

Theresa Rickmann wurde 1984 geboren und stammt aus Göttingen. Nach ihrem Studium der Technischen Redaktion hat sie als Beraterin für Informationsmanagement gearbeitet und Unternehmen bei der Einführung von Content-Management-Lösungen unterstützt. Derzeit arbeitet sie in Berlin als IT-Projektmanagerin und ist für die Entwicklung eines webbasierten Content-Management-Systems zuständig.

Frank Ully wurde 1983 in Augsburg geboren. Er baute die Dokumentationsabteilung des Softwareherstellers Nero mit auf, arbeitete in der Technischen Redaktion für ein mittelständisches Industrieunternehmen und für eine Bank. Derzeit leitet er die Abteilung Unternehmenskommunikation und Dokumentation einer Berliner Softwarefirma.

Cartoons im Überblick

von Rich Tennant

»Was soll das heißen, Sie haben sich auf Installationen von Joomla! spezialisiert? Sind Sie jetzt ein Installateur oder nicht?«

Seite 27

Seite 89

»Quengeln Ihre Kleinen auch so, weil sie unbedingt die neueste Spongebob-Schwammkopf-Erweiterung für ihre Website haben wollen?«

Seite 209

»Ich habe von allem ein Backup.«

Seite 267

Seite 303

»Sie sind aber ein besonders blutiger Anfänger.«

Seite 331

Fax: 001-978-546-7747

Internet: www.the5thwave.com

E-Mail: richtennant@the5thwave.com

Inhaltsverzeichnis

Kapitel 6
Menüs – Wege zum Inhalt 155

Kapitel 7
Design mit Templates aufpeppen 183

Einführung

Sie möchten eine Website erstellen, schnell und unkompliziert? Sie wollen Inhalte wie Texte und Bilder im Internet veröffentlichen, als private »Homepage«, Vereinsseite oder Unternehmenswebsite? Das Ganze noch um dynamische Elemente wie Umfragen oder Foren erweitern und vielleicht mit mehreren Personen gleichzeitig daran arbeiten? Wenn Sie nur eine dieser Fragen mit »Ja« beantworten, dann ist ein Web-Content-Management-System (Web-CMS) wie *Joomla* die Lösung.

Vielleicht erinnern Sie sich noch an früher, als man sich mit Texteditoren und HTML-Code quälen musste und das Verlinken der einzelnen Seiten zur Sisyphusarbeit geriet. Joomla nimmt Ihnen jede Menge Arbeit ab, und Sie können sich auf das konzentrieren, was wirklich zählt: die Inhalte.

Mit diesem Buch lernen Sie von Grund auf, wie Sie mit Joomla eine komplette Website erstellen, ausbauen und nach Ihren Wünschen ausstatten und verschönern. Ganz nebenbei erhalten Sie noch das nötige Grundlagenwissen für Ihre Content-Management-System-basierte Website.

Viele andere Sachbücher strotzen zwar vor Wissen, doch das Lesen macht nicht besonders viel Spaß, und ganz verstehen tut's ohnehin kaum jemand. Anders in diesem Buch: Wir erklären Joomla so verständlich, anschaulich und dabei so unterhaltsam wie möglich. Doch überzeugen Sie sich selbst!

Über dieses Buch

Gleich zu Anfang sei erwähnt: *Joomla! für Dummies* behandelt die deutsche Version von Joomla, und deshalb werden Sie hier hauptsächlich deutsche Bezeichnungen finden. Das typische Computer- und Internet-Blabla bleibt außen vor und Sie bekommen nicht mehr Fachchinesisch vorgesetzt als nötig.

Das Buch haben wir so geschrieben, dass es nicht von vorne bis hinten durchgelesen werden muss. Wenn Sie etwas Bestimmtes wissen möchten, schlagen Sie einfach das passende Kapitel auf und schmökern direkt los. Nur eine Empfehlung: Lesen Sie auf jeden Fall zunächst die Kapitel in Teil I und II.

Anders als in vielen Büchern gibt es hier nicht nur viel zu lesen, sondern auch eine Menge zu tun für Sie. Denn in den meisten Kapiteln finden Sie ausführliche Schritt-für-Schritt-Anleitungen zum Nachklicken. So wissen Sie genau, wie's gemacht wird. Obwohl bekanntermaßen viele Wege nach Rom führen, wird in diesem Buch immer nur eine Bedienweise beschrieben, es sei denn, es geht anders sehr viel schneller.

Der leichteren Lesbarkeit wegen schreiben wir Joomla – außer im Buchtitel – auf den folgenden Seiten ohne Ausrufezeichen.

Was Sie hier nicht finden werden

Sie können beruhigt sein. In diesem Buch werden Sie weder seitenweise mit Parameterlisten gelangweilt noch mit Infos bombardiert, mit denen höchstens Technikfreaks etwas anfangen können. Sie werden hier nichts finden, das nicht zum Gelingen Ihrer Website beiträgt. Wir ersparen Ihnen außerdem ellenlange Programmcodes und Einzelheiten, wie Joomla denn nun programmiert wurde. Schließlich sollen Sie die Benutzung von Joomla lernen und nicht, wie man Quelltexte entziffert.

Wie dieses Buch aufgebaut ist

Joomla! für Dummies besteht aus sechs Teilen. Jeder dieser Teile beleuchtet Joomla unter einem anderen Aspekt, also beispielsweise wie man Joomla installieren oder seine Daten verwalten kann.

Jeder Teil beginnt mit einem Cartoon von Rich Tennant. Auf der darauf folgenden Seite finden Sie eine kleine Zusammenfassung des Teils und all seiner Kapitel. Damit wissen Sie, was in diesem Teil alles auf Sie wartet.

Doch zunächst einmal eine kurze Übersicht über die sechs Teile dieses Buches.

Teil I: Den Grundstein legen

Im ersten Teil erhalten Sie das nötige Rüstzeug, um eine Joomla-Website überhaupt zum Laufen zu bringen. Hier lernen Sie Joomla von Grund auf kennen, die Benutzeroberflächen werden vorgestellt und Sie erfahren, wie sich Joomla installieren lässt.

Teil II: Packen wir's an

Jetzt geht es richtig los. In Teil II geht es um die positive Grundeinstellung von Joomla. Sie legen neue Menüs an und erstellen Inhalte für Ihre Website. Außerdem lernen Sie, wie Sie das Layout Ihrer Website nach Ihren Wünschen anpassen.

Teil III: Joomla ausbauen

Die Website steht, doch irgendwie fehlt noch etwas. Was Sie tun können, um Ihre Website noch funktionsreicher zu machen, erfahren Sie in diesem Teil. Zunächst bekommen Sie einen Einblick in die Erweiterungen, die Joomla bereits mitbringt, und danach lernen Sie einige handverlesene Erweiterungen kennen, die Ihre Website mit zusätzlichen Funktionen ausstatten.

Teil IV: Joomla verwalten

Das Motto des fünften Teils lautet: »Vorbeugen ist besser als Nachsorgen.« Denn hier lernen Sie, wie Sie Joomla vor Hackern schützen und worauf Sie als sicherheitsbewusster Website-Betreiber achten sollten. Außerdem erfahren Sie alles über die Datensicherung bei Joomla und was Sie tun müssen, wenn Ihre Website auf einen anderen Server umziehen soll.

Teil V: Feintuning – auf der Zielgeraden

Sie sind fast am Ziel, die perfekte Website ist schon zum Greifen nah. Sorgen Sie nun dafür, dass Ihre Website von so vielen Besuchern wie möglich aufgerufen werden kann. Mit Hilfe des fünften Teils werden Sie die letzten Stolpersteine entfernen. Machen Sie Ihre Website nicht nur für körperlich beeinträchtigte Besucher fit, sondern auch für die Besucher aus Bits und Bytes, die Suchmaschinenroboter. Sie werden sehen, es lohnt sich!

Teil VI: Der Top-Ten-Teil

Im letzten Teil dieses Buches, dem Top-Ten-Teil, rollt eine geballte Ladung Praxiswissen auf Sie zu, und zwar gleich im Zehnerpack! Zunächst werden zehn Fragen beantwortet, die sich praktisch jeder Joomla-Einsteiger früher oder später stellt. Sollten Sie noch immer nicht von Joomla überzeugt sein (was eigentlich kaum möglich ist), liefert Ihnen Kapitel 15 zehn Gründe, warum Joomla spitze ist. Und zum Schluss bekommen Sie für die weitere Arbeit mit Joomla noch die zehn nützlichsten Webadressen an die Hand.

Wie Sie dieses Buch benutzen

Wenn Sie nach einem bestimmten Thema suchen, dann haben Sie vier Möglichkeiten.

Die erste Möglichkeit wäre, dieses Buch von vorne bis hinten durchzugehen – zugegeben etwas umständlich, aber überaus lehrreich. Leichter geht's, wenn Sie …

- ✔ **… das Inhaltsverzeichnis nutzen:** Werfen Sie einen Blick hinein und Sie sehen bereits anhand der Überschriften, was Sie in den Teilen und Kapiteln alles erwartet.
- ✔ **… im Stichwortverzeichnis nachschauen:** Wenn Sie eine Frage zu einer Sache haben, dann werden Sie bestimmt im Stichwortverzeichnis fündig. Dort sehen Sie gleich, was zu diesem Begriff im Buch alles behandelt wird.
- ✔ **… das Glossar zu Rate ziehen**: Wenn Sie einfach wissen möchten, was sich hinter einem bestimmten Begriff verbirgt, schauen Sie hier nach.

In diesem Buch gibt es Abschnitte, in denen etwas erklärt wird, und Abschnitte, in denen Sie selbst anpacken dürfen. Diese Abschnitte haben immer besonders tatkräftige Überschriften, beispielsweise »Zeitzone einstellen« oder »Neuen Bereich anlegen«. Dort geht es dann Schritt für Schritt voran, bis die Aufgabe erledigt ist. Dazu sind im ganzen Buch Tipps und Kniffe verstreut, die Ihnen das Leben und die Arbeit mit Joomla erleichtern.

Für Leute, die es immer ganz genau wissen wollen, gibt es im Buch zahlreiche Querverweise auf weiterführende Informationen in anderen Kapiteln. Wenn Sie eine Aufgabe einfach nur rasch erledigen möchten, dann brauchen Sie diese Querverweise nicht zu beachten oder gar dorthin zu blättern.

Was Sie nicht lesen müssen

Es soll ja Leute geben, die es ganz eilig haben. Wenn Sie so ein Typ Mensch sind, dann können Sie Folgendes getrost überspringen:

- ✔ **Graue Kästen:** Immer wieder werden Sie graue Kästen entdecken. In diesen Kästen erfahren Sie Dinge, die zwar interessant und gut zu wissen sind, aber keineswegs überlebensnotwendig.
- ✔ **Texte neben den Symbolen »Tipp« und »Vorsicht Technik«:** Diese brauchen ganz Eilige nicht zu lesen. Mehr zu den Symbolen in diesem Buch finden Sie im Abschnitt Symbole, die in diesem Buch verwendet werden weiter hinten in der Einführung.
- ✔ **Texte zwischen den fett gedruckten, nummerierten Schrittanleitungen:** Wenn es etwas für Sie zu tun gibt, erhalten Sie zwischen den einzelnen Schritten oft jede Menge Zusatzinformationen. Diese Texte zu lesen ist zwar sinnvoll, wenn Sie mehr verstehen möchten, aber nicht unbedingt notwendig, um die Aufgabe zu erledigen.
- ✔ **Die Beschreibung vor jedem neuen Teil:** Dort erhalten Sie eine kleine Übersicht über die Inhalte des jeweiligen Teils.

Konventionen in diesem Buch

Damit Ihnen leichter fällt, das, was in diesem Buch auf Papier beschrieben wird, mit der Software am Computer anzuwenden, werden bestimmte Elemente immer gleich ausgezeichnet:

- ✔ Begriffe, die in einem Kapitel zum ersten Mal erwähnt werden, sind *kursiv* formatiert.
- ✔ Bedienelemente, wie Schaltflächen, Registerkarten und Menüs, stehen in KAPITÄLCHEN.
- ✔ Vorgegebene Auswahlmöglichkeiten, etwa in Auswahlmenüs, sind ebenfalls *kursiv* formatiert.
- ✔ Tastatureingaben, Dateinamen, Webadressen und Listings sind in `Schreibmaschinenschrift` gedruckt.
- ✔ Bildschirmmeldungen werden stets in »Anführungszeichen« angegeben.
- ✔ Tasten, die Sie auf der Tastatur drücken sollen, haben die Form [Strg]+[C].

Symbole, die in diesem Buch verwendet werden

Immer wenn Sie eines der folgenden Symbole sehen, bedeutet dies, dass es jetzt etwas gibt, das eine kurze Unterbrechung wert ist. Anhand des Symbols erkennen Sie sofort, ob Sie den Text daneben ohne Weiteres überlesen dürfen oder besser nicht.

Bei diesem Symbol können Sie getrost den daneben stehenden Text überspringen. Sie finden hier interessante Hintergrundinformationen und Erläuterungen, die aber nicht zwingend erforderlich sind, um mit Joomla zu arbeiten.

Hier wird Ihnen gezeigt, wie Sie etwas ganz clever umsetzen können. Sie erfahren, wie es noch schneller und besser geht, wenn Sie sich schon sicher fühlen und geübt im Umgang mit Joomla sind.

Neben diesem Symbol finden Sie besonders wichtige Informationen, dringlicher als ein Tipp, aber nicht so bedrohlich wie eine Warnung. Außerdem dient es gelegentlich als kurze Erinnerungsstütze.

Symbolisiert, dass Sie sehr vorsichtig sein müssen, weil etwas kaputtgehen kann. Sie erfahren, was Sie tunlichst unterlassen sollten und welche Folgen Ihr Handeln hätte, außerdem erhalten Sie eine kurze Erklärung, warum das alles so ist.

Dieses Symbol steht für die Rettung in der Not. Wenn Sie gerade ein bestimmtes Problem haben, bekommen Sie hier Hilfe.

Alles, was Sie zum Loslegen mit Joomla benötigen, finden Sie auf der beiliegenden CD, also in der Hauptsache Programme und Erweiterungen. Neben diesem Symbol steht, in welchem Ordner auf der CD sich die entsprechenden Dateien befinden.

Dieses Symbol verweist auf weitere Informationen unter der angegebenen Webadresse.

Törichte Annahmen über den Leser

Sie halten ein Einsteigerbuch über Joomla in den Händen. Also gehen wir zunächst einmal davon aus, dass Sie ein Content-Management-System-Einsteiger sind und sich für Joomla interessieren. Ohne Sie persönlich zu kennen, nehmen wir außerdem Folgendes an:

- ✔ Sie möchten mit Joomla in der Version 1.6 oder höher arbeiten.
- ✔ Joomla 1.6 ist Ihr erstes Web-Content-Management-System (Web-CMS) oder Sie haben bereits ein wenig in eine Vorgängerversion von Joomla hineingeschnuppert.

- Sie haben vielleicht schon eine eigene Website erstellt und möchten jetzt auf ein Web-CMS umsteigen.
- Sie haben deshalb vielleicht schon einmal etwas von den Webstandards HTML und CSS gehört.
- Sie haben bei einem Webanbieter Zugriff auf einen Webserver, auf dem PHP und MySQL laufen.
- Sie verwenden den Webbrowser *Mozilla Firefox* in der Version 3.0 oder höher und haben JavaScript und Cookies aktiviert.
- Sie interessieren sich ein wenig für die Funktionsprinzipien des Internets und wissen, dass es dort Server gibt und Clients, die auf einen Server zugreifen, und dass die beiden Daten miteinander austauschen.

Über die beiliegende CD

Wie Sie sicher bemerkt haben, liegt diesem Buch eine CD bei. Diese Silberscheibe hat den Zweck, Ihnen das Leben zu erleichtern. Denn auf ihr finden Sie alles, was Sie für die Arbeit mit Joomla benötigen (von einem Computer, einem Webanbieter und Internetzugang einmal abgesehen):

- Installationspaket und Sprachdateien für die Joomla-Version 1.6 sind im Ordner `Joomla 1.6` beziehungsweise `Joomla 1.6/Sprachdateien` zu finden.
- Alle Erweiterungen, die im Buch beschrieben werden, befinden sich im Ordner `Joomla1.6/Erweiterungen`.
- Der Ordner `Joomla 1.6/Templates` enthält zusätzliche Templates.
- Quelltexte aus dem Buch finden Sie im Ordner `Quelltexte`.
- Installationsdateien für *XAMPP* – die lokale Joomla-Serverumgebung für Ihren Windows-Rechner – sind im Ordner `Software/XAMPP` zu finden.
- *FileZilla,* ein freies FTP-Programm für Dateitransfers von Ihrem Computer auf den Server und umgekehrt, finden Sie im Ordner `Software/FileZilla`.
- Der freie Webbrowser *Mozilla Firefox 5.0,* der in diesem Buch verwendet wird, liegt im Ordner `Software/Firefox`.
- *7-Zip,* ein kostenloses Programm zum Erstellen und Öffnen von gepackten Dateien, ist im Ordner `Software/7-zip` zu finden.
- Außerdem enthält die CD *Notepad2,* einen kleinen, aber mächtigen Open-Source-Texteditor.

Beachten Sie bitte, dass sich Programme weiterentwickeln und es irgendwann neuere, noch bessere Versionen gibt, in denen Sicherheitslücken beseitigt wurden und die um neue Funktionen ergänzt sind. Die Webadressen, unter denen Sie die jeweils aktuellsten Versionen der Programme herunterladen können, finden Sie im jeweiligen Kapitel.

Wie es weitergeht

Wenn Sie schon ein wenig mit einem Content-Management-System zu tun hatten, dann können Sie getrost Kapitel 1 überspringen und mit Kapitel 2 loslegen. Haben Sie Joomla bereits installiert, können Sie direkt zu Kapitel 3 springen. Ansonsten starten Sie am besten mit Kapitel 1.

Wenn Ihnen dieses Buch Lust auf mehr machen sollte: Auf der Website zu *Joomla für Dummies* unter der Adresse `http://www.joomla16-das-buch.de` finden Sie ergänzende Inhalte zu den einzelnen Kapiteln.

Und nun: Viel Spaß beim Lesen dieses Buchs und beim Erstellen Ihrer Website mit Joomla!

Teil I

Den Grundstein legen

»Was soll das heißen, Sie haben sich auf Installationen von Joomla! spezialisiert? Sind Sie jetzt ein Installateur oder nicht?«

In diesem Teil ...

Im ersten Teil gehen Sie den Dingen wahrlich auf den Grund. Schon in Kapitel 1 werden tiefgründige Fragen beantwortet: Was ist eigentlich ein Web-Content-Management-System (WCMS) und wozu ist es gut? Dort erfahren Sie außerdem, was es eigentlich genau mit Joomla auf sich hat. Sie lernen die Grundlagen dieses WCMS kennen und werden darauf vorbereitet, was es heißt, eine Website mit Joomla zu erstellen. Dann kümmern Sie sich in Kapitel 2 um die Installation von Joomla und legen damit den Grundstein für Ihre Website. In Kapitel 3 lernen Sie schließlich die Website besser kennen und begeben sich auf einen Rundgang durch die Verwaltungsoberfläche von Joomla. Kein Zweifel, hier werden Sie gründlich informiert!

Worum es bei Joomla 1.6 überhaupt geht

1

In diesem Kapitel

- Spielerisch Inhalte verwalten
- Joomla auf der Spur
- Grundbegriffe und Aufbau
- Technische Helfer
- Was mit Joomla geht und was nicht
- Website-Erstellung mit Joomla

Sie haben sich entschieden: Joomla soll es sein. Wir dürfen Ihnen zu dieser Wahl gratulieren! Denn Joomla ist, wie Sie sehen werden, ein echter Freund, greift Ihnen tatkräftig unter die Arme und nimmt Ihnen viel Arbeit ab. Sie müssen keine Angst vor Website-Programmierung haben. Und auch die Vorgeschädigten, die vielleicht schon einmal eine statische Website erstellt haben und feststellen mussten, dass der Änderungs- und Verwaltungsaufwand schnell überhand nimmt, können sich jetzt entspannen. In diesem Kapitel lassen wir die Katze aus dem Sack und zeigen Ihnen, was Sie mit Joomla alles erwartet. Außerdem sammeln Sie hier das nötige Rüstzeug, um grundlegende Konzepte und die prinzipielle Arbeitsweise eines Web-Content-Management-Systems zu verstehen.

Für die Ungeduldigen, die die Grundlagen schon kennen, geht's in Kapitel 2 gleich ans Eingemachte mit der Installation von Joomla.

Content-Management – mit Inhalten jonglieren

Sie haben eine bunte Mischung aus vielen Bildern, Videos, Musik und Texten. Alles ist in den Weiten Ihres Rechners oder sogar anderer Rechner und auf Speichermedien verstreut. Dieser *Content*, oder auf Deutsch diese *Inhalte*, stellt Sie vor ein Problem. Ohne eine übersichtliche Verwaltung versinken Sie schnell im Chaos, vor allem dann, wenn Sie die Inhalte auch noch mit anderen zusammen erstellen, verändern und austauschen wollen. Aufwendige Verwaltung ist nicht Ihr Ding? Dann lassen Sie einen Teil der Organisation doch einfach jemand anderen für Sie machen! Ein *Content-Management-System* (CMS) muss her.

Das ist ein System zur benutzerfreundlichen und komfortablen Verwaltung von Inhalten. Ihre Inhalte wie Bilder, Texte und Videos werden in einer Datenbank und in Unterordnern gespeichert. Sie oder andere können dann ganz einfach über eine Benutzeroberfläche darauf zugreifen.

Schön und gut, sagen Sie sich jetzt, aber was hat das alles mit meiner Website und mit Joomla zu tun? Joomla ist ein CMS. Genauer ausgedrückt ist Joomla ein *Web-Content-Manage-*

ment-System (WCMS). Diese spezielle Art CMS beschäftigt sich ausschließlich oder überwiegend mit der Veröffentlichung und Darstellung von Inhalten im Web. Mit dem Webbrowser können Sie und andere auf die Inhalte zugreifen.

Die Arbeit mit einem Content-Management-System hat folgende große Vorteile:

- ✔ **Inhalte vielseitig darstellen:** Ein gutes CMS verwaltet die Daten und das Layout getrennt voneinander. Das hat den Vorteil, dass Inhalte ohne viel Aufwand verschieden dargestellt und ausgegeben werden können, zum Beispiel auf dem Bildschirm als Webseite oder als gedrucktes PDF. Dieselben Daten müssen dann nur einmal abgespeichert werden und nicht mehrmals für jede Ausgabeform. Das spart Speicherplatz und man behält leichter den Überblick.
- ✔ **Benutzer verwalten und Zugriffsrechte vergeben:** Dieser Punkt wird wichtig, wenn Sie mit mehreren Personen an Inhalten arbeiten. Die Personen können dann unterschiedliche Aufgaben übernehmen. Eine Benutzergruppe ist zum Beispiel für das Schreiben von Texten verantwortlich, eine weitere für das Layout und wieder andere für die Veröffentlichung von Inhalten. Je nach Aufgabenbereich haben die Benutzer auch unterschiedliche Bearbeitungsrechte im System. Ein Redakteur darf Artikel schreiben und abspeichern, aber nicht wie ein Administrator an den Systemeinstellungen herumschrauben. Joomla 1.6 hat ein erweitertes Rechtesystem gegenüber seinen Vorgängerversionen.
- ✔ **Arbeitsabläufe organisieren:** Sie haben mehrere hundert Inhalte, an denen verschiedene Personen mit Ihnen arbeiten. Wie wissen Sie eigentlich, was mit diesen Inhalten passieren soll? Ganz einfach – das Dokument bekommt einen Status im Arbeitsablauf, zum Beispiel »fertig«, »Korrektur gelesen« oder »veröffentlicht«. Je nachdem welchen Status das Dokument hat, weiß jeder Beteiligte, was mit diesem Dokument passieren soll. Im Status »Korrektur gelesen« ist das Dokument zum Beispiel bereit, veröffentlicht zu werden. Ein CMS regelt auch Mechanismen, die verhindern, dass mehrere Personen gleichzeitig denselben Inhalt bearbeiten und ihre Arbeit sich überschneidet.
- ✔ **Inhalte archivieren:** Wenn Inhalte nicht mehr aktuell sind, werden sie durch neue ausgetauscht. Vielleicht wollen Sie die alten Inhalte aufbewahren, dann können diese automatisch archiviert werden.

Lassen Sie sich nun in die vier Phasen des Content-Managements einweihen, die Joomla samt und sonders beherrscht:

1. **Inhalte erstellen:** Beiträge können sowohl über die Benutzeroberfläche der Administration als auch direkt von der Website aus angelegt, bearbeitet, zusammengestellt und geordnet abgelegt werden. Dafür gibt es einen komfortablen integrierten Editor, der nach dem *WYSIWYG-Prinzip* funktioniert. Das heißt für Sie, weit und breit kein Programmcode in Sicht, sondern stets die tatsächliche Darstellung, wie es später auf der Website aussieht.
2. **Überprüfen und freigeben:** Nicht jeder Beitrag soll sofort veröffentlicht werden. Gemäß dem Vier-Augen-Prinzip muss häufig ein Schlussredakteur noch seinen Segen geben, damit der Text ins Licht der Öffentlichkeit entlassen werden kann. Durch ein vorgegebenes grundlegendes Rollen- und Rechtekonzept kann man mit Joomla diesen Arbeitsablauf steuern.

3. **Veröffentlichen im Zielformat:** Das sind bei Joomla hauptsächlich HTML-Seiten, denn die Inhalte sollen ja im Internet präsentiert werden. Zudem können die Beiträge auch als PDF-Dateien angeboten oder per E-Mail verschickt werden.
4. **Archivieren für einen späteren Zugriff:** Auch nicht mehr aktuelle Beiträge haben ihre Daseinsberechtigung. Im Archiv knabbern sie an ihrem Gnadenbrot. Und bei Bedarf können sie wieder als vollwertige Beiträge hervorgezaubert werden.

Mit Joomla können Sie also Ihre eigene Website erstellen, Inhalte darauf veröffentlichen, verändern, mit anderen Benutzern daran arbeiten und, wie Sie in diesem Buch sehen werden, noch viel mehr. Ab jetzt lautet die Devise: »Entdecke die Möglichkeiten!«

Das Geheimnis um Joomla wird gelüftet

Sie wundern sich, warum *Joomla* offiziell stets mit Ausrufezeichen geschrieben wird? Das liegt daran, dass Joomla eigentlich ein Ausruf ist und deshalb auch ein Ausrufezeichen verdient hat. Beim Lesen dieses Buchs sollen Sie aber nicht jedes Mal, wenn Sie Joomla lesen, laut den Namen rufen müssen, denken Sie an Ihre Stimmbänder! Deshalb wird Joomla in diesem Buch ohne Ausrufezeichen geschrieben. Ihre Nachbarn werden es Ihnen danken.

Lassen Sie sich das mal auf der Zunge zergehen: »Dschumla«. Sagt Ihnen das was? Nein? Sie sprechen also kein Suaheli? Joomla ist die englische Schreibweise für das aus dem Suaheli stammende Wort »Jumla«. Übersetzt bedeutet das »alle zusammen« oder »als Ganzes«. Das Wort steht für die große, tatkräftige Gemeinschaft von Entwicklern, die Joomla ins Leben gerufen hat, ständig weiterentwickelt und verbessert.

Und das Beste an diesem Service ist: Er kostet Sie keinen Cent. Dieser Gedanke nennt sich *Open Source* oder auf Deutsch offene Quelle. Quelloffene Programme sind für jeden kostenlos zugänglich und dürfen beliebig verändert werden. Trotzdem dürfen Sie Joomla aber selbst zu kommerziellen Zwecken nutzen, zum Beispiel um eine eigene Firmenwebsite zu entwickeln, auf der Sie Ihre Produkte verkaufen. Ein weiterer Vorteil dieser freien Entwicklergemeinschaft ist, dass sie sehr hilfsbereit ist, ihre Zusammenarbeit im Internet dokumentiert und Sie sich über das Internet in *Foren* über Probleme mit dem Programm austauschen können. Wenn Sie also einmal nicht weiterwissen und Hilfe brauchen, schauen Sie sich einfach in den vielen Foren um. Wenn es dort dann nicht schon eine Lösung zu Ihrem Problem gibt, schreiben Sie einfach einen neuen Beitrag an die Joomla-Gemeinde. In der Regel bekommen Sie dort schnell eine kompetente Antwort.

Joomla ist unter der *Open-Source-Lizenz GNU General Public License* (*GNU GPL)* veröffentlicht, die rechtlich regelt, wie mit der Software umgegangen werden darf. Spätestens während der Installationsroutine werden Sie mit der Lizenz Bekanntschaft machen, da man ihr durch einen Klick zustimmen muss, um Joomla überhaupt installieren zu dürfen. Anders als bei den üblichen Vertragsschlüssen müssen Sie hier keine Angst haben, wenn Sie den Text nicht gelesen haben. Die GNU GPL soll in erster Linie die Anwender schützen. Sie legt fest, dass die Software frei ist, also samt einsehbarem Quelltext kostenlos für jeden Zweck genutzt werden darf. Die Software beziehungsweise der Quelltext darf weitergegeben, verändert beziehungsweise für eigene Programme verwendet werden, die jedoch auch frei sein müssen.

Joomla-Logbuch

Keine Lust auf eine weitere Entstehungsgeschichte? Dann überspringen Sie diesen kleinen Einblick. Nach dem Kasten geht's weiter.

Wir schreiben das Jahr 2000. Zwischen Kängurus und Bumerang werfenden Ureinwohnern bastelt die australische Softwarefirma Miro International an einem Programm zur Verwaltung von Inhalten im Internet (WCMS). Das Programm wird Mambo getauft. Um die Schöpfung zu testen und zu verbreiten, wird das Programm als kostenlose, frei zugängliche Version, als *Open-Source-Version*, im Internet veröffentlicht. Mit der Zeit entsteht eine wachsende Gemeinde von fürsorglichen Entwicklern, die sich des Kindes annimmt, das Projekt fortan unterstützt und für eine zügige Weiterentwicklung sorgt. Im Jahr 2002 spaltet die Firma Miro das Mambo-Projekt auf, und neben der freien Version Mambo Open Source (MOS) entsteht eine kommerzielle Version, Mambo 2002. Miro überlässt die Verantwortung für das Open-Source-Projekt nun der Entwicklergemeinde. Das Kind mausert sich erfolgreich und gewinnt mehrere Auszeichnungen, zum Beispiel als bestes freies Softwareprojekt des Jahres 2004.

Nach Streitigkeiten mit der Firma Miro sieht das ursprüngliche Entwicklerteam den Open-Source-Gedanken der Software gefährdet und erklärt 2005 die Trennung von der Firma. Um weiterhin eine professionelle, kostenlose Lösung zu bieten und das beliebte Programm weiterentwickeln zu können, sammeln sich die Entwickler unter dem Open-Source-Banner. Sie bringen eine eigene, geringfügig abgeänderte Version von Mambo heraus – Joomla 1.0 erblickt das Licht der Welt. Das System steht unter einer Open-Source-Lizenz, der GNU GPL, unter der auch das Projekt von Mambo weiterhin steht. Mittlerweile ist schon die Version 1.6 von Joomla erschienen, die sich im Kern deutlicher von Mambo und von Joomla 1.5 unterscheidet und in diesem Buch beschrieben wird.

Technik unter der Motorhaube

Wenn Ihnen schon bei dem Wort »Technik« ein Schauer über den Rücken läuft, können Sie sich jetzt getrost wieder entspannen. Bei Ihrer Arbeit mit Joomla werden Sie mit der eigentlichen Technik nicht direkt in Berührung kommen, sondern nur mit einer schicken und einfach zu bedienenden Benutzeroberfläche. Tüftler können allerdings auch auf ihre Kosten kommen, denn es gibt, wenn man möchte, genug Möglichkeiten, sich an der Technik auszutoben. Egal zu welcher Gruppe Sie gehören, es ist manchmal sehr hilfreich zu verstehen, wie Joomla es schafft, Ihre Website zu zaubern, und die Technik kann durchaus faszinierend sein.

Joomla ist eine Webanwendung. Sowohl zu Ihrer Website als auch zu der Administrationsoberfläche, mit der Sie Ihre Website erstellen, gelangen Sie ganz einfach über den Webbrowser (zum Beispiel *Mozilla Firefox*). Wenn Joomla auf einem Webserver installiert ist, hat das den

Vorteil, dass man von jedem Winkel der Erde aus praktisch nur einen Browser braucht (gegebenenfalls auch ein FTP-Programm), um an der Website zu werkeln. Der Computer, von dem aus Sie arbeiten oder mit dem andere Ihre Website aufrufen, wird als *Client* bezeichnet. Der Rechner, auf dem das Webserver-Programm läuft und auf dem in der Regel auch die Daten für die Website gespeichert und verwaltet werden, wird *Server* genannt. Ein Server ist genau genommen ein Programm, das Anfragen des Clients annimmt, weiterverarbeitet und Ergebnisse zurücksendet. Verwenden Sie für Joomla das kostenlose und beliebte Webserver-Programm *Apache*. Wenn Sie zu Testzwecken Joomla zunächst auf Ihrem eigenen Rechner installieren, ist Ihr eigener Rechner Server und Client zugleich, da das Webserver-Programm bei Ihnen lokal installiert ist.

Die Daten fliegen natürlich nicht einfach durcheinander, sondern werden fein säuberlich etikettiert und in einer *MySQL-Datenbank* verwaltet. Eine Datenbank können Sie sich wie eine Sammlung von Tabellen vorstellen, in deren Zellen allerlei Texte und Informationen abgelegt werden. Jedes Objekt in einer Zelle bekommt einen Aufkleber und einen Vermerk, wo es sich befindet, damit es schnell wiedergefunden werden kann. Die Bilder und Layoutvorlagen (*Templates*) für Ihre Website werden allerdings nicht in der Datenbank, sondern im Dateisystem verwaltet.

Damit der Website-Betrieb nun wie am Schnürchen läuft, bedarf es neben dem Webserver Apache und der Datenbank MySQL noch eines dritten Helferleins – *PHP*. Das ist quasi das Öl im Getriebe und der Stoff, aus dem Joomla gemacht ist. PHP erweitert die Funktionalitäten des Webservers und regelt die Kommunikation zwischen Webserver und Datenbank.

Wie der Prozess genau abläuft, lässt sich am besten an einem Beispiel zeigen: Irgendwo auf der Welt ruft jemand über den Browser Ihre Website auf. Abbildung 1.1 verdeutlicht, was dabei hinter den Kulissen abläuft.

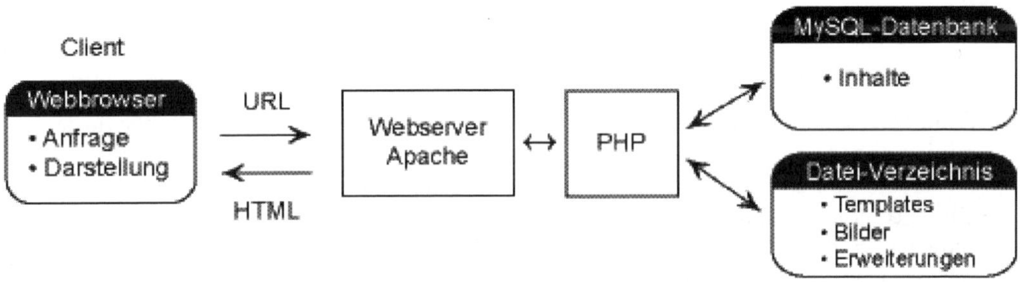

Abbildung 1.1: Was passiert, wenn eine Webseite aufgerufen wird?

Diese Anfrage wird über das Internet an den Webserver geschickt, der wiederum ein PHP-Skript der betreffenden Webseite aufruft, das ausgeführt werden soll. Dieses prüft nun erst mal, ob die Person, die Ihre Seite aufruft, überhaupt berechtigt ist, die Inhalte zu sehen. Danach fordert das PHP-Skript die Inhalte aus der Datenbank an und fügt sie an die dafür vorgesehenen Stellen in die Layoutvorlage der Webseite ein. Die fertige Seite wird dann an den Client gesendet, und sofort kann der Besucher die fertige Webseite in seinem Browser bewundern.

Dadurch, dass die Webseite quasi erst in dem Moment aus den Informationen der Datenbank zusammengestellt wird, in dem jemand die Webseite aufruft, entsteht eine hohe Dynamik. Deswegen nennt man diese Webseiten auch *dynamische Webseiten*. Sie sind eine Spezialität von Joomla und anderen Web-Content-Management-Systemen. Der Vorteil solcher Webseiten im Vergleich zu *statischen Webseiten*, die immer in unveränderter Form vorliegen, ist, dass sie aktuell sind und auf einfache Weise benutzerspezifisch angepasst werden können. Spätestens wenn Sie eine Suchfunktion auf der Website einbauen wollen, sind Sie auf solche Seiten angewiesen. Oder wie wollen Sie für jedes Suchergebnis eine statische Webseite parat haben?

PHP-Skripte sind Textdateien mit der Endung `.php`, die eine Mischung aus HTML und PHP-Programmcode enthalten. Der PHP-Programmcode wird von einem PHP-Interpreter gelesen und auf dem Server ausgeführt. Die HTML-Anweisungen werden an den Client zurückgeschickt und enthalten zusätzlich die Daten, die durch das PHP-Skript in den HTML-Text eingefügt wurden.

Von der Kinderstube zum Erwachsenenalter – Versionen

Die momentan aktuelle Version Joomla 1.6 hat einige grundlegende Änderungen gegenüber vorherigen Versionen erfahren. Die wichtigsten sollen hier kurz vorgestellt werden. In erster Linie ist das für diejenigen interessant, die sich schon etwas mit Joomla auskennen, vielleicht schon eine Joomla-Website in einer früheren Version haben und überlegen, ob es sich lohnt, umzusteigen.

Vorsicht bei Joomla-Versionen, hinter denen Benennungen wie *Beta* oder *Nightly Build* stecken! Das sind Versionen, die vor der eigentlichen stabilen Version veröffentlicht werden. Damit sollen Benutzer fleißig spielen und testen, um mögliche Fehler in der Software zu finden, die dann an die Entwickler gemeldet und behoben werden. Für den produktiven Einsatz sind solche Versionen aber nicht zu empfehlen!

- **Benutzerfreundlichkeit:** Mit einem neuen Template wurde die Benutzeroberfläche der Administration ordentlich aufgeräumt und ist nun sehr viel einfacher und übersichtlicher. Außerdem gibt es die Benutzeroberfläche jetzt ganz in deutscher Sprache. Zur Vereinfachung trägt unter anderem bei, dass Inhalte nicht mehr in statisch und dynamisch unterschieden werden, Inhalte heißen jetzt einfach Beiträge. Auch das Hochladen und Installieren der Erweiterungen wurde vereinheitlicht und zudem eine FTP-Funktion integriert. Das heißt, auch ohne FTP-Programm können beispielsweise Erweiterungen auf den Webserver hochgeladen werden. Ebenfalls neu ist, dass für jeden Benutzer separat die Sprache für die Site und die Administration ausgewählt werden kann.
- **Layout:** Das neue Site-Template »Beez2« macht genau so wie »Beez« in der Vorgängerversion Joomla 1.5 einen großen Schritt in Richtung Barrierefreiheit und Anpassungsfähigkeit: Inhalt und Darstellung sind nun vollständig getrennt, was die Ausgabe in verschiedenen Medien erleichtert und zu einer flexibleren Darstellung führt. Die alten lästigen Layouttabellen sind nun weg. Designer, die ihr Template anpassen wollen, haben jetzt Zugriff auf den gesamten HTML-Quelltext der Webseiten, der sich nicht mehr teilweise in PHP-Skripten versteckt.

- **Sicherheit und Stabilität:** Auch auf diesem Gebiet hat sich seit der Version 1.5 etwas getan. Durch die integrierte FTP-Funktion wird nun beispielsweise das Safe-Mode-Problem umgangen. Weitere Informationen dazu finden Sie in Kapitel 2.
- **Suchmaschinenfreundlichkeit:** Die eingebaute Funktion von Joomla, um suchmaschinen- und benutzerfreundliche Webadressen (SEF-URLs) zu generieren, wurde stark aufgepäppelt. Joomla zaubert nun von sich aus freundliche URLs und die bislang benötigte Serverfunktion *mod–rewrite* ist nicht mehr unbedingt nötig.

Einsatzmöglichkeiten, Grenzen und Konkurrenz

Sie haben sich aus gutem Grund für Joomla entschieden? Dann treffen mehrere der folgenden Eigenschaften auf Ihr Website-Projekt zu:

- **Einfache Bedienung** der Administration ohne Programmierkenntnisse
- **Kurze Einarbeitungszeit**
- Sowohl **Verwaltung von statischen Seiten als auch hohe Dynamik** durch häufige Änderungen am Inhalt möglich
- **Unabhängig vom Betriebssystem** und nach der Installation nur der Webbrowser und keine zusätzliche Software, zum Beispiel Editoren, nötig
- **Schnell zur vorzeigbaren Website** durch unzählige, beliebig austauschbare Standard-Layoutvorlagen
- Erstellung und Verwaltung der Inhalte zusammen **mit verschiedenen Autoren** weltweit möglich
- Viele **frei verfügbare Erweiterungen** für die Website, zum Beispiel ein Forum, eine Bildergalerie oder ein Onlineshop

Der Einsatz eines Web-CMS ist für eine einfache statische Seite, auf der Ihr Logo und vielleicht noch eine Kontaktadresse erscheinen sollen, etwas übertrieben. Joomla eignet sich besonders für kleinere und mittelgroße Internetpräsenzen. Von der Schulhomepage bis zur Firmenwebsite eines mittelständischen Unternehmens ist alles möglich. Auch für größere Projekte kann Joomla die richtige Wahl sein. Dabei sollte man jedoch wissen, wo die Grenzen des Systems liegen.

Trotz der vielseitigen Möglichkeiten gibt es diese Einschränkungen:

- Mit Joomla ist ein **Versionsmanagement von Inhalten nicht möglich**. Beiträge können nicht in verschiedenen Versionen vorliegen und vorherige Bearbeitungsstände nicht zurückgeholt werden, es sei denn, man archiviert sie.
- Mit einer Joomla-Installation kann **nur eine Domain** verwaltet werden. Wenn Sie mehrere eigenständige Domains verwalten wollen, zum Beispiel bei einem internationalen Webauftritt die deutsche Domain `meinesite.de` und die englische `mysite.com`, brauchen Sie dafür zwei getrennte Joomla-Installationen. Bei größeren WCM-Systemen wie *Typo3* lassen sich mehrere Domains bequem in einer Installation verwalten.

Joomla verdankt seine große Popularität gerade unter Neueinsteigern vor allem der einfachen Administration. Zudem sorgt eine große Entwicklergemeinschaft (*Community*) dafür, dass das System ständig weiterentwickelt wird. Neben Joomla gibt es noch einen Berg weiterer WCM-Systeme auf frei verfügbarer Open-Source-Basis. Zu den bekanntesten gehören unter anderem *Typo3* und *Drupal*.

Besonders für Typo3 benötigt der Nutzer eine längere Einarbeitungszeit, und ganz ohne Programmierkenntnisse kann man sich hier auch nicht durchmogeln. Das System ist zwar sehr viel aufwendiger in der Installation und Bedienung als Joomla, bietet dafür aber einen weitaus größeren Funktionsumfang. Es ist daher gut für größere Website-Projekte geeignet. So ist die Verwaltung von mehrsprachigen Websites, mehreren Domains und komplexen Inhaltsstrukturen möglich und ausgereifter. Außerdem bietet das System eine feinere Vergabe von Benutzerrollen und Zugriffsrechten. Ein weiterer großer Vorteil ist, dass die Trennung von Inhalt und Layout noch strikter erfolgt als bei Joomla. So werden die erstellten Inhalte nicht wie bei Joomla als HTML, sondern vollkommen medienneutral in der Datenbank gespeichert. Die Inhalte können dann für verschiedene Medien wiederverwendet werden, zum Beispiel für das Web, auf einer CD oder als Kundenbroschüre. Etwas salopp ausgedrückt: Wenn ein riesiger Funktionsumfang wichtiger ist als Benutzerfreundlichkeit, dann ist Typo3 das CMS der Wahl.

Der Schwerpunkt des WCMS Drupal liegt auf Funktionen, die zum gemeinschaftlichen Arbeiten an Inhalten dienen. Das System bietet ein Diskussionsforum, eine Versionierung von Inhalten und sogar eine Buchfunktion, mit der Benutzergruppen zusammen an umfangreichen Inhalten arbeiten oder, wie der Name schon sagt, Bücher zusammen erstellen können.

Vom Bauplan zur eingerichteten Website

Sie könnten jetzt natürlich einfach mit Joomla loslegen, Inhalte erstellen und bei der Einrichtung der Website gucken, wie sich alles entwickelt. Aber mal ehrlich, wenn Sie ein Haus bauen, entwerfen Sie doch auch zunächst einmal einen Plan, wo die Türen und Fenster hinsollen, welche Zimmer Sie brauchen und wo Sie die Wasserleitungen verlegen. Bei der Website-Erstellung ist das natürlich viel einfacher, trotzdem empfiehlt sich auch hier zumindest eine Grobplanung. Wenn Sie noch keine Erfahrung als Website-Architekt haben oder erst einmal Ideen sammeln wollen, bekommen Sie hier die nötige Blaupause.

Joomla-Einmaleins der Website-Erstellung

Der Benennungswirrwarr um die Website-Erstellung führt oft zu Missverständnissen. Lassen Sie uns deswegen erst einmal ein paar grundlegende Begriffe definieren. Die gesamte Internetpräsenz nennt sich *Website* oder kurz *Site*. Mit Website ist nicht etwa eine einzelne Unterseite gemeint, sondern Ihr gesamter Webauftritt. Die eigentlichen Seiten, aus denen die Website besteht, werden dann als Webseiten bezeichnet. Als *Homepage* wird die erste Seite der Website bezeichnet und nicht, wie viele behaupten, die ganze Website. Um Missverständnisse zu vermeiden, wird dafür in diesem Buch die gebräuchliche Benennung *Startseite* verwendet.

Haben Sie schon mal ein Haus gebaut? Nein? Dann können Sie jetzt genau das tun. Die Website-Erstellung mit Joomla ist nämlich so ähnlich. Dabei ist Ihre gesamte Website ein großes Haus. Sie selbst sind der Hausverwalter. Wie läuft so ein Hausbau mit Joomla jetzt ab?

Zunächst einmal muss ein geeigneter Baugrund für das Joomla-Haus ausgewählt werden. Das kann lokal auf Ihrem Rechner sein oder aber auch auf einem fremden Server. Der Grundstein für das Haus wird durch die Installation von Joomla gelegt. Danach ist die Website über zwei Wege erreichbar.

Besucher gelangen bequem über den Vordereingang zu Ihnen, der in Joomla-Sprache *Site* oder allgemein *Frontend* genannt wird. Dies ist die Website, wie sie tatsächlich aussieht und wie sie zunächst jeder aus dem Internet aus aufrufen und ansehen kann. Natürlich haben Sie die Möglichkeit, bestimmte Räume vor der Öffentlichkeit zu verschließen. Mit der eingebauten Türsteherfunktion von Joomla können Sie den Zutritt nur angemeldeten Gästen erlauben. Die erste Seite Ihrer Website ist dabei etwas ganz Besonderes. Sie ist das Erste, was Besucher von Ihrem Haus sehen, quasi die Fassade Ihres Hauses. Diese wird bei Joomla *Startseite* oder *Frontpage* genannt.

Das *Backend* ist der Hintereingang zu Ihrem Haus. Hier befindet sich die *Administration* der Website, in der Sie alle Einstellungen für Ihre Site vornehmen. Zur Administration gelangen Sie genau wie zur Site über den Webbrowser. Der Türsteher vor diesem Eingang ist noch wählerischer. Aus Sicherheitsgründen haben zunächst nur Sie als Administrator beziehungsweise Hausverwalter Zugang.

Wenn Sie weiter in das Haus hineingehen, gelangen Sie zu den verschiedenen Wohnungen. Diese sind mit den *Bereichen* Ihrer Website vergleichbar. Die Wohnungen sind wiederum in ein oder mehrere Zimmer unterteilt. Das sind die so genannten *Kategorien* in Joomla.

Die kleinste Einheit auf Ihrer Website sind die *Inhalte*, zum Beispiel Beiträge und Bilder. Dies ist die Innenausstattung, mit der Sie die Zimmer Ihres Hauses füllen. Sie können sich Joomla auch als Baukasten vorstellen, mit dem Sie Ihre eigene Website zusammenbauen können. Die Kategorien und Inhalte Ihres Joomla-Baukastens können Sie und andere Besucher Ihrer Website über *Menüs* erreichen. Ausführliche Informationen zum Thema Inhalte und wie Sie diese auf der Website zugänglich machen, finden Sie in Kapitel 5.

Das Tolle an Joomla ist, dass es einen Grundbaukasten an Funktionen und Inhalten bietet, den Sie beliebig erweitern und umbauen können. So gibt es beispielsweise die Möglichkeit, Ihrer Website einen völlig neuen Anstrich zu verpassen, indem Sie einfach die Layoutvorlage wechseln, das so genannte *Template*. Mehr zu diesem Thema erfahren Sie in Kapitel 7. Wenn Sie in Ihrem Haus eine Rezeption mit Gästebuch, ein Forum oder eine Bildergalerie wollen, auch kein Problem. Welche Möglichkeiten des Anbaus es gibt, erfahren Sie in Kapitel 9.

Inspiration: Websites mit Joomla

Die folgenden Beispiele ausgewählter Websites, die mit Joomla erstellt wurden, sollen ein wenig Appetit machen. Genießen Sie den Ausblick und lassen Sie sich für Ihre eigene Website inspirieren. Für noch mehr Anregungen wird auf der Seite `http://www.joomlaos.de/webseiten.html` thematisch geordnet eine Vielzahl weiterer Joomla-Websites vorgestellt.

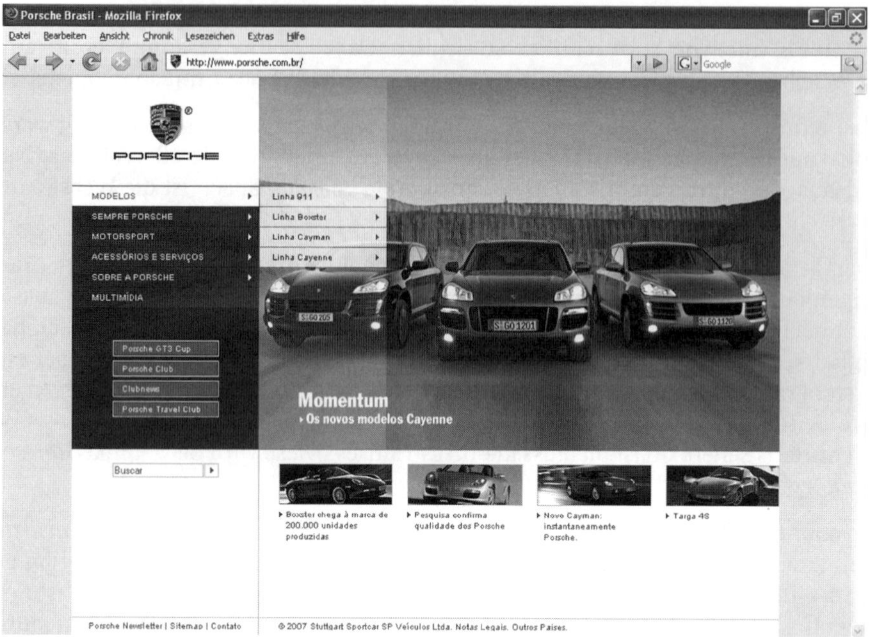

Abbildung 1.2: Auch die Großen setzen auf Joomla, so wie Porsche in Brasilien (`http://www.porsche.com.br/`).

Abbildung 1.3: Die Website dieses französischen Ateliers wurde unter `www.joomlaawards.com` *als beste Website gekürt* (`http://www.feuilleblanche.com/`).

Formalitäten erledigen – Datenbank anlegen

Bevor Sie zur eigentlichen Installation von Joomla schreiten, müssen Sie zuerst eine Datenbank für Joomla anlegen. Webanbieter bieten für solche Verwaltungsaufgaben Weboberflächen an, so genannte Kundenmenüs, die *Control-Center, Confixx* oder ähnlich heißen.

In diesem Abschnitt wird das Anlegen einer Datenbank beispielhaft für den Webanbieter 1&1 beschrieben. Wie Sie bei *Ihrem* Webanbieter eine Datenbank einrichten, erfahren Sie auf dessen Support-Seiten.

1. **Rufen Sie das Kundenmenü Ihres Webanbieters auf und melden Sie sich dort mit Ihren Kundenzugangsdaten an.**
2. **Klicken Sie im Bereich HOMEPAGE/ANWENDUNGEN auf den Link MYSQL-DATENBANK.**
3. **Klicken Sie auf die Schaltfläche NEUE DATENBANK.**

   Eine neue Seite wird im Browser angezeigt.

4. **Klicken Sie auf den Link MYSQL-DATENBANK ERSTELLEN.**
5. **Geben Sie in das Textfeld BESCHREIBUNG DER ANZULEGENDEN DATENBANK einen aussagekräftigen Namen ein.**
6. **Klicken Sie auf die Schaltfläche EINRICHTEN.**

   Eine neue Datenbank wird nun eingerichtet (siehe Abbildung 2.10). Datenbankname, Hostname (die Adresse der Datenbank), Benutzername und Passwort werden automatisch erzeugt. Schreiben Sie sich diese Daten gut auf, später im Abschnitt »Im Browser geht's weiter« benötigen Sie diese wieder.

Abbildung 2.10: Erstellung der MySQL-Datenbank

7. **Vergessen Sie nicht, sich aus dem Kundenmenü wieder abzumelden.**

Abbildung 1.4: Auch für eine Vereinswebsite eignet sich Joomla (`http://www.tv-stoppenberg-tt.de/`).

Abbildung 1.5: Eine wirklich gelungene Schulwebsite, mit Joomla erstellt (`http://www.chs-em.de/`)

Joomla installieren

2

In diesem Kapitel

- Joomla auf dem eigenen Rechner ausprobieren
- Allerlei nützliche Helferlein installieren
- Installationsdateien vorbereiten
- Den richtigen Webanbieter für die »echte« Installation im Web aussuchen
- Joomla im Web installieren
- Joomla in zwei Minuten Deutsch beibringen

Ob Sie es glauben oder nicht, aber es gibt zwei Möglichkeiten, Joomla zu installieren.

Die eine Möglichkeit ist eine *Lokalinstallation* zum Testen auf Ihrem Rechner. Hier können Sie nach Herzenslust experimentieren, aber niemand außer Ihnen hat Zugriff auf die Website. Stellen Sie sich die Lokalinstallation wie ein Modellhäuschen vor, das in der Abstellkammer Ihrer Mietwohnung lagert und an dem Sie in jeder freien Minute an Ihrem künftigen Traumhaus basteln.

Die andere Möglichkeit, Joomla zu installieren, ist die *Webinstallation*. Damit erfüllen Sie sich Ihren Traum vom eigenen Haus. Jeder wird Ihr prachtvolles Domizil bestaunen, und Sie können Besucher willkommen heißen, die Ihre geschmackvolle Inneneinrichtung loben werden.

Bei beiden Vorhaben lauern Fallstricke: Beim Modellbau sorgt der Heißkleber schnell für eine innige Liaison zwischen dem Miniatur-Gartenzaun und Ihrem Hemdsärmel. Und beim Eigenheim spart sich der Bauunternehmer womöglich die Kabelschächte und zieht die Stromleitungen ersatzhalber durch die Wasserrohre.

Wenn Ihr Computer zickt oder wenn Sie an einen Webanbieter geraten, dessen Leistungen zu wünschen übrig lassen, werden Sie wenig Freude an Ihrem kleinen oder großen Eigenheim haben. Deshalb erfahren Sie in diesem Kapitel, worauf Sie bei der Installation von Joomla achtgeben müssen, wie Sie auftretende Probleme beheben und Katastrophen vermeiden. (Das geklebte Hemd für zwei Stunden ins Eisfach und im Traumhaus bloß nicht den Strom einschalten!)

Modellhäuschen: Joomla auf dem eigenen Rechner ausprobieren

Was braucht man für den Modellbau? Richtig: einen Bausatz und das richtige Werkzeug. Beides finden Sie im Serverpaket *XAMPP*.

XAMPP ist eine Zusammenstellung von Serverprogrammen, die auf Ihrem Rechner laufen und dort die Voraussetzungen für die eigentliche Joomla-Installation bereitstellen.

Was im XAMPP-Paket drinsteckt, wird schon am Namen ersichtlich:

- ✔ Das **X** ist der Platzhalter für das Betriebssystem, auf dem das Serverpaket läuft, beispielsweise Windows oder Linux.
- ✔ Das **A** steht für *Apache*, das Webserver-Programm, das dem Browser die Seiten zum Anzeigen liefert.
- ✔ Das **M** steht für *MySQL*, die Datenbank, in der wie in einer großen Excel-Datei mehrere Tabellen verwaltet werden, in denen die eigentlichen Inhalte der Website stehen.
- ✔ Das erste **P** bedeutet *Perl*, eine Skriptsprache, mit der dynamisch Webseiten erstellt werden können. Im Zusammenhang mit Joomla ist *Perl* jedoch nicht von Belang.
- ✔ Das zweite **P** schließlich steht für *PHP*, die Skriptsprache, in der Joomla geschrieben ist. Sie ruft die Inhalte aus der Datenbank auf und leitet sie zur Anzeige an das Webserver-Programm Apache weiter.

XAMPP installieren

XAMPP belegt auf der Festplatte etwa 230 Megabyte, mit den Dateien von Joomla kommen später noch einmal knapp 20 Megabyte dazu. Stellen Sie deshalb zunächst sicher, dass ausreichend Speicherplatz vorhanden ist.

1. **Legen Sie die diesem Buch beiliegende CD in Ihr CD-Laufwerk ein, öffnen Sie den Windows-Explorer und klicken Sie auf das CD-Laufwerk.**

   Die aktuellste Version von XAMPP können Sie unter der Adresse `http://www.apachefriends.org/de/xampp-windows.html` herunterladen. Wählen Sie dabei die Installer-Version.

2. **Gehen Sie dort in den Order** `Software/XAMPP` und doppelklicken Sie auf die Datei `xampp-win32-1.7.4-VC6-installer.exe`.

   Falls Sie Windows Vista verwenden, meldet sich bei einer Installation die so genannte Benutzerkontensteuerung zu Wort und fragt nach Ihrer Zustimmung und gegebenenfalls nach einem Passwort. Geben Sie ihr, wonach sie verlangt.

   Bei Windows 7 kommt es auf die Einstellung der Benutzerkontensteuerung an. Sie sollte so eingestellt sein, dass Sie die Installation bestätigen müssen.

   Nun blinkt Ihnen ein Dialogfenster zur Sprachauswahl entgegen.

3. **Wählen Sie im Auswahlmenü den Eintrag Deutsch und klicken Sie auf die Schaltfläche OK.**

   Der Installations-Assistent von XAMPP wird aufgerufen (Abbildung 2.1).

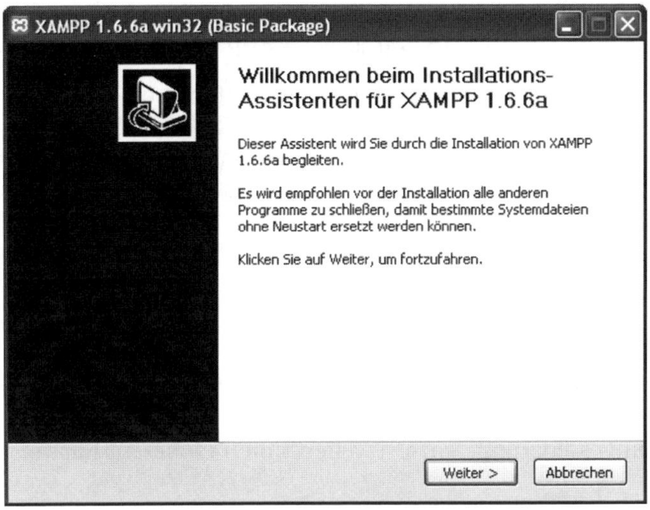

Abbildung 2.1: Installations-Assistent von XAMPP

Unter Windows Vista erscheint nun ein Dialogfenster mit einem Hinweis zur Benutzerkontensteuerung, den Sie mit einem Klick auf die Schaltfläche OK bestätigen.

4. **Klicken Sie auf die Schaltfläche WEITER.**

   Die nächste Seite ZIELVERZEICHNIS AUSWÄHLEN des Installations-Assistenten wird geöffnet, wie Abbildung 2.2 zeigt.

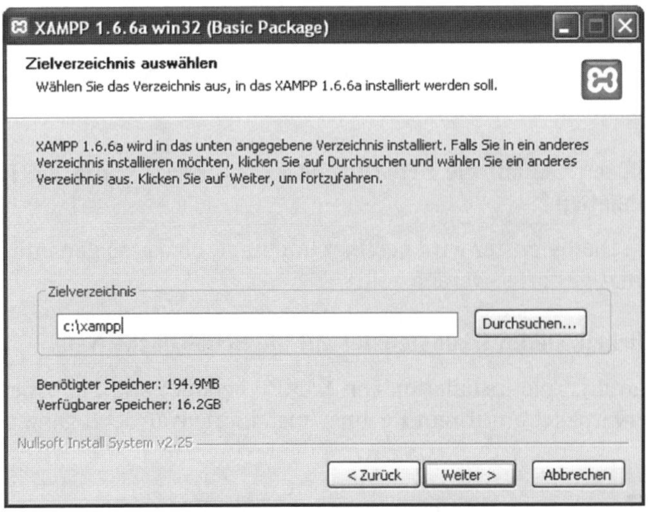

Abbildung 2.2: Die Seite ZIELVERZEICHNIS AUSWÄHLEN im Installations-Assistenten von XAMPP

5. **Falls nötig, ändern Sie am Anfang des Textfeldes ZIELVERZEICHNIS den Buchstaben des Laufwerks, auf dem XAMPP installiert werden soll.**

Achten Sie darauf, XAMPP auf der höchsten Ordnerebene zu installieren, also in einen Ordner direkt unterhalb des gewählten Laufwerks, beispielsweise `C:xampp`. Wenn Sie das nicht tun, bekommen Sie Probleme mit dem in punkto Sicherheit aufgemotzten Windows Vista. Warum? Wegen der neuen *Benutzerkontensteuerung*, die Ihnen als Benutzer immer nur die Rechte gewährt, die Sie gerade benötigen. An sich eine nützliche Sicherheitsfunktion, die Schädlinge wie Trojanische Pferde bekämpft; aber bei XAMPP schießt die Funktion übers Ziel hinaus und macht das Serverpaket in manchen Fällen unbrauchbar.

Wenn Ihnen die Benutzerkontensteuerung Probleme bereitet, finden Sie Hilfe im Kasten Probleme mit Windows Vista, Windows 7 und der Benutzerkontensteuerung beheben weiter hinten in diesem Kapitel.

6. **Klicken Sie auf WEITER.**

Im Installations-Assistenten wird die nächste Seite XAMPP OPTIONEN geöffnet.

Belassen Sie die Einstellungen auf dieser Seite so, wie sie sind. Von Haus aus legt XAMPP ein Desktop-Symbol und einen Eintrag im Startmenü an. Die Kontrollkästchen zum Starten der Dienste brauchen Sie nicht zu aktivieren.

7. **Klicken Sie auf die Schaltfläche INSTALLIEREN.**

Die Seite INSTALLIERE… des Installations-Assistenten wird geöffnet. Weil im Installationspaket von XAMPP die Dateien auf ein Achtel ihrer Größe geschrumpft wurden, kann es eine Weile dauern, bis XAMPP die Dateien auf der Festplatte auf ihre volle Größe aufgeblasen hat.

Wenn die Installation abgeschlossen ist, zeigt der Bildschirm die Seite DIE INSTALLATION VON XAMPP WIRD ABGESCHLOSSEN.

8. **Klicken Sie auf die Schaltfläche FERTIG STELLEN, um die Installation abzuschließen.**

Ein Dialogfenster wird geöffnet und fragt, ob das so genannte *XAMPP Control Panel* gestartet werden soll.

9. **Klicken Sie im Dialogfenster auf die Schaltfläche NEIN.**

Damit ist die Installation von XAMPP beendet und Sie haben nun ein ganzes Serverpaket auf Ihrem Rechner installiert. War doch ganz einfach, oder?

XAMPP starten

Jedes Mal, wenn Sie mit Ihrer lokalen Installation von Joomla arbeiten wollen, müssen Sie zuvor XAMPP starten. Und das geht so:

1. **Klicken Sie im Startmenü von Windows auf Apache Friends|XAMPP|XAMPP Control Panel.**

Windows zeigt im Startmenü keinen solchen Eintrag an? Das kann passieren, wenn Sie an Ihrem Rechner mit mehreren Benutzern oder eingeschränkten Benutzerrechten arbeiten. Aber Hilfe ist nicht fern: Öffnen Sie den Windows-Explorer, wechseln Sie in den Ordner von XAMPP, beispielsweise `c:xampp`, und starten Sie dort das Programm `xampp-control.exe`.

Damit haben Sie das *Control Panel* aufgerufen, die Kommandozentrale von XAMPP (siehe Abbildung 2.3).

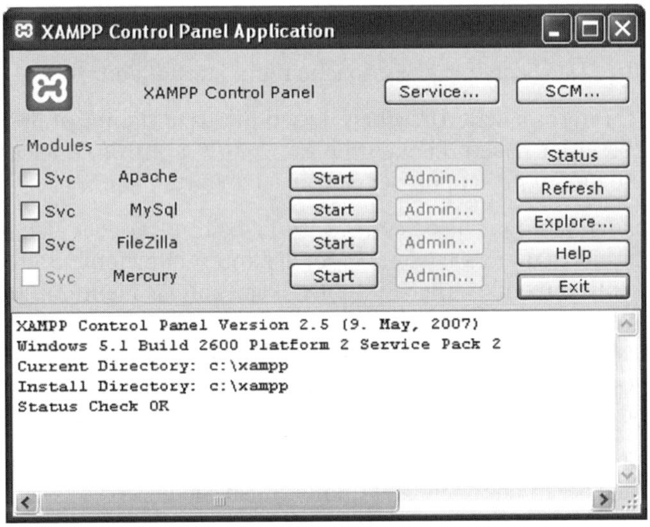

Abbildung 2.3: Oberfläche des XAMPP Control Panel

Werfen Sie mal einen Blick auf den Infobereich der Taskleiste rechts unten: Dort zeigt das kleine orangefarbene Symbol mit dem weißen »x« an, dass das XAMPP Control Panel seinen Dienst verrichtet (siehe Seitenrand). Wenn Sie es nicht sehen, hilft ein Klick auf das Symbol mit dem Pfeil nach links.

2. **Klicken Sie im Control Panel neben dem Schriftzug »Apache« auf die Schaltfläche Start.**

   Falls in Windows XP oder Windows Vista die eingebaute Windows-Firewall ihren Dienst versieht, wie das in der Voreinstellung der Fall ist, meldet sich nun das Betriebssystem mit einer Sicherheitswarnung wegen des *Apache HTTP Server* zu Wort.

   - Aktivieren Sie in diesem Fall, falls vorhanden, das Kontrollkästchen Meldung für dieses Programm nicht mehr anzeigen.
   - Klicken Sie auf die Schaltfläche Weiterhin Blocken oder OK.

Weiterhin blocken? Das hört sich zwar an, als würde hinterher XAMPP nicht mehr funktionieren, ist aber so in Ordnung. Die Windows-Firewall blockiert wie ein Türsteher Verbindungen von außen zu Ihrem PC und hält damit übelwollende und uneingeladene Gesellen von Ihrem Rechner fern; XAMPP aber ist erstens ein willkommener Gast und benötigt zweitens nur lokale Verbindungen, also auf Ihrem Rechner selbst.

Neben dem Schriftzug »Apache« erscheint nun dauerhaft ein grün hinterlegtes Feld mit der Bezeichnung »Running«.

Starthilfe für XAMPP

Leuchtet das grüne Feld »Running« nur kurz auf und verschwindet dann wieder? Das bedeutet, dass Apache nicht starten konnte.

Dafür gibt es mehrere mögliche Ursachen. Lesen Sie dazu die folgende Liste. Nachdem Sie die Ursache beseitigt haben, klicken Sie im *XAMPP Control Panel* abermals auf die Schaltfläche Start, um zu prüfen, ob der Server jetzt starten kann.

- Meist ist ganz schlicht Port `80` belegt, das ist die Leitung, auf der sich Apache mit dem Browser unterhält – und zwar von *Skype*, der Internettelefonie-Software. Leitungen frei, lautet das Kommando: Klicken Sie in Skype auf das Menü Aktionen|Optionen, je nach Skype-Version im Dialogfenster auf die Registerkarte Verbindungen oder Erweitert|Verbindungen, deaktivieren Sie dort das Kontrollkästchen Ports 80 und 443 als Alternative für eingehende Verbindungen verwenden, klicken Sie auf die Schaltfläche Speichern und starten Sie Skype neu.
- Prüfen Sie, ob Firewalls, Filesharing-, Antiviren- oder andere Programme aktiv sind, die Port `80` blockieren oder belegen, und beenden Sie diese.
- Eine weitere Ursache können fehlende Schreibrechte auf den Ordner `XAMPP` für den aktuellen Benutzer sein. Melden Sie sich von Windows ab und mit Administratorrechten neu an.
- Weitere Lösungsmöglichkeiten finden Sie unter `http://www.apachefriends.org/de/faq-xampp-windows.html` und auf den dort verlinkten Seiten.

3. **Klicken Sie im XAMPP Control Panel neben dem Schriftzug »MySql« auf die Schaltfläche Start.**

   Falls auch hier eine Sicherheitswarnung wegen »mysqld« erscheint, gehen Sie vor wie bei Schritt 2 beschrieben.

   Neben »MySql« leuchtet »Running« nun dauerhaft grün auf. Wenn der Apache- und der MySQL-Server laufen und alles so aussieht wie in Abbildung 2.4, dann kann es weitergehen.

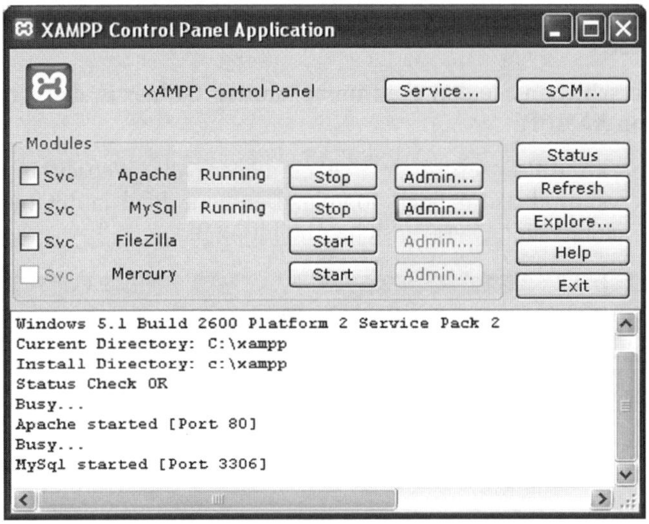

Abbildung 2.4: XAMPP Control Panel mit gestarteten Diensten

Stühle rücken, Joomla entzippen

Jetzt brauchen Sie die Installationsdateien von Joomla nur noch auf den Server zu verschieben. Klingt kompliziert? Ist aber ganz einfach! Weil das Serverprogramm auf dem eigenen Rechner läuft, können Sie dazu den Windows-Explorer benutzen.

1. **Legen Sie die diesem Buch beiliegende CD in Ihr CD-Laufwerk ein, öffnen Sie den Windows-Explorer und wechseln Sie auf das CD-Laufwerk in den Ordner** `Joomla1.6`.

   Die aktuellste Version von Joomla können Sie unter der Adresse `http://www.joomla.org` herunterladen.

2. **Entpacken Sie die Datei** `Joomla-1.6.6-Stable-Full-Package-German.zip`.

   Bei einer neueren Joomla-Version besitzt die Installationsdatei eine andere Versionsnummer als hier angegeben, das macht aber überhaupt nichts.

   Bei Windows XP, Vista und Windows 7 ist ein Entpackprogramm schon dabei: Klicken Sie mit der rechten Maustaste auf die ZIP-Datei und wählen Sie im Kontextmenü den Eintrag ALLE EXTRAHIEREN, woraufhin der EXTRAHIER-ASSISTENT erscheint. Wenn Sie einen anderen Entpacker installiert haben, dann nutzen Sie diesen.

   Alle Dateien von Joomla werden in einen Ordner auf Ihrer Festplatte entpackt. Weil das ziemlich viele Dateien sind, kann das wieder etwas dauern.

3. **Klicken Sie mit der rechten Maustaste auf den Ordner, in den die Dateien entpackt wurden, und wählen Sie im Kontextmenü den Eintrag UMBENENNEN.**

4. **Geben Sie als neuen Ordnernamen** `joomla` **ein und drücken Sie die** ↵**-Taste.**

5. **Verschieben Sie den eben umbenannten Ordner in den Unterordner** `htdocs` **von XAMPP.**

   Im XAMPP-Unterordner `htdocs` liegen alle Webseiten auf dem lokalen Server und damit auch Joomla. Der neue Pfad lautet nun so ähnlich wie `C:xampphtdocsjoomla`, siehe Abbildung 2.5.

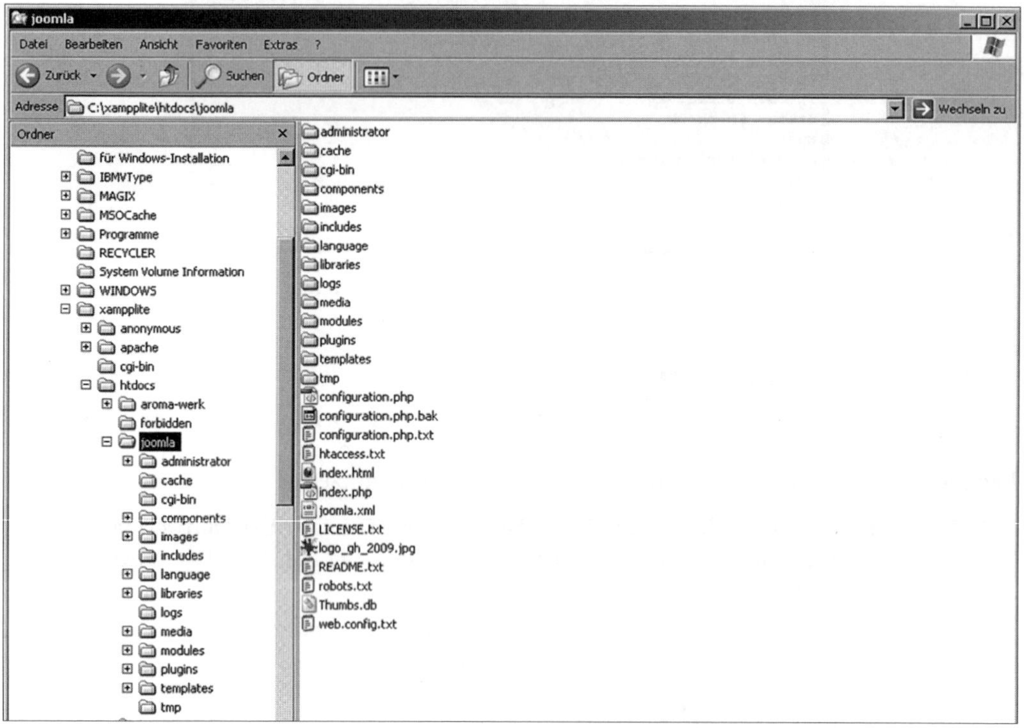

Abbildung 2.5: Windows-Explorer nach dem Verschieben des Joomla-Ordners

Im Browser geht's weiter

Den Windows-Explorer können Sie schließen, denn ab jetzt geht es im Browser weiter. Bei der eigentlichen Installation werden Sie die Oberfläche von Joomla zum ersten Mal zu Gesicht bekommen.

1. **Öffnen Sie Ihren Browser und geben Sie in die Adresszeile Ihres Browsers** `http://localhost/joomla` **ein.**

   Die Installation von Joomla wird gestartet. Als Erstes wird eine Sprachauswahl angezeigt, die mit der Sprache des Browsers vorbelegt ist (siehe Abbildung 2.6).

Nichts tut sich, der Bildschirm bleibt weiß? Dann prüfen Sie, ob Sie die Adresse richtig eingegeben haben und ob eine Firewall XAMPP in seinen Funktionen beschneidet; nehmen Sie gegebenenfalls die passenden Einstellungen vor.

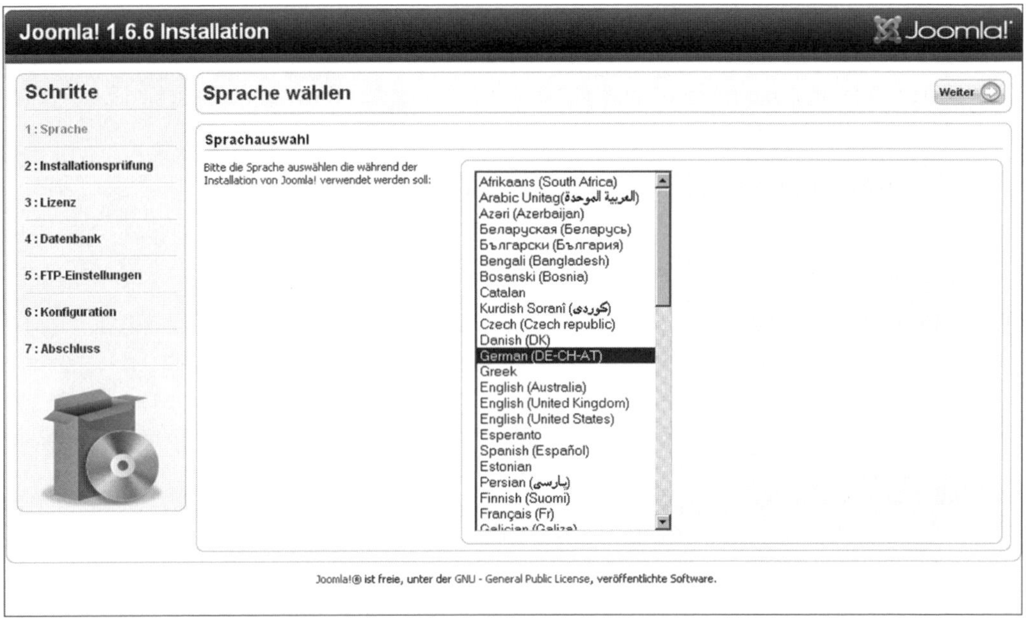

Abbildung 2.6: Joomla-Installation – Sprache wählen

2. **Wählen Sie in der Auswahlliste den Eintrag German (DE + CH + AT) und klicken Sie anschließend auf die Schaltfläche WEITER.**

   Die Seite INSTALLATIONSPRÜFUNG wird geöffnet.

3. **Klicken Sie auf WEITER.**

   Die Seite GNU/GPL-LIZENZ wird nun angezeigt. Mehr zu diesem Lizenzmodell für freie Software, der so genannten »GNU General Public License«, erfahren Sie in Kapitel 1.

4. **Klicken Sie auf WEITER.**

   Die Seite DATENBANK KONFIGURIEREN wird angezeigt.

5. **Nehmen Sie unter DATENBANK KONFIGURIEREN die folgenden Einstellungen vor (siehe Abbildung 2.7):**

   - Belassen Sie im Auswahlmenü DATENBANKTYP den Eintrag `MySQL`.
   - Geben Sie in das Textfeld SERVERNAME den Wert `localhost` ein.

     Diese und die beiden folgenden Einstellungen entsprechen der Standardeinstellung von XAMPP.

- Geben Sie in das Textfeld BENUTZERNAME den Wert `root` ein.
- Lassen Sie das Textfeld PASSWORT leer.
- Geben Sie in das Textfeld DATENBANKNAME den Wert `joomla16` ein.
- Ändern Sie den TABELLENPRÄFIX nur, wenn eine zweite Joomla-Installation mit der gleichen Datenbank erfolgen soll.
- Lassen Sie im Auswahlmenü ALTE DATENBANKTABELLEN den Eintrag SICHERN. Er ist bei einer Neuinstallation ohne Bedeutung.

Riskieren Sie zur Kontrolle einen kurzen Blick auf Abbildung 2.7.

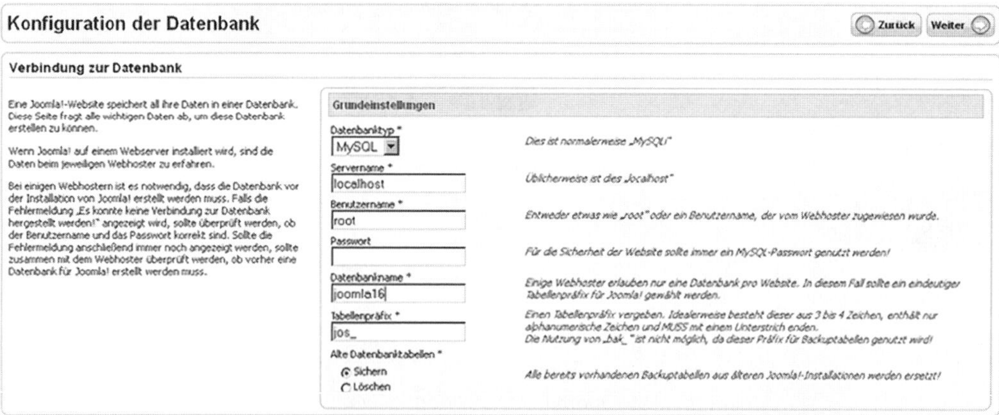

Abbildung 2.7: Joomla-Installation – Datenbankverbindung

6. **Klicken Sie auf WEITER.**

   Die Seite FTP KONFIGURIEREN wird angezeigt.

   Weil Joomla lokal auf dem Rechner installiert wird, können die Einstellungen hier so bleiben, wie sie sind.

7. **Klicken Sie auf WEITER.**

   Die Seite BASISKONFIGURATION wird geöffnet. Die bisherigen Einstellungen haben sich nur hinter den Kulissen ausgewirkt, hier werden zum ersten Mal Einstellungen vorgenommen, die man auch an der Fassade der Joomla-Installation sieht.

8. **Nehmen Sie unter BASISKONFIGURATION die folgenden Einstellungen vor:**

   - Geben Sie in das Textfeld NAME den gewünschten Namen Ihrer Website ein.

     Sie können den Namen, der auch in der Titelleiste des Browsers erscheint, jederzeit nachträglich ändern. Wie das geht, erfahren Sie in Kapitel 4.

- Geben Sie in das Textfeld Ihre E-Mail Ihre E-Mail-Adresse ein.
- Geben Sie in das Textfeld Administrator-Passwort ein Passwort für den Administrator-Benutzer ein und wiederholen Sie dieses Passwort im Textfeld Administrator-Passwort bestätigen.

Jetzt sollte die Basiskonfiguration so ähnlich wie in Abbildung 2.8 aussehen.

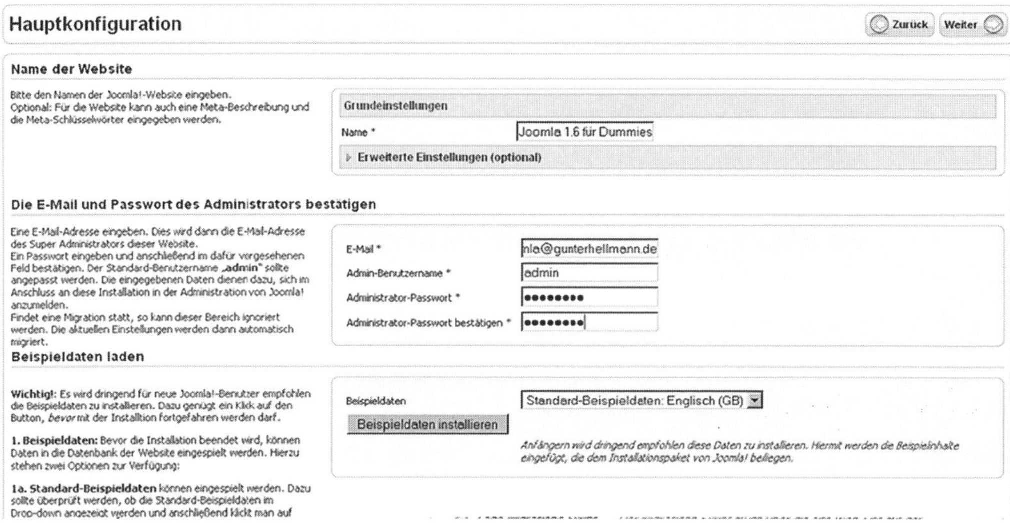

Abbildung 2.8: Joomla-Installation – Basiskonfiguration

9. Klicken Sie im Bereich Beispieldaten oder Backup einspielen auf die Schaltfläche Beispieldaten installieren.

Die Beispieldaten machen ihrem Namen alle Ehre: Ihre Joomla-Installation wird exemplarisch mit Kategorien, Menüs, Inhalten, Modulen, Bannern und Weblinks eingerichtet. Beim Einzug empfangen Sie also nicht kahle Wände, sondern es erwartet Sie eine einladend tapezierte Behausung. Die Installation dieser Beispieldaten sei Ihnen dabei dringend ans Herz gelegt!

Wenn die Beispieldateien eingespielt sind, verwandelt sich die Schaltfläche in ein Textfeld, das vermeldet: »Beispieldaten erfolgreich installiert«.

10. Klicken Sie auf Weiter.

Die Seite Abschluss wird wie in Abbildung 2.9 angezeigt.

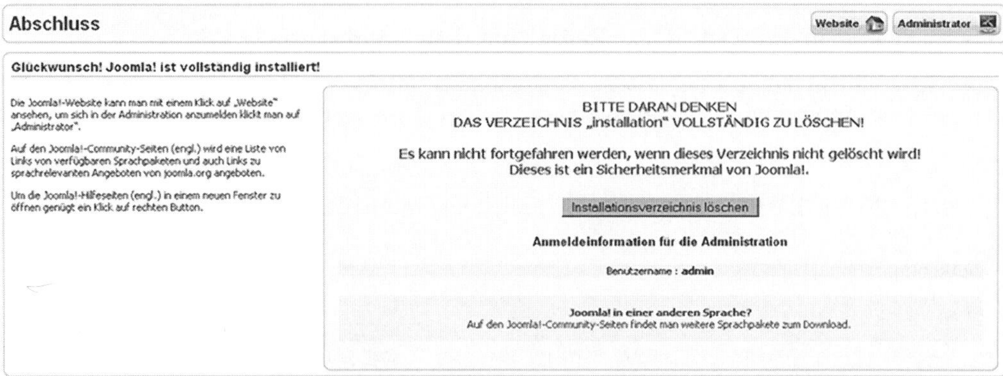

Abbildung 2.9: Joomla-Installation – Abschluss

Probleme mit Windows Vista, Windows 7 und der Benutzerkontensteuerung beheben

Die *Benutzerkontensteuerung* ist eine Sicherheitseinrichtung in Microsofts Betriebssystem Windows Vista und Windows 7. Schreibzugriffe auf manche Ordner und auch andere Funktionen werden dadurch beschränkt. So kann es passieren, dass Änderungen, die Sie an XAMPP vornehmen, gar nicht akzeptiert werden oder nach erneutem Anmelden »vergessen« sind.

Um die Benutzerkontensteuerung bei Vista auszuschalten, gehen Sie wie folgt vor:

1. **Klicken Sie auf das Startmenü von Windows, geben Sie in das Textfeld SUCHE STARTEN den Wert `msconfig` ein und drücken Sie die [↵]-Taste.**

   Ein Dialogfenster der Benutzerkontensteuerung wird angezeigt – zum letzten Mal, schließlich sind Sie im Begriff, sie auszuschalten.

2. **Falls Sie als Standardbenutzer arbeiten, geben Sie das Passwort eines Administrators ein. Sind Sie schon Administrator, genügt ein Klick auf die Schaltfläche FORTSETZEN.**

   Das Fenster SYSTEMKONFIGURATION wird geöffnet.

3. **Klicken Sie auf die Registerkarte TOOLS.**

4. **Scrollen Sie in der Auswahlliste nach unten, bis Sie den Eintrag BENUTZERKONTENSTEUERUNG DEAKTIVIEREN sehen, und wählen Sie diesen Eintrag.**

5. **Klicken Sie auf die Schaltfläche STARTEN.**

   Ein Kommandozeilenfenster mit schwarzem Hintergrund erscheint und vermeldet: »Der Vorgang wurde erfolgreich ausgeführt«.

6. **Schließen Sie alle offenen Fenster und starten Sie Windows neu.**

   Nach dem Neustart ist die Benutzerkontensteuerung abgeschaltet. Die Probleme, die mit ihr zusammenhängen, sollten damit der Vergangenheit angehören.

Um die Benutzerkontensteuerung bei Windows 7 auszuschalten, gehen Sie wie folgt vor:

1. **Klicken Sie auf Start, dann auf Systemsteuerung, auf System und Sicherheit und im Bereich Action Center auf dem Link Einstellungen für Benutzerkontensteuerung.**
2. **Wählen Sie unter den vier Einstellungen Sicherheitsstufe 2 (für erfahrene Benutzer) oder die 3 als Standardeinstellung. Die Stufe 1 KEINE BENACHRICHTIGUNG ist aus Sicherheitsgründen nicht empfehlendswert.**
3. **Klicken Sie auf OK und die Einstellung wird gespeichert. Nach dem Neustart ist die neue Einstellung der Benutzerkontensteuerung eingestellt.**

Häuslebau: Joomla im Web installieren

Jetzt wird in die Hände gespuckt, der Hausbau beginnt. Als Erstes erfahren Sie, woran Sie den richtigen Bauunternehmer, also Webanbieter erkennen. Dann müssen Formalitäten erledigt und eine Datenbank angelegt werden. Und schließlich richten Sie den Möbelpacker *FileZilla* als FTP-Programm ein und übertragen die Installationsdateien auf den Server. Dann folgt die eigentliche Installation von Joomla und der Rohbau Ihrer Website wird aufgerichtet.

Fundamente legen – Das muss Ihr Webanbieter können

Damit Sie Joomla erfolgreich bei Ihrem Webanbieter einrichten können, sollten Sie mit dem Webpaket, das Sie buchen, ein solides Fundament legen. Dafür muss das Paket mindestens folgende Funktionen bieten:

- ✔ **Apache 1.3.19** oder höher
- ✔ **PHP 5.2.4** oder höher
  - In PHP muss die Unterstützung für *MySQL*, *XML* und *Zlib* eingeschaltet sein.
  - Der *Safe-Mode* sollte ausgeschaltet (»OFF«) sein. Was der Safe-Mode ist, erfahren Sie weiter hinten in diesem Kapitel.
- ✔ **MySQL 5.0.4** oder höher
  - Mindestens eine MySQL-Datenbank muss im Paket enthalten sein.
  - Außerdem muss *phpMyAdmin* installiert sein, mit dem sich die MySQL-Datenbank über eine Weboberfläche verwalten und bearbeiten lässt.
- ✔ **20 Megabyte Speicherplatz**, besser mehr

In Kapitel 16 finden Sie die Webadresse eines Dienstes, der Webanbieter auflistet und eine Benutzerbewertung für die einzelnen Webanbieter bietet. Vergleichen Sie also gut, schließlich soll Ihr Haus nicht auf Sand gebaut werden.

FileZilla installieren

FileZilla ist ein FTP-Programm und dient Ihnen als Möbelpacker: das Programm der Wahl, um die Joomla-Installationsdateien von Ihrer Festplatte auf den Server des Webanbieters zu transportieren. Und wie gute Freunde und Bekannte hilft Ihnen FileZilla kostenlos – aber halten Sie zur Sicherheit Bier und belegte Brote bereit.

1. **Legen Sie die diesem Buch beiliegende CD in Ihr CD-Laufwerk ein, öffnen Sie den Windows-Explorer, wechseln Sie in das CD-Laufwerk und dort in den Order** `Software/FileZilla`.

   Die aktuellste Version von FileZilla können Sie unter der Adresse `http://www.filezilla.de` herunterladen. Wählen Sie die Setup-Version.

2. **Doppelklicken Sie auf die Datei** `FileZilla-3.5.0-win32.zip`.

   Falls Sie Windows Vista oder Windows 7 verwenden, meldet sich eventuell bei einer Installation die so genannte Benutzerkontensteuerung zu Wort und fragt nach Ihrer Zustimmung und gegebenenfalls nach einem Passwort. Geben Sie ihr, wonach sie verlangt.

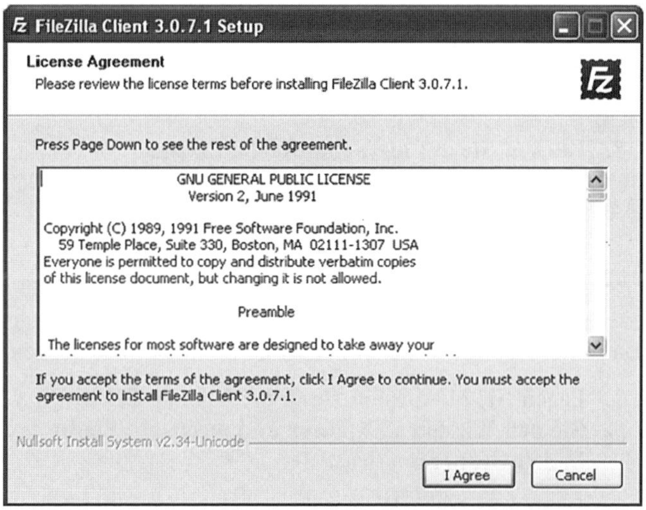

Abbildung 2.11: Installations-Assistent von FileZilla

   Wenn Sie bis jetzt nur Englisch zu sehen bekommen haben, keine Sorge: Sind die lästigen Formalitäten der Installation erst einmal erledigt, unterhält sich der freundliche Möbelpacker FileZilla beim Umzug mit Ihnen auch auf Deutsch.

3. **Klicken Sie auf die Schaltfläche I AGREE.**

   Damit bestätigen Sie die Lizenzbestimmungen.

   Die Seite CHOOSE COMPONENTS wird aufgeblättert. Die Komponenten wollen Sie natürlich alle haben, also lassen Sie sie angewählt.

4. **Klicken Sie auf die Schaltfläche NEXT.**

   Die Seite CHOOSE INSTALLATION LOCATION wird geöffnet.

5. **Geben Sie im Bereich DESTINATION FOLDER in das Textfeld den gewünschten Ordner ein.**

   Wenn Sie einen besonderen Wunsch haben, wohin FileZilla installiert werden soll, dann tun Sie Folgendes:

   - Klicken Sie auf die Schaltfläche BROWSE.

     Ein Dialogfenster wird geöffnet.

   - Hangeln Sie sich nun im Ordnerbaum zum bevorzugten Ordner durch.
   - Klicken Sie auf die Schaltfläche OK.

6. **Klicken Sie auf NEXT.**

   Die Seite CHOOSE START MENU FOLDER wird angezeigt.

7. **Klicken Sie auf die Schaltfläche INSTALL.**

   Der Installations-Assistent unterrichtet Sie auf der Seite INSTALLING ausführlich über den Stand der Installation. Sobald die Installation abgeschlossen ist, wird die Seite COMPLETING THE FILEZILLA CLIENT 3.5.0 SETUP angezeigt.

8. **Klicken Sie auf die Schaltfläche FINISH.**

   Das heißt: Sie sind am Ziel. FileZilla ist bereit, kräftig mit anzupacken.

Dateien entpacken

Bevor Sie die Dateien von Ihrem Rechner auf den Server übertragen, müssen sie aus der engen ZIP-Datei heraus, in der sie wie Heringe in einer Dose gepackt sind.

1. **Legen Sie die diesem Buch beiliegende CD in Ihr CD-Laufwerk ein, öffnen Sie den Windows-Explorer und wechseln Sie in das CD-Laufwerk und dort in den Ordner** `Joomla 1.6`.

   Die aktuellste Version von Joomla können Sie unter der Adresse `http://www.joomla.org` herunterladen.

2. **Entpacken Sie die Datei** `Joomla-1.6.6-Stable-Full-Package-German.zip`.

   Wenn Sie eine neuere Joomla-Version verwenden, kann die Versionsnummer anders lauten.

   Bei Windows XP, Vista und Windows 7 ist ein Entpacker schon dabei: Klicken Sie mit der rechten Maustaste auf die ZIP-Datei und wählen Sie im Kontextmenü den Eintrag ALLE EXTRAHIEREN, woraufhin der EXTRAHIER-ASSISTENT erscheint. Wenn Sie sich einen anderen Entpacker eingerichtet haben, nutzen Sie diesen.

Alle Dateien von Joomla werden jetzt in einen Ordner auf Ihrer Festplatte entpackt. Weil das ziemlich viele Dateien sind, kann es etwas dauern.

3. **Prägen Sie sich den Pfad zum Ordner gut ein, Sie werden ihn später wieder benötigen.**

FileZilla starten

1. **Klicken Sie im Startmenü auf FileZilla Client|FileZilla.**

   Das Programmfenster von FileZilla wird geöffnet (siehe Abbildung 2.12).

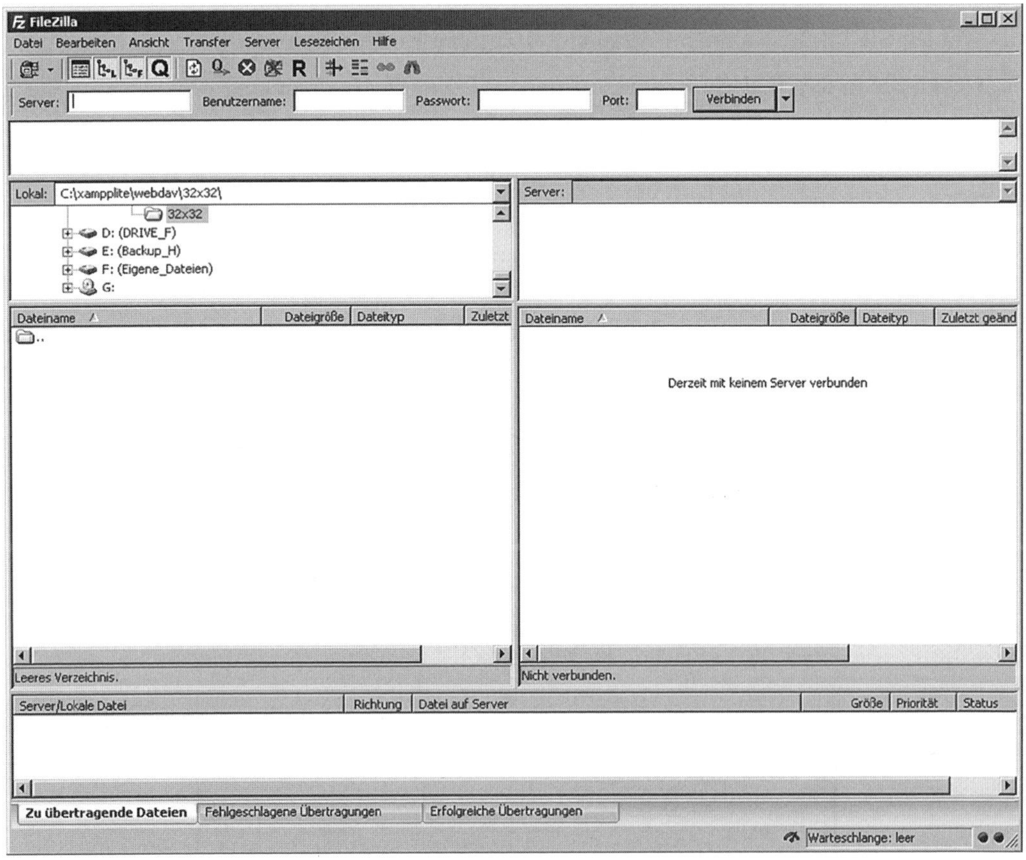

Abbildung 2.12: FileZilla nach dem ersten Start

2. **Klicken Sie in FileZilla auf das Menü Datei|Servermanager.**

   Das Dialogfenster des Servermanagers erscheint.

3. **Klicken Sie auf die Schaltfläche Neuer Server.**

4. **Geben Sie in das Textfeld einen aussagekräftigen Namen ein und drücken Sie die ↵-Taste.**

5. **Geben Sie in das Textfeld Server die Adresse des FTP-Servers ein.**

   Adresse, Benutzername und Passwort für den FTP-Server erfahren Sie von Ihrem Webanbieter.

Wenn Sie wollen, dass niemand den Transport bemerkt, dann sorgen die verschlüsselten Übertragungsverfahren *SFTP* und *FTP mit TLS/SSL* für mehr Sicherheit. Sie brauchen sie nur im Auswahlmenü Servertyp zu wählen. Ob und welche Verschlüsselung Ihr FTP-Server unterstützt, verrät Ihnen Ihr Webanbieter. Oder probieren Sie es einfach aus; wenn es nicht funktioniert, können Sie zuletzt immer noch auf das unverschlüsselte FTP zurückgreifen.

6. **Wählen Sie im Auswahlmenü Verbindungsart den Eintrag Normal.**
7. **Geben Sie in das Textfeld Benutzer Ihren FTP-Benutzernamen ein.**
8. **Geben Sie in das Textfeld Passwort Ihr FTP-Passwort ein.**

Und was ist mit dem Port, den braucht man doch sonst immer bei FTP? Die Antwort lautet: FileZilla wählt automatisch den richtigen Port, beispielsweise Port `21` für handelsübliches FTP und Port `22` für das verschlüsselte SFTP – und erspart Ihnen diese Einstellung. Da sage noch einer was von fehlendem Service!

Mit allen Einstellungen sieht Ihr persönlicher Servermanager zum Beispiel so aus wie in Abbildung 2.13.

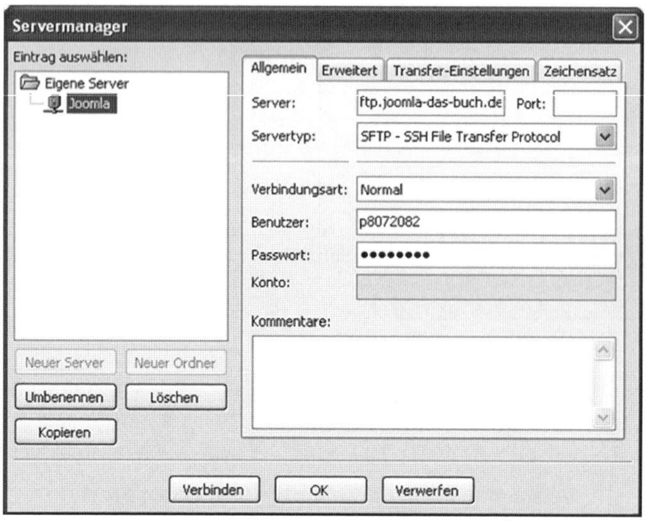

Abbildung 2.13: FileZilla – Servermanager

9. **Klicken Sie auf die Schaltfläche OK.**

   Damit hat sich der Möbelpacker Ihre Adresse gemerkt. Wenn Sie ihn in Zukunft in Anspruch nehmen wollen, geht's ganz fix. Lesen Sie dazu gleich den nächsten Abschnitt.

Möbelpacker ans Werk – Dateien mit FTP auf den Server übertragen

Na, sind Sie schon ungeduldig? Glauben Sie's, die Joomla-Installation geht wirklich ganz fix, Sie sind schon mitten drin.

Dazu benötigen Sie das FTP-Programm FileZilla oder ein anderes FTP-Programm – dort könnte es allerdings ein klein wenig anders ausschauen.

1. **Klicken Sie auf das Menü DATEI|SERVERMANAGER.**

   Das Dialogfenster des Servermanagers erscheint.

2. **Wählen Sie im Bereich EINTRAG AUSWÄHLEN in der Auswahlliste den Eintrag, den Sie für Ihren FTP-Server angelegt haben, und klicken Sie auf die Schaltfläche VERBINDEN.**

   Falls in Windows XP oder Vista die eingebaute Windows-Firewall ihren Dienst versieht, wie das in der Voreinstellung der Fall ist, meldet sich das Betriebssystem mit einer Sicherheitswarnung zu Wort.

   - Aktivieren Sie in diesem Fall, falls vorhanden, das Kontrollkästchen MELDUNG FÜR DIESES PROGRAMM NICHT MEHR ANZEIGEN.
   - Klicken Sie – im Gegensatz zur Installation von XAMPP – auf die Schaltfläche NICHT MEHR BLOCKEN oder OK.

Der Verbindungsaufbau zum FTP-Server schlägt fehl? Das liegt höchstwahrscheinlich daran, dass Sie eine Firewall verwenden. Lockern Sie am besten die Sicherheitseinstellungen der Firewall für FileZilla.

   Falls Sie als Servertyp eine verschlüsselte Verbindung gewählt haben und zum ersten Mal eine Verbindung mit dem FTP-Server herstellen, erscheint das Dialogfenster UNBEKANNTER SERVER-SCHLÜSSEL. Aktivieren Sie das Kontrollkästchen DIESEM SERVER IMMER VERTRAUEN, DIESEN SCHLÜSSEL SPEICHERN und klicken Sie auf die Schaltfläche OK.
   FileZilla nimmt nun die Verbindung zum FTP-Server auf.

3. **Klicken Sie im Bereich LOKALE ANSICHT (links oben) auf den Ordner, dessen Namen Sie sich gut eingeprägt haben.**

   Das ist der Ordner, in den Sie die Joomla-Dateien entpackt haben.

4. **Klicken Sie in den Bereich darunter (links unten).**

5. **Drücken Sie die Tasten [Strg]+[A].**

   Alle Dateien und Ordner von Joomla, die momentan noch auf Ihrem Rechner liegen, werden nun markiert.

6. **Klicken Sie auf die markierten Elemente, halten Sie die linke Maustaste gedrückt, ziehen Sie den Mauszeiger nach rechts unten in den Bereich SERVERANSICHT und lassen Sie die Maustaste dort los.**

   Abbildung 2.14 zeigt, wie es während des Ziehens aussehen soll.

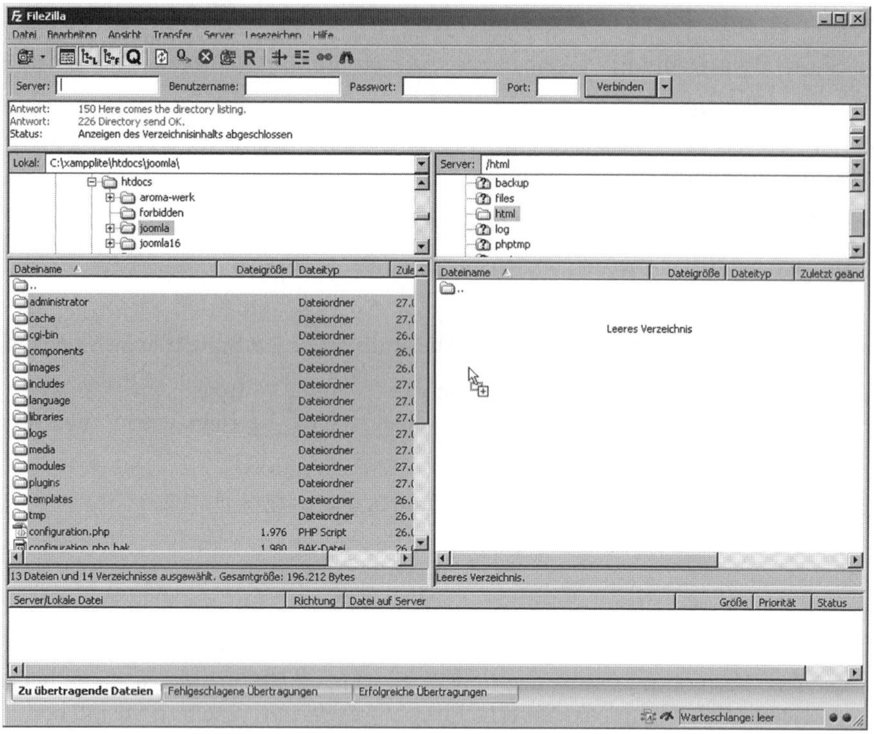

Abbildung 2.14: FileZilla – Dateien von der Festplatte auf den Server kopieren

Jetzt geschieht zweierlei: Durch den Statusbereich oben im FileZilla-Fenster flitzen wieselflinke Statusmeldungen, und die Warteschlange unten füllt sich mit Dateien, die auf ihren Transport warten.

Das heißt: Die Möbelpacker sind fleißig am Werkeln und verfrachten jede Menge Joomla-Hausrat von Ihrem Rechner auf den Server beim Webanbieter. Bei rund 4.600 Dateien kann der Umzug eine Weile dauern. Lehnen Sie sich zurück und sehen Sie den Möbelpackern beim Arbeiten zu.

Sobald oben im Statusbereich der Status »Dateitransfer erfolgreich« erscheint und die Warteschlange unten wieder gänzlich leer ist, haben die Dateien den Transport unbeschadet überstanden; nichts ist zu Bruch gegangen. Die Möbelpacker haben ihre Arbeit getan. Sie können FileZilla jetzt beruhigt schließen.

Im Browser geht's weiter

1. **Öffnen Sie Ihren Browser und geben Sie in die Adresszeile Ihres Browsers die Adresse ein, unter der Sie Joomla hochgeladen haben, zum Beispiel** `http://www.domainname.de`.

   Die Installation von Joomla wird gestartet. Als Erstes wird wie in Abbildung 2.15 dargestellt eine Sprachauswahl angezeigt, die mit der Sprache des Browsers vorbelegt ist.

Der Bildschirm bleibt weiß oder kryptische PHP-Fehlermeldungen erscheinen? Prüfen Sie, ob Sie die richtige Adresse eingegeben haben. Wenn Sie dieser Beschreibung nicht genau gefolgt sind, könnte es sein, dass Sie einen Pfad wie `/joomla` an den Domainnamen anhängen müssen, also in die Adresszeile `http://www.domainname/joomla` eingeben müssen. Wenn Sie sicher sind, dass die Adresse stimmt, lesen Sie in Kapitel 10 den Abschnitt über Datei- und Ordnerrechte und setzen Sie die Zugriffsrechte wie dort beschrieben.

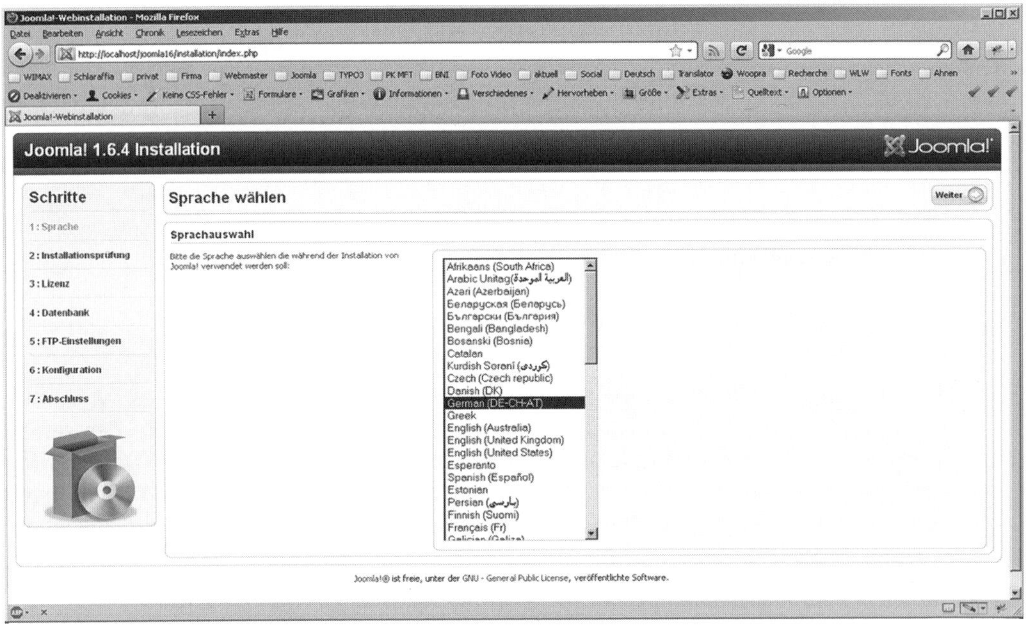

Abbildung 2.15: Joomla-Installation – Sprache wählen

2. **Wählen Sie in der Auswahlliste den Eintrag GERMAN (DE-CH-AT)und klicken Sie anschließend auf die Schaltfläche WEITER.**

   Die Seite INSTALLATIONSPRÜFUNG wird angezeigt (siehe Abbildung 2.16). Im besten Fall gibt Joomla bei allen Einstellungen grünes Licht.

   Die Prüfungen im oberen Bereich muss Joomla bestehen (gekennzeichnet durch die grüne Farbe), sonst funktioniert es nicht richtig; die Einstellungen unten werden empfohlen, sind zur reibungslosen Arbeit aber nicht unbedingt erforderlich.

   - Wenn neben CONFIGURATION.PHP BESCHREIBBAR ein rotes *Nein* warnt, lesen Sie in Kapitel 10 den Abschnitt über Datei- und Ordnerrechte und setzen Sie die Zugriffsrechte für die Datei `configuration.php` auf `755`. Sobald Sie die Rechte geändert haben, zeigt ein Klick auf die Schaltfläche PRÜFUNG WIEDERHOLEN, ob das Problem behoben ist.

     Falls die Rechte auf `755` nicht ausreichen, setzen Sie die Rechte für die Datei `configuration.php` für die Dauer der Installation auf `777`. Vergeben Sie in diesem Fall nach der Installation die Rechte wie in Kapitel 10 empfohlen.

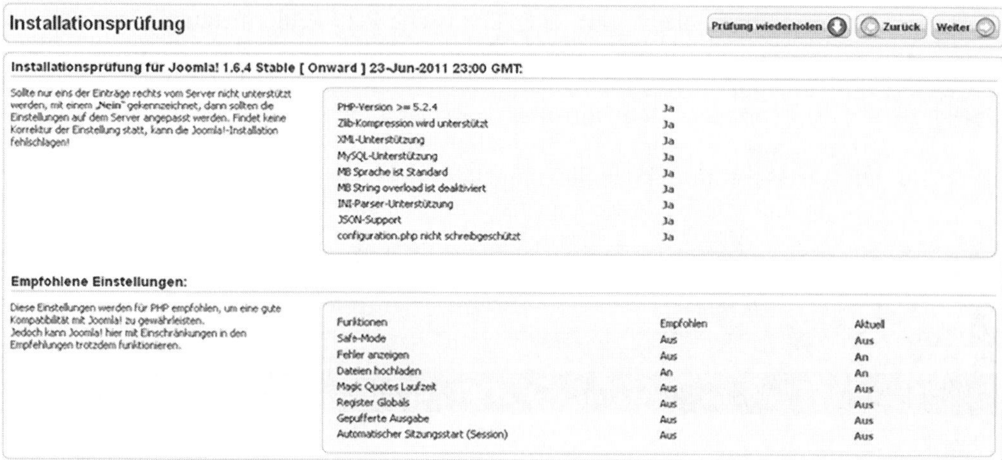

Abbildung 2.16: Joomla-Installation – Installationsprüfung

- Haben Sie ein Auge auf die Zeilen Safe Mode und Dateien hochladen: Steht hier in einer Zeile ein rotes *An*, sollten Sie den nächsten Absatz lesen.

  Der *Safe-Mode* von PHP ist eine Sicherheitsfunktion, die die Kunden eines Webanbieters voreinander schützt. Meist liegen die Websites mehrerer Kunden auf demselben Server, wodurch der eine Kunde die Daten eines anderen einsehen könnte. Die Zugriffsbeschränkungen auf das Dateisystem und die dadurch entstehenden Einschränkungen kann Joomla umgehen, indem es die gesperrten Funktionen durch einen FTP-Zugang »ersetzt«.

- Gänzlich unproblematisch ist ein rotes *An* bei Register Globals, es wird sogar bei den meisten Webinstallationen erscheinen, wie in Abbildung 2.16 gezeigt.

Register Globals auf *An* bedeutet, dass der Webanbieter seinen Kunden zuliebe eine Sicherheitsfunktion von PHP abgeschaltet hat, weil viele ältere oder schlecht geschriebene PHP-Skripte damit nicht laufen. Joomla ist diese Einstellung einerlei: Es ist so gut programmiert, dass es mit diesem wie mit jenem gut zurechtkommt.

3. **Klicken Sie auf Weiter.**

   Die Seite GNU/GPL-Lizenz wird angezeigt.

4. **Klicken Sie auf Weiter.**

   Die Seite Datenbank konfigurieren wird angezeigt.

5. **Nehmen Sie unter Datenbank konfigurieren die folgenden Einstellungen vor:**

   - Belassen Sie im Auswahlmenü Datenbanktyp den Eintrag `MySQL`.

- Geben Sie in das Textfeld SERVERNAME die Adresse des Datenbankservers ein.

  Je nach Webanbieter kann die richtige Einstellung hier sehr unterschiedlich sein, beispielsweise `localhost`, wenn Web- und MySQL-Datenbank-Serverprogramm beim Webanbieter auf demselben Server laufen, oder eine komplette Adresse in der Form `db123.webanbieter.de`. Beachten Sie dazu bitte die Informationen Ihres Webanbieters.

- Geben Sie in das Textfeld BENUTZERNAME den Benutzernamen für die Datenbank ein.
- Geben Sie in das Textfeld PASSWORT das Passwort ein.
- Geben Sie in das Textfeld DATENBANKNAME den vorgegebenen Namen der Datenbank ein.
- Ändern Sie den TABELLENPRÄFIX nur, wenn eine zweite Joomla-Installation mit der gleichen Datenbank erfolgen soll.
- Lassen Sie im Auswahlmenü ALTE DATENBANKTABELLEN den Eintrag SICHERN. Er ist bei einer Neuinstallation ohne Bedeutung.

Abbildung 2.17 zeigt, wie die Einstellungen der Datenbank lauten könnten.

Was tun, wenn Sie mehrere Joomla-Installationen einrichten wollen, von denen eigentlich jede eine eigene Datenbank braucht, aber im Paket Ihres Webanbieters nur eine Datenbank enthalten ist? Kein Problem! Klicken Sie auf den Ausklappbereich ERWEITERTE EINSTELLUNGEN und geben Sie in das Textfeld TABELLENPRÄFIX, das standardmäßig `jos-` lautet, bei jeder zusätzlichen Joomla-Installation eine andere, kurze und sprechende Kennzeichnung wie `jos-privat-`, `jos-verein-` und so weiter ein. Auf diese Weise benutzt Joomla für mehrere Installationen dieselbe Datenbank und unterscheidet die Tabellen anhand ihrer Präfixe.

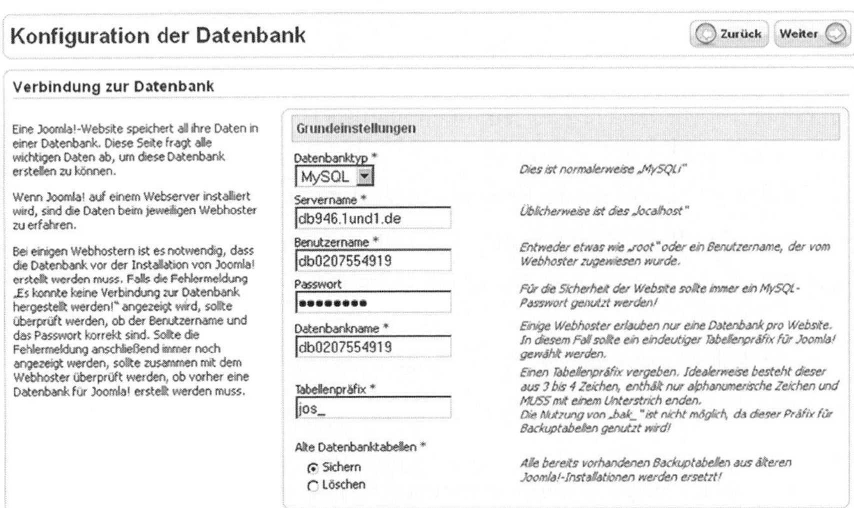

Abbildung 2.17: Joomla-Installation – Datenbankkonfiguration

6. **Klicken Sie auf Weiter.**

Die Fehlermeldung »Es konnte keine Verbindung zur Datenbank hergestellt werden« erscheint? Dann klicken Sie auf die Schaltfläche Zurück und überprüfen Sie, ob Sie alle Daten richtig eingetragen haben.

Die Seite FTP-Konfiguration wird nun angezeigt.

Einstellungen auf dieser Seite müssen Sie nur verändern, wenn der Webanbieter den *Safe-Mode* angeschaltet hat oder Dateien nicht hochgeladen werden können und Joomla dies auf der Seite Installationsprüfung, das war Schritt 2, mit roter Markierung moniert hat.

7. **Ist keines von beiden der Fall, überspringen Sie die folgenden Schritte und lesen Sie weiter bei Schritt 13.**

Wenn Sie im Kundenmenü Ihres Webanbieters die Möglichkeit haben, einen eigenen FTP-Zugang für Joomla anzulegen, dann tun Sie das am besten auch. Wie das genau geht, hängt sehr von Ihrem Webanbieter ab. Fragen Sie ihn doch einmal.

8. **Nehmen Sie unter FTP konfigurieren die folgenden Einstellungen vor:**
   - Geben Sie in das Textfeld FTP-Benutzername den FTP-Benutzer ein.
   - Geben Sie in das Textfeld FTP-Passwort das FTP-Passwort ein.
9. **Klicken auf den Ausklappbereich Erweiterte Einstellungen.**
10. **Nehmen Sie unter Erweiterte Einstellungen folgende Einstellungen vor:**
    - Geben Sie in das Textfeld FTP-Servername den FTP-Server ein.

      Je nach Webanbieter kann die richtige Einstellung hier sehr unterschiedlich sein; beispielsweise `localhost`, wenn Web- und FTP-Serverprogramm beim Webanbieter auf demselben Server laufen, oder eine komplette FTP-Adresse wie `ftp.domainname.de`. Lesen Sie dazu bitte die Informationen Ihres Webanbieters.
    - Beim FTP-Port lassen Sie die Einstellung so stehen.
    - Wählen Sie für den Optionsschalter FTP-Passwort speichern den Wert `Ja`.
11. **Klicken Sie im Bereich Grund-Einstellungen auf die Schaltfläche Automatischer FTP-Pfad.**

    Damit trägt Joomla automatisch den richtigen Wert in das Textfeld FTP-Root-Pfad ein.
12. **Klicken Sie auf die Schaltfläche FTP-Einstellungen überprüfen.**

    Wenn alles funktioniert, erscheint ein Dialogfenster mit der Meldung »Die FTP-Einstellungen sind gültig« und das Kontrollkästchen Ja im Bereich Basis-Einstellungen wird automatisch aktiviert, wie Abbildung 2.18 zeigt.

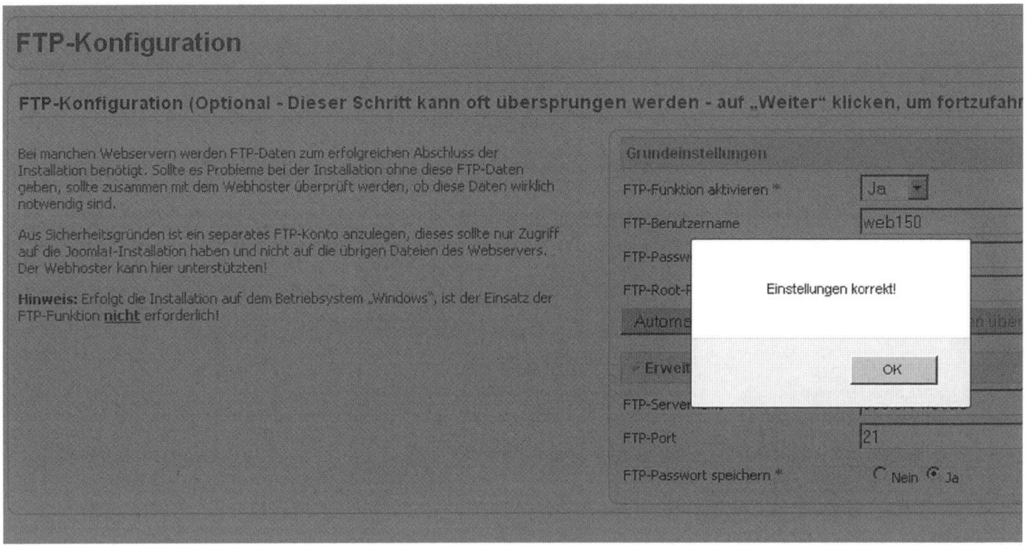

Abbildung 2.18: Joomla-Installation – FTP konfigurieren

13. Klicken Sie auf WEITER.

Die Seite BASISKONFIGURATION wird geöffnet. Hier können Sie zum ersten Mal Einstellungen vornehmen, die sich auch auf die Fassade auswirken. Die bisherigen Einstellungen haben nur hinter den Kulissen gewirkt.

14. Nehmen Sie unter HAUPTKONFIGURATION folgende Einstellungen vor:

- Geben Sie in das Textfeld NAME den gewünschten Namen Ihrer Website ein.

  Sie können den Namen, der auch in der Titelleiste des Browsers erscheint, jederzeit nachträglich ändern. Wie das geht, erfahren Sie in Kapitel 4.

- Geben Sie in das Textfeld E-MAIL nun Ihre E-Mail-Adresse ein.

  Tragen Sie hier eine gültige E-Mail-Adresse ein, denn dorthin sendet Ihnen Joomla ab sofort Post mit wichtigen Meldungen.

- Geben Sie in das Textfeld ADMIN-BENUTZERNAME einen Benutzernamen ein.

- Geben Sie in das Textfeld ADMINISTRATOR-PASSWORT ein Passwort für den Administrator-Benutzer ein und wiederholen Sie dieses Passwort im Textfeld ADMINISTRATOR-PASSWORT BESTÄTIGEN.

Machen Sie es sich an dieser Stelle bitte nicht zu einfach und denken Sie sich ein sicheres Passwort aus, um Ihre Daten vor neugierigen Blicken zu schützen! Kapitel 10 erklärt Ihnen, wie Sie kinderleicht ein sicheres Passwort wählen, das sich trotzdem leicht merken lässt.

Die Seite sieht jetzt etwa so aus wie in Abbildung 2.19 gezeigt.

Abbildung 2.19: Joomla-Installation – Hauptkonfiguration

15. Klicken Sie im Bereich Beispieldaten auf die Schaltfläche Beispieldaten installieren.

Die Beispieldaten machen ihrem Namen alle Ehre: Ihre Joomla-Installation wird beispielhaft mit Bereichen und Kategorien, Menüs, Inhalten, Modulen, Bannern und Weblinks eingerichtet. Beim Einzug sehen Sie also keine kahlen Wände, sondern eine einladend tapezierte Behausung. Die Installation dieser Beispieldaten sei Ihnen dabei dringend ans Herz gelegt!

Wenn die Beispieldateien eingespielt sind, verwandelt sich die Schaltfläche in ein Textfeld, das vermeldet: »Beispieldaten erfolgreich installiert«.

16. Klicken Sie auf Weiter.

Die Seite Abschluss wird angezeigt (Abbildung 2.20).

Herzlichen Glückwunsch, Sie haben Joomla bei Ihrem Webanbieter installiert. Der Rohbau Ihres Traumhauses steht!

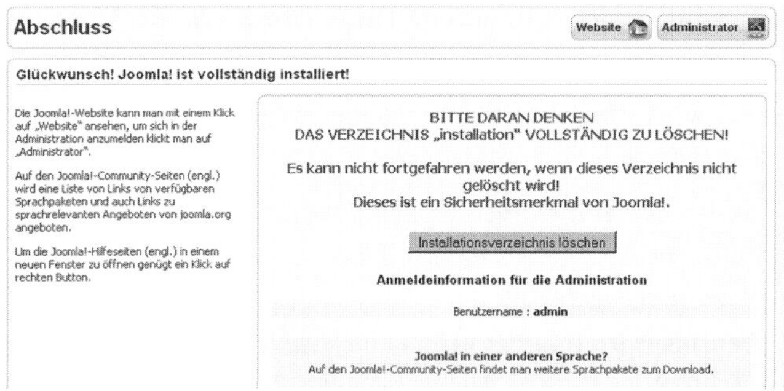

Abbildung 2.20: Joomla-Installation – Abschluss

Sicher ist sicher – Installationsdateien löschen

Nach der erfolgreichen Installation bauen Sie aus Sicherheitsgründen das Gerüst wieder ab, mit dessen Hilfe Sie Ihr Haus hochgezogen haben: die Installationsdateien.

1. **Klicken Sie auf den Button Installationsverzeichnis löschen. Die Anzeige ändert sich auf Instalationsverzeichnis erfolgreich gelöscht. FileZilla starten Möbelpacker ans Werk – Dateien mit FTP auf den Server übertragen**

Lesen Sie gleich weiter, im folgenden Abschnitt erfahren Sie, wie Sie Joomla ganz geschwind Deutsch beibringen, denn noch spricht es meist bloß Englisch.

Deutschunterricht für Joomla

Joomla ist ein richtiges Sprachentalent: Im Nu lernt es praktisch jede Sprache mit Hilfe von frei verfügbaren Sprachdateien. Im nächsten Abschnitt wird gezeigt, wie man diese Dateien installiert, im übernächsten, wie man die Sprache blitzschnell umstellt. Na dann, lassen Sie Joomla die Schulbank drücken!

Sprachdateien herunterladen und installieren

Wenn Sie sich das erste Mal nach der Installation angemeldet und nur Englisch zu sehen bekommen haben oder Ihnen eine englische Benutzeroberfläche nicht zusagt, dann gönnen Sie Joomla einen Intensivkurs »Deutsch in zwei Minuten«. Im Gegensatz zum echten Leben hält dieser Kurs, was er verspricht!

1. **Legen Sie die diesem Buch beiliegende CD in Ihr CD-Laufwerk ein, öffnen Sie den Windows-Explorer, wechseln Sie auf das CD-Laufwerk und dort in den Ordner** `Joomla 1.6/Sprachdateien`.
2. **Die aktuellste Version der deutschen Sprachdateien können Sie unter der Adresse** `http://www.joomlaos.de/Joomla_1.6_Downloads/Joomla_1.6_Core.html` **herunterladen. Wählen Sie die Datei, die mit** `Deutsche Sprachdateien J1.6` **beginnt. Am besten die Datei für das Front- und Backend.**

3. **Geben Sie in der Adresszeile Ihres Browsers die Adresse Ihrer Website ein, gefolgt von** `/administrator`.

   Damit wird die Administrator-Oberfläche von Joomla aufgerufen, die *Administration*.

   - Wenn Sie Joomla auf Ihrem eigenen Rechner mit XAMPP installiert haben, sieht die Adresse so aus: `http://localhost/joomla/administrator`, wie Abbildung 2.21 zeigt.
   - Wenn Sie Joomla bei einem Webanbieter installiert haben, hat die Adresse die Form `http://www.domainname.de/administrator`.

Abbildung 2.21: Anmeldeoberfläche für die Administration von Joomla

4. **Geben Sie in das Textfeld Username den Standardbenutzernamen** `admin` **ein.**
5. **Geben Sie in das Textfeld Password das Administrator-Passwort ein, das Sie eben bei der Installation festgelegt haben.**

Sie haben das Administrator-Passwort vergessen? Kapitel 14 erklärt Ihnen, wie Sie es wieder in Erfahrung bringen.

6. **Klicken Sie auf die Schaltfläche Login.**

   Die Benutzeroberfläche der Administration wird angezeigt (Abbildung 2.22).

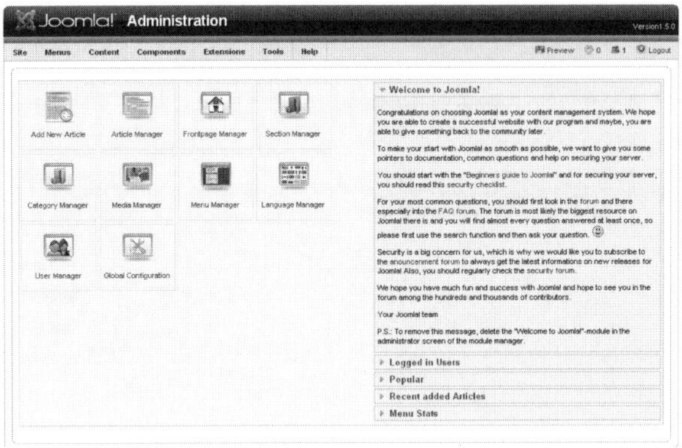

Abbildung 2.22: Joomla-Administration

7. **Falls Sie Joomla bei einem Webanbieter installiert haben, prüfen Sie vor der Installation der Sprachdateien, ob die Zugriffsrechte für die Ordner von Joomla richtig gesetzt sind. Gehen Sie dazu wie folgt vor:**

   - Klicken Sie auf das Menü SITE|SYSTEM INFORMATION.

     Die Seite SYSTEM INFORMATION wird geöffnet. Auf dieser Seite werden allerlei wissenswerte Informationen über die Joomla-Installation angezeigt.

   - Klicken Sie auf die Registerkarte DIRECTORY PERMISSIONS.

     Prüfen Sie auf dieser Registerkarte, ob neben allen Ordnern von Joomla ein grünes *Writeable* steht, wie in Abbildung 2.23. Das bedeutet, dass Joomla auf alle Ordner Schreibzugriff hat.

   - Falls neben einem oder mehreren Ordner ein rotes *Unwriteable* warnt, dass sie unbeschreibbar sind, lesen Sie in Kapitel 10 den Abschnitt über Datei- und Ordnerrechte und setzen Sie die Zugriffsrechte für alle Ordner mit rotem *Unwriteable* auf `755`.

   - Laden Sie in Ihrem Browser die aktuelle Seite neu und wiederholen Sie den vorherigen Schritt so lange, bis alle Ordner beschreibbar sind.

     Falls trotz der Zugriffsrechte auf `755` die Ordner weiterhin als unbeschreibbar angezeigt werden, und nur dann, setzen Sie die Rechte auf `777`.

8. **Klicken Sie auf das Menü EXTENSIONS|EXTENSION MANAGER.**

   Die Seite EXTENSION MANAGER: INSTALL wird geöffnet, wie Sie in Abbildung 2.24 sehen.

9. **Klicken Sie im Bereich UPLOAD PACKAGE FILE auf die Schaltfläche DURCHSUCHEN.**

   Das Dialogfenster DATEI UPLOADEN zur Auswahl einer Datei auf Ihrem Computer wird geöffnet, wie in Abbildung 2.25 gezeigt.

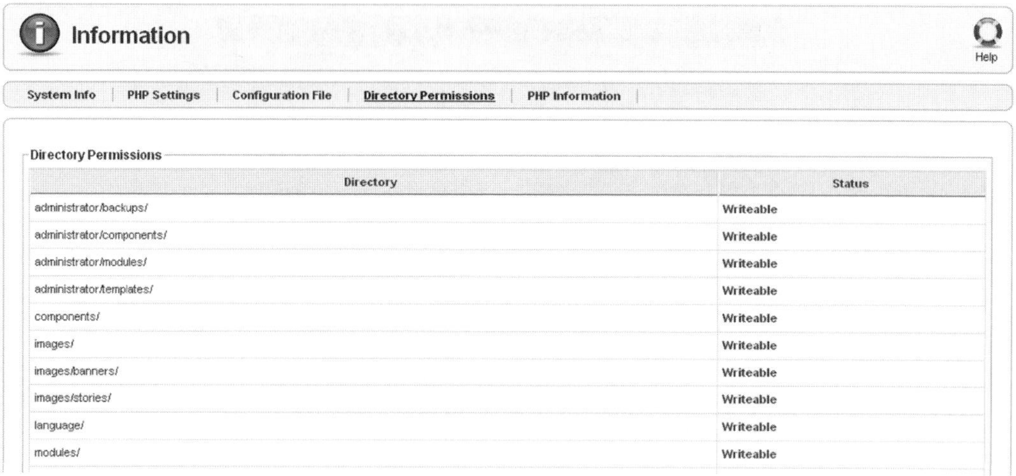

Abbildung 2.23: Administration – Information – Directory Permissions

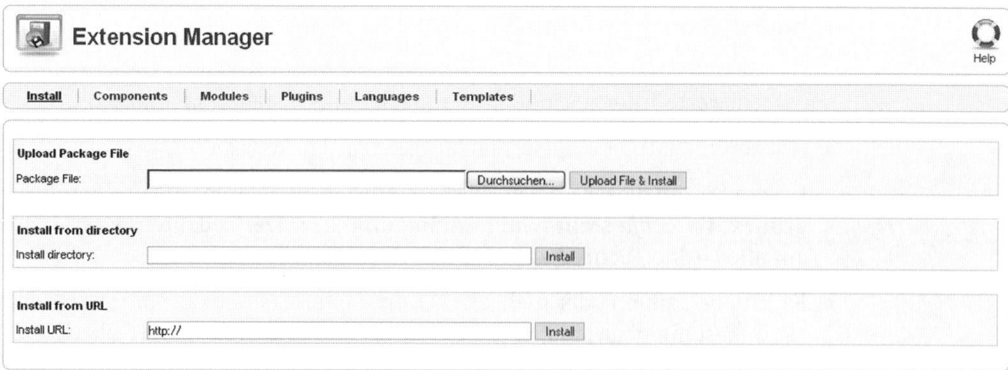

Abbildung 2.24: Administration – Extension Manager

10. **Wechseln Sie in den Ordner mit den Sprachdateien, markieren Sie die Sprachdatei für die Administration** `de-DE_joomla_lang_full_1.6.6v1.zip` **und klicken Sie auf die Schaltfläche Öffnen.**

11. **Klicken Sie auf der Seite Extension Manager auf die Schaltfläche Upload File & Install.**

    Der Anzeigebereich Installing package was successful. wird eingeblendet. Das heißt, die Sprachdateien für die Administration wurden erfolgreich installiert.

    Jetzt müssen die Sprachen für Site und Administration nur noch aktiviert werden.

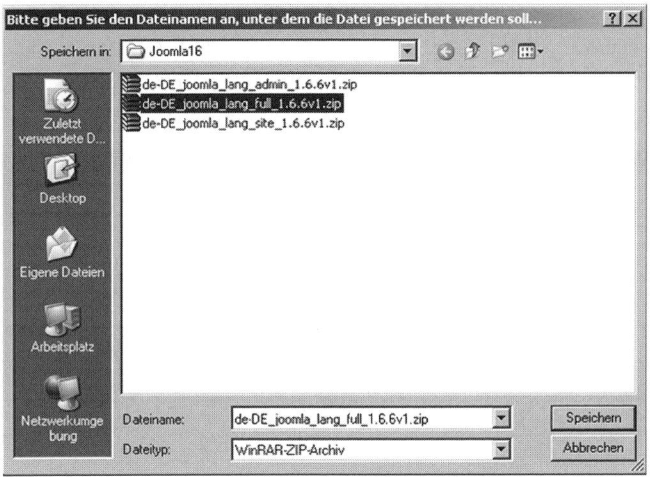

Abbildung 2.25: Dialogfenster DATEI UPLOADEN

Sprache für Site und Administration umstellen

Nachdem das Sprachpaket installiert wurde, müssen Sie es noch aktivieren. Erst dann spricht Joomla wirklich Deutsch (oder eine andere Sprache).

1. **Melden Sie sich mit den** `admin`**-Zugangsdaten in der Administration von Joomla an, falls Sie nicht ohnehin schon angemeldet sind.**
2. **Klicken Sie auf das Menü EXTENSIONS|LANGUAGE MANAGER.**

   Die Seite LANGUAGE MANAGER: INSTALLED LANGUAGES wird geöffnet, wie in Abbildung 2.26 zu sehen ist.

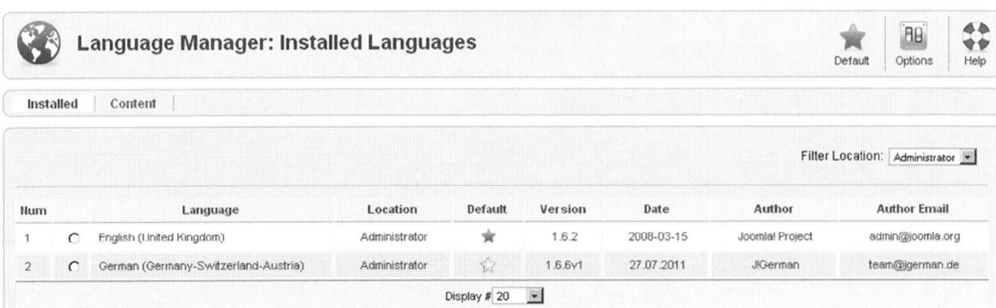

Abbildung 2.26: Administration – Language Manager

3. **Wählen Sie FILTER LOCATION: ADMINISTRATOR und klicken Sie auf die Schaltfläche DEFAULT in der Zeile GERMAN (GERMANY-SWITZERLAND-AUSTRIA).**
4. **Das farbige Sternchen in der Spalte STANDARD zeigt an, dass Deutsch die neue Standardsprache der Site ist.** Gleichzeitig werden Sie sehen, dass die gesamte Administration jetzt

auf Deutsch angezeigt wird: Die Menüs, der Titel – auch die Schaltfläche DEFAULT heißt auf einmal STANDARD, wie in Abbildung 2.27 gezeigt. Wählen Sie FILTERBEREICH: SITE und klicken Sie auf die Schaltfläche DEFAULT in der Zeile GERMAN (GERMANY-SWITZERLAND-AUSTRIA). Auch hier erscheint das farbige Sternchen in der Spalte STANDARD.

Abbildung 2.27: Administration auf Deutsch

Site und Administration unter der Lupe

3

In diesem Kapitel

- Die Site unter der Lupe
- Der Weg ins Administrationsbüro
- Führung durch die Kommandozentrale
- Bearbeitungsansichten
- Gemeinsam an der Website werkeln
- Joomla hilft
- Abmelden am Feierabend

Alles hat ein Ende, nur Joomla hat zwei. Denn Web-Content-Management-Systeme wie Joomla werden in zwei Bereiche unterteilt: Die Website, wie sie die Besucher sehen, ist das *Frontend*, der Vordereingang. Der Verwaltungsbereich wird *Backend* genannt. Hier liegt das Herzstück – die Kommandozentrale, von der aus Sie die Website steuern. Dieser Hintereingang ist gut bewacht. Nur mit einer Berechtigung darf man diesen Bereich von Joomla betreten. In der Sprache von Joomla 1.6 wird das Frontend *Site* genannt und das Backend *Administration*. In diesem Kapitel werden Sie mit dem prinzipiellen Aufbau von Site und Administration vertraut gemacht und erhalten allerlei nützliche Tipps für die tägliche Arbeit an Ihrer Website.

Website auf einen Blick

Sie haben eine erfolgreiche Installation hinter sich? Das können Sie jetzt einfach überprüfen, indem Sie die Vordertür öffnen und in Ihre neue Website hineinspazieren. Geben Sie dazu in der Adresszeile des Browsers die Adresse Ihrer Website ein.

Wenn Joomla, wie in Kapitel 2 beschrieben, auf Ihrem Rechner installiert ist, sieht die Adresszeile im Webbrowser zum Aufrufen der Site bei einer Lokalinstallation so aus:

```
http://localhost/joomla
```

Wenn Joomla auf einem Webserver installiert ist, gelangen Sie im Browser meist mit dieser Adresse zur Site:

```
http://www.domainname.de/
```

Diese Site, wie in Abbildung 3.1 gezeigt, ist das, was Besucher sehen, wenn sie Ihre Website aufsuchen. Die erste Seite, die Fassade der Website, wird *Startseite* oder *Frontpage* genannt.

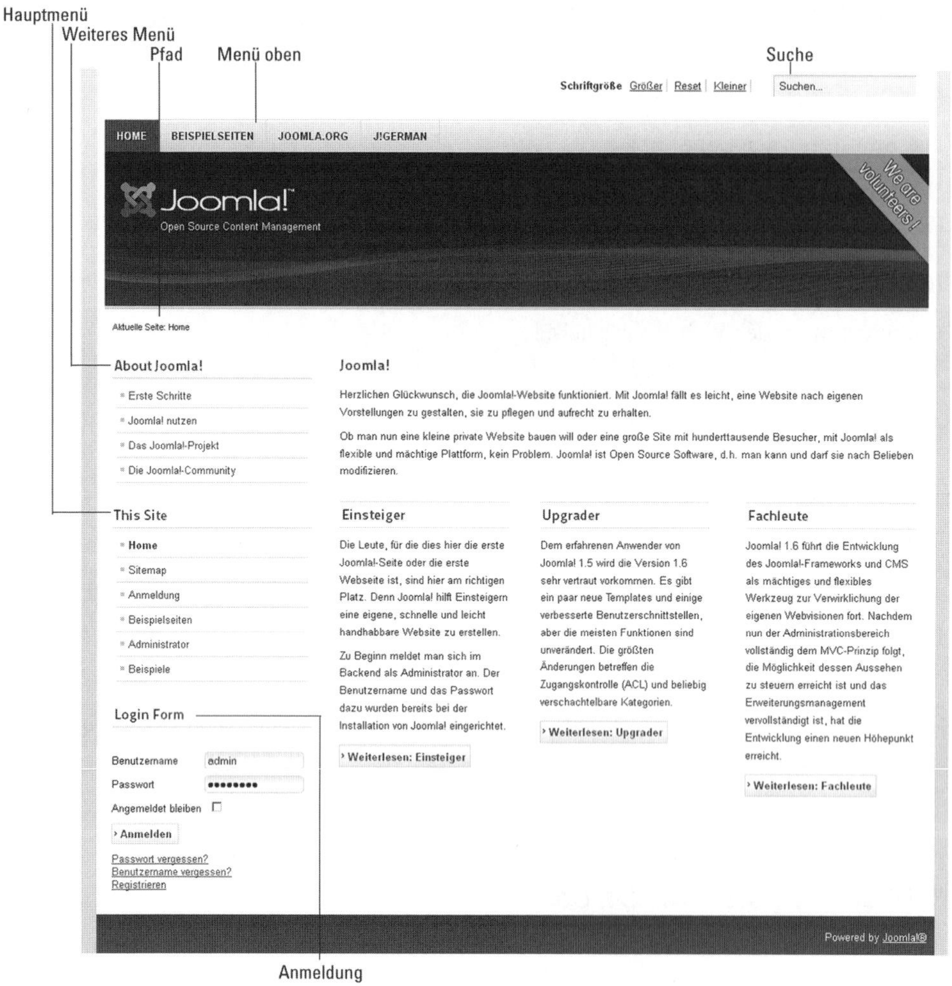

Abbildung 3.1: Startseite der Site mit deutschen Beispielinhalten

Entdecke die Möglichkeiten

Die Site besteht aus verschiedenen Bestandteilen, auf die Sie von der Administration aus Einfluss nehmen können. Das Aussehen und die Anordnung der Bestandteile auf der Website werden über so genannte Templates bestimmt. Das sind Layoutvorlagen, in denen Folgendes festgelegt ist:

- ✔ Die Positionen für Bestandteile der Website und damit die Struktur
- ✔ Das Grundlayout wie Schriften, Farben, Formen und Grafiken

Joomla 1.6 liefert bei der Installation bereits drei Standardtemplates mit. Diese Templates können verändert und neue installiert werden, um Inhalte in verschiedenen Layouts darzustellen. Wie das geht, erfahren Sie in Kapitel 7.

Anhand der Website mit den Beispielinhalten aus Abbildung 3.1 bekommen Sie einen kleinen Eindruck davon, was mit Joomla alles möglich ist – und das ist eine Menge.

Folgende Bestandteile, so genannte *Module,* begegnen Ihnen auf der Startseite (siehe Abbildung 3.1). Die angezeigten Titel der Module können jederzeit geändert oder ganz deaktiviert werden, wenn man sie vielleicht nicht oder erst zu einem anderen Zeitpunkt benötigt. Wie das geht, steht in Kapitel 4.

- **Menü oben:** Dieses Menü enthält typischerweise Menüeinträge beziehungsweise Links auf grundlegende Inhalte wie zum Beispiel Kontaktadressen oder AGBs.
- **Hauptmenü:** Das Hauptmenü enthält normalerweise Links auf die wichtigsten Seiten Ihrer Website. Es sollte auf jeder Seite an derselben Stelle zu finden sein.
- **Weiteres Menü:** Das Menü enthält zusätzliche Links. Nach der Installation ohne Beispieldaten ist dieses erst einmal leer.
- **Benutzermenü:** Dieses Menü ist nur für registrierte Benutzer nach der Anmeldung sichtbar und enthält Links auf Inhalte, die nicht für jeden beliebigen Besucher der Website zugänglich sein sollen.
- **Pfad:** Zeigt den Pfad zur aktuellen Seite an. Dabei wird von der Startseite, die »Home« heißt, ausgegangen.

Diese Art der Navigation wird auch »Breadcrumbs« oder auf Deutsch »Brotkrümelnavigation« genannt, in Anlehnung an das Märchen *Hänsel und Gretel,* in dem die beiden Kinder Brotkrümel auf den Weg streuen, um den Weg nach Hause zurückzufinden. Die digitalen Brotkrümel helfen, sich im Dickicht der Website zurechtzufinden.

- **Anmeldung:** Hier können sich Besucher auf Ihrer Website anmelden. Falls sie noch kein Benutzerkonto haben, können sich neue Besucher registrieren lassen. Es wird dann ein neues Benutzerkonto angelegt.

Technische Bausteine der Site

Damit Sie in der Administration einen Überblick darüber haben, an welchen Stellen sich Ihre Einstellungen auf die Site auswirken, ist es wichtig, die Bestandteile zu kennen, aus denen sich die Website zusammensetzt:

- **Module:** Dies sind definierte Anzeigebereiche für Inhalte auf der Website. Ein Modul können Sie sich wie einen leeren Behälter vorstellen, in den ein bestimmter Gegenstand gesetzt wird. Module sind zum Beispiel für die Anzeige von Menüs, Umfragen oder für die Anzeige der Anmeldung zuständig. Die genaue Position und Gestaltung jedes Moduls auf der Website legt das verwendete Template fest. Die Position für ein Modul wird in der Administration geändert. Das Modul kann eingeblendet oder ausgeblendet werden, und im Quelltext können sogar neue Modulpositionen angelegt werden.

- **Komponenten:** Dabei handelt es sich um Anwendungen, mit denen Funktionalitäten in Joomla definiert werden. Komponenten, die zur Joomla-Standardinstallation gehören, sind zum Beispiel die Kontakt- und Banner-Verwaltung.
- **Plugins:** Diese Art der Bestandteile erweitern den Funktionsumfang von Joomla. Die Funktionen greifen tief in das System ein und dienen zum Beispiel zum Bearbeiten von Inhalten oder zum Durchsuchen Ihrer Website. Der WYSIWYG-Editor ist beispielsweise ein Plugin zum Erstellen von Beiträgen.
- **Inhalt:** Das ist, was Sie letztendlich in Joomla erstellen, zum Beispiel Ihre Beiträge. Der Inhalt hat neben den Modulpositionen auf der Website einen eigenen Anzeigebereich. In Abbildung 3.1 befindet er sich in der Mitte der Seite.

Module, Komponenten und Plugins bilden zusammen die so genannten *Erweiterungen*. Einige Erweiterungen sind bereits standardmäßig im Joomla-Paket enthalten. Andere können Sie bei Bedarf hinzuinstallieren. Dadurch haben Sie keinen unnötigen Krempel herumliegen, sondern können selbst gezielt entscheiden, ob und was Sie anbauen wollen. Ausführliche Informationen zum Zusammenspiel der einzelnen Bausteine und wie Sie mit diesen Ihre Site bauen können, gibt es in Kapitel 8.

Das Administrationsbüro

Die Verwaltung wird bei Content-Management-Systemen allgemein als *Backend* bezeichnet und heißt bei Joomla schlicht *Administration*. Hier befindet sich die Kommandozentrale des Systems, von der aus Sie die Einstellungen auf der Site (im Frontend) steuern. Als Website-Betreiber ist das Ihr neues Büro, in dem Sie vor allem am Anfang viel Zeit verbringen werden.

Damit Sie in der Administration reibungslos arbeiten können, müssen in Ihrem Webbrowser *Cookies* und *JavaScript* aktiviert sein. Diese Einstellungen können im Browser Mozilla Firefox 4.0 im Menü EXTRAS|EINSTELLUNGEN geändert werden. Zu Darstellungsproblemen kann es außerdem kommen, wenn problembehaftete Browser oder solche aus grauer Vorzeit verwendet werden. Dazu gehören uralte Versionen des Microsoft Internet Explorers oder Netscape 4.

JavaScript kommt immer dann zum Einsatz, wenn sich auf der Benutzeroberfläche der Administration etwas bewegen soll, etwa bei dynamischen Menüs oder wenn kleine Hilfetexte (*Tooltipps*) erscheinen sollen. Cookies sind kleine Textdateien für den Browser, in denen Daten vorübergehend abgelegt werden können. Es sind quasi kleine Merkzettel für Joomla, um die Arbeitsschritte und Einstellungen eines Benutzers in der Administration während einer *Sitzung* (*Session*) mitverfolgen zu können.

Hereinspaziert!

Der Weg zum geheimen Hintereingang in die Kommandozentrale der Website führt über den Browser. Treten Sie ein, sehen Sie sich um und fühlen Sie sich wie zu Hause.

Um sich in der Administration anmelden zu können, braucht man die Rechte eines Managers, Administrators oder Super-Administrators.

1. **Geben Sie in der Adresszeile des Browsers die Adresse der Website ein, gefolgt von** `/administrator`.

   Wenn Joomla, wie in Kapitel 2 beschrieben, auf dem eigenen Rechner installiert ist, sieht die Adresszeile im Browser so aus:

   `http://localhost/joomla/administrator`

   Wenn Joomla auf einem Webserver installiert ist, gelangen Sie im Browser meist mit dieser Adresse zur Kommandozentrale:

   `http://www.domainname.de/administrator`

   Der Eingang zur Administration wird wie in Abbildung 3.2 angezeigt.

Abbildung 3.2: Eingang zur Administration (bei Lokalinstallation)

2. **Geben Sie in das Textfeld Benutzername den Standardbenutzernamen** `admin` **ein.**

   Wenn Sie schon weitere Benutzer in der Administration angelegt haben, können Sie auch deren Anmeldedaten eingeben.

3. **Geben Sie in das Textfeld Passwort das zugehörige Benutzerpasswort ein.**

4. **Lassen Sie den Wert im Auswahlmenü Sprache auf** `Standard` **und klicken Sie auf die Schaltfläche Anmelden.**

   Die Benutzeroberfläche der Administration wird wie in Abbildung 3.3 angezeigt.

Rundgang durch das Kontrollzentrum

Nachdem Sie schon einen Blick in Ihr neues Büro geworfen haben, steht nun eine kleine Führung auf dem Programm, die Sie mit den Funktionen der Innenausstattung vertraut macht. Wie man im Detail mit einzelnen Funktionen arbeitet, erfahren Sie in den entsprechenden Kapiteln.

Vor sich sehen Sie das Kontrollzentrum der Administration (siehe Abbildung 3.3). Hierhin gelangt man aus jedem Winkel der Administration über das Menü SITE|KONTROLLZENTRUM zurück.

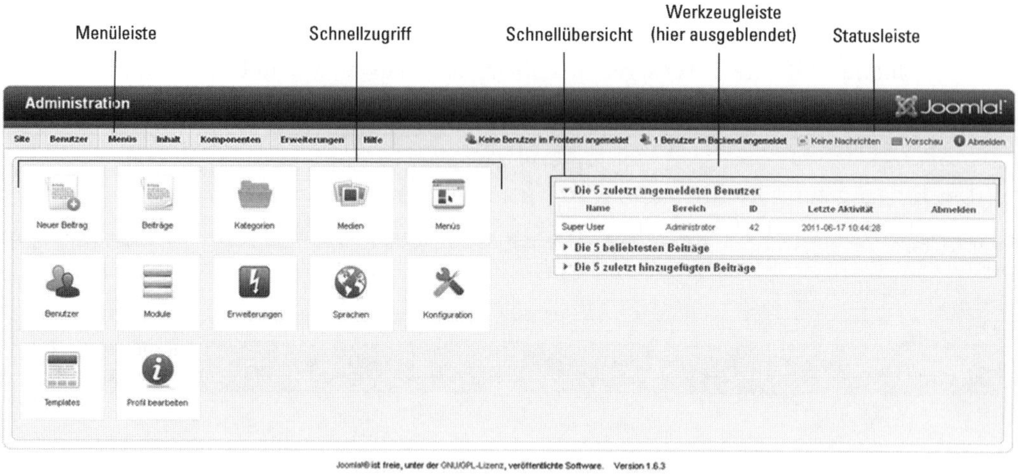

Abbildung 3.3: Ein Blick in das Kontrollzentrum der Administration

Diese Seite ermöglicht einen Schnellzugriff auf die wichtigsten Informationen und Funktionen zur Bearbeitung der Website. Die Elemente der Benutzeroberfläche sind mit weitgehend selbstbeschreibenden Bezeichnungen versehen, damit Sie sich in der Administration fast von alleine zurechtfinden können.

Folgendes sollten Sie über die Ausstattung des Kontrollzentrums wissen:

- ✔ Über die **Menüleiste** kann auf alle Funktionen in der Administration zugegriffen werden.
- ✔ In der **Werkzeugleiste** werden je nach Verwaltungsbereich unterschiedliche Schaltflächen angezeigt. Im Kontrollzentrum ist die Werkzeugleiste leer. Eine Übersicht über die verschiedenen Schaltflächensymbole und deren Funktionen finden Sie im Abschnitt *Bunt Gemischtes auf der Werkzeugleiste* weiter hinten in diesem Kapitel.
- ✔ Die großen bunten Schaltflächen unterhalb der Menüleiste bieten einen **Schnellzugriff** auf die wichtigsten Funktionen der Joomla-Administration. Über diese Symbole kann man direkt, ohne den Umweg über das Menü zu nehmen, auf die entsprechende Funktion zugreifen. Alle Funktionen findet man auch in der Menüleiste wieder.
- ✔ Rechts neben der Menüleiste befindet sich die **Statusleiste**.

Diese ist speziell für den momentan eingeloggten Benutzer gedacht und bietet folgende Funktionen:

- Klicken Sie auf den Link Vorschau, um eine Vorschau Ihrer Website in einem neuen Fenster zu öffnen.

Die Zahl neben der **Nachrichten**-Schaltfläche, die hier am Seitenrand abgebildet ist, zeigt an, wie viele neue Nachrichten Sie von anderen Benutzern erhalten haben. Klicken Sie auf die Schaltfläche, um in Ihr Privates Nachrichtensystem zu gelangen.

Die Zahl neben dem ersten **Benutzer**-Symbol, das hier am Seitenrand abgebildet ist, zeigt an, wie viele Benutzer auf der Seite angemeldet sind, und das zweite Benutzer-Symbol zeigt an, wie viele registrierte Nutzer momentan in der Administration angemeldet sind.

- Klicken Sie auf den Link Abmelden, um sich aus der Administration abzumelden.

Die **Schnellübersicht** gibt einen Überblick über wichtige Informationen zu der Website. Klicken Sie auf die Ausklappbereiche, um diese Informationen einzusehen:

Unter Die 5 zuletzt angemeldeten Benutzer steht, welche Benutzer in der Administration und auf der Site gerade angemeldet sind. Klicken Sie auf die rote Schaltfläche mit dem weißen X (siehe Seitenrand) in der Spalte Abmelden, um andere Nutzer oder sich selbst abzumelden. Sie können hier nur die Benutzer sehen und abmelden, die dieselben oder weniger Benutzerrechte als Sie haben. Ein Administrator kann beispielsweise nur andere Administratoren oder Manager sehen und abmelden, niemals aber einen Super-Administrator.

- Unter Die 5 beliebtesten Beiträge sind die beliebtesten Beiträge aufgelistet, wann diese erstellt wurden und wie oft auf die einzelnen Beiträge zugegriffen wurde. Klicken Sie auf einzelne Beiträge, um auf die Bearbeitungsseite des Beitrags zu gelangen.
- Unter Die 5 zuletzt hinzugefügten Beiträge sieht man, welche Beiträge zuletzt wann und von wem erstellt wurden.

Alles Ansichtssache

In der Menüleiste sind alle Funktionen der Administration thematisch gruppiert. Über die Menüeinträge gelangen Sie zu den einzelnen Unterseiten, um Einstellungen vorzunehmen und Joomla zu verwalten. Dazu gibt es in der Administration zwei Ansichten, mit denen Einstellungen vorgenommen werden können: die Listen- und die Bearbeitungsansicht.

Listenansicht

In der Listenansicht der Benutzer-, Beitrags- oder einer anderen Verwaltung werden alle Inhaltselemente auf einmal angezeigt. Das hat den Vorteil, dass Sie mehrere Inhaltselemente gleichzeitig auswählen können, um grundlegende Einstellungen vorzunehmen. Was Sie beachten müssen, um sich bei der Arbeit in den Listen zurechtzufinden, sehen Sie am Beispiel der Beitrags-Verwaltung, wie in Abbildung 3.4 gezeigt, im Menü Inhalt|Beiträge.

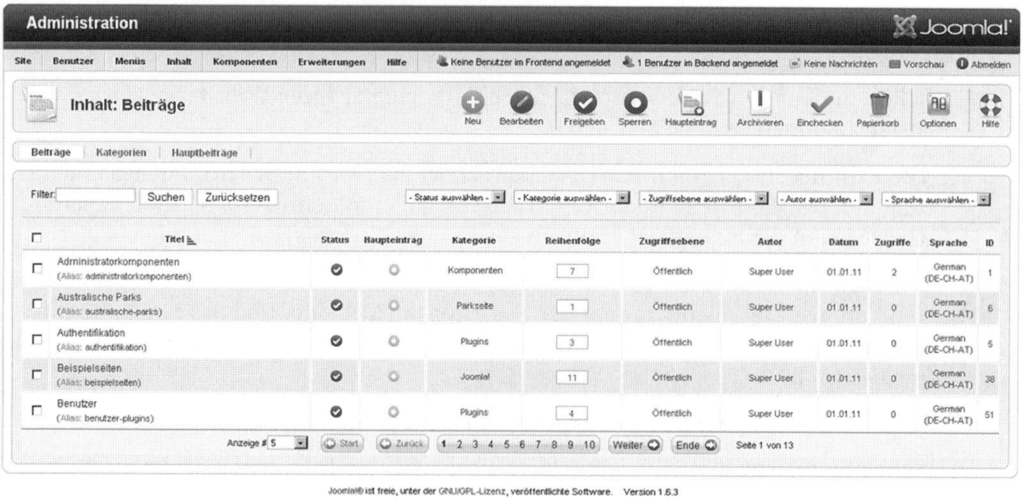

Abbildung 3.4: Listenansicht für Beiträge

Die Listenansicht ist mit folgenden Funktionalitäten ausgestattet:

- Vor jedem Element gibt es ein Kontrollkästchen, mit dem Sie eines oder gleich mehrere Elemente zum Beispiel zum Bearbeiten oder Löschen auswählen können. Wenn Sie das Kontrollkästchen in der Spaltenüberschrift links von der Überschrift aktivieren, werden alle Elemente ausgewählt.
- Um ein Element in der Bearbeitungsansicht zu öffnen, klicken Sie einfach auf seinen Namen.
- In einigen Spalten wird anstatt eines Textes ein Symbol verwendet. Was die einzelnen Symbole bedeuten, ist meist in der Legende ganz unten auf der Seite beschrieben. Klicken Sie auf das Symbol, um den Status zu ändern. Wenn es auf einer Seite einmal keine Legende gibt, bewegen Sie den Mauszeiger über das Symbol und bleiben Sie kurz darauf. Dann wird ein Informationskästchen zum Symbol angezeigt, ein *Tooltipp*.

Um Tooltipps anzeigen zu können, muss JavaScript im Browser aktiviert sein. Diese Einstellungen kann man beispielsweise beim Browser Mozilla Firefox 4.0 über das Menü EXTRAS|EINSTELLUNGEN ändern.

✔ Wenn Sie nach einem bestimmten Inhalt suchen, müssen nicht alle Inhalte einzeln durchgegangen werden. Geben Sie in den Filter oben links Suchkriterien ein und unten kommen die passenden Ergebnisse heraus.

- Geben Sie in das Textfeld FILTER über der Liste einen Teil oder auch nur einen Buchstaben des Titels eines Inhaltselements ein und klicken Sie auf die Schaltfläche SUCHEN.
- Um die Suche zusätzlich einzuschränken, können weitere Suchkriterien angegeben werden. In der Beitrags-Verwaltung können Sie nach Beiträgen in bestimmten Kategorien, von einem bestimmten Autor oder eines bestimmten Status als auch im Papier-

korb oder Archiv suchen. Neu ist die Suche nach der jeweiligen Sprache, der der jeweilige Artikel zugeordnet ist. Klicken Sie auf die entsprechende Auswahlliste, um ein Filterkriterium auszuwählen.

- Wenn Sie erneut mit anderen Suchkriterien suchen wollen, können Sie alle eingegebenen Suchkriterien mit einem Klick auf die Schaltfläche ZURÜCKSETZEN rückgängig machen.

✔ Inhaltselemente können nach bestimmten Kriterien **sortiert** werden. Die Kriterien sind in der Überschrift der Spalten angezeigt, wie beispielsweise Titel, Autor oder Datum. Klicken Sie auf die Überschrift einer Spalte, um die Elemente nach diesem Kriterium zu sortieren. Wenn Sie noch einmal auf die Überschrift der Spalte klicken, werden die Elemente in umgekehrter Reihenfolge sortiert.

✔ In der **Anzeigeleiste** unter der Liste der Inhaltselemente kann die Ansicht der Einträge verändert werden.

- Wählen Sie im Auswahlmenü ANZEIGE # die maximale Anzahl der Einträge aus, die in der Liste auf einer Seite angezeigt werden sollen.
- Klicken Sie auf die Schaltflächen ZURÜCK oder WEITER, um auf die vorherige oder nächste Seite mit Einträgen zu gelangen.
- Klicken Sie auf die Schaltflächen START oder ENDE, um auf die erste oder letzte Seite mit Einträgen zu gelangen.

Bearbeitungsansicht

In der Bearbeitungsansicht können einzelne Elemente wie ein Beitrag, Menüeintrag oder Benutzer bearbeitet werden. Je nachdem, um welches Element es sich handelt, sieht die Bearbeitungsansicht anders aus und bietet andere Funktionen. In die Bearbeitungsansicht eines bestimmten Elements gelangen Sie auf verschiedene Weise:

✔ Klicken Sie auf den Titel eines Elementeintrags in der Listenansicht der jeweiligen Verwaltung.

✔ Aktivieren Sie das Kontrollkästchen vor dem Elementeintrag in der Listenansicht und klicken Sie auf die Schaltfläche BEARBEITEN in der Werkzeugleiste.

✔ Klicken Sie in der Listenansicht der Verwaltung auf die Schaltfläche NEU, um in die Bearbeitungsansicht eines neuen Elements zu gelangen.

✔ Klicken Sie auf den Titel eines Elementeintrags in der Schnellübersicht im Kontrollzentrum.

In der Bearbeitungsansicht ist die Menüleiste deaktiviert. Sie können dann nicht mehr darauf zugreifen und müssen zum Verlassen der Bearbeitungsansicht erst auf die Schaltfläche SPEICHERN, SPEICHERN & SCHLIESSEN, SPEICHERN & NEU, ALS KOPIE SPEICHERN oder SCHLIESSEN klicken. Solange ein Benutzer ein Inhaltselement bearbeitet, wird dieses für andere Benutzer gesperrt, das heißt ausgecheckt. Das scheint zuerst ärgerlich, hat aber einen Vorteil: Es soll das Durcheinander vermeiden, das entsteht, wenn mehrere Benutzer gleichzeitig an einem Inhaltselement herumwerkeln. Um sicherzustellen, dass nach der Bearbeitung des Inhaltselementes dieses auch wieder eingecheckt wird, werden Sie dazu diszipliniert, erst auf die Schaltfläche SPEICHERN zu klicken und damit die Bearbeitung abzuschließen, bevor Sie in andere Menüs entfliehen können.

Dass ein Element gesperrt ist, erkennen Sie an dem kleinen Vorhängeschloss vor dem Element in der Listenansicht, das hier am Seitenrand abgebildet ist.

Wenn man mit der ZURÜCK-Schaltfläche des Browsers aus der Bearbeitungsansicht des Inhalts auf die vorherige Seite wechselt, bleibt das Inhaltselement gesperrt. Um die Sperrung aller Elemente auf einmal aufzuheben, klicken Sie auf das Menü SITE|WARTUNG|GLOBALES EINCHECKEN. Dazu benötigt man Administratorrechte.

Bunt Gemischtes auf der Werkzeugleiste

Je nachdem, auf welcher Seite Sie sich in der Administration befinden, werden Ihnen verschiedene Funktionen in der Werkzeugleiste angezeigt. Die folgende Tabelle gibt einen Überblick über die Bedeutung der wichtigsten Schaltflächen. Damit die Funktionen wirken, müssen Sie in den meisten Fällen zunächst ein oder mehrere Elemente auswählen, indem Sie die Kontrollkästchen vor den Elementen in der Listenansicht aktivieren.

Schaltfläche	Funktion
	Das Hilfesystem von Joomla wird angezeigt.
	Die Bearbeitungsansicht zur Erstellung eines neuen Elements wird angezeigt.
	Die Bearbeitungsansicht zum Bearbeiten eines bestehenden Elements wird angezeigt.
	Die Elemente werden auf der Startseite angezeigt.
	Die vorgenommenen Einstellungen werden gespeichert und die Bearbeitungsansicht wird geschlossen. Die Listenansicht der Verwaltung wird angezeigt.
	Dies ist als Zwischenspeicherung während des Bearbeitens eines Elements gedacht. Die vorgenommenen Einstellungen werden gespeichert und die Bearbeitungsansicht des Elements bleibt geöffnet.

Schaltfläche	Funktion
 	Das Element wird auf der Website veröffentlicht und ist dort sichtbar.
 	Das Element wird nicht mehr auf der Website angezeigt.
	Die ausgewählten Inhalte werden archiviert. Sie werden in der Listenansicht der Verwaltung ausgegraut und inaktiv.
 	Ein Fenster für spezielle Einstellungen wird angezeigt.
	Die ausgewählten Elemente werden vollständig gelöscht und können nicht wiederhergestellt werden.
	Die ausgewählten Elemente werden in den Papierkorb verschoben und verschwinden aus der Listenansicht der Verwaltung. Um in den Papierkorb für Beiträge zu gelangen, wählen Sie den Status PAPIERKORB. Den Papierkorb für Menüeinträge finden Sie im jeweiligen Menü unter STATUS AUSWÄHLEN: PAPIERKORB. Um das jeweilige Element wieder aus dem Papierkorb zu holen, wird es entweder freigegeben oder gesperrt.
	Die Bearbeitungsansicht eines Elements wird, ohne die Änderungen zu speichern, geschlossen, und die Listenansicht der Verwaltung wird angezeigt.
	Der Benutzer wird aus der Administration oder von der Site abgemeldet.
	Es wird nach neuen zu aktualisierenden Versionen gesucht.
	Ausgewählte Version wird aktualisiert.

Tabelle 3.1: Funktion der Schaltflächen in der Werkzeugleiste

Arbeitsalltag im Administrationsbüro

Joomla hat einige Eigenheiten und viele Stützen, die Ihnen bei Ihrer Arbeit in der Administration unter die Arme greifen sollen. Wenn Sie über diese von Anfang an Bescheid wissen, erspart das viel Kopfzerbrechen.

Auf gute Zusammenarbeit

Für die Zusammenarbeit mit anderen Benutzern in der Administration bietet Joomla einige nützliche Funktionalitäten, damit Sie sich bei der Arbeit nicht in die Quere kommen.

Der Super-Administrator kann Benutzern bestimmte Benutzergruppen beziehungsweise Rollen zuordnen und damit individuelle Zugriffsrechte vergeben. Das ist sinnvoll, wenn Aufgaben im Arbeitsablauf auf mehrere Benutzer aufgeteilt werden sollen. Die Benutzergruppe »Autor« ist zum Beispiel für die Erstellung von Beiträgen auf der Site zuständig. Jeder Gruppe stehen daher auch nur die Funktionen zur Verfügung, die sie für ihre Aufgaben braucht. Mehr Informationen zum Thema Benutzer-Verwaltung finden Sie in Kapitel 4.

Sie haben Post

Benutzer können in der Administration Nachrichten an andere Benutzer verschicken. Das Nachrichtensymbol in der Statusleiste zeigt Ihnen an, ob Sie eine neue Nachricht erhalten haben.

Wenn der aktuelle Benutzer nur Administrator- oder Managerrechte hat, fehlen die Funktionen zum Lesen und Erstellen von Nachrichten und E-Mails im Menü Werkzeuge. Um dennoch in Ihr Postfach für Nachrichten, das Nachrichten lesen heißt, zu gelangen, klicken Sie in der Statusleiste auf die Schaltfläche Keine Nachrichten (oder 1 Nachricht ...), die hier am Seitenrand abgebildet ist.

Als Super-Administrator haben Sie folgende Möglichkeiten:

- ✔ Um in Ihr Postfach zu gelangen, klicken Sie in der Statusleiste auf Keine Nachrichten. Ihr Privates Nachrichtensystem wird angezeigt, in dem all Ihre empfangenen Nachrichten liegen.

  Über die Schaltfläche Meine Einstellungen in der Werkzeugleiste können Sie Einstellungen an Ihrem Postfach vornehmen, wie in Abbildung 3.5 gezeigt.

Abbildung 3.5: Meine Einstellungen

  - Um zu verhindern, dass andere Benutzer Ihnen Nachrichten schicken können, wählen Sie für den Optionsschalter Posteingang sperren den Wert Ja. In der Regel sollten Sie Ihr Postfach aber geöffnet lassen.
  - Wenn Sie auf dem Laufenden bleiben wollen, ob neue Nachrichten in Ihrem privaten Nachrichtensystem angekommen sind, ohne dauernd in der Joomla-Administration nachzuschauen, können Sie sich von Joomla eine Benachrichtigung an Ihre private E-Mail-Adresse schicken lassen. Die E-Mail-Adresse, an die Joomla die Benachrichtigung sendet, ist die, die Sie in Ihrem Benutzerkonto angegeben haben.

- Sie können Nachrichten nach einer gewissen Zeit automatisch löschen lassen. Geben Sie dafür in das Textfeld NACHRICHTEN AUTOMATISCH LEEREN NACH (TAGE) den Wert in Tagen ein, nach dem die Nachrichten gelöscht werden sollen.

✔ Klicken Sie in der Werkzeugleiste auf NEU, um einzelnen Benutzern eine Nachricht zu schreiben.

✔ Klicken Sie auf das Menü BENUTZER|MASSENMAIL, um eine E-Mail an alle registrierten Benutzer oder bestimmte Benutzergruppen zu schreiben. Die E-Mail wird an die im Benutzerkonto angegebene Adresse gesendet und nicht wie bei Nachrichten an das private Nachrichtensystem in Joomla.

Wie in Abbildung 3.6 gezeigt, können Sie verschiedene Einstellungen für Ihr Rundschreiben vornehmen.

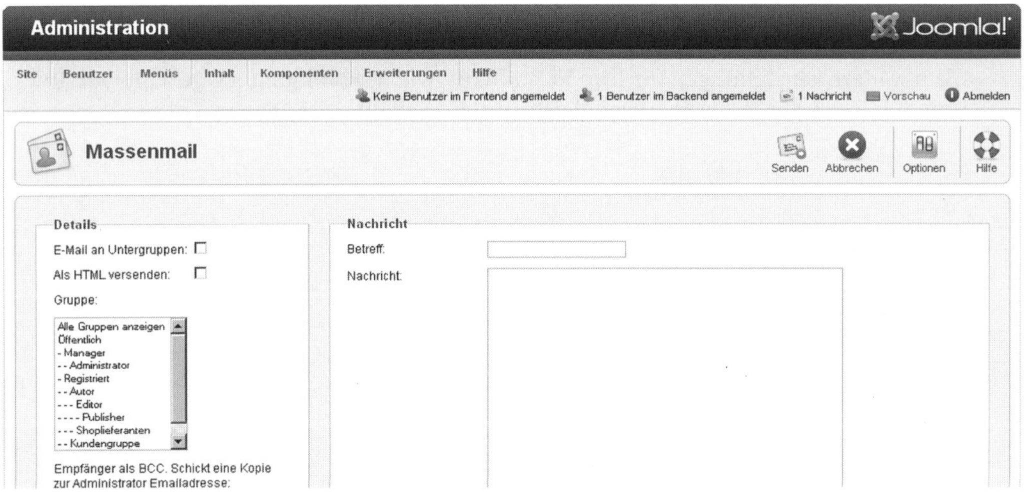

Abbildung 3.6: Rundschreiben an Benutzergruppen verschicken

- Wählen Sie im Bedienbereich DETAILS in der Auswahlliste GRUPPE die Benutzergruppe aus, an die Sie die Nachricht verschicken wollen.

  Wenn Sie den Eintrag ÖFFENTLICH auswählen, wird die Nachricht an alle angezeigten Benutzergruppen der Site (Frontend) geschickt. Das enthält alle Untergruppen *Registriert, Autoren, Editoren, Manager* und *Publisher* sowie alle Gruppen, die Sie selbst angelegt haben.

- Um die Auswahl von Untergruppen weiter einzuschränken, aktivieren Sie das Kontrollkästchen E-MAIL AN UNTERGRUPPEN und wählen Sie die jeweilige oberste Untergruppe. Jetzt wird die E-Mail an diese Benutzergruppe und alle Untergruppen geschickt. Wählen Sie beispielsweise die Benutzergruppe MANAGER aus, erhalten alle Administratoren und Manager die E-Mail.

- Wenn Sie Ihre E-Mail nicht als reinen Text, sondern im Format HTML verschicken wollen, aktivieren Sie das Kontrollkästchen ALS HTML VERSENDEN. Beachten Sie aber, dass einige Empfänger eventuell mit ihrem E-Mail-Programm HTML nicht richtig darstellen können. Wenn Sie also keinen Grund haben, lassen Sie das Kontrollkästchen deaktiviert und verzichten Sie auf HTML.

- Wenn Sie nicht wollen, dass die E-Mail-Adressen anderer Empfänger für die Empfänger sichtbar sind, aktivieren Sie das Kontrollkästchen Empfänger als BCC. Als Empfänger wird jetzt stattdessen die E-Mail-Adresse der Site angezeigt, da an diese Adresse eine Kopie der E-Mail geschickt wird. Die Adresse der Site wird im Menü Site | Konfiguration | Server im Feld Von E-Mail angegeben.

Die Abkürzung BCC steht für *Blind Carbon Copy*. Ähnlich wie CC (*Carbon Copy*) ist BCC die Kopie einer E-Mail. Es handelt sich allerdings um eine »Blindkopie«, bei der die Empfänger die Adressen anderer Empfänger, die im Feld BCC der E-Mail angegeben sind, nicht sehen können. Mit dieser Methode bleiben die Adressen der Empfänger vertraulich und können beispielsweise nicht von Spammern abgefangen und für Werbe-Mails missbraucht werden.

- Um weitere Einstellungen für Ihre Rund-Mails, wie in Abbildung 3.6 gezeigt, vorzunehmen, klicken Sie in der Werkzeugleiste auf die Schaltfläche Optionen.

Abbildung 3.7: Erweiterte Einstellungen für Rund-Mails

Im Textfeld Betreff vorangestellt können Sie etwas eingeben, das in allen Rund-Mails vor dem Betreff stehen soll. Dies ist hilfreich, da E-Mail-Programme E-Mails nach diesem vorangestellten Betreff sortieren können. Geben Sie hier zum Beispiel den Namen Ihrer Website ein: »Meine Website«.

Im Textfeld Mailanhang können Sie etwas eingeben, das in allen Rund-Mails am Ende steht. Mit Mailanhang ist nicht eine an die E-Mail angehängte Datei gemeint.

Beim Senden der E-Mail wird eine Fehlermeldung angezeigt? Das kann an den Einstellungen für die Funktion zum Versenden von E-Mails liegen. Standardmäßig wird die PHP-Mail-Funktion verwendet. Um diese Einstellung zu ändern, klicken Sie auf das Menü Site | Konfiguration | Server. Wählen Sie im Bedienbereich Mailing im Auswahlmenü Mailer eine andere Funktion aus, zum Beispiel *Sendmail* oder *SMTP-Server*. Wenn Sie die Funktion *SMTP-Server* verwenden, ergänzen Sie im Bedienbereich Mailing die Angaben für den SMTP-Server Ihres E-Mail-Anbieters. Versuchen Sie nun erneut, eine E-Mail zu versenden. Mehr Informationen zu den Mail-Funktionen erhalten Sie in Kapitel 4. Das Nachrichtensymbol in der Statusleiste zeigt Ihnen an, ob Sie eine neue Nachricht erhalten haben. Um sie zu lesen, klicken Sie auf 1 Nachricht.

Hilfe!

Wenn Sie einmal gar nicht mehr weiterwissen, lässt Joomla Sie nicht im Stich. Das System kommt Ihnen auf folgende Arten zur Hilfe:

- ✔ Einige Objekte auf den Seiten der Administration sind mit **Tooltipps** versehen. Das sind kurze Hilfetexte, die zum Beispiel Auskunft über die Funktion einer Schaltfläche geben. Bewegen Sie den Mauszeiger auf ein bestimmtes Objekt und verweilen Sie dort kurz. Wenn das Objekt mit einem Tooltipp ausgestattet ist und JavaScript in Ihrem Browser aktiviert ist, erscheint automatisch ein Hinweiskästchen.
- ✔ Das Menü Site|Systeminformationen zeigt **Informationen zum System** wie zum Beispiel die verwendete Joomla-Version oder Angaben über die Datenbank an. Außerdem erhalten Sie hier Informationen über relevante PHP-Einstellungen und Zugriffsrechte für Verzeichnisse.
- ✔ Im Menü Hilfe|Joomla!-Hilfe finden Sie eine **umfangreiche Hilfe** mit Glossar, Suche nach Hilfethemen und weiterführenden Dokumentationen. Aber erschrecken Sie nicht, denn die Hilfe ist auf Englisch. Zur gleichen Hilfe gelangt man durch einen Klick auf das Hilfe-Symbol in der Werkzeugleiste. Man wird dann zur Online-Hilfe auf `http://help.joomla.org` weitergeleitet.

Wenn Sie das Gefühl haben, dass zum Verstehen der Hilfe erst noch ein Englischkurs nötig ist, keine Panik! Sie können einfach in der Konfiguration der Administration auf den deutschsprachigen Hilfeserver wechseln. Wie das genau geht, ist in Kapitel 4 beschrieben.

Weitere nützliche Adressen zu allerlei Themen rund um Joomla gibt es in Kapitel 16. Wenn alles nichts mehr hilft, schrecken Sie nicht davor zurück, in einem der vielen Joomla-Foren Ihr Problem zu schildern oder Fragen zu stellen. Dort bekommen Sie schnell kompetente Hilfe von anderen Joomla-Tüftlern.

Büroschluss

Joomla meldet Benutzer nach einer bestimmten Zeit automatisch aus der Administration ab, wenn keine Änderungen mehr vorgenommen werden. Das kostet gerade am Anfang Nerven, wenn man viel Zeit in der Administration verbringt, um an seiner Website zu feilen, nach getaner Arbeit siegessicher den Beitrag abspeichern will und rausgeschmissen wird, ohne dass nur eine Zeile der Änderungen gespeichert wurde. Dem lässt sich natürlich vorbeugen, indem man alle paar Minuten auf die Schaltfläche Anwenden klickt. Das erfordert aber viel Disziplin.

Als Ausweg können Sie die Sitzungsdauer für Arbeit in der Administration hochsetzen. Dies empfiehlt sich besonders, wenn Sie mit einer Testinstallation auf dem eigenen Rechner arbeiten. Wenn die Site dann auf einem Webserver in Betrieb ist, setzen Sie den Wert aus Sicherheitsgründen einfach wieder herunter. Wie man die Zeitspanne der Anmeldung verändern kann, erfahren Sie in Kapitel 4.

Klicken Sie zum Abmelden auf den Link ABMELDEN in der Statusleiste. Wenn Sie den Browser schließen, ohne sich abzumelden, bleibt der Benutzer bis zum Ablauf der festgelegten Sitzungsdauer weiterhin angemeldet. Das birgt ein mögliches Sicherheitsrisiko, besonders, wenn man an einem öffentlich zugänglichen Computer arbeitet. Melden Sie sich also nach jeder Joomla-Sitzung ab.

Teil II

Packen wir's an

The 5th Wave By Rich Tennant

In diesem Teil ...

Zupacken lautet die Devise im zweiten Teil dieses Buches. Denn es gibt eine Menge zu tun und mit Hilfe dieses Teils werden Sie Ihre taufrische Joomla-Installation im Handumdrehen in eine fachmännisch geführte, inhaltsreiche und schicke Website verwandeln. Wo fängt man da bloß an? Am besten mit einer sauberen Grundeinstellung, die Ihnen in Kapitel 4 vermittelt wird. Und wie man Joomla ein- und ausschaltet, die Servereinstellungen verändert und mit Benutzern umgeht, will ebenfalls gelernt sein. Danach werden Sie sich in Kapitel 5 mit den Inhalten Ihrer Website beschäftigen. Texte und Bilder für Ihre Website wollen eingegeben und sauber kategorisiert sein. Schließlich haben Sie es hier mit einem waschechten Content-Management-System zu tun. In Kapitel 6 geht es dann um Menüs und deren entscheidende Rolle für die Website und warum sie sogar das Aussehen der Startseite beeinflussen. Und schließlich, nachdem Inhalte und Menüs abgehakt sind, werden Sie sich gleich noch um den Anstrich Ihres Neubaus kümmern. Denn mal ehrlich, wer lässt sich schon gerne mit Standardlösungen abspeisen? Kapitel 7 bringt Individualität ins Haus, und Ihre Website erhält mit einem angepassten Template ein eigenes Gesicht. Doch genug der Vorrede, packen wir's an!

Auf die richtige Einstellung kommt es an

4

In diesem Kapitel

- Die Website einstellen
- Joomla ein- und ausschalten
- Benutzern die Registrierung erlauben
- Einstellungen für den Inhalt treffen
- An den Servereinstellungen drehen
- Mit Benutzern umgehen
- Die Joomla-Website aufräumen

Stellen Sie sich vor, Sie haben ein hübsches Einfamilienhaus in ruhiger Lage erstanden. Sie haben sich das Haus in Ruhe angeschaut, sind mit Klavier und Wandteppich eingezogen und haben erfahren, dass es neben der Vordertür noch einen geheimen Hintereingang gibt. Doch wie geht es jetzt weiter? Das neue Haus entspricht noch ganz und gar nicht Ihren Wunschvorstellungen. Sie haben weder Schloss noch Riegel angebracht und Einbrecher haben so leichtes Spiel. Auch das Türschild und die Gardinen gefallen Ihnen noch nicht.

Mit der frischen Joomla-Website verhält es sich genauso. In den bisherigen Kapiteln haben Sie Joomla kennen gelernt und installiert. Nachdem Sie jetzt mit seiner Oberfläche etwas vertraut sind, erfahren Sie in diesem Kapitel, wie Sie das Aussehen der Joomla-Website ein wenig anpassen, grundlegende Einstellungen vornehmen und Benutzer verwalten.

Module anpassen und entrümpeln

Nach der Installation von Joomla sind standardmäßig bestimmte *Module* aktiviert. Module sind Platzhalter auf der Website, die mit Inhalten gefüllt werden. So gibt es zum Beispiel ein Modul für das Hauptmenü, eines für das Anmeldeformular und so weiter. Möglicherweise finden Sie die Joomla-Website nach der Installation viel zu unübersichtlich und unaufgeräumt, besonders, wenn Sie die Installation mit Beispieldaten gewählt haben (siehe Kapitel 2). Es gibt einen einfachen Weg, auf Ihrer Joomla-Website erst einmal etwas aufzuräumen, bevor Sie neue Inhalte und Menülinks anlegen. Deaktivieren Sie einfach alle Module, die Sie nicht benötigen, die aber standardmäßig eingeblendet werden. Die Module werden dabei nicht gelöscht, sondern nur von der Website verbannt. Sie können sie später jederzeit wieder aktivieren beziehungsweise einblenden. Mehr Informationen zu Modulen finden Sie in Kapitel 8. Außerdem bietet Kapitel 3 eine Übersicht über die Module der Site und wo sich diese genau verstecken.

Module deaktivieren

Wenn Sie sich entschieden haben, welche Module Sie deaktivieren möchten, ist der Rest ganz einfach. Zum Deaktivieren der Module sind Sie in der Administration angemeldet und haben mindestens die Rechte eines Administrators.

1. **Klicken Sie auf das Menü ERWEITERUNGEN|MODULE.**

   Die Modul-Verwaltung wird angezeigt. Sie sehen eine Übersicht über die Module auf Ihrer Website.

2. **Aktivieren Sie die Kontrollkästchen aller Module, die Sie deaktivieren möchten.**

3. **Klicken Sie auf die Schaltfläche SPERREN.**

   Die ausgewählten Module sind jetzt deaktiviert und werden nicht mehr auf der Website angezeigt.

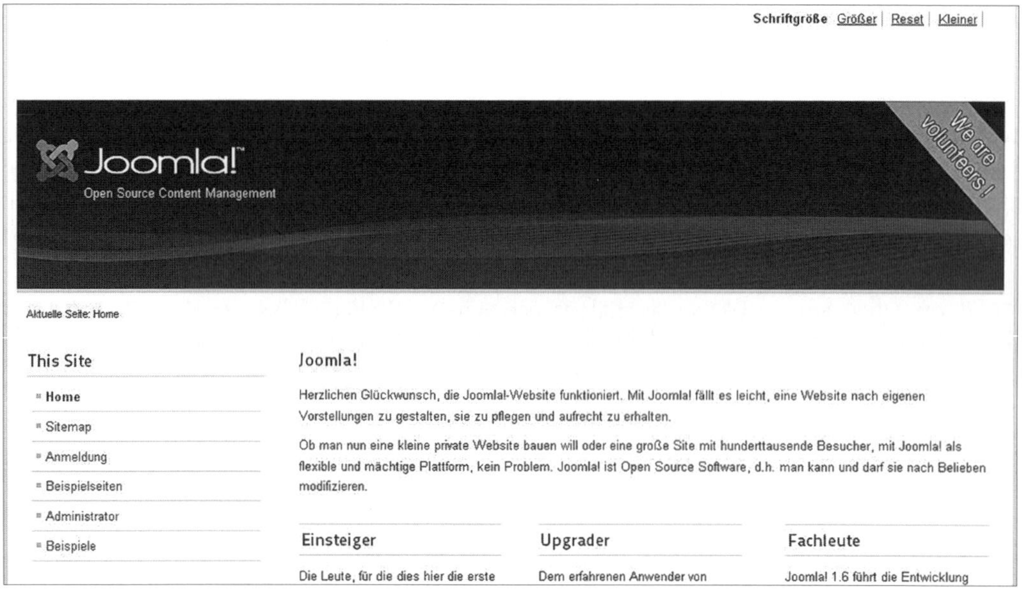

Abbildung 4.1: Joomla-Website mit einigen deaktivierten Modulen

Ihre Website sieht jetzt schon viel aufgeräumter aus.

Module verschieben

Es gibt noch eine weitere, recht einfache Möglichkeit, Ihre Joomla-Website etwas anzupassen. Sie können Module nicht nur deaktivieren, sondern aktivierte Module auch verschieben. Für jedes Template (Vorlage) gibt es fest definierte *Modulpositionen*. Diese sind sozusagen die Zimmer in Ihrem Joomla-Haus, in denen sich die Module aufhalten dürfen. Ein Modul wird auf einer Position nur angezeigt, wenn die Modulposition im Template auch festgelegt ist. Andernfalls werden alle Module auf dieser Modulposition einfach nicht angezeigt. Mehr Informationen zu Templates und Modulpositionen finden Sie in Kapitel 7.

Möchten Sie zum Beispiel das Anmeldeformular *Anmeldung* links unten in Abbildung 4.1 auf die rechte Seite zu dem Modul *Wer ist online* verschieben? Dazu benötigen Sie mindestens die Rechte eines Administrators.

1. **Öffnen Sie die Modul-Verwaltung und aktivieren Sie das Kontrollkästchen des Moduls, das Sie verschieben möchten.**

2. **Klicken Sie auf die Schaltfläche BEARBEITEN.**

   Die Bearbeitungsansicht (Seite MODUL ANMELDUNG) wird angezeigt.

Alternativ können Sie in der Übersicht der Modul-Verwaltung auch direkt auf den Namen des Moduls in der Spalte NAME klicken, um zur Bearbeitungsansicht zu gelangen.

4. **Wählen Sie im Auswahlmenü POSITION die neue Position des Moduls aus (siehe Abbildung 4.2).**

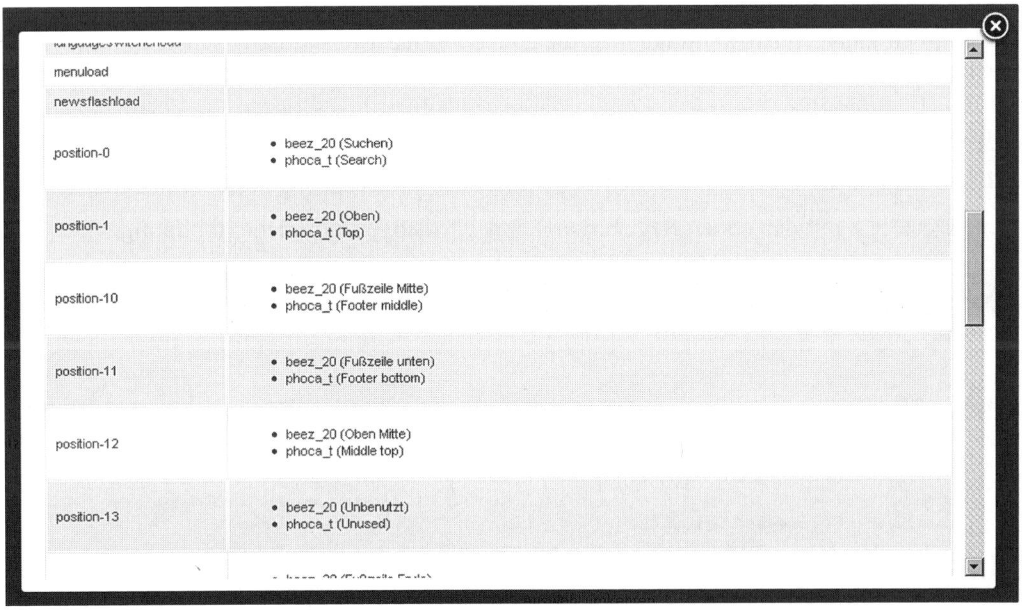

Abbildung 4.2: Auswahlmenü für die Modulposition

5. **Klicken Sie auf die jeweilige Modulposition und dann auf SPEICHERN oder SPEICHERN & SCHLIESSEN.**

   Das von Ihnen bearbeitete Modul wird jetzt auf der neuen Position angezeigt, falls die Modulposition für Ihr Template festgelegt ist.

Weitreichende Einstellungen

Es gibt in Joomla Einstellungen, die sich auf die ganze Website auswirken. Solche Einstellungen werden deshalb in der KONFIGURATION der Administration zusammengefasst. Diese Seite enthält drei Registerkarten:

- ✔ Die Registerkarte SITE enthält grundlegende Einstellungen, die die Website betreffen, wie Name und Beschreibung der Website, Suchmaschinenfreundlichkeit und so weiter.
- ✔ Auf der Registerkarte SYSTEM finden Sie grundlegende Systemeinstellungen wie den Hilfeserver und die Konfiguration für die Problembehebung.
- ✔ Die Registerkarte SERVER enthält unter anderem Einstellungen zur Konfiguration des Servers, der Datenbank und Einstellungen für den FTP-Zugang zum Server.
- ✔ Die Registerkarte BERECHTIGUNGEN enthält die Verwaltung der Zugriffsrechte.

Konfiguration aufrufen

Das mit den globalen Einstellungen für die ganze Joomla-Website ist ja schön und gut, aber wie kommen Sie denn zu dieser Seite, damit Sie das alles für Ihre Website einstellen können? Zunächst einmal sind Sie in der Administration angemeldet und haben die Rechte eines Super-Administrators.

Klicken Sie auf das Menü SITE|KONFIGURATION.

DIE KONFIGURATION mit der ersten Registerkarte SITE wird angezeigt (siehe Abbildung 4.3).

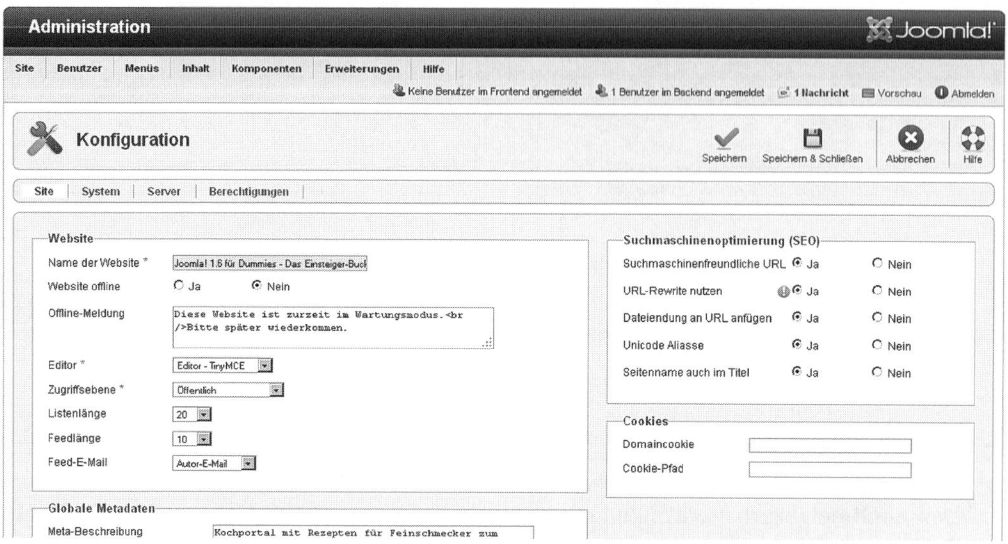

Abbildung 4.3: Konfiguration mit der Registerkarte SITE

Wenn Sie es ganz eilig haben, zur Konfiguration zu kommen, können Sie auch einfach auf die Schaltfläche Konfiguration im Kontrollzentrum klicken. Das Kontrollzentrum ist die Startseite der Administration.

Die Site will eingestellt werden

Jetzt sind die Site-Einstellungen der Konfiguration an der Reihe. Alle Site-Einstellungen befinden sich auf der ersten Registerkarte Site. Die wichtigsten Funktionen auf dieser Registerkarte schauen wir uns nun mal an.

Joomla ausschalten

Ja, ob Sie es glauben oder nicht, Joomla hat tatsächlich einen Ein- und Ausschalter. Mit diesem können Sie die gesamte Site offline nehmen, um z.B. Wartungsarbeiten oder Updates durchzuführen.

Um die Joomla-Site auszuschalten, sind Sie in der Administration als Super-Administrator angemeldet. Außerdem befinden Sie sich in der Konfiguration auf der Registerkarte Site.

Wählen Sie für den Optionsschalter Webseite offline den Wert Ja **und klicken Sie auf die Schaltfläche Speichern & Schliessen (siehe Abbildung 4.4).**

Die Joomla-Site ist jetzt ausgeschaltet und nicht mehr für Besucher verfügbar. Stattdessen wird eine Offline-Nachricht angezeigt, deren Text Sie selbst festlegen können. Die Administration können Sie weiterhin problemlos aufrufen.

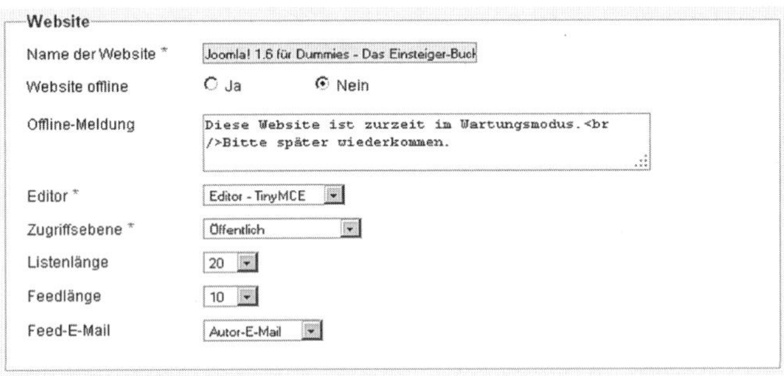

Abbildung 4.4: Ein-/Ausschalter für die Joomla-Website

Offline-Nachricht ändern

Die *Offline-Nachricht* wird dem ahnungslosen Besucher Ihrer Website aufgetischt, wenn er versucht, Ihre Website im Browser aufzurufen und diese nicht erreichbar ist. Mit der Offline-Nachricht können Sie dem Besucher mitteilen, weshalb er Ihre Website nicht aufrufen kann, wann sie voraussichtlich wieder erreichbar ist und so weiter. Die Nachricht sollte daher kompakt und informativ sein, auch ein freundliches »Schauen Sie bald mal wieder rein« kann nicht schaden.

Sie sind in der Administration als Super-Administrator angemeldet. Außerdem befinden Sie sich in der Konfiguration auf der Registerkarte Site.

1. **Markieren Sie im Textfeld OFFLINE-MELDUNG den gesamten Text (siehe Abbildung 4.4).**
2. **Geben Sie Ihre eigene Offline-Nachricht ein.**
6. **Klicken Sie auf die Schaltfläche SPEICHERN & SCHLIESSEN.**

   Die neue Offline-Nachricht ist gespeichert. Wenn Ihre Website nicht erreichbar sein sollte, wird dem Besucher die neue Nachricht angezeigt (siehe Abbildung 4.5).

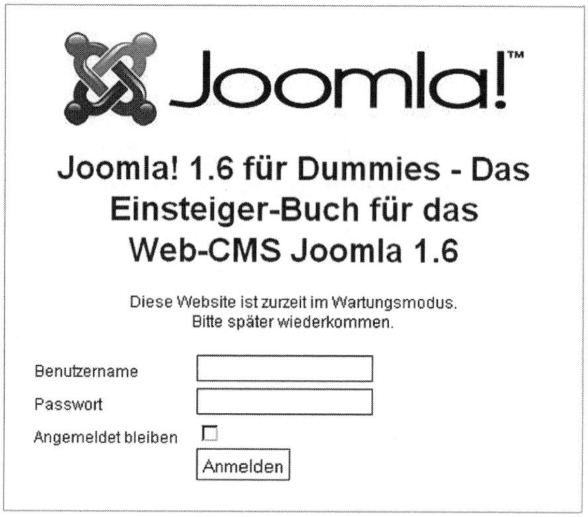

Abbildung 4.5: Offline-Nachricht der ausgeschalteten Site

Wie soll Ihre Website heißen?

Nomen est omen – die vielleicht wichtigste Grundeinstellung der KONFIGURATION ist der Titel Ihrer Website. Dieser wird in der Titelleiste des Webbrowsers angezeigt, wenn ein Besucher Ihre Site aufruft. Für Internetsuchmaschinen wie *Google* ist der Titel einer Internetsite ein wichtiges Kriterium für die Suche. Aber auch für Interessenten, die in den Weiten des Internets auf Ihre Website gestoßen sind, gibt der Titel wertvolle Hinweise auf den Inhalt der Site.

Den Titel Ihrer Website können Sie bereits bei der Installation eingeben, aber er lässt sich auch jederzeit in der KONFIGURATION verändern. Dazu sind Sie in der Administration als Super-Administrator angemeldet. Außerdem befinden Sie sich in der KONFIGURATION auf der Registerkarte SITE.

1. **Markieren Sie im Textfeld NAME DER WEBSITE den bisherigen Titel Ihrer Website.**
2. **Geben Sie den neuen Titel ein.**
7. **Bei SUCHMASCHINENOPTIMIERUNG (SEO) klicken Sie bei SEITENNAME AUCH IM TITEL auf JA.**
8. **Klicken Sie auf die Schaltfläche SPEICHERN.**

   Und schon hat Ihre Website einen neuen Titel, der unmittelbar in der Titelleiste Ihres Webbrowsers angezeigt wird.

Anzahl der Listeneinträge für die Administration verändern

Wenn Sie sich die verschiedenen Übersichtsseiten in der Administration mal genauer anschauen, sehen Sie, dass bei langen Listenansichten standardmäßig nie mehr als 20 Einträge angezeigt werden. Wenn Ihnen das zu unübersichtlich ist, können Sie diesen Standardwert verkleinern. Haben Sie keine Lust, bei vielen Einträgen ständig zu blättern, und lange Listen sind Ihnen sowieso schon immer sympathischer gewesen? Dann können Sie die Anzahl der Listeneinträge erhöhen. Der Standardwert von 20 Listeneinträgen hat sich allerdings als guter Mittelwert bewährt.

Der Wert, den Sie hier einstellen, ist nur eine Standardvorgabe für alle Listen. Sie können die Länge jeder Liste bei Bedarf am Ende der jeweiligen Übersichtsliste manuell verändern. Diese Einstellung bleibt allerdings nicht erhalten. Der Standardwert in der Konfiguration dagegen bleibt gespeichert.

Um die Anzahl der Listeneinträge zu ändern, sind Sie in der Administration als Super-Administrator angemeldet. Außerdem befinden Sie sich in der Konfiguration auf der Registerkarte Site.

Wählen Sie im Auswahlmenü Listenlänge, mit wie vielen Listeneinträgen die Übersichtslisten zukünftig angezeigt werden sollen, und klicken Sie auf die Schaltfläche Speichern.

Die Listen in der Administration werden fortan in der neuen Länge angezeigt.

Auch Metadaten sind Daten

Ihre Joomla-Website hat also einen Titel. Aber die fleißigen Suchroboter der großen Internetsuchmaschinen achten nicht nur auf den Titel einer Website. Unter anderem werden auch die Metadaten durchsucht. *Metadaten* sind Website-Beschreibungen und Schlüsselwörter, die sich im Unterholz einer Seite, dem *Quelltext*, verstecken. Für den Besucher Ihrer Website sind sie ohne Weiteres nicht sichtbar. Und doch helfen diese unsichtbaren Informationen den Suchmaschinen, Ihre Website zu finden und zu kategorisieren. Geben Sie also auf jeden Fall eine Meta-Beschreibung und einige Stichwörter zu Ihrer Website ein. Wenn Sie wissen wollen, wo Sie noch schrauben können, um Ihre Website zu einem wahren Leckerbissen für Besucher und Suchmaschinen zu machen, schauen Sie in Kapitel 13 vorbei.

Meta-Beschreibung und Meta-Schlüsselwörter ändern

Denken Sie sich eine knackige Beschreibung und ein paar pfiffige Schlagwörter aus, die Ihre Website umschreiben. Stellen Sie sich vor, Sie möchten Ihre eigene Website in einer Internetsuchmaschine finden. Welche Suchwörter würden Sie eingeben? Fügen Sie diese Wörter Ihren Meta-Schlüsselwörtern hinzu und geben Sie die Website-Beschreibung als Metainformation ein. Dazu sind Sie in der Administration als Super-Administrator angemeldet. Außerdem befinden Sie sich in der Konfiguration auf der Registerkarte Site.

1. **Geben Sie im Textfeld Meta-Beschreibung Ihre Meta-Beschreibung ein, die Ihre Website möglichst kurz und präzise beschreibt (siehe Abbildung 4.6).**

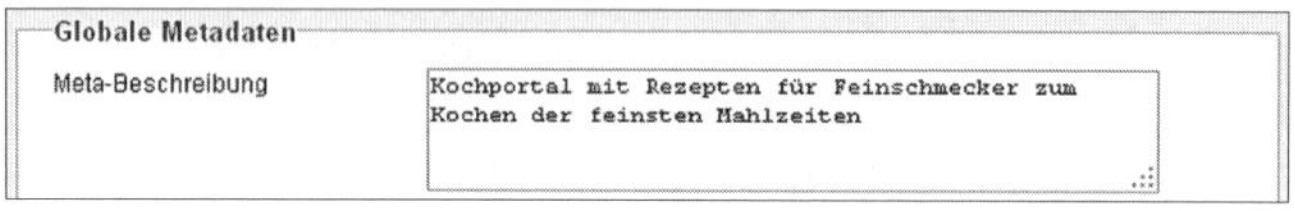

Abbildung 4.6: Textfeld für die Meta-Beschreibung

2. **Geben Sie im Textfeld META-SCHLÜSSELWÖRTER Ihre eigenen Schlüsselwörter in das Textfeld ein (siehe Abbildung 4.7).**

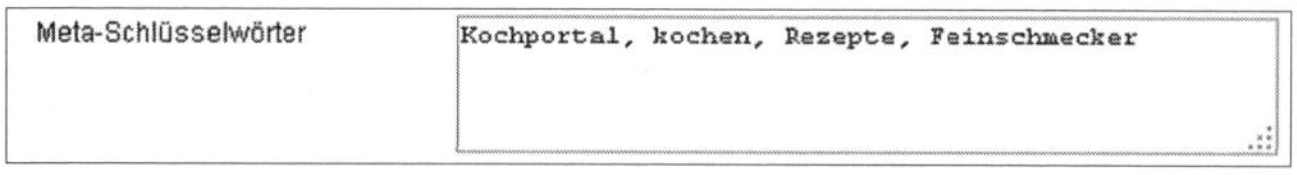

Abbildung 4.7: Textfeld für die Meta-Schlüsselwörter

9. **Machen Sie bei Bedarf im Textfeld INHALTSRECHTE Angaben zu den Inhaltsrechten (siehe Abbildung 4.8).**

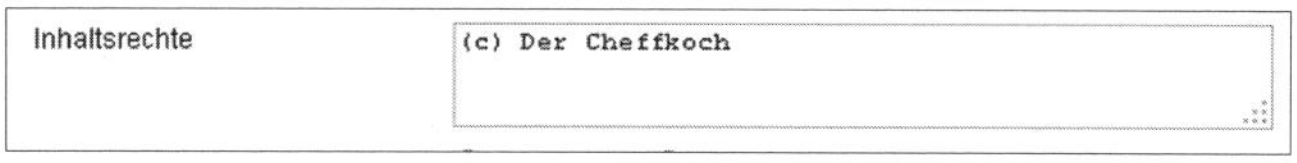

Abbildung 4.8: Textfeld für die Inhaltsrechte

10. **Klicken Sie auf die Schaltfläche SPEICHERN.**

    Von nun an enthält Ihre Website die unsichtbare Meta-Beschreibung, ist mit Schlüsselwörtern versehen und enthält Angaben zu den Inhaltsrechten.

URLs sind freundlich zu Suchmaschinen

URLs sind die Adressen, mit denen sich Websites im beinahe unendlich großen Internet direkt, ohne die Hilfe von Suchmaschinen, aufrufen lassen. Aber hat Ihnen auch schon mal ein Bekannter eine Webadresse aufgeschrieben, die über mehrere Zeilen ging und viele Fragezeichen und Gleichheitszeichen enthielt? Da braucht man doch Stunden, bis man die Webadresse richtig abgetippt hat, um die Website aufzurufen.

Den armen Suchmaschinen im Internet, wie *Google*, geht es da ähnlich. Diese tun sich ebenfalls schwer mit komplizierten URLs. Zum Glück gibt es in Joomla eine Funktion, mit der man aus komplizierten URLs einfache zaubert. Das Ganze funktioniert allerdings nur, wenn Joomla auf einem *Apache*-Server installiert wurde. Mehr Informationen zur Joomla-Installation und zu Servertypen finden Sie in Kapitel 2.

Aus der ziemlich komplizierten und langen URL

```
http://www.hans-wurst.eu/joomla/index.php?Itemid = 1&option = com-content
```

erzeugt Joomla eine suchmaschinenfreundliche URL:

```
http://www.hans-wurst.eu/joomla/home.html
```

Allerdings gibt es eine kleine Hürde, bevor diese Funktion genutzt werden kann. Voraussetzung für die Erstellung von suchmaschinenfreundlichen URLs ist, dass Joomla auf einem

Apache-Server läuft. Eine ominöse Datei namens `htaccess.txt` im Joomla-Ordner muss umbenannt werden. Die neuen URLs funktionieren nur, wenn diese Datei fortan `.htaccess` heißt. Das machen Sie am besten mit einem FTP-Programm. Wie das funktioniert, erfahren Sie in Kapitel 13.

Es gibt noch eine weitere Möglichkeit, Ihre Site für Suchmaschinen appetitlicher zu gestalten: Von Haus aus werden bei Joomla-Websites keine Dateiendungen wie `.html` in der Adresszeile der Webbrowser angezeigt. Diese Dateiendungen helfen den Suchmaschinen allerdings, die Art der Inhalte Ihrer Website zu bestimmen. Sie können die URL Ihrer Website noch ansehnlicher gestalten, indem Sie die Dateiendungen einblenden.

Sie sind in der Administration als Super-Administrator angemeldet und haben die Datei `htaccess.txt` in `.htaccess` umbenannt.

1. **Klicken Sie in SITE|KONFIGURATION auf die Registerkarte SITE.**
2. **Wählen Sie für den Optionsschalter SUCHMASCHINENFREUNDLICHE URLS den Wert** `Ja`.
11. **Wählen Sie für den Optionsschalter URL-REWRITE NUTZEN den Wert** `Ja`.
12. **Wählen Sie für den Optionsschalter EIN SUFFIX AN URLS ANHÄNGEN den Wert** `Ja`, um Dateiendungen einzublenden.
13. **Klicken Sie auf die Schaltfläche ANWENDEN.**

    Die URLs zu Ihrer Website sind jetzt schön suchmaschinenfreundlich.

Hilfeserver einstellen

Wenn Sie in Joomla vor lauter Funktionen, Listen und Feldern nur noch Bahnhof verstehen, hilft Ihnen die eingebaute Hilfe weiter. Bewegen Sie dazu einfach die Maus auf das Ihnen unbekannte Element in der Administration und Joomla zeigt einen kurzen erläuternden Text an. Ausführliche Hilfe erhalten Sie außerdem durch Klick auf die Schaltfläche HILFE in der Werkzeugleiste der Administration. Das konnten die bisherigen Joomla-Versionen auch schon.

Der Hilfeserver liefert Ihnen die ganzen Hilfetexte topaktuell in der gewünschten Sprache. Dazu müssen Sie zuerst einmal den Hilfeserver für Ihre Sprache auswählen. Alternativ können Sie auch die in Joomla eingebauten Hilfetexte verwenden. In der Version 1.6.3 gibt es zur Auswahl ENGLISH noch keine Alternative.

Um den Hilfeserver einzustellen, sind Sie in der Administration als Super-Administrator angemeldet. Außerdem befinden Sie sich in der Site KONFIGURATION auf der Registerkarte SYSTEM.

1. **Wählen Sie im Auswahlmenü HILFESERVER den Hilfeserver der gewünschten Sprache (siehe Abbildung 4.9).**
2. **Klicken Sie auf die Schaltfläche SPEICHERN oder SPEICHERN & SCHLIESSEN.**

    Und schon werden die Hilfe-Informationen in der gewünschten Sprache dargestellt.

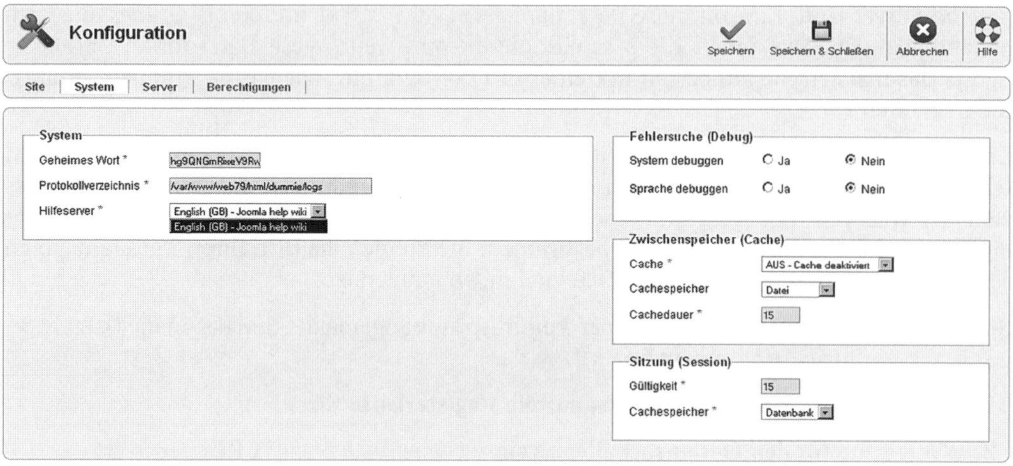

Abbildung 4.9: Auswahl Hilfeserver

Neue Benutzer zulassen

Joomla gibt Ihnen die Möglichkeit, einen Teil Ihrer Website vor fremdem Zugriff mit einem Passwort zu schützen. Dazu können Sie für die Besucher, die die gesperrten Seiten ansehen dürfen, Benutzerkonten einrichten. Zum Beispiel für Kunden eines Webshops ist eine Benutzeranmeldung sinnvoll. Einen solchen Benutzer nennt man *registrierten Benutzer*, denn er bekommt von Ihnen einen Benutzernamen und ein Passwort, mit dem er sich auf Ihrer Website anmelden kann. Nach der Anmeldung werden die geschützten Seiten für ihn sichtbar.

Aber wäre es nicht viel einfacher, wenn sich interessierte Benutzer selbst auf Ihrer Website registrieren könnten? Die Besucher wählen dazu bei der Registrierung einen Benutzernamen und ein Passwort. Sie als Administrator werden jedes Mal per E-Mail informiert, wenn sich ein neuer Benutzer registriert. Diese Benutzerregistrierung können Sie in Joomla ein- und ausschalten. Auch können Sie bestimmen, ob der neue Benutzer erst eine Bestätigungs-E-Mail erhalten soll, mit der sichergestellt wird, dass er keine fremde E-Mail-Adresse eingegeben hat.

Sie können auch festlegen, zu welcher Benutzergruppe die neuen Benutzer automatisch gehören, das heißt, welche Rechte sie haben. Mehr zu Benutzergruppen erfahren Sie im Abschnitt »Benutzerverwaltung – wer darf was?« weiter hinten in diesem Kapitel.

Benutzer-Registrierung ein- und ausschalten

Um Besuchern zu erlauben, sich auf Ihrer Website zu registrieren, das bedeutet die Benutzer-Registrierung ein- oder auszuschalten, sind Sie in der Administration als Administrator oder Super-Administrator angemeldet. Außerdem befinden Sie sich in der Menüleiste auf Benutzer| Benutzer.

Der Bereich für die Benutzer-Registrierung wird nur auf der Website angezeigt, wenn das Modul Anmeldung aktiviert ist. Das Modul ist standardmäßig aktiviert. Mehr über Module erfahren Sie in Kapitel 8.

1. **Klicken Sie in der Werkzeugleiste auf OPTIONEN und wählen Sie die Registerkarte KOMPONENTE.**
2. **Aktivieren oder deaktivieren Sie die Benutzerregistrierung und klicken Sie auf SPEICHERN & SCHLIESSEN (siehe Abbildung 4.10).**

   Die Besucher Ihrer Website können sich jetzt selbst registrieren, um auf geschützte Seiten zu gelangen.

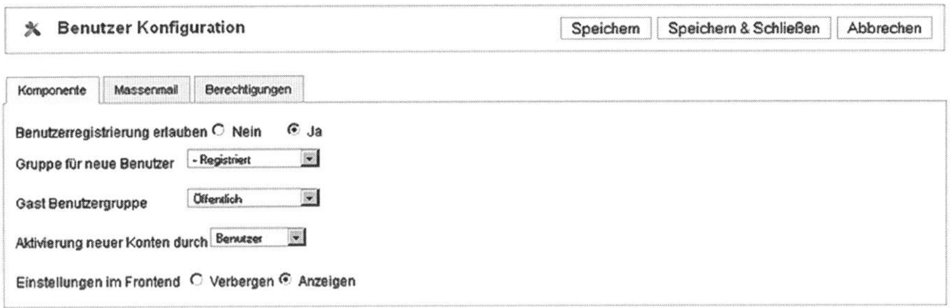

Abbildung 4.10: Benutzereinstellungen

Wie Sie Inhalte vor Hacker-Angriffen schützen können, erfahren Sie in Kapitel 5.

Benutzergruppe für neue Benutzer festlegen

Registriert sich ein Besucher auf Ihrer Website, bekommt er standardmäßig die Rechte der Gruppe *Registriert*. Das ist die Gruppe mit den geringsten Rechten. Benutzer dieser Gruppe dürfen fast nichts, nur geschützte Seiten lesen. Wenn Sie möchten, dass neu registrierte Benutzer automatisch mehr Rechte bekommen, können Sie diese Einstellung ändern.

Sie haben die Wahl zwischen den standardmäßig vorhandenen Benutzergruppen *Registriert, Autor, Editor, Publisher, Manager, Shoplieferanten, Kundengruppe* und *Superbenutzer*. Darüber hinaus können eigene Benutzergruppen angelegt werden. Welche Benutzergruppe welche Rechte hat, erfahren Sie im Abschnitt »Benutzerverwaltung – wer darf was?« weiter hinten in diesem Kapitel.

Sie sind in der Administration mit den Rechten eines Super-Administrators angemeldet. Außerdem befinden Sie sich in der MENÜLEISTE auf BENUTZER|BENUTZER.

1. **Klicken Sie in der Werkzeugleiste auf OPTIONEN und wählen Sie die Registerkarte KOMPONENTE.**
2. **Wählen Sie im Auswahlmenü GRUPPE FÜR NEUE BENUTZER die Benutzergruppe, die Sie neu registrierten Benutzern Ihrer Website zuweisen möchten, und klicken Sie auf die Schaltfläche SPEICHERN & SCHLIESSEN.**

Von nun an bekommen Besucher, die sich neu auf Ihrer Website registrieren, die Rechte der von Ihnen gewählten Benutzergruppe.

Benutzerkonto-Aktivierung ein- und ausschalten

Wenn sich neue Benutzer auf Ihrer Website registrieren, können Sie auswählen, ob das neue Benutzerkonto sofort aktiv wird oder ob der Benutzer zuerst eine Bestätigungs-E-Mail bekommt. Mit dieser Bestätigungs-E-Mail beweist der neue Benutzer, dass er auch wirklich seine eigene E-Mail-Adresse eingegeben hat.

Es könnte ja sein, dass sich jemand einen Scherz erlaubt und die E-Mail-Adresse eines anderen bei der Anmeldung eingibt. Wenn die Benutzerkonto-Aktivierung eingeschaltet ist (Standardeinstellung), bekommt der neue Benutzer eine E-Mail an die Adresse, die er angegeben hat. In der E-Mail muss er dann auf einen Aktivierungslink klicken, dann wird sein Benutzerkonto aktiviert.

Um die Benutzerkonto-Aktivierung ein- oder auszuschalten, sind Sie in der Administration als Super-Administrator angemeldet. Außerdem befinden Sie sich in der Menüleiste auf BENUTZER | BENUTZER.

1. **Klicken Sie in der Werkzeugleiste auf OPTIONEN und wählen Sie die Registerkarte KOMPONENTE.**
2. **Wählen Sie im Auswahlmenü AKTIVIERUNG NEUER KONTEN DURCH: zwischen ADMINISTRATOR, BENUTZER oder KEINE und klicken Sie auf die Schaltfläche SPEICHERN & SCHLIESSEN.**

Die Benutzerkonto-Aktivierung ist jetzt ein- beziehungsweise ausgeschaltet.

Benutzereinstellungen auf der Site ein- und ausblenden

Und schließlich fehlt noch eine letzte Einstellung für die hochgeschätzten Besucher Ihrer Website. In der Benutzer-Verwaltung der Administration können Sie für die Benutzer bestimmte Einstellungen vornehmen, unter anderem Sprache, Texteditor, Hilfeserver und Zeitzone. Die registrierten Benutzer können diese Einstellungen auf Ihren Wunsch hin auch auf der Site selbstständig ändern. Erreichbar sind die Benutzereinstellungen auf der Website standardmäßig über den Menüeintrag MEIN PROFIL im BENUTZERMENÜ unter PROFIL BEARBEITEN, wenn sich ein Benutzer auf der Website angemeldet hat.

Die oben erwähnten Benutzereinstellungen können Sie für die Benutzer auf der Website ein- oder ausblenden (siehe Abbildung 4.10). Bestimmte Grundeinstellungen wie Benutzername und Passwort werden immer angezeigt, unabhängig von dieser Einstellung. Um die zusätzlichen Einstellungen ein- oder auszublenden, sind Sie in der Administration als Super-Administrator angemeldet. Außerdem befinden Sie sich in der MENÜLEISTE auf BENUTZER | BENUTZER.

1. **Klicken Sie in der Werkzeugleiste auf OPTIONEN und wählen Sie die Registerkarte KOMPONENTE.**
2. **Wählen Sie EINSTELLUNGEN IM FRONTEND ANZEIGEN oder VERBERGEN.**

   Über *Anzeigen* werden die Einstellungen eingeblendet und über *Verbergen* werden sie ausgeblendet.
3. **Klicken Sie auf die Schaltfläche SPEICHERN & SCHLIESSEN.**

   Die Benutzereinstellungen sind jetzt ein- beziehungsweise ausgeblendet.

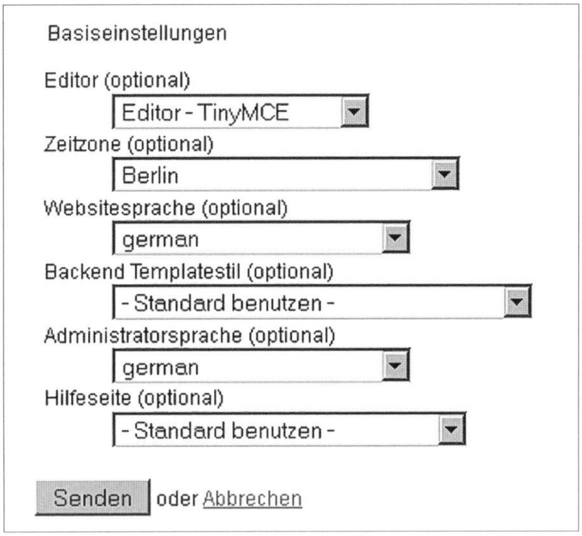

Abbildung 4.11: Zusätzliche Benutzereinstellungen auf der Site

Einstellungen für Mediendateien verändern

In Joomla können Sie die verschiedensten Mediendateien hochladen und auf Ihrer Website zum Download anbieten. Das können zum Beispiel wichtige Dokumente als PDF, Bilder, Word- oder Excel-Dateien sein. Eine Möglichkeit, diese Dateien hochzuladen, ist die Medien-Verwaltung von Joomla. Informationen zum Umgang mit der Medien-Verwaltung erhalten Sie in Kapitel 5.

Joomla hat eine Gästeliste von Dateiendungen, die angibt, welche Dateiformate beim Hochladen Zutritt erhalten und welche nicht. Auch die Größe der Dateien ist beschränkt auf maximal zehn Megabyte (Standardwert). Natürlich können Sie an diesen Einstellungen beliebig herumschrauben.

Überlegen Sie sich gut, welche Einstellungen Sie vornehmen. Aus Sicherheitsgründen empfiehlt es sich, bestimmte Dateiendungen nicht zu erlauben, zum Beispiel ausführbare `.exe`-Dateien. Auch eine Größenbeschränkung der hochgeladenen Dateien ist sinnvoll, sonst ist der Speicherplatz bei Ihrem Webanbieter bald voll.

Um die Einstellungen für Mediendateien zu verändern, sind Sie in der Administration als Super-Administrator angemeldet. Außerdem befinden Sie sich in der MENÜLEISTE auf INHALT | MEDIEN.

1. **Klicken Sie in der Werkzeugleiste auf OPTIONEN und wählen Sie die Registerkarte KOMPONENTE.**

2. **Geben Sie in das Textfeld ERLAUBTE DATEIENDUNGEN neue erlaubte Dateiendungen ein oder entfernen Sie bisher erlaubte Endungen.**

   Die Dateiendungen müssen mit Komma getrennt werden.

Geben Sie eine neue Dateiendung immer doppelt ein, einmal in Kleinbuchstaben und einmal in Großbuchstaben. So wird sichergestellt, dass beide Varianten akzeptiert werden, egal ob groß- oder kleingeschrieben.

3. **Geben Sie in das Textfeld Max. Grösse eine neue maximale Dateigröße in Mega Bytes ein, wenn Sie den Standardwert verändern möchten.**

   Wenn Sie `0` eingeben, ist die Dateigröße unbeschränkt.

4. **Klicken Sie auf die Schaltfläche Speichern & Schliessen.**

   Die neuen Einstellungen für das Hochladen von Mediendateien sind jetzt wirksam.

Cache aktivieren

Jedes Mal, wenn ein Besucher Ihre Website aufruft, erzeugt Joomla die Seiten neu und füllt sie mit Texten aus der Datenbank. Das erfordert einiges an Rechenarbeit und belastet Ihren Webserver. Wenn Ihre Website sehr viele Besucher hat, lohnt es sich vielleicht für Sie, dass aufgerufene Seiten eine Zeit lang zwischengespeichert werden. Ruft ein weiterer Besucher innerhalb einer festgesetzten Zeit die gleiche Seite auf, wird diese nicht neu erzeugt, sondern aus dem Zwischenspeicher (*Cache*) geladen. Das geht schneller und erspart dem Server etwas Rechenarbeit.

Wie lange die Seiten zwischengespeichert werden sollen, liegt in Ihrer Hand. Der Standardwert beträgt 15 Minuten.

Stellen Sie vor der Aktivierung der Cache-Funktion sicher, dass das Cache-Verzeichnis von Joomla nicht schreibgeschützt ist. Sonst kann es passieren, dass, wenn Sie den Cache aktivieren, Ihre ganze Joomla-Website ausfällt. Wie Sie die Schreibrechte dieses Ordners überprüfen und ändern, erfahren Sie in Kapitel 10.

Um den Cache zu aktivieren, sind Sie in der Administration als Super-Administrator angemeldet. Außerdem befinden Sie sich in der Site|Konfiguration auf der Registerkarte System.

1. **Wählen Sie für den Optionsschalter Cache den Wert `An, normales Caching`, um den Zwischenspeicher zu aktivieren (siehe Abbildung 4.12).**

2. **Geben Sie in das Textfeld Cachedauer einen neuen Wert für die Zeit in Minuten ein, für die der Cache Objekte zwischenspeichern soll, oder lassen Sie den Standardwert von 15 Minuten eingestellt.**

3. **Klicken Sie auf die Schaltfläche Speichern & Schliessen.**

   Die Cache-Einstellungen sind jetzt gespeichert, und Website-Inhalte werden gemäß Ihrer Auswahl zwischengespeichert.

Wenn Sie Änderungen an Inhalten der Website vorgenommen haben, werden diese bei aktiviertem Cache nicht sofort sichtbar, sondern erst nach Ablauf der eingestellten Cache-Zeit. Sie können den Cache aber nach einer Änderung auch einfach manuell löschen, damit die Änderungen sofort auf der Site angezeigt werden. Klicken Sie dazu auf das Menü Site|Wartung|Cache leeren.

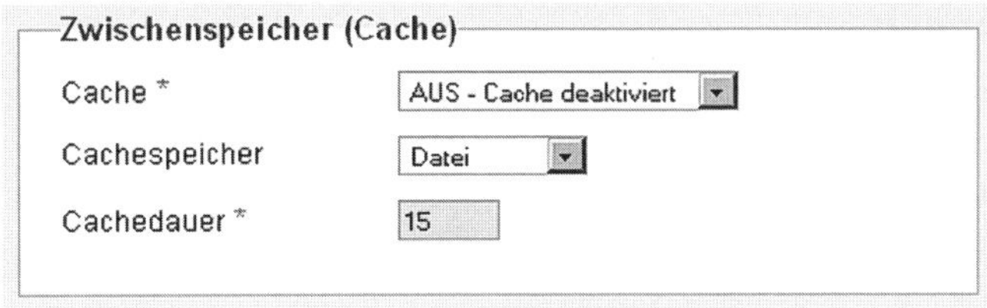

Abbildung 4.12: Cache-Einstellungen

Session-Zeit von Joomla verändern

Wenn Sie mit Joomla arbeiten und auf der Site oder in der Administration mit einem Benutzernamen angemeldet sind, dann haben Sie mit Joomla eine *Sitzung* (englisch Session) eröffnet. Sobald Sie aufhören, mit Joomla zu arbeiten, sich aber nicht abmelden, fängt im Hintergrund von Joomla heimlich eine Uhr an zu ticken. Ist eine bestimmte Zeit verstrichen, ohne dass Sie mit Joomla etwas gemacht haben (ein Klick reicht auch), schmeißt Joomla Sie aus dem System raus. Sie sind dann nicht mehr angemeldet und müssen die Anmeldung wiederholen. Diese Zeitspanne ist quasi die Lebensdauer oder der Lebenszyklus Ihrer Joomla-Sitzungen und eine wichtige Sicherheitsfunktion. Denn viele Benutzer vergessen nach ihrer Arbeit mit Joomla, sich abzumelden, und schließen lediglich das Fenster des Webbrowsers. Wenn sie nicht automatisch von Joomla nach einer gewissen Zeit abgemeldet würden, könnte sich eine andere Person an denselben Computer setzen und mit Joomla unberechtigterweise weiterarbeiten. Dies ist besonders bei Benutzern von Bedeutung, die Joomla von einem öffentlichen Computer (z.B. einem Internetcafé) aus aufrufen.

Allerdings kann diese automatische Abmeldung auch ziemlich störend sein, wenn man sich beispielsweise ständig neu anmelden muss, nur weil man länger nichts mit Joomla gemacht hat. Deshalb können Sie die Zeit bis zur automatischen Abmeldung nach Ihren Wünschen verändern. Der Standardwert liegt bei 15 Minuten.

Geben Sie auf keinen Fall einen zu niedrigen Wert für die Zeit bis zur automatischen Abmeldung ein. Sonst ist die Zeit so kurz, dass Sie nach der Anmeldung sofort wieder abgemeldet werden. Damit wird die Joomla-Installation für Sie unbrauchbar und kann nur durch manuelle Veränderungen an der Joomla-Konfigurationsdatei wiederhergestellt werden.

Um die Session-Zeit von Joomla bis zur automatischen Abmeldung zu verändern, benötigen Sie Super-Administratorenrechte. Außerdem befinden Sie sich in der SITE|KONFIGURATION auf der Registerkarte SYSTEM.

Geben Sie in das Textfeld Sitzung (SESSION) den neuen Wert der Session-Zeit in Minuten ein und klicken Sie auf die Schaltfläche SPEICHERN & SCHLIESSEN.

Joomla wartet fortan die angegebene Zeit ab, bis inaktive Benutzer automatisch abgemeldet werden.

Servereinstellungen

Stoßen wir nun zum Kern der Joomla-Einstellungen vor – zu den Servereinstellungen. Hier können Sie an Einstellungen schrauben, die die Hauptfunktionen von Joomla betreffen. Die Einstellungen in der Site|Konfiguration auf der Registerkarte Server umfassen folgende Bereiche:

- ✔ Server
- ✔ Zeitzone
- ✔ FTP
- ✔ Datenbank
- ✔ Mailing

Verändern Sie keine Einstellungen auf dieser Registerkarte, wenn Sie sich bei den Auswirkungen nicht ganz sicher sind. Sonst kann dies zu schwerer Beschädigung Ihrer Joomla-Installation führen. Es handelt sich hier teilweise um sehr empfindliche Einstellungen, die die Kernfunktionen von Joomla betreffen. In diesem Kapitel werden daher nur die Einstellungen beschrieben, die Sie problemlos ändern können.

Die empfindlichsten Einstellungen sind die der Datenbank. Hier brauchen Sie in der Regel nichts zu verändern, denn diese Einstellungen wählen Sie bereits bei der Installation. Mehr Informationen zu den Datenbankeinstellungen finden Sie in Kapitel 2.

Website-Daten komprimieren

Die Datenmengen, die bei der Nutzung von Joomla über das Internet übertragen werden, halten sich normalerweise in Grenzen, da die Inhalte meist aus Text bestehen. Dennoch, denken Sie an die lahmen Schnecken unter den Besuchern Ihrer Website! Nicht jeder hat einen Hochgeschwindigkeits-Internetzugang. Es gibt auch noch die Gruppe der Modem-Nutzer, die bei jeder Website die Sekunden und Minuten zählen, bis die Site aufgebaut ist. Für diese Gruppe der Websurfer bietet Joomla die Möglichkeit, die Daten der Website in komprimierter Form an den Besucher Ihrer Website zu übertragen. Dadurch wird die Menge der zu übertragenden Daten erheblich reduziert. Joomla presst die Daten schön kompakt zusammen und überträgt sie an den Besucher Ihrer Website, wo die Daten wieder entpackt werden.

Damit Joomla die Daten komprimieren kann, muss Ihr Webserver, auf dem Joomla läuft, die Komprimierung unterstützen. Fragen Sie bei Ihrem Webanbieter, bei dem Sie den Webspace gemietet haben, ob die Komprimierung aktiviert ist (`zlib.output-compression` muss aktiviert sein).

Aktivieren Sie die Komprimierung nur, wenn Sie sich ganz sicher sind, dass Ihr Webserver diese Funktion unterstützt. Andernfalls wird Ihre Joomla-Installation unbrauchbar. Sie können diese dann nur durch eine manuelle Veränderung Ihrer Konfigurationsdatei `configuration.php` wiederherstellen.

Um die Komprimierung in Joomla zu aktivieren, sind Sie in der Administration als Super-Administrator angemeldet. Außerdem befinden Sie sich in der SITE|KONFIGURATION auf der Registerkarte SERVER.

Wählen Sie für den Optionsschalter GZIP-KOMPRIMIERUNG den Wert Ja (siehe Abbildung 4.13) und klicken Sie auf die Schaltfläche SPEICHERN & SCHLIESSEN.

Die Komprimierung ist jetzt in Joomla aktiviert. Wenn Ihr Webserver diese Funktion unterstützt, werden die Daten fortan schön kompakt übertragen.

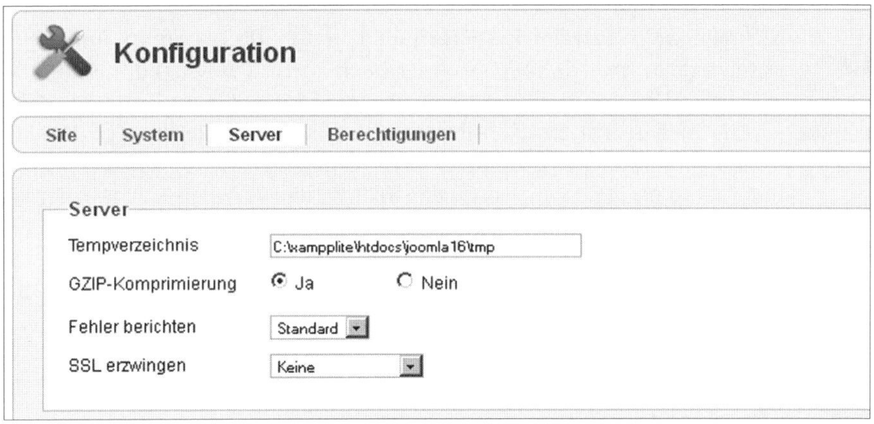

Abbildung 4.13: Servereinstellungen

Zeitzone einstellen

Joomla wird weltweit als Content-Management-System eingesetzt. Sie können in Joomla Ihre Zeitzone einstellen, damit die Einträge für das Erstellungs- und Änderungsdatum stimmen.

Um die Zeitzone einzustellen, sind Sie in der Administration als Super-Administrator angemeldet. Außerdem befinden Sie sich in der SITE|KONFIGURATION auf der Registerkarte SERVER.

1. **Wählen Sie im Auswahlmenü ZEITZONE Ihre Zeitzone (siehe Abbildung 4.14).**

   Bewegen Sie den Mauszeiger auf den Text SERVERZEITZONE, so dass der Hilfetext angezeigt wird. Wählen Sie den entsprechenden Kontinent und die Stadt aus.

2. **Klicken Sie auf die Schaltfläche SPEICHERN & SCHLIESSEN.**

   Die Erstellungs- und Änderungsdaten der Beiträge auf Ihrer Website werden jetzt gemäß der eingestellten Zeitzone angezeigt.

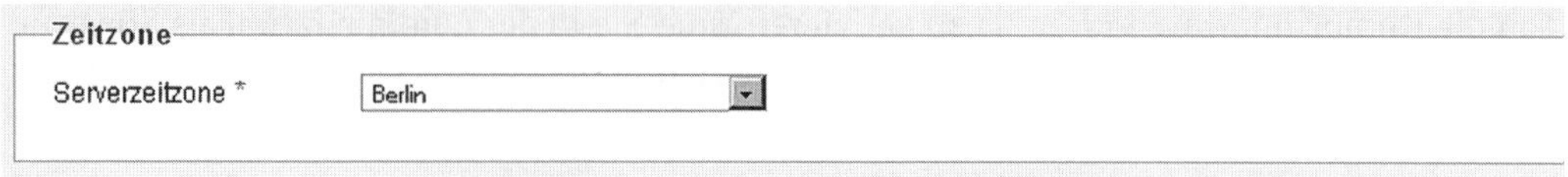

Abbildung 4.14: Einstellung der Zeitzone

Joomla kann FTP

Normalerweise werden Erweiterungen in Joomla installiert, indem Sie die Dateien dazu über den Webbrowser hochladen. Aber Sie können die Dateien auch direkt per FTP (Übertragungsprotokoll für Dateien) auf dem Server installieren. Dazu brauchen Sie nicht extra ein FTP-Programm. Aktivieren Sie die FTP-Funktion in der SITE|KONFIGURATION auf der Registerkarte SERVER und geben Sie die Adresse Ihres FTP-Servers, Benutzername und Passwort sowie das Installationsverzeichnis von Joomla in die Textfelder ein. Bestätigen Sie mit der Schaltfläche SPEICHERN oder mit SPEICHERN & SCHLIESSEN. Falls Sie Ihre FTP-Daten nicht wissen, wenden Sie sich an den Anbieter Ihres Webspaces. Und schon können Sie Erweiterungen direkt über FTP installieren. Mehr zu dieser Funktion in Kapitel 9.

E-Mail-Einstellungen vornehmen

Joomla hat eine eingebaute Mail-Funktion. So können Sie sich z.B. per E-Mail benachrichtigen lassen, wenn sich ein neuer Benutzer registriert hat. Es gibt drei verschiedene Techniken, mit denen Joomla E-Mails verschicken kann. Die einfachste und bequemste ist die *PHP-Mail-Funktion*, die bereits voreingestellt ist. Bei dieser Methode müssen Sie nur noch Absendername und Absenderadresse einstellen, die bei dem Empfänger der E-Mails angezeigt werden. Wenn das mit Ihrem Server nicht klappen sollte, können Sie die *Sendmail-Funktion* benutzen. Die Voreinstellung von Joomla sollte hier bei den meisten Servern funktionieren. Wenn auch das nicht funktioniert, können Sie die *SMTP-Funktion* benutzen. Dazu benötigen Sie die Adresse, Benutzername und Passwort eines SMTP-Servers. Diese Daten bekommen Sie vom Anbieter Ihres E-Mail-Kontos (z.B. *GMX, Web.de, Yahoo* und so weiter).

Um die Einstellungen für die E-Mail-Funktion vorzunehmen, sind Sie in der Administration als Super-Administrator angemeldet. Außerdem befinden Sie sich in der SITE|KONFIGURATION auf der Registerkarte SERVER.

1. **Wählen Sie im Auswahlmenü MAILER die Methode für den E-Mail-Versand (siehe Abbildung 4.15).**
2. **Geben Sie in das Textfeld VON E-MAIL die E-Mail-Adresse ein, die als Absenderadresse der E-Mails angezeigt werden soll, die Joomla verschickt.**
3. **Geben Sie in das Textfeld ABSENDERNAME den Absendernamen an, der angezeigt werden soll.**

Falls PHP-Mail und Sendmail bei Ihnen nicht funktionieren, benutzen Sie einen SMTP-Server, damit Joomla E-Mails verschicken kann. Geben Sie dazu die Adresse Ihres SMTP-Servers in das Textfeld Server ein. Einige SMTP-Server verlangen eine Authentifizierung mit Benutzername und Passwort. Wählen Sie in diesem Fall für den Optionsschalter SMTP-Authentifizierung den Wert Ja und tragen Sie Ihren SMTP-Benutzernamen in das Textfeld Benutzer und Ihr SMTP-Passwort in das Textfeld Passwort ein. Bestätigen Sie mit der Schaltfläche Speichern oder mit Speichern & Schliessen.

Die E-Mail-Einstellungen wurden jetzt übernommen.

Abbildung 4.15: E-Mail-Einstellungen

Einstellungen rund um den Inhalt

Die Hauptaufgabe von Joomla ist es, Inhalte in aufbereiteter Form auf einer Website darzustellen. Die Inhalte verstecken sich in einer Datenbank. Wenn jetzt ein Besucher eine Seite aufruft, holt sich Joomla die Inhalte aus der Datenbank, poliert sie etwas auf und stellt sie dem Besucher der Website dar. Joomla besitzt einige Einstellungen, mit denen Sie diese Darstellung von Inhalten beeinflussen können. Für die Darstellung können Sie zum einen Einstellungen wählen, die für alle Inhalte global gelten, und zum anderen können Sie die Einstellungen für jeden Beitrag Ihrer Website einzeln verändern.

Wir schauen uns in diesem Kapitel nur die globalen Inhaltseinstellungen an. Informationen zu Einstellungen einzelner Beiträge finden Sie in Kapitel 5.

Nicht autorisierte Links anzeigen und verstecken

In Joomla können Sie festlegen, dass bestimmte Inhalte nur registrierten Benutzern angezeigt werden. Hat sich ein Besucher Ihrer Website mit seinem Benutzernamen und Passwort angemeldet, kann er sich diese Inhalte anschauen. Das ist sozusagen Joomlas Türsteherfunktion. Standardmäßig werden Links (Verknüpfungen) zu solchen beschränkten Inhalten auch nur angemeldeten Benutzern angezeigt. Wenn also ein Besucher als Gast auf Ihre Website schaut und sich nicht anmeldet, dann sieht er auch die Links zu den versteckten Inhalten nicht.

Nun kann es aber sein, dass Sie neuen Besuchern Ihrer Website die versteckten Inhalte schmackhaft machen wollen. Wenn ein Besucher angebissen hat und er die versteckten Inhalte ansehen möchte, muss er sich zuerst registrieren. Standardmäßig sind diese Links für einen nicht angemeldeten Benutzer unsichtbar.

Um nicht autorisierte Links anzuzeigen, sind Sie in der Administration als Administrator oder Super-Administrator angemeldet.

1. **Klicken Sie auf das Menü Inhalt|Beiträge, um die Beitrags-Verwaltung zu öffnen.**
2. **Klicken Sie in der Werkzeugleiste auf die Schaltfläche Optionen.**

   Das Fenster Optionen wird angezeigt, in dem Sie alle Inhaltseinstellungen global vornehmen können (siehe Abbildung 4.16).

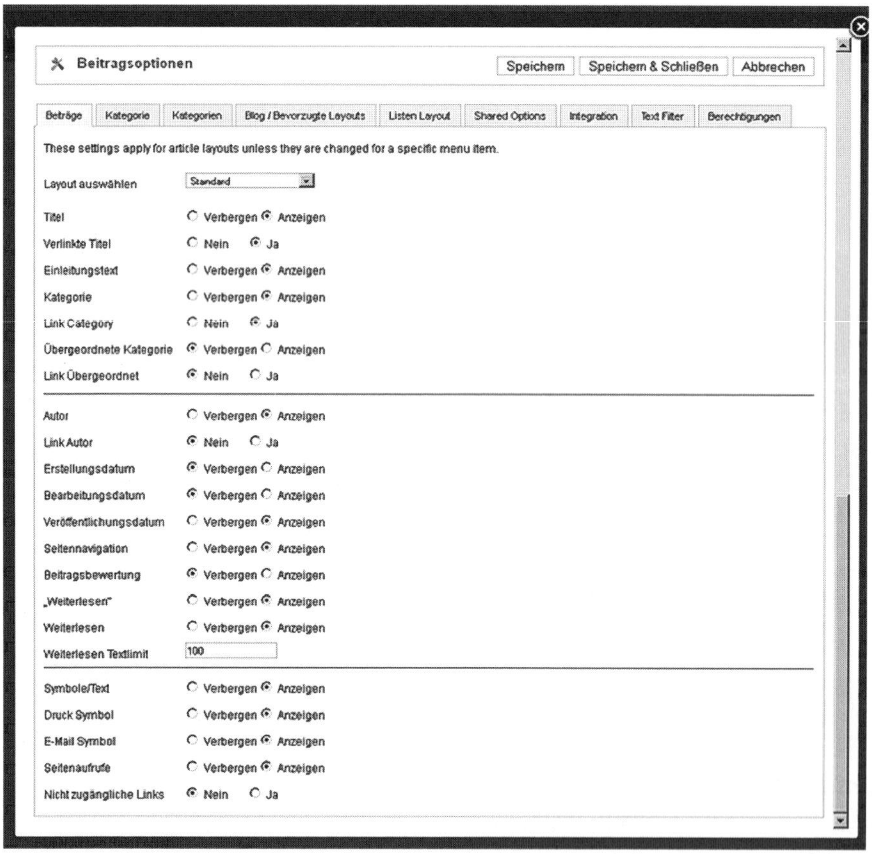

Abbildung 4.16: Inhaltseinstellungen

4. **Wählen Sie im Reiter Beiträge für den Optionsschalter Nicht zugängliche Links den Wert `Ja`, um Links zu beschränkten Inhalten anzuzeigen, und `Nein`, um sie zu verstecken.**

5. **Klicken Sie auf die Schaltfläche Speichern & Schliessen.**

   Die Links zu beschränkten Inhalten werden von nun an gemäß Ihren Einstellungen für nicht angemeldete Besucher sichtbar oder unsichtbar.

Beitragstitel ein- und ausblenden

Der Titel eines Beitrags in Joomla ist sein wichtigstes Element, steht er doch normalerweise ganz oben über dem Artikel und vermittelt, worum es in dem Beitrag geht. Diesen Beitragstitel können Sie aber auch global für alle Beiträge ausblenden. Dazu sind Sie in der Administration als Administrator oder Super-Administrator angemeldet. Außerdem befinden Sie sich in der Beitrags-Verwaltung im Fenster Inhalt: Beiträge.

1. **Klicken Sie in der Werkzeugleiste auf die Schaltfläche Optionen.**

2. **Wählen Sie im Reiter Beiträge für den Optionsschalter Titel anzeigen den Wert** `Ja`, um die Beitragstitel einzublenden, und `Nein`, um sie auszublenden, und klicken Sie auf die Schaltfläche Speichern & Schliessen.

Die Titel der Beiträge werden von nun an auf der Site ein- beziehungsweise ausgeblendet.

Beitragstitel als Links anzeigen

Wenn Sie in Joomla neue Inhalte anlegen, müssen Sie für einen neuen Beitrag immer auch einen Titel angeben. Dieser Titel thront dann über dem Beitrag auf der Website und dient gleichzeitig als Überschrift.

Nun gibt es in Joomla Übersichtsseiten, auf denen mehrere Beiträge mit Titel und kurzem Einführungstext aufgeführt werden (z.B. die Startseite). Um einen Beitrag in voller Länge zu sehen, muss der Besucher auf den Link weiterlesen klicken. Wenn der Besucher Ihrer Website etwas Interessantes entdeckt hat und auf einen Titel klickt, um zu dem Beitrag zu springen, funktioniert das standardmäßig nicht. Sie können diese Funktion jedoch aktivieren, so dass der Besucher direkt auf den Titel eines Beitrags klicken kann, um ihn in voller Länge zu lesen.

Sie sind in der Administration als Administrator oder Super-Administrator angemeldet. Außerdem befinden Sie sich in der Beitrags-Verwaltung im Fenster Inhalt: Beiträge.

1. **Klicken Sie in der Werkzeugleiste auf die Schaltfläche Optionen.**

2. **Wählen Sie im Reiter Beiträge für den Optionsschalter Verlinkte Titel den Wert** `Ja`, um die Links für Beitragstitel zu aktivieren, und `Nein`, um sie zu deaktivieren, und klicken Sie auf die Schaltfläche Speichern & Schliessen.

Die Titel von Beiträgen werden von nun an auf Übersichtsseiten, wie der Startseite, als Links angezeigt, mit denen ein Besucher Ihrer Website direkt zu dem jeweiligen Beitrag in voller Länge springen kann.

Einleitungstexte ein- und ausblenden

Mit Einleitungstexten können Sie den Besuchern Ihrer Website kurz und knapp auf Übersichtsseiten zeigen, was sie in den Beiträgen erwartet. Diese Einleitungstexte können global für die Site ein- und ausgeblendet werden. Dazu sind Sie in der Administration als Administrator oder Super-Administrator angemeldet. Außerdem befinden Sie sich in der Beitrags-Verwaltung im Fenster INHALT: BEITRÄGE.

1. **Klicken Sie in der Werkzeugleiste auf die Schaltfläche OPTIONEN.**
2. **Wählen Sie im Reiter BEITRÄGE für den Optionsschalter EINLEITUNGSTEXT den Wert `Anzeigen`, um die Einleitungstexte der Beiträge einzublenden, und `Verbergen`, um sie auszublenden, und klicken Sie auf die Schaltfläche SPEICHERN & SCHLIESSEN.**

Die Einleitungstexte der Beiträge werden von nun an auf Übersichtsseiten der Site ein- beziehungsweise ausgeblendet.

Link zum Weiterlesen anzeigen und verstecken

Wenn Sie in Joomla lange Beiträge verfassen, haben Sie die Möglichkeit, den Beitrag zu teilen und mit einem kurzen Einleitungstext zu beginnen. Damit können Sie Besuchern Ihrer Website einen kleinen Vorgeschmack auf den ganzen Beitrag geben. Interessiert sich ein Besucher für den ganzen Beitrag, kann er sich den Rest anzeigen lassen. Dafür bietet Joomla den so genannten *Weiterlesen-Link*, der standardmäßig aktiviert ist. Dieser Link steht am Ende eines Einleitungstextes, wenn ein Beitrag noch mehr Text enthält. Möchten Sie, dass dieser Link nicht angezeigt wird, können Sie ihn in der Beitrags-Verwaltung deaktivieren.

Dazu sind Sie in der Administration als Administrator oder Super-Administrator angemeldet. Außerdem befinden Sie sich in der Beitrags-Verwaltung im Fenster INHALT: BEITRÄGE.

1. **Klicken Sie in der Werkzeugleiste auf die Schaltfläche OPTIONEN.**
2. **Wählen Sie im Reiter BEITRÄGE für den Optionsschalter WEITERLESEN den Wert `Verbergen`, um den Link zu verstecken, und `Anzeigen`, um ihn anzuzeigen, und klicken Sie auf die Schaltfläche SPEICHERN.**
3. **Wählen Sie im Reiter BEITRÄGE für den Optionsschalter WEITERLESEN den Wert `Verbergen`, um den Titel zum Link zu verstecken, und `Anzeigen`, um ihn anzuzeigen, und klicken Sie auf die Schaltfläche SPEICHERN.**
4. **Mit dem Weiterlesen-Textlimit geben Sie an, wie lang der Text des Titels zum Optionsschalter WEITERLESEN ist.**

Der Link zum Weiterlesen eines Beitrags wird fortan auf Ihrer Website angezeigt beziehungsweise ausgeblendet, wenn ein Beitrag aus Einleitungstext und Haupttext besteht (siehe Abbildung 4.17).

Abbildung 4.17: Beitragsübersicht mit Einleitungstext und Link zum Weiterlesen

Beitragsbewertung ein- und ausschalten

Wenn Sie mit Joomla Ihre Website im Internet veröffentlicht haben und fleißig Beiträge schreiben, möchten Sie sicher auch einmal erfahren, was Ihre Leser, also die Besucher Ihrer Website, von Ihren Beiträgen halten. Leserkritiken können helfen, Sie zum Weiterschreiben zu motivieren und Ihre Beiträge zu verbessern. Sie haben verschiedene Möglichkeiten, um an die Meinung Ihrer Leser zu kommen. Zum Beispiel können Sie ein Gästebuch oder Forum einrichten (siehe Kapitel 9) oder eine Umfrage auf Ihre Website stellen (mehr dazu in Kapitel 8). Joomla bietet aber auch eine eingebaute Beitragsbewertung, die standardmäßig allerdings deaktiviert ist. Wenn Sie die Beitragsbewertung aktivieren, können die Besucher Ihrer Homepage die Beiträge bewerten. Sie sehen dann direkt an den einzelnen Beiträgen, was die Leser von Ihren Texten halten.

Um die Beitragsbewertung ein- oder auszuschalten, sind Sie in der Administration als Administrator oder Super-Administrator angemeldet. Außerdem befinden Sie sich in der Beitrags-Verwaltung im Fenster Inhalt: Beiträge.

1. **Klicken Sie in der Werkzeugleiste auf die Schaltfläche Optionen.**
2. **Wählen Sie für den Optionsschalter Beitragsbewertung den Wert** `Anzeigen` **für angeschaltete Beitragsbewertung und** `Verbergen` **für ausgeschaltete Beitragsbewertung und klicken Sie auf die Schaltfläche Speichern & Schliessen.**

Von nun an wird über jedem Titel eines Beitrags die Beitragsbewertung eingeblendet (siehe Abbildung 4.18).

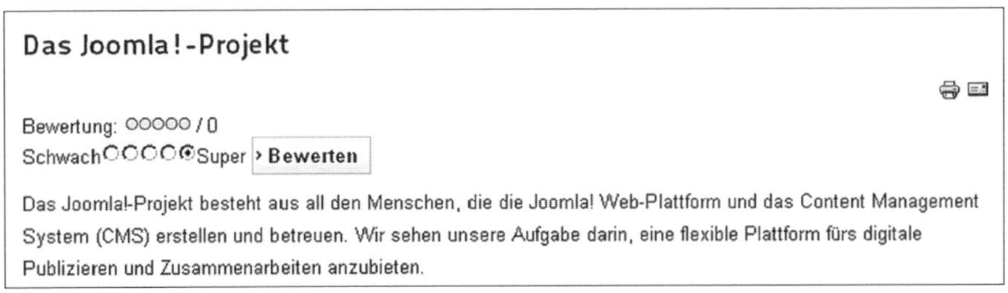

Abbildung 4.18: Beitrag mit Beitragsbewertung

Autorenname ein- und ausblenden

Mit Joomla können mehrere Autoren Beiträge schreiben und veröffentlichen. Dadurch werden Sie als Website-Inhaber entlastet, und die Beiträge auf Ihrer Website werden zahlreicher und abwechslungsreicher. Joomla blendet standardmäßig den Namen des Autors eines Beitrags unterhalb des Titels ein. Wenn Sie der Einzige sind, der auf Ihrer Website Beiträge veröffentlicht, ist diese Funktion für Sie vielleicht nicht sinnvoll. Welcher Besucher Ihrer Website will schon unter jedem Beitrag denselben Namen sehen, wenn es sowieso nur einen Autor gibt. Sie können die Anzeige des Autors in der Beitrags-Verwaltung von Joomla abschalten.

Sie sind in der Administration als Administrator oder Super-Administrator angemeldet. Außerdem befinden Sie sich in der Beitrags-Verwaltung im Fenster INHALT: BEITRÄGE.

1. **Klicken Sie in der Werkzeugleiste auf die Schaltfläche OPTIONEN.**
2. **Wählen Sie im Reiter BEITRÄGE für den Optionsschalter AUTOR den Wert** `Verbergen`**, um den Namen des Autors auszublenden, und** `Anzeigen`**, um ihn einzublenden, und klicken Sie auf die Schaltfläche SPEICHERN & SCHLIESSEN.**

Der Name des Autors wird jetzt auf der Website je nach Wahl ausgeblendet oder angezeigt.

Beitragsdatum anzeigen und verstecken

Wenn Sie in Joomla einen Beitrag schreiben, wird das Erstellungsdatum abgespeichert. Wurde der Beitrag seit seiner Erstellung mindestens einmal geändert, speichert Joomla ein Änderungsdatum mit ab, damit der Leser mitverfolgen kann, wann der Beitrag zuletzt aktualisiert oder geändert wurde. Das Erstellungsdatum und das Änderungsdatum werden unterhalb des Titels angezeigt. Beide Daten werden standardmäßig angezeigt, können aber von Ihnen ausgeblendet werden.

Sie sind in der Administration als Administrator oder Super-Administrator angemeldet. Außerdem befinden Sie sich in der Beitrags-Verwaltung im Fenster INHALT: BEITRÄGE.

1. **Klicken Sie in der Werkzeugleiste auf die Schaltfläche OPTIONEN.**
2. **Wählen Sie im Reiter BEITRÄGE für den Optionsschalter BEITRAGSDATUM den Wert** `Verbergen`**, um das Erstellungsdatum auszublenden, und den Wert** `Anzeigen` **zum Einblenden.**
3. **Wählen Sie für den Optionsschalter BEARBEITUNGSDATUM den Wert** `Verbergen`**, um das Änderungsdatum auszublenden, und den Wert** `Anzeigen` **zum Einblenden.**
4. **Klicken Sie auf die Schaltfläche SPEICHERN & SCHLIESSEN.**

   Das Änderungs- und Erstellungsdatum wird jetzt gemäß Ihren Einstellungen angezeigt oder ausgeblendet (siehe Abbildung 4.19).

Veröffentlichungsdatum anzeigen und verstecken

Wenn Sie in Joomla einen Beitrag schreiben, wird das Veröffentlichungsdatum abgespeichert. Das Veröffentlichungsdatum wird unterhalb des Titels angezeigt. Das Datum wird standardmäßig angezeigt und kann von Ihnen ausgeblendet werden.

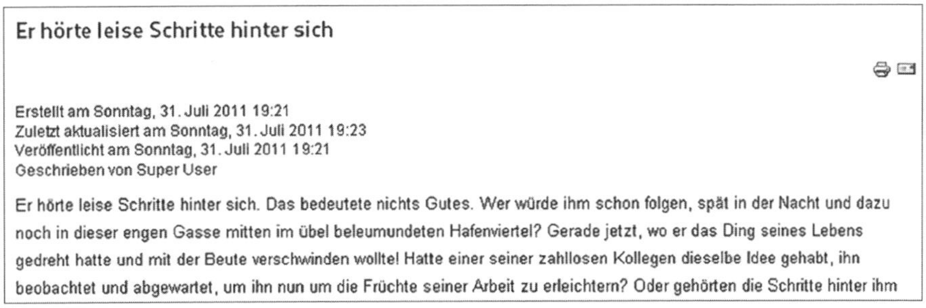

Abbildung 4.19: Beitrag mit Erstellungs- Veröffentlichungs- und Änderungsdatum

Sie sind in der Administration als Administrator oder Super-Administrator angemeldet. Außerdem befinden Sie sich in der Beitrags-Verwaltung im Fenster INHALT: BEITRÄGE.

1. **Klicken Sie in der Werkzeugleiste auf die Schaltfläche OPTIONEN.**
2. **Wählen Sie im Reiter BEITRÄGE für den Optionsschalter VERÖFFENTLICHUNGSDATUM den Wert** `Verbergen`**, um das Veröffentlichungsdatum auszublenden, und den Wert** `Anzeigen` **zum Einblenden.**
5. **Klicken Sie auf die Schaltfläche SPEICHERN & SCHLIESSEN.**

   Das Veröffentlichungsdatum wird jetzt gemäß Ihren Einstellungen angezeigt oder ausgeblendet (siehe Abbildung 4.19).

Beitragssymbole ein- und ausblenden

Für Ihre Beiträge bietet Joomla zwei Symbole, mit denen die Besucher Ihrer Website den Beitrag ohne Umwege drucken oder per E-Mail versenden können (siehe Abbildung 4.20). Diese zwei Symbole sind standardmäßig eingeblendet. Wenn Sie die Symbole nicht benötigen, können Sie sie in der KONFIGURATION ausblenden.

Abbildung 4.20: Symbole Drucken, E-Mail

Dazu sind Sie in der Administration als Administrator oder Super-Administrator angemeldet. Außerdem befinden Sie sich in der Beitrags-Verwaltung im Fenster INHALT: BEITRÄGE.

1. **Klicken Sie in der Werkzeugleiste auf die Schaltfläche OPTIONEN.**
2. **Wählen Sie im Reiter BEITRÄGE für den Optionsschalter DRUCK SYMBOL den Wert** `Verbergen`**, um das Drucken-Symbol auszublenden, und** `Anzeigen`**, um es einzublenden.**
6. **Wählen Sie für den Optionsschalter E-MAIL-SYMBOL den Wert** `Verbergen`**, um das E-Mail-Symbol auszublenden, und** `Anzeigen`**, um es einzublenden.**
7. **Klicken Sie auf die Schaltfläche SPEICHERN & SCHLIESSEN.**

   Die Symbole sind von nun an gemäß Ihren Einstellungen ein- oder ausgeblendet.

Abbildung 4.21: Beitragssymbol-Einstellungen

Beitragssymbole als Text anzeigen

Wenn Ihnen die Beitragssymbole *Drucken* und *E-Mail* nicht gefallen oder Sie befürchten, dass Besucher Ihrer Website sie nicht verstehen, können Sie die Symbole auch als Text anzeigen lassen (siehe Abbildung 4.22). Vielleicht gefallen Ihnen die Symbole als Text auch optisch besser.

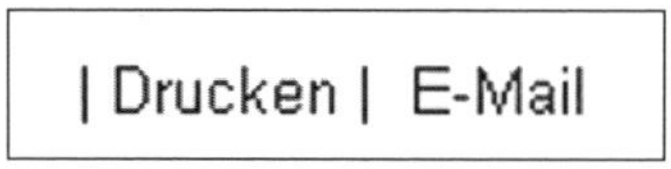

Abbildung 4.22: Beitragssymbole als Text

Dazu sind Sie in der Administration als Super-Administrator angemeldet. Außerdem befinden Sie sich in der Beitrags-Verwaltung im Fenster Inhalt: Beiträge.

1. **Klicken Sie in der Werkzeugleiste auf die Schaltfläche Optionen.**
2. **Wählen Sie im Reiter Beiträge für den Optionsschalter Symbole/Text den Wert Verbergen, um die Beitragssymbole als Text anzuzeigen, und klicken Sie auf die Schaltfläche Speichern & Schliessen.**

Die Symbole *Drucken* und *E-Mail* werden jetzt bei jedem Beitrag als Textlinks angezeigt.

Beitragsaufrufe ausblenden und anzeigen

Möchten Sie, dass die Besucher Ihrer Website sehen, welche Beiträge wie oft aufgerufen wurden? Welche Beiträge interessant sind, welche öde und langweilig? Für diesen Fall zählt Joomla die Aufrufe eines Beitrags und bietet Ihnen die Möglichkeit, die Anzahl der Beitragsaufrufe auf den Übersichtsseiten Ihrer Website anzuzeigen. Diese Funktion ist standardmäßig ausgeschaltet.

Zum Ausblenden beziehungsweise Anzeigen der Beitragsaufrufe sind Sie in der Administration als Administrator oder Super-Administrator angemeldet. Außerdem befinden Sie sich in der Beitrags-Verwaltung im Fenster Inhalt: Beiträge.

1. **Klicken Sie in der Werkzeugleiste auf die Schaltfläche Optionen.**
2. **Wählen Sie im Reiter Beiträge für den Optionsschalter Seitenaufrufe den Wert Verbergen, um die Beitragsaufrufe auszublenden, und Anzeigen, um sie anzuzeigen, und klicken Sie auf die Schaltfläche Speichern & Schliessen.**

Die Anzahl der Seitenaufrufe bei den Artikeln der Website sind jetzt ausgeblendet beziehungsweise eingeblendet (siehe Abbildung 4.23).

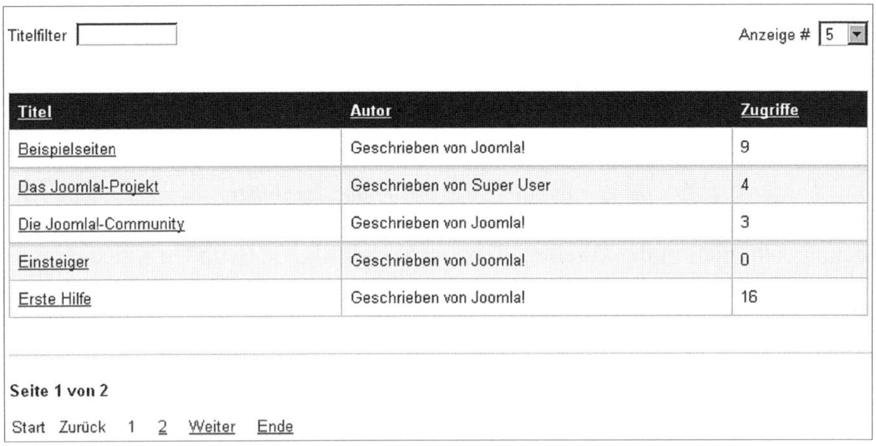

Abbildung 4.23: Beitragsübersicht mit Anzahl der Aufrufe

Benutzerverwaltung – wer darf was?

Ein Content-Manangement-System wie Joomla zeichnet sich dadurch aus, dass mehrere Benutzer Inhalte schreiben und veröffentlichen können. Eine Gruppe von Benutzern schreibt beispielsweise nur Beiträge. Eine andere Gruppe liest Beiträge Korrektur. Sie sehen also, auch Benutzer haben Rechte! Je mehr Aufgaben ein Benutzer in Joomla übernimmt, desto mehr Rechte hat er. Wenn Sie einen neuen Benutzer anlegen, müssen Sie ihm eine Benutzergruppe zuweisen. Er erhält dann die Rechte dieser Gruppe. Tabelle 4.1 gibt eine Übersicht über alle angelegten Benutzergruppen und ihre Rechte auf der Site, in Tabelle 4.2 sehen Sie die Benutzergruppen und ihre Rechte in der Administration. Die Benutzergruppen sind nach ihren Rechten in aufsteigender Reihenfolge aufgelistet. Ein Benutzer einer Gruppe hat dabei immer alle Rechte der vorhergehenden Benutzergruppen.

Benutzergruppe	Rechte des Benutzers
Registriert	Kann sich auf der Site anmelden und geschützte Seiten anschauen
Autor	Neue Beiträge erstellen und eigene Beiträge bearbeiten. Die Beiträge müssen allerdings erst durch einen anderen Benutzer der Gruppe *Publisher* oder höher freigeschaltet werden.
Editor	Neue Beiträge erstellen und alle Beiträge bearbeiten. Auch die Beiträge eines Benutzers dieser Gruppe müssen erst freigeschaltet werden.
Publisher	Neue Beiträge erstellen, alle Beiträge bearbeiten und freischalten

Tabelle 4.1: Benutzergruppen auf der Site

Benutzergruppe	Rechte des Benutzers
Manager	Alle Beiträge bearbeiten, Beiträge freischalten und Kategorien bearbeiten, Komponenten verwalten, Dateien hochladen
Administrator	Zusätzlich Module, Plugins, Benutzer verwalten, Papierkorb leeren und gelöschte Objekte wiederherstellen, einige Komponenten deinstallieren
Super-Benutzer	Zusätzlich KONFIGURATION, Sprachen, Templates verwalten, Werkzeuge benutzen (Zugriff auf alle Funktionen, die es gibt)

Tabelle 4.2: Benutzergruppen in der Administration

Darüber hinaus können in der Version 1.6 beliebig viele eigene Gruppen hinzugefügt werden. Standardmäßig sind noch die Gruppen »Shoplieferanten« und »Kundengruppe« vorhanden. Sowohl in den vorhandenen als auch in den neuen Gruppen können Sie ganz individuelle Rechte vergeben.

In der Benutzer-Verwaltung von Joomla können Sie alle Benutzer verwalten, neue hinzufügen, Passwörter zurücksetzen, Benutzer aktivieren oder sperren und verschiedene Parameter des Benutzers verändern (zum Beispiel E-Mail-Adresse). Diese Schaltzentrale gibt Ihnen einen Überblick über alle Joomla-Benutzer und zeigt an, wer gerade angemeldet ist.

In Joomla 1.6 gibt es Zugriffsebenen. In Zugriffsebenen werden verschiedene Gruppen gebündelt. So können Sie einen Beitrag für eine vorher festgelegte Gruppe freigeben.

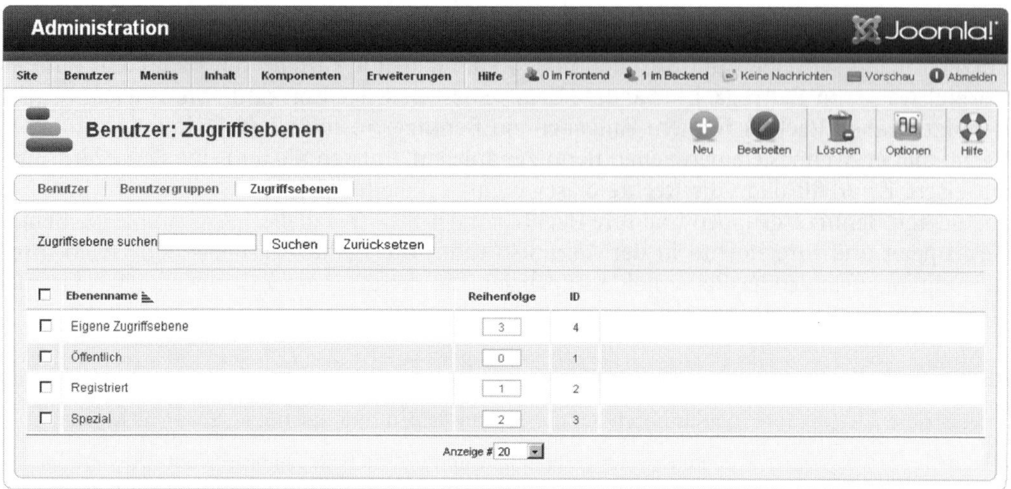

Abbildung 4.24: Zugriffsebenen in einem Beitrag

Durch die neue Benutzerverwaltung ist in Sachen Berechtigungen alles möglich.

Benutzer-Verwaltung aufrufen

Wie kommen Sie denn nun zur Benutzer-Verwaltung, um Ihre ganzen Benutzer zu verwalten?

Klicken Sie dazu einfach auf das Menü BENUTZER|BENUTZER.

Die Benutzer-Verwaltung mit einer Übersicht über alle registrierten Benutzer wird angezeigt (siehe Abbildung 4.25).

Die Übersicht der Benutzer-Verwaltung zeigt Ihnen nur registrierte Benutzer an, die Ihrer Benutzergruppe angehören oder weniger Rechte haben. Das heißt, als Benutzer der Gruppe ADMINISTRATOR sind für Sie die Benutzer der Gruppe SUPER-ADMINISTRATOR nicht sichtbar.

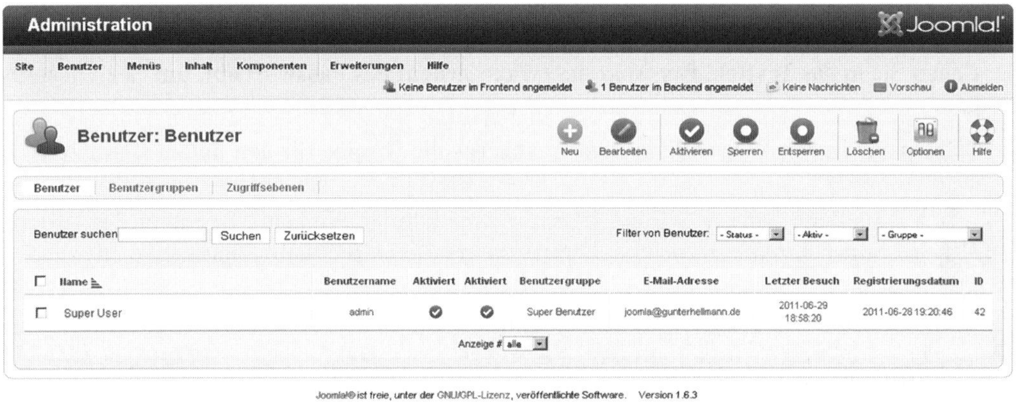

Abbildung 4.25: Benutzer-Verwaltung

Wenn Sie es ganz eilig haben, nach der Anmeldung in der Administration zur Benutzer-Verwaltung zu kommen, können Sie im KONTROLLZENTRUM (das ist die Startseite der Administration) das Symbol BENUTZER anklicken.

Neue Benutzer anlegen

Es gibt zwei Arten, ein neues Benutzerkonto zu erstellen. Zum einen kann sich ein neuer Benutzer über die Site registrieren. So bekommt er ein Benutzerkonto, ohne dass Sie als Administrator eingreifen müssen. Mehr Informationen zur Benutzerkonto-Aktivierung gibt es im Abschnitt Benutzerkonto-Aktivierung ein- und ausschalten weiter vorne in diesem Kapitel.

Benutzer, die sich auf der Site registrieren, gehören automatisch zu der Benutzergruppe REGISTRIERT. Diese Einstellung können Sie aber auch verändern. Mehr dazu im Abschnitt Benutzergruppe für neue Benutzer festlegen weiter vorne in diesem Kapitel.

Ein neues Benutzerkonto kann auch über die Benutzer-Verwaltung angelegt werden. Dazu sind Sie in der Administration angemeldet und haben mindestens die Rechte eines Administrators. Außerdem befinden Sie sich in der Benutzer-Verwaltung.

1. **Klicken Sie auf die Schaltfläche Neu.**

   Die Seite Benutzer: Benutzer – Neuer Benutzer zum Anlegen neuer Benutzer wird angezeigt (siehe Abbildung 4.26).

2. **Geben Sie in das Textfeld Name den Namen des neuen Benutzers ein.**

   Der Name kann zum Beispiel bei der Anmeldung des Benutzers auf der Site als Begrüßung angezeigt werden. Er wird auch als Autorenname eines Beitrags angezeigt.

3. **Geben Sie in das Textfeld Benutzername den Benutzernamen des neuen Benutzers ein.**

   Mit dem Benutzernamen meldet sich der Benutzer auf der Site oder in der Administration an.

4. **Geben Sie in das Textfeld E-Mail die E-Mail-Adresse des neuen Benutzers ein.**

5. **Geben Sie in das Textfeld Neues Passwort das Passwort des neuen Benutzers ein.**

6. **Geben Sie in das Textfeld Passwort bestätigen erneut das Passwort ein, um es zu bestätigen.**

7. **Wählen Sie in der Auswahlliste Benutzergruppe die Gruppe für den neuen Benutzer.**

Als Benutzer der Gruppe *Administrator* können Sie keine Benutzer der Gruppe *Super-Administrator* erstellen. Dazu benötigen Sie mehr Benutzerrechte.

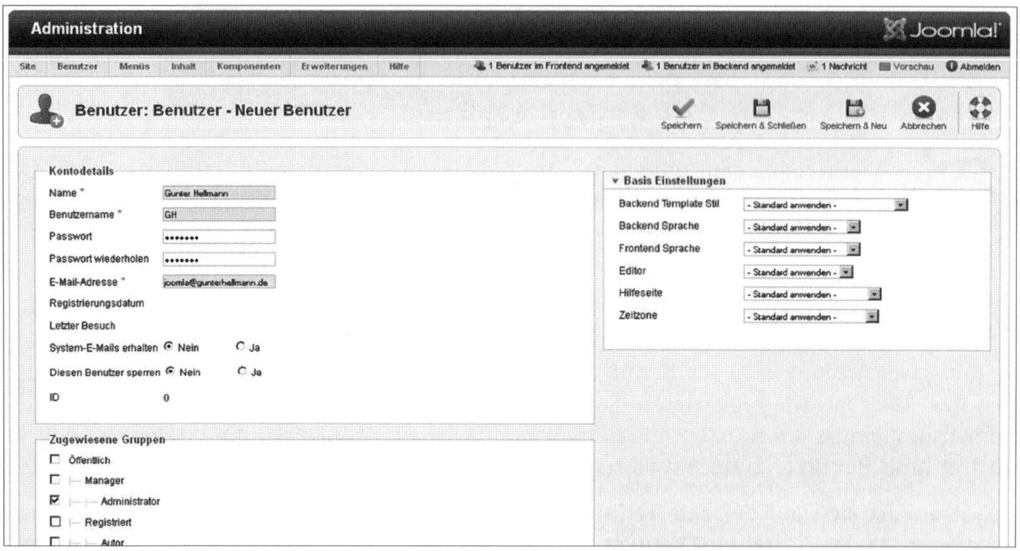

Abbildung 4.26: Eingabeseite für neue Benutzer

Im Bereich PARAMETER können Sie noch Einstellungen vornehmen für den Template-Stil des Backends, die Sprache der Site und der Administration und für den Standard-Benutzer-Editor, und Sie können einen Hilfeserver auswählen. Wenn Sie die globalen Einstellungen benutzen möchten, lassen Sie einfach alles unverändert (empfohlen).

8. **Klicken Sie auf die Schaltfläche SPEICHERN & SCHLIESSEN.**

   Der neue Benutzer wurde angelegt und wird in der Übersicht der Benutzer-Verwaltung aufgeführt.

Wenn Sie einen neuen Benutzer der Gruppe *Administrator* oder *Super-Administrator* angelegt haben, wird nach dem Speichern noch eine Einstellungsmöglichkeit angezeigt, die zuvor unsichtbar war. Mit ihr können Sie entscheiden, ob der Benutzer Systembenachrichtigungen bekommen soll (zum Beispiel wenn sich ein neuer Benutzer registriert hat). Wählen Sie für den Optionsschalter SYSTEMNACHRICHTEN EMPFANGEN den Wert `Ja`, um den Empfang von Systembenachrichtigungen für diesen Benutzer zu aktivieren.

Benutzer aktivieren

Für jeden Benutzer gibt es in Joomla zwei Zustände: aktiv und inaktiv. Wenn ein Benutzer deaktiviert wurde, kann er sich nicht anmelden. Ein Benutzer mit aktiviertem Benutzerkonto kann sich ganz normal anmelden. Dadurch können Sie zum Beispiel einen Benutzer eine Zeit lang sperren und danach wieder freigeben, ohne dass Sie den Benutzer erneut anlegen müssen.

Welche registrierten Benutzer aktiv und welche inaktiv sind, erkennen Sie in der Übersicht der Benutzer-Verwaltung an der Spalte AKTIVIERT. Die Benutzer mit einem grünen Häkchen sind aktiv.

Um einen Benutzer zu aktivieren, sind Sie in der Administration angemeldet und haben mindestens die Rechte eines Administrators. Außerdem befinden Sie sich in der Benutzer-Verwaltung.

Klicken Sie in der Spalte AKTIVIERT des Benutzers, den Sie aktivieren möchten, auf das rote Symbol mit dem weißen X.

Der Benutzer ist jetzt aktiv und kann sich ganz normal auf der Site beziehungsweise in der Administration anmelden.

Benutzerdaten verändern

Bei Benutzern, die auf Ihrer Joomla-Website registriert sind, kann sich jederzeit etwas ändern. Zum Beispiel hat sich die E-Mail-Adresse eines Benutzers geändert, ein anderer hat sein Passwort vergessen oder ein Autor möchte mehr Rechte, damit er auch Beiträge veröffentlichen darf. Diese ganzen Daten sind nicht in Stein gemeißelt. Sie können sie jederzeit in der Benutzer-Verwaltung verändern.

Dazu sind Sie in der Administration angemeldet und haben mindestens die Rechte eines Administrators. Außerdem befinden Sie sich in der Benutzer-Verwaltung.

1. **Aktivieren Sie das Kontrollkästchen des Benutzers, den Sie verändern möchten.**
2. **Klicken Sie auf die Schaltfläche BEARBEITEN.**

   Die Seite BENUTZER: BENUTZER – BENUTZER BEARBEITEN zum Verändern der Benutzerdaten wird angezeigt.

9. **Nehmen Sie die gewünschten Änderungen vor.**
10. **Klicken Sie auf die Schaltfläche SPEICHERN & SCHLIESSEN.**

    Die von Ihnen vorgenommenen Änderungen sind jetzt gespeichert.

Wenn Sie es besonders eilig haben, Benutzerdaten zu verändern, können Sie auch in der Übersicht der Benutzer-Verwaltung direkt auf den Namen des Benutzers klicken, den Sie verändern möchten.

Benutzer löschen

Benutzer können in Joomla natürlich nicht nur angelegt, verändert und deaktiviert werden, Sie können sie auch komplett aus dem System löschen. Dadurch verlieren Sie aber auch die Daten des Benutzers, wie beispielsweise seine E-Mail-Adresse. Um einen Benutzer zu löschen, sind Sie in der Administration angemeldet und haben mindestens die Rechte eines Administrators. Außerdem befinden Sie sich in der Benutzer-Verwaltung.

Aktivieren Sie das Kontrollkästchen eines oder mehrerer Benutzer, den/die Sie löschen möchten, und klicken Sie auf die Schaltfläche LÖSCHEN.

Der ausgewählte beziehungsweise die ausgewählten Benutzer wurden gelöscht und werden nicht mehr in der Übersichtsliste der Benutzer-Verwaltung aufgeführt.

Kontaktdaten

Wenn Sie sich die Übersichtsseite eines Benutzers (z.B. beim Bearbeiten) mal genauer anschauen, sehen Sie rechts im Ausklappmenü noch einen Bereich KONTAKTDETAILS. Dieser Bereich ist für Kontaktdaten zu dem Benutzer reserviert, wie z.B. Adresse, Telefonnummer und so weiter. Diese ganzen Daten können Sie in der Komponente KONTAKTE eingeben und mit einem Benutzer verknüpfen (siehe Abbildung 4.27). Mehr Informationen zur Komponente KONTAKTE finden Sie in Kapitel 8.

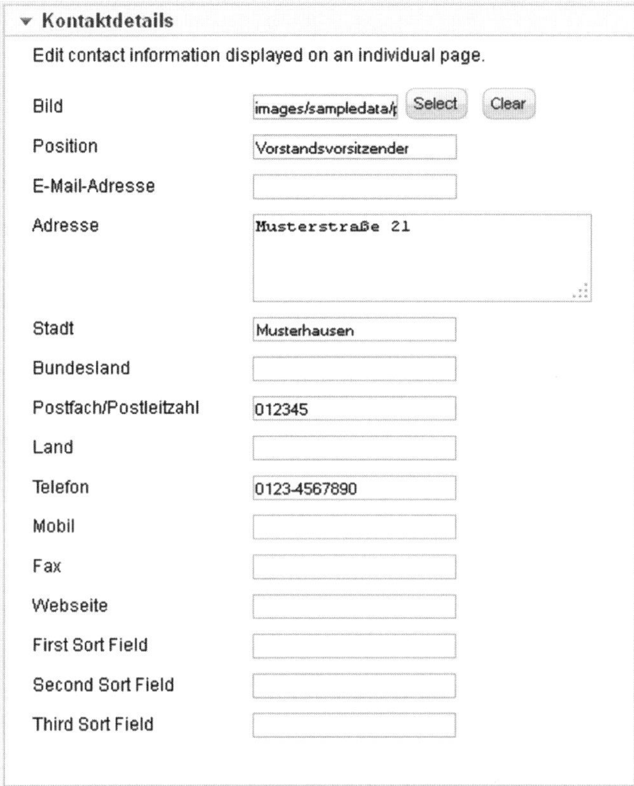

Abbildung 4.27: Kontaktdaten eines Benutzers

Inhalte für die Website anlegen und bearbeiten

5

In diesem Kapitel

- Das Ablagesystem mit Kategorien
- Beiträge anlegen und bearbeiten
- Beiträge freigeben
- Inhalte verwalten
- Zugriffsschutz für Teile der Website festlegen
- Mit Bildern umgehen

Inhalte sind das wichtigste Element einer Website – denn was nützen eine schön gestaltete, aber leere Hülle und Funktionen ohne Ende, wenn die Besucher auf der Website keine interessanten Inhalte finden? Die werden sich bedanken. So schnell, wie die das Weite suchen, kann man gar nicht gucken!

Das mit den fehlenden Inhalten wird sich ändern, versprochen! In diesem Kapitel erfahren Sie zunächst, wie Sie für Ihre Inhalte eine Struktur anlegen. Anschließend wird gezeigt, wie sich Inhalte auf einer Joomla-Website veröffentlichen, Texte formatieren, Bilder einbinden und Beiträge überarbeiten lassen. Ein paar Worte zu den verschiedenen Anzeigeoptionen von Beiträgen und der Einschränkung von Zugriffsrechten dürfen da natürlich auch nicht fehlen.

Wenn in diesem Kapitel übrigens die Rede von Inhalten ist, so sind damit Texte und Bilder gemeint, die in *Beiträgen* gespeichert werden.

Doch bevor es ans Verfassen von Beiträgen geht, sollten Sie sich zunächst einmal Gedanken über die Inhalte für Ihre Website machen und wie diese Inhalte gegliedert sein sollen. Wie Sie das am geschicktesten anstellen, erfahren Sie praktischerweise gleich im nächsten Abschnitt.

Kategorien – nicht alles in eine Schublade

Als braves Content-Management-System greift Ihnen Joomla beim Verwalten der Inhalte unter die Arme und hilft, Beiträge systematisch abzulegen. Bei einer großen Menge von Texten, die womöglich von unterschiedlichen Autoren stammen, ist es nämlich dringend notwendig, vorab ein Ordnungssystem zu schaffen. Nur so wird man dem drohenden Chaos Herr. Nicht nur man selbst möchte die Übersicht behalten, auch die Besucher möchten den Durchblick auf der Website haben. Nehmen Sie also die Herausforderung an, es lohnt sich!

Inhalte kategorisieren mit Kategorien

Stellen Sie sich einmal vor, für jedes Themengebiet einer Website gäbe es einen eigenen Aktenschrank. Dieser Aktenschrank hätte mehrere Schubladen, die das Themengebiet des Schranks näher bestimmten. Und in diese Schubladen würden nun Dokumente einsortiert. Das klingt gar nicht so unlogisch, oder? Und genauso verhält es sich bei Joomla.

Bei Joomla 1.6 können Sie die Kategorien so tief verschachteln, wie Sie möchten. Sie legen sich für jedes Themengebiet eine eigene Kategorie an (die Schränke): Für eine Webseite, die sich mit Filmen und Büchern beschäftigt, wären mögliche Kategorien beispielsweise `Filme` und `Bücher`. Darunter werden weitere Kategorien angelegt. In der Kategorie `Filme` könnten beispielsweise die (Unter-)Kategorien `Komödie`, `Horror` und `Action` aufgemacht werden, in der Kategorie `Bücher` hingegen beispielsweise `Sachbücher`, `Comics` oder `Romane`. In diesen Kategorie-Schubladen liegen nun die Beiträge, beispielsweise Filmkritiken oder Buchbesprechungen.

Jeder Beitrag wird also einer Kategorie zugeordnet. Abbildung 5.1 verdeutlicht noch einmal die hierarchische Ablagestruktur mit Kategorien und Beiträgen.

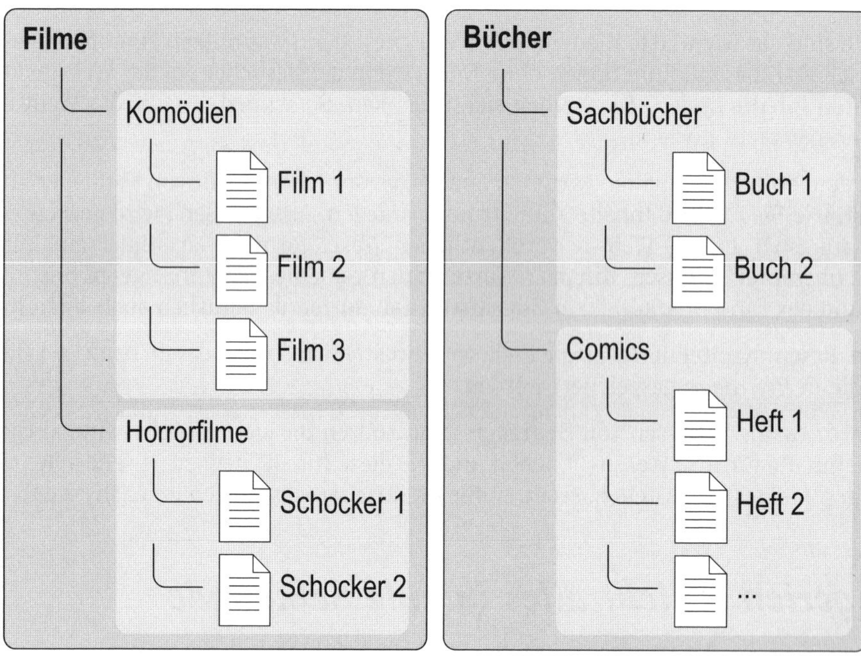

Abbildung 5.1: Kategorien und Beiträge

Nicht kategorisierte Inhalte

Eben haben Sie erfahren, wie wichtig es ist, jeden Beitrag einer Kategorie zuzuordnen, doch manchmal ist die Zuordnung zu einer Kategorie einfach nicht sinnvoll, beispielsweise beim Impressum. Es wäre grober Unfug, eine eigene Kategorie erstellen zu müssen, wenn Inhalte nur einmalig vorkommen. Deshalb gibt es bereits ab Joomla 1.5 die Möglichkeit, nicht kategorisierte Beiträge zu speichern. Das heißt, sie gehören nicht zu einer Kategorie. Dazu müssen Sie einem Beitrag statt eines Bereichs den Wert *Nicht kategorisiert* zuweisen.

Tun Sie dies nur in berechtigten Ausnahmefällen! Es sollte sich hier nur um einzelne, für sich stehende Inhalte wie ein Impressums- oder Begrüßungstext handeln. Beachten Sie außerdem, dass nicht kategorisierte Inhalte nicht in automatisch generierten Übersichtsseiten auftauchen (mehr zu Übersichtsseiten erfahren Sie in Kapitel 6).

Vokabeln pauken: neue Bezeichnungen in Joomla

Kenner früherer Joomla- oder Mambo-Versionen werden die Bereiche und Kategorien noch unter den Namen *Sections* und *Categories* kennen. Doch damit ist jetzt Schluss, denn seit Erscheinen der Version 1.5 spricht Joomla endlich komplett Deutsch. Ab Version 1.6 gibt es nur noch Kategorien, die beliebig tief verschachtelt werden können.

Und die nicht kategorisierten Inhalte? Die hießen früher *Statische Inhalte* (Static Content). Der Einfachheit halber wurden ab der Joomla-Version 1.5 statische und dynamische Inhalte zusammengelegt, und Joomla wurde so erweitert, dass Beiträge auch ohne zugeordneten Bereich und ohne Kategorie gespeichert und freigegeben werden können.

Kategorie-Verwaltung

Zum Verwalten der Kategorien finden Sie in der Administration über das Menü INHALT|KATEGORIEN die Kategorie-Verwaltung (siehe Abbildung 5.2). Manche erahnen es womöglich schon: In der Kategorie-Verwaltung werden die Kategorien verwaltet.

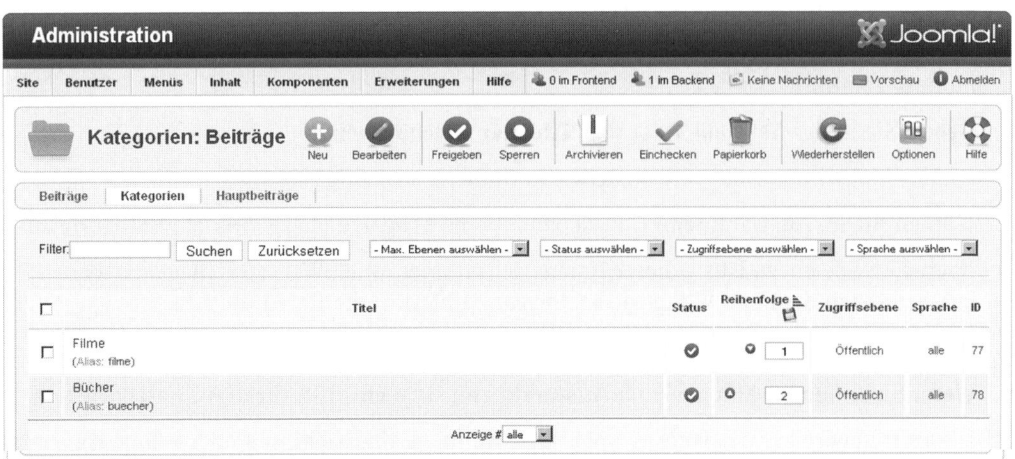

Abbildung 5.2: Die Kategorie-Verwaltung

Das Prinzip ist einfach: Durch Klicken auf einen Eintrag lässt sich dieser bearbeiten, also beispielsweise der Name einer Kategorie ändern.

In der Kategorie-Verwaltung werden alle Kategorien aufgelistet und verschiedene Statusinformationen zu jedem Bereich angezeigt. Hier die Felder, die Sie sich merken sollten:

- **Titel:** Der Name der Kategorie, er ist gleichzeitig ein Link, mit dem Sie die Einstellungen der Kategorie ändern können.

Status: Das Symbol mit dem Häkchen (siehe Seitenrand) zeigt, dass die Kategorie freigegeben ist.

- **Reihenfolge:** Bestimmt die Reihenfolge der Kategorien in der Kategorie-Verwaltung und in der Auswahlliste beim Beitragschreiben. Zu jeder Kategorie wird die Rangnummer angezeigt. Durch Klick auf die Pfeilchen können Sie die Reihenfolge der Kategorien ändern.
- **Zugriffsebene:** Hier können Sie bestimmen, für wen diese Kategorie zugänglich ist: für alle (Öffentlich), nur für registrierte Benutzer der Site (Registriert) oder gar nur für Benutzer, die mindestens die Rechte eines Autors besitzen, also beispielsweise Publisher oder Administratoren (Zugriffsebene Spezial).

Neue Kategorie anlegen

Wenn bei der Installation von Joomla die Beispielinhalte nicht mitinstalliert wurden, befindet sich in der Kategorie-Verwaltung anfangs noch keine einzige Kategorie. Dieser bedauernswerte Zustand lässt sich schnell ändern.

1. **Klicken Sie auf das Menü Inhalt|Kategorien.**

   Die Kategorie-Verwaltung wird geöffnet.

2. **Klicken Sie auf die Schaltfläche Neu.**

   Die Seite Inhalt: Kategorien – Neue Kategorie hinzufügen wird geöffnet, wie die nächste Abbildung zeigt.

3. **Geben Sie in das Textfeld Titel den Titel der Kategorie ein.**

   Dieser Titel wird auf der Site anstelle des Namens angezeigt.

4. **Wählen Sie im Auswahlmenü Übergeordnet eine beliebige übergeordnete Kategorie aus.**

   Nach dem Speichern ist sie dieser Kategorie untergeordnet. Wenn Sie hier nichts auswählen, reiht sich die neue Kategorie später ganz unten in die Kategorieliste ein.

5. **Wählen Sie die entsprechende Zugriffsebene aus: Öffentlich, Registriert …**

6. **Wenn Sie mögen, wählen Sie im Auswahlmenü Bild ein Bild für diese Kategorie aus.**

   Dieses Bild wird auf der Website angezeigt, wenn die Übersichtsseite der Kategorie aufgerufen wird. Wie Sie ein neues Bild hochladen, erfahren Sie im Abschnitt *Grafiken geschwind einfügen*, und was es mit den Übersichtsseiten auf sich hat, erfahren Sie in Kapitel 6.

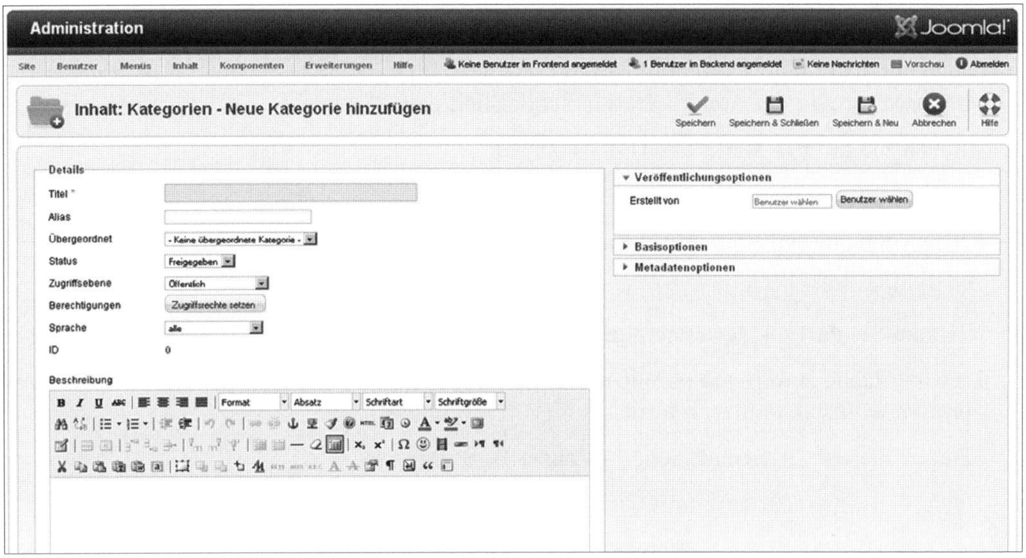

Abbildung 5.3: Eine neue Kategorie anlegen

7. **Wenn Sie ein Bild verwenden, können Sie im Auswahlmenü AUSRICHTUNG (BILD) die Ausrichtung des Bildes einstellen.**

   LINKS: Das Bild erscheint auf der linken Seite der Übersichtsseite.

   RECHTS: Das Bild wird auf der rechten Seite der Übersichtsseite dargestellt.

8. **Geben Sie in den Textbereich DETAILS einen Beschreibungstext ein.**

   Dieser Text erscheint auf der Übersichtsseite einer Kategorie. Damit können Sie zum Beispiel Ihren Besuchern erklären, worum es in dieser Kategorie geht und welche Arten von Inhalten darin zu finden sind. Sie können das Feld aber auch leer lassen.

9. **Klicken Sie auf die Schaltfläche SPEICHERN.**

   Die Kategorie-Verwaltung wird wieder geöffnet und verkündet, dass die neue Kategorie erfolgreich angelegt wurde.

Kategorie kopieren

Wenn Sie mehrere ähnliche Kategorien anlegen möchten, dann können Sie, wie in der Bereichs-Verwaltung, die Kopierfunktion der Kategorie-Verwaltung nutzen. Öffnen Sie dort den Eintrag, den Sie kopieren möchten, ändern Sie den Titel, löschen Sie den Alias-Eintrag (den vergibt dann Joomla automatisch) und klicken Sie auf die Schaltfläche ALS KOPIE SPEICHERN.

Kategorien bearbeiten

Sie haben bereits Kategorien und möchten diese bearbeiten? Kein Problem, dafür ist die Kategorien-Verwaltung in der Administration schließlich da.

1. **Klicken Sie auf das Menü Inhalt|Kategorien.**

   Die Kategorie-Verwaltung wird geöffnet.

2. **Klicken Sie auf den Namen der Kategorie, die Sie bearbeiten möchten.**

   Die Seite Kategorie: [Bearbeiten] wird geöffnet.

3. **Nehmen Sie dort die gewünschten Einstellungen vor.**

   Die Oberfläche zum Bearbeiten von Kategorien haben Sie bereits in dem Abschnitt *Kategorie-Verwaltung* kennen gelernt.

4. **Klicken Sie auf die Schaltfläche Speichern & Schliessen.**

   Die Änderungen wurden nun übernommen.

Kategorien löschen

Mit der Zeit wird man der einen oder anderen Kategorie möglicherweise überdrüssig. Dann hilft nur eins: Weg damit und löschen.

Für *Kategorien* gilt: Solange eine Kategorie Beiträge enthält, kann sie nicht gelöscht werden. Dazu zählen auch archivierte Beiträge. Verschieben oder löschen Sie also zunächst alle Beiträge dieser Kategorie. Der Papierkorb ist jederzeit über die Werkzeugleiste unter Status auswählen erreichbar. Dort können die Elemente dann endgültig gelöscht oder wieder aktiviert werden.

1. **Aktivieren Sie in der Kategorie-Verwaltung die Kontrollkästchen vor den Einträgen, die Sie löschen möchten.**

2. **Klicken Sie auf die Schaltfläche Papierkorb.**

   Alle ausgewählten Elemente wurden nun in den Papierkorb verschoben.

Die Website mit Inhalten befüllen

Nachdem nun die Vorarbeiten erledigt sind und Bereiche und Kategorien angelegt wurden, können Sie loslegen und Ihre Website mit Texten und Bildern füllen. Bei Joomla werden alle Inhalte in *Beiträgen* abgelegt. Diese können einem Bereich und einer Kategorie zugeordnet sein oder ausnahmsweise auch nicht kategorisiert abgelegt werden.

Beitrag erstellen

Bei einem frisch installierten Joomla lassen sich Beiträge zunächst nur über die Administration erstellen. Wie man die Site so einrichtet, dass man auch von dort aus Beiträge einreichen kann, erfahren Sie in Kapitel 6; eine kleine Anleitung für Site-Benutzer hingegen enthält der Abschnitt *Als Site-Benutzer Beiträge schreiben* weiter hinten in diesem Kapitel.

1. **Klicken Sie in der Administration auf das Menü Inhalt|Beiträge.**

   Die Beitrags-Verwaltung wird geöffnet. Hier sehen Sie alle vorhandenen Beiträge, auch wenn sie nicht freigegeben sind oder archiviert wurden.

2. **Klicken Sie auf die Schaltfläche Neu.**

   Die Seite Inhalt: Beiträge – Neuen Beitrag hinzufügen wird geöffnet (siehe Abbildung 5.4).

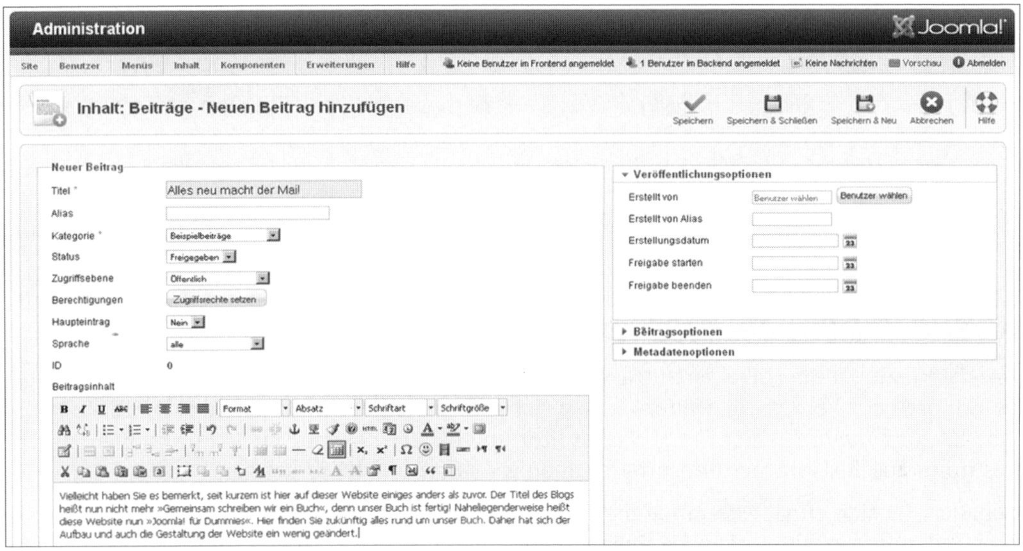

Abbildung 5.4: Beitrag anlegen

3. **Geben Sie in das Textfeld Titel den Titel des Beitrags ein.**

   Das ist die Überschrift zu dem Beitrag.

4. **Wählen Sie im Auswahlmenü Kategorie die gewünschte Kategorie aus.**

   Falls Sie einen nicht kategorisierten Beitrag erstellen möchten, wählen Sie Nicht kategorisiert.

5. **Wenn Sie möchten, dass der Beitrag gleich auf der Startseite erscheint, wählen Sie für den Optionsschalter Haupteintrag den Wert Ja.**

6. **Geben Sie im Editor-Textbereich Ihre Inhalte ein.**

   Sie können diese Inhalte nun nach Belieben formatieren. Dazu dient die Menüleiste des Editors TinyMCE, dessen Funktionen Sie im folgenden Abschnitt *WYSIWYG-Editor TinyMCE verwenden* nachschlagen können. Außerdem können Sie Bilder und Grafiken einfügen. Wie das geht, erfahren Sie im Abschnitt *Grafiken geschwind einfügen*.

7. **Klicken Sie auf die Schaltfläche Speichern & Schliessen.**

   Der Beitrag wird nun gespeichert und die Beitrags-Verwaltung wird wieder geöffnet und meldet, dass der Beitrag erfolgreich gespeichert wurde. Abbildung 5.5 zeigt, wie dieser Beitrag auf der Site ausschaut.

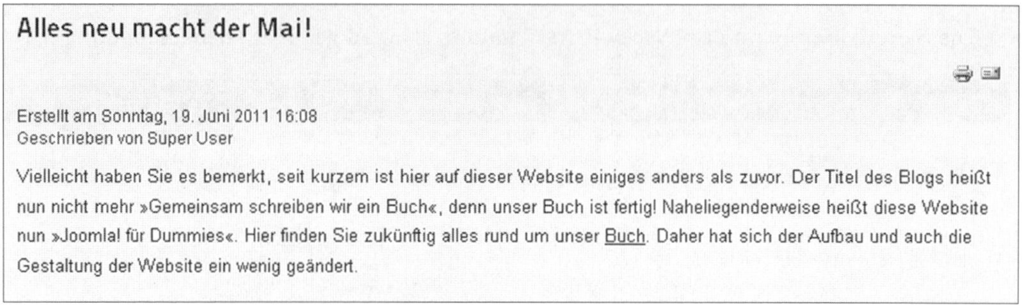

Abbildung 5.5: Beitrag auf der Site

WYSIWYG-Editor TinyMCE verwenden

Um die Inhalte komfortabel einzutragen und zu bearbeiten, stellt Joomla mehrere Texteingabe-Editoren zur Verfügung, weitere lassen sich nachinstallieren. Der standardmäßig verwendete Editor *TinyMCE* ist ein WYSIWYG-Editor und beherrscht zahlreiche Funktionen, die Sie bestimmt aus Textverarbeitungsprogrammen wie *Microsoft Word* kennen.

Schauen Sie sich zunächst einmal die Bedienelemente von TinyMCE in Abbildung 5.6 an. In drei Zeilen finden Sie zahlreiche Schaltflächen, die Sie gleich näher kennen lernen werden. Doch ein kleiner Tipp vorab: Seien Sie experimentierfreudig und spielen Sie ein wenig herum. Schon bald werden Sie gut zurechtkommen und Beiträge formatieren, als ob Sie in Ihrem Leben noch nie etwas anderes gemacht hätten.

Sie fragen sich, was »WYSIWYG« bedeutet? Das ist mitnichten Babysprache, sondern die Abkürzung für »What You See Is What You Get« und bedeutet: So wie Sie den Text bei der Eingabe formatieren, so wird er auf der Website auch angezeigt. Im Gegensatz dazu gibt es nämlich auch Quelltext-Editoren, bei denen Sie selbst HTML-Code schreiben müssten und Sie nicht sofort sehen können, wie das alles auf Ihrer Website aussehen wird.

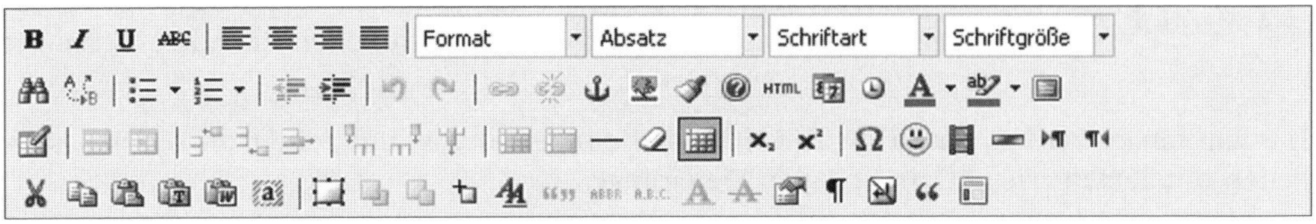

Abbildung 5.6: Bedienelemente des Editors TinyMCE

Mit den folgenden Schaltflächen können Sie markierte Texte im Editor formatieren.

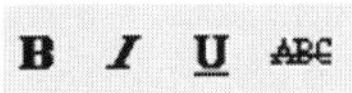
Schrift fett, kursiv, unterstrichen oder durchgestrichen formatieren

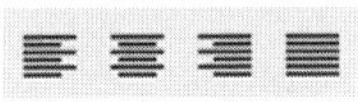
Absätze linksbündig, zentriert, rechtsbündig oder im Blocksatz ausrichten

Verschiedene Schriftarten zur Zeichenformatierung aus dem Template verwenden

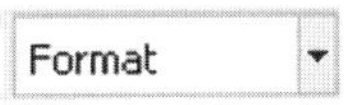

Verschiedene Absatztypen (Überschriften, Adresse, präformatierter Text und so weiter) zur Zeichenformatierung auswählen, die aus dem verwendeten Template stammen

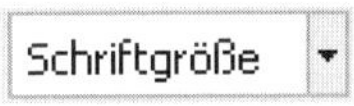

Schriftgröße für den markierten Text auswählen

Suchen und Suchen & Ersetzen.

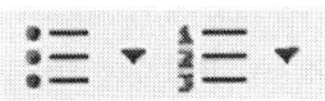
Text als Listenpunkte oder nummerierte Listen formatieren. Diese können absatzweise eingerückt und damit ineinander verschachtelt werden.

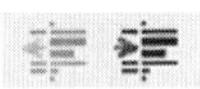
Absätze (oder Listen) aus- oder einrücken. Damit verschiebt sich der gesamte Absatz in die gewünschte Richtung.

Zeichen tiefer stellen, Zeichen höher stellen (zum Beispiel für chemische oder mathematische Formeln)

Hinzu kommen die folgenden Schaltflächen, mit denen Sie verschiedene Elemente in Ihre Beiträge einfügen können.

Verknüpfung in markierten Text einfügen, bestehende Verknüpfung entfernen, HTML-Anker einfügen, Bild einfügen

Datum und Zeit einfügen, Text- und Hintergrundfarbe ändern, Vollbildmodus zum Beitrag schreiben

Neue Ebene (ein frei bewegliches Textfeld) einfügen, Ebene in den Vordergrund rücken, Ebene weiter nach hinten rücken, absolute Positionierung

Sonderzeichen hinzufügen, Smileys (auch »Emoticons« genannt), Multimediadateien einfügen und bearbeiten, benutzerdefinierte Trennlinien einfügen

Darüber hinaus verfügt der Editor TinyMCE über einige weitere Funktionen, die Ihnen das Arbeiten mit Texten erleichtern. Schauen Sie einmal:

Arbeitsschritte rückgängig machen, Arbeitsschritte wiederherstellen

Erzeugten HTML-Quelltext aufräumen, Hilfefunktion, HTML-Quelltext bearbeiten

Text suchen, Text suchen und ersetzen

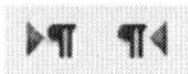

Schreibrichtung einstellen: von links nach rechts (Standard) oder von rechts nach links (beispielsweise für arabische oder hebräische Schrift)

Formatierung entfernen, unsichtbare Elemente und Rahmen ausblenden

Absolute Positionierung, Stylesheets für diesen Beitrag anpassen

Text ausschneiden, kopieren, einfügen, als normalen Text und mit Formatierung aus Word einfügen, alles auswählen

Quellenangabe, Abkürzung, Akronym, eingefügter Text, entfernter Text

Attribute einfügen/bearbeiten, Steuerzeichen an/aus, geschütztes Leerzeichen einfügen, Zitatblock, vorgefertigter Vorlageninhalt einfügen

Zu guter Letzt sollen Ihnen die Schaltflächen für die Tabellenformatierung nicht vorenthalten werden.

Tabelle erstellen/bearbeiten, Ausgewählte Tabellenzeile(n) formatieren, ausgewählte Tabellenzelle(n) formatieren

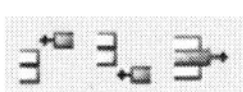

Neue Tabellenzeile über der markierten Tabellenzeile einfügen, neue Tabellenzeile unter der markierten Zeile einfügen, ausgewählte Tabellenzeile entfernen

Neue Tabellenspalte vor der markierten Tabellenspalte einfügen, neue Tabellenzeile hinter der aktuellen Tabellenspalte einfügen, ausgewählte Tabellenspalte entfernen

Verbundene Tabellenzellen trennen, zwei oder mehr Tabellenzellen miteinander verbinden

Grafiken geschwind einfügen

Wer Beiträge mit Text befüllt, wird bald den Wunsch verspüren, auch Grafiken und Bilder einzufügen. Was wäre denn ein Beitrag ganz ohne Grafiken? Richtig: wenig ansprechend und trist. Bringen Sie also mit Fotos und Grafiken ein wenig Schwung in Ihre Beiträge.

Sie können immer nur eine Grafik auf einmal einfügen. Wenn Sie mehrere Bilder in Ihre Beiträge einbauen möchten, so geht das nur nacheinander.

1. **Öffnen Sie in der Beitrags-Verwaltung einen Beitrag zum Bearbeiten oder erstellen Sie einen neuen.**
2. **Klicken Sie auf die Textstelle, an der die Grafik eingefügt werden soll.**

   Andernfalls wird die Grafik ganz oben im Beitrag eingefügt.
3. **Klicken Sie auf die Schaltfläche Bild, die sich am unteren Rand des Editor-Textbereichs befindet.**

   Ein Dialogfenster wird geöffnet, wie in Abbildung 5.7 gezeigt. Darin sehen Sie alle Grafiken, die bereits zur Verfügung stehen. Sie sehen außerdem mehrere Ordner. In diesen befinden sich weitere Grafiken – schauen Sie doch einmal mit einem Klick in die Ordner hinein.

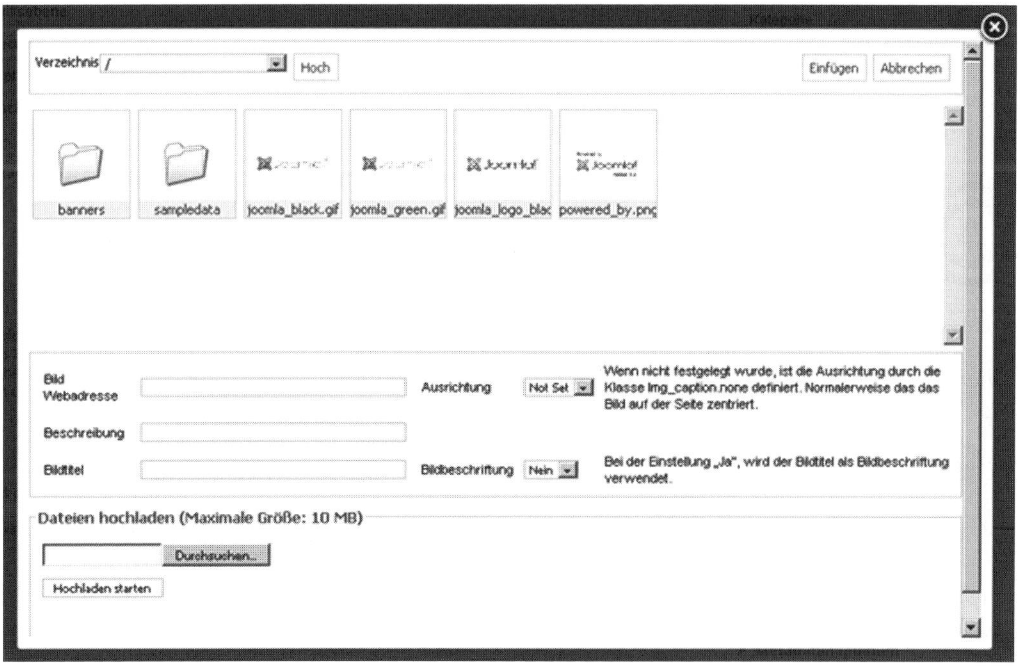

Abbildung 5.7: Dialogfenster zum Bilder einfügen

Wenn Ihnen diese Grafiken nicht genügen und Sie eine eigene Grafik verwenden möchten, dann können Sie an Ort und Stelle auch eigene Grafiken hochladen. Klicken Sie dazu im Bereich Dateien hochladen auf die Schaltfläche Durchsuchen. Nun können Sie eine Grafikdatei auf Ihrem Computer auswählen. Klicken Sie dann auf die Schaltfläche Hochladen starten. Warten Sie einen Augenblick, bis die Grafik hochgeladen wurde. Dann taucht sie im aktuellen Bilderordner auf.

Die Grafik lässt sich nicht hochladen? Vermutlich ist Joomla nicht korrekt eingestellt oder die Grafikdatei ist zu groß. Wie Sie mit Grafiken umgehen und Bilder hochladen, wird ausführlich im Abschnitt *Bildermanagement* erklärt.

4. **Klicken Sie die gewünschte Grafik an.**

   Im Textfeld Bild-Webadresse stehen nun Ordnerpfad und Dateiname.

5. **Geben Sie in das Textfeld Beschreibung eine Bildbeschreibung ein.**

   Dieser Text wird später als Alternativtext angezeigt. Das ist wichtig, wenn die Grafik einmal nicht angezeigt werden sollte oder überhaupt nicht gesehen werden kann (zum Beispiel von Blinden). Mehr Infos zu Alternativtexten und deren Bedeutung für barrierefreie Websites finden Sie in Kapitel 12.

6. **Geben Sie in das Textfeld Bildtitel einen aussagekräftigen Titel ein.**

   Wenn Sie mögen, können Sie nun das Kontrollkästchen Bildbeschriftung Ein aktivieren. Dann wird im Beitrag der eben eingetragene Bildtitel als Bildunterschrift angezeigt.

7. **Klicken Sie auf die Schaltfläche Einfügen.**

   Das Dialogfenster schließt sich und die Grafik wird an der ausgewählten Textstelle in Ihren Beitrag eingefügt.

Wenn Sie die Grafik formatieren und ausrichten wollen, ihr einen Titel geben möchten, die Anzeigegröße verändern wollen und vieles mehr, so können Sie das mit dem Editor tun. Klicken Sie dazu die Grafik im Beitrag an und klicken Sie in der Menüleiste des Editors auf das Grafiksymbol. Dann öffnet sich ein Dialogfenster mit zahlreichen Optionen, verteilt auf drei Registerkarten, wo Sie so einiges einstellen können.

Vorsicht beim Einfügen von Grafiken!

Es gibt noch weitere Möglichkeiten, eine Grafik einzufügen. Zum einen können Sie spezielle Erweiterungen installieren, die mehr Optionen bieten – eine solche Erweiterung sollten Sie aber aus Sicherheitsgründen sorgfältig auswählen. Zum anderen könnten Sie aber auch Grafiken aus dem Internet verwenden. Doch Vorsicht! Diese sind meist urheberrechtlich geschützt und dürfen nicht ohne Weiteres verwendet werden. Vermeiden Sie deshalb möglichst Folgendes:

- ✔ Grafikdateien von anderen Servern direkt einbinden: Mit Klick auf das Grafiksymbol des Editors könnten Sie den kompletten Bildpfad einfügen, beispielsweise `http://www.beispiel.de/grafik.gif`. So haben Sie jedoch überhaupt keinen Einfluss, ob die Grafik dort verändert oder gelöscht wird. Außerdem halsen Sie dem Eigentümer dadurch zusätzliche Downloadtraffic-Gebühren auf. Lassen Sie es besser sein.
- ✔ Grafikdateien von anderen Websites kopieren: Sie laden die Dateien von einer fremden Website herunter und wie beschrieben auf Ihren Webserver hoch. So haben Sie wenigstens die Kontrolle über die Grafik – die Verwendungsrechte allerdings noch lange nicht!

Einleitungstext gefällig?

Mit der Weiterlesen-Funktion können Sie einen speziellen Umbruch in Ihre Beiträge einfügen: Alles vor dem Umbruch ist fortan ein Einleitungstext. Dieser Einleitungstext wird dann beispielsweise auf der Startseite angezeigt. Klickt der Website-Besucher wie in Abbildung 5.8 auf den Weiterlesen-Link, so bekommt er den vollständigen Beitrag zu Gesicht.

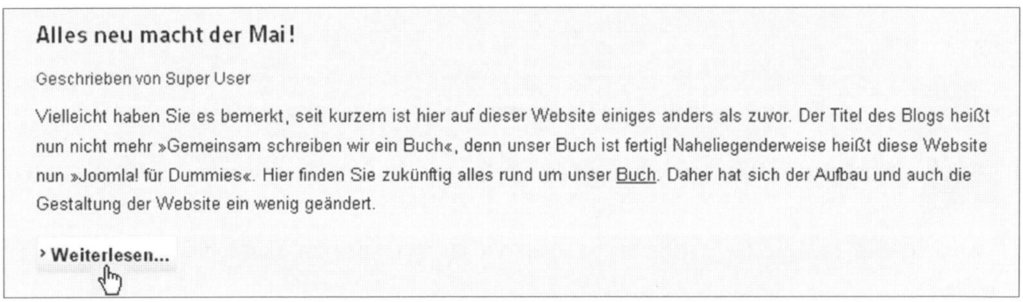

Abbildung 5.8: Einleitungstext mit Weiterlesen-Link

1. **Öffnen Sie einen Beitrag zum Bearbeiten oder erstellen Sie einen neuen.**
2. **Klicken Sie in Ihrem Beitragstext an die Stelle, wo der Einleitungstext enden soll.**
3. **Klicken Sie auf die Schaltfläche Weiterlesen am unteren Rand des Editor-Textbereichs.**

   Nun wird eine horizontale Linie in den Editor eingefügt, die einen Weiterlesen-Umbruch symbolisiert.
4. **Klicken Sie auf die Schaltfläche Speichern & Schließen.**

   Der Beitrag besteht nun aus einem Einleitungstext und einem weiterführenden Text.

Seitenumbrüche für extra lange Beiträge definieren

Um die Übersicht auch innerhalb eines längeren Beitrags nicht zu verlieren, lassen sich beliebig viele Seitenumbrüche definieren. Damit verpacken Sie umfangreichere Beitragsinhalte in appetitliche Häppchen. Einzelne Seiten können so mit unterschiedlichen inhaltlichen Schwerpunkten belegt werden. Joomla hilft Ihnen dabei, denn für jede Seite kann man einen extra Seitentitel eingeben. Diese Seitentitel werden in einem kleinen Inhaltsverzeichnis neben dem Beitrag dargestellt, wie in Abbildung 5.9 zu sehen.

Abbildung 5.9: Beitrag mit mehreren Seiten und Inhaltsverzeichnis

1. **Klicken Sie beim Beitragschreiben an die Stelle, wo ein Seitenumbruch eingefügt werden soll.**

2. **Klicken Sie auf die Schaltfläche SEITENUMBRUCH am unteren Rand des Editor-Textbereichs.**

   Ein Dialogfenster wird geöffnet, in dem Sie einen Namen für die Seite in das Textfeld INHALTSVERZEICHNIS eingeben können. Dieser erscheint als Eintrag im kleinen Beitrags-Inhaltsverzeichnis.

3. **Klicken Sie auf die Schaltfläche SEITENUMBRUCH EINFÜGEN.**

   Nun wird eine grau gestrichelte Linie in den Editor eingefügt, die den Seitenumbruch symbolisiert.

4. **Klicken Sie auf die Schaltfläche SPEICHERN & SCHLIESSEN.**

   Ein Seitenumbruch wurde nun in den Beitrag eingefügt. Diesen können Sie auf der Site gemeinsam mit dem Beitrags-Inhaltsverzeichnis bewundern.

Zum Bearbeiten eines Seitenumbruchs bleibt Ihnen leider nichts anderes übrig, als diesen zu löschen und neu einzufügen. Zum Löschen gehen Sie in die entsprechende Zeile und drücken die [←]-Taste. Wer Kenntnisse im HTML hat, kann auch den Editor ausschalten und im Quelltext Änderungen durchführen.

Noch mehr Einstellungen für Beiträge

Beim Erstellen oder Bearbeiten eines Beitrags befinden sich rechts neben dem Editor drei Ausklappbereiche, die in Abbildung 5.10 nebeneinander abgebildet werden. Damit lässt sich der Beitrag in vielerlei Hinsicht anpassen. Wenn Sie diese Einstellungen in Ruhe lassen, werden die Voreinstellungen für die Darstellung von Inhalten verwendet.

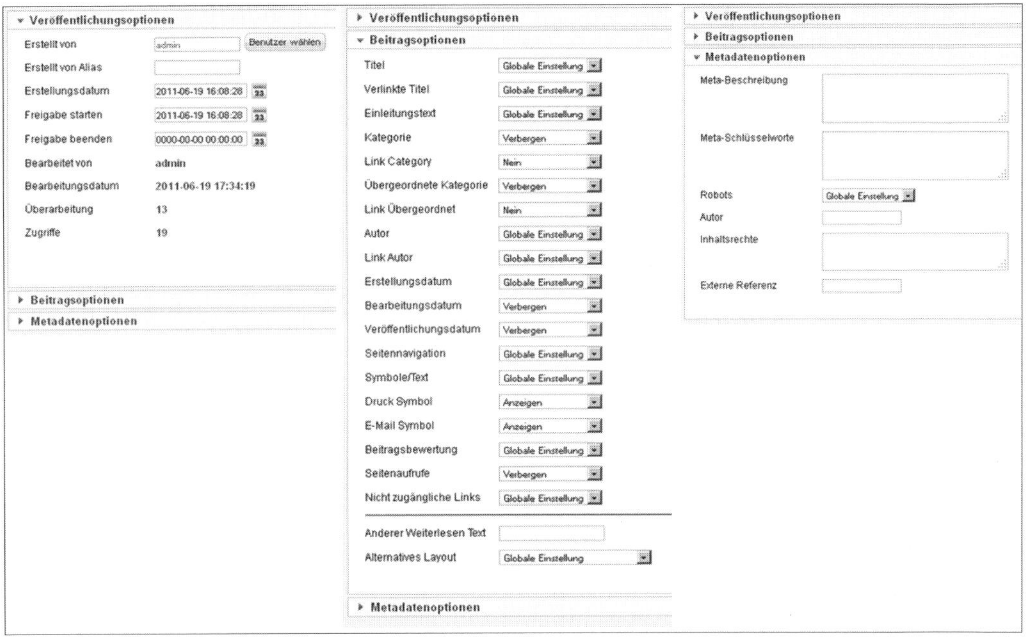

Abbildung 5.10: BEITRAG BEARBEITEN: alle Ausklappmenüs einmal nebeneinandergestellt

✔ **Informationen über den Autor des Beitrags** (im Ausklappbereich VERÖFFENTLICHUNGSOPTIONEN):

- ERSTELLT VON: Damit können Sie einen anderen Benutzer als Ersteller des Beitrags auswählen.
- ERSTELLT VON ALIAS: In diesem Textfeld können Sie einen Namen eingeben, der auf der Site als Autor angezeigt wird. Ansonsten wird der Benutzername angezeigt (zum Beispiel »Administrator«).

✔ **Datumsinformationen und Uhrzeit** (im Ausklappbereich VERÖFFENTLICHUNGSOPTIONEN):

- ERSTELLUNGSDATUM: In diesem Textfeld können Sie ein anderes *Erstellungsdatum* inklusive Uhrzeit angeben.

  Rechts neben diesem Textfeld finden Sie eine kleine Schaltfläche, über die Sie einen Kalender aufrufen können. Mit diesem können Sie komfortabel ein Datum auswählen. Die Uhrzeit lässt sich jedoch lediglich im Textfeld ändern.

- Freigabe starten: Hier können Sie den *Veröffentlichungszeitpunkt* des Beitrags festlegen und ihn beispielsweise erst eine Woche später anzeigen lassen. Auch dabei hilft Ihnen wieder die Kalenderfunktion.

- Freigabe beenden: Damit können Sie ein *Ende der Veröffentlichung* festlegen. Nach Ablauf dieses Datums wird der Beitrag nicht mehr auf der Website angezeigt. Selbstverständlich lässt sich auch hier mit der oben erwähnten Kalenderfunktion ein Datum auswählen. Standardmäßig steht diese Option auf *0000-00-00*, die Beiträge besitzen also zunächst kein Verfallsdatum.

✔ **Sprache des Beitrags** (bei Beitrag bearbeiten im Ausklappbereich Parameter – Erweitert): Hier können Sie im Auswahlmenü Inhaltssprache die verwendete Sprache auswählen, sofern diese in der Sprachen-Verwaltung von Joomla installiert wurde. Das ist insbesondere dann wichtig, wenn Sie mehrere Sprachen auf Ihrer Website verwenden. Diese Sprachinformation wird unter anderem von Suchmaschinen und Lesegeräten für Blinde verwendet.

✔ **Beschreibungsdaten** (im Ausklappbereich Metadatenoptionen): Mit den folgenden Angaben wird der Beitrag unter anderem von Suchmaschinen und der internen Suchfunktion Ihrer Website besser gefunden. Weitere Tipps zum Thema Suchmaschinenoptimierung erhalten Sie in Kapitel 13.

- Meta-Beschreibung: In diesem Textbereich können Sie einen kurzen Meta-*Beschreibungstext* verfassen, der den Inhalt knapp zusammenfasst.

- Meta-Schlüsselworte: Geben Sie in diesen Textbereich *Schlagwörter* aus Ihrem Beitrag ein, mit denen Sie den Beitrag für die Suche fit machen. Trennen Sie die einzelnen Schlagwörter mit Kommas.

Vollansicht beeinflussen: Ausklappbereich Beitragsoptionen

Wenn Sie einen Beitrag zum Bearbeiten öffnen oder neu erstellen, können Sie im Ausklappbereich Beitragsoptionen (in der Mitte von Abbildung 5.10 dargestellt) die Darstellungsoptionen für diesen Beitrag verändern. Dazu gehört, ob Titel, Druck- und PDF-Symbole, Autorenname, Bereichsname und vieles andere mehr angezeigt werden soll. Diese Einstellungen gelten aber nur, wenn der Beitrag in der Vollansicht aufgerufen wird. Einzelheiten über die Darstellungsoptionen von Inhalten erfahren Sie in Kapitel 4.

Wie die Beiträge auf Übersichtsseiten wie der Startseite angezeigt werden, also mit Symbolen, Autorennamen und so weiter, wird über die entsprechenden Menüeinträge gesteuert. Um mehr zu Übersichtsseiten zu erfahren, werfen Sie einen Blick in Kapitel 6.

Als Site-Benutzer Beiträge schreiben

Sie haben einen Benutzer, der neuerdings zum Redaktionsteam gehört? Super! Dann zeigen Sie ihm doch die folgenden Zeilen. Denn in diesem Abschnitt wird ganz genau beschrieben, wie Site-Benutzer Beiträge verfassen können. Das ist möglich, wenn folgende Voraussetzungen erfüllt sind:

✔ Ihrem Schützling ist die Adresse Ihrer Website wohlbekannt.

✔ Er besitzt ein Benutzerkonto mit den Rechten eines Autors oder höher. Wie Sie Benutzerrechte verändern, erfahren Sie in Kapitel 4.

✔ Das Benutzermenü (USER MENU) Ihrer Website besitzt einen Menüeintrag vom Typ BEITRAG EINREICHEN und dieser Menüeintrag trägt den Namen *Beitrag einreichen*. Wie Sie einen solchen Menüeintrag anlegen, wird in Kapitel 6 erklärt. Ansonsten ist er bei der Installation von Joomla bereits vorhanden.

Nachdem der Site-Benutzer die folgenden zehn Schritte verinnerlicht hat, ist er in der Lage, selbstständig Beiträge zu erstellen.

1. **Rufen Sie die Website auf und melden Sie sich dort an.**

   Geben Sie dazu im Anmeldeformular in das Textfeld BENUTZERNAME Ihren Benutzernamen und in das Textfeld PASSWORT Ihr Passwort ein.

2. **Klicken Sie auf die Schaltfläche ANMELDEN.**

   Wenn Sie Benutzername und Passwort richtig eingegeben haben, sind Sie auf der Site angemeldet. Dort, wo eben das Anmeldeformular war, gibt es nun eine Schaltfläche ABMELDEN, mit der Sie sich wieder abmelden könnten.

3. **Klicken Sie auf den Menüeintrag BEITRAG SCHREIBEN.**

   Dieser Menüeintrag kann allerdings auch eine andere Bezeichnung besitzen – das kommt ganz darauf an, wie der Administrator ihn benannt hat.

   Eine Seite wird geöffnet. Dort können Sie loslegen und Ihren Beitrag schreiben.

4. **Geben Sie im Bereich EDITOR in das Textfeld TITEL den Titel Ihres Beitrags ein.**

   Dies wird die Überschrift Ihres Beitrags. Versuchen Sie, die Überschrift möglichst kurz und aussagekräftig zu halten.

5. **Klicken Sie in den Textbereich unterhalb der grauen Textformatierungsleiste und geben Sie den Beitragstext ein.**

   Um Ihre Texte zu formatieren, steht Ihnen eine Symbolleiste zur Verfügung, wie Sie es aus Word und Co. gewohnt sind. Damit können Sie markierte Texte beispielsweise fett, mittig oder als Liste formatieren. Außerdem haben Sie die Möglichkeit, über vier Schaltflächen am unteren Rand des Textbereiches Ihren Beitrag weiter zu gliedern:

   - BILD: Grafiken und Bilder einfügen oder neue Bilddateien hochladen
   - SEITENUMBRUCH: Einen Seitenumbruch einfügen – sinnvoll bei sehr langen Texten
   - WEITERLESEN: Ihren Text in einen einleitenden Einleitungstext und einen umfangreicheren Haupttext unterteilen

6. **EDITOR AN/AUS: Ihren Text als Quelltext (HTML) bearbeiten.**

7. **Wählen Sie im Auswahlmenü KATEGORIE die gewünschte Kategorie.**

   Wenn Sie hier auch nichts angeben, so wird Ihr Beitrag keiner Kategorie zugeordnet.

8. Wählen Sie für den Optionsschalter VERÖFFENTLICHT den Wert JA.

Damit wird Ihr Beitrag direkt nach dem Speichern auf der Website angezeigt.

Diesen Optionsschalter gibt es bei Ihnen nicht? Dann gehören Sie zu einer Benutzergruppe, die nicht berechtigt ist, einen Beitrag direkt freizugeben. Ihr Beitrag wird nach dem Speichern zunächst einem höher gestellten Benutzer zur Prüfung vorgelegt, bevor er auf der Site veröffentlicht werden kann.

9. Legen Sie bei Bedarf die folgenden Dinge für Ihren Beitrag fest:

- **Beitrag auf der Startseite anzeigen:** Wählen Sie in diesem Fall für den Optionsschalter HAUPTBEITRÄGE den Wert JA.
- **Anderer Name des Autors:** Im Textfeld AUTOR ALIAS können Sie einen Namen eingeben, der statt Ihres im System hinterlegten Namens erscheint.
- **Zeitraum, in dem der Beitrag auf der Website erscheint:** Klicken Sie dazu auf das kleine Symbol rechts neben den Textfeldern VERÖFFENTLICHUNG STARTEN und FREIGABE BEENDEN, um aus einem kleinen Kalender jeweils ein Datum auszuwählen.
- **Zugriffsschutz:** Wenn Ihr Beitrag nur für registrierte Benutzer sichtbar sein soll, wählen Sie in der Auswahlliste ZUGRIFFSEBENE den Wert REGISTRIERT oder einen anderen.
- **Metadaten:** Im Bereich METADATEN können Sie im Textbereich METABESCHREIBUNG eine kurze Zusammenfassung Ihres Beitrages eintragen, im Textbereich SCHLÜSSELWÖRTER einige relevante Schlagwörter, damit man Ihren Beitrag besser suchen und finden kann.

10. Klicken Sie auf die Schaltfläche SPEICHERN, um den Beitrag zu übermitteln.

Damit ist Ihr Beitrag gespeichert. Je nach Benutzerrechten wird Ihr Beitrag nun direkt auf der Site angezeigt oder zunächst von einem Verantwortlichen überprüft.

Beitrags-Verwaltung

Sämtliche Beiträge, ob in Bereiche und Kategorien eingeteilt oder nicht kategorisiert, landen nach dem Speichern in der Beitrags-Verwaltung. Die Beitrags-Verwaltung ist die Schaltzentrale, um zu bestimmen, ob ein Beitrag freigegeben oder archiviert wird, ob er auf der Startseite erscheint, ob er einem anderen Bereich zugeteilt oder neu erstellt wird. Abbildung 5.11 zeigt, wie die Beitrags-Verwaltung aussieht.

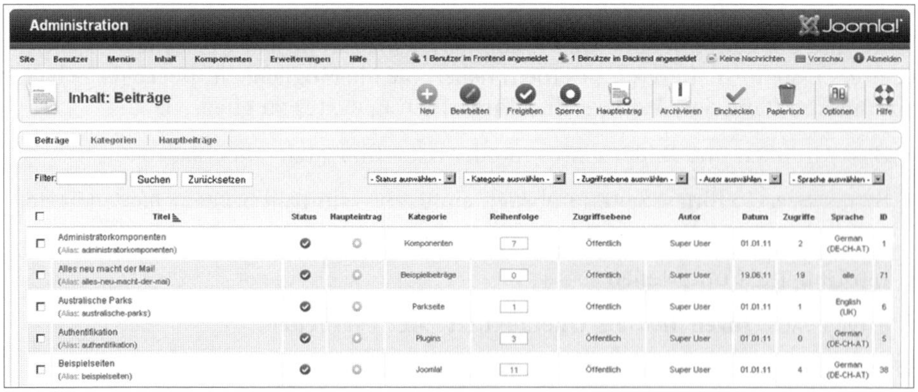

Abbildung 5.11: Beitrags-Verwaltung

Alle Beiträge besitzen einen Status und benötigen deshalb auch Statussymbole. Dabei geht es jedoch weniger um Goldkettchen und Heckspoiler, sondern um folgende Zustände, die ein Beitrag annehmen kann:

Freigegeben und aktuell: Der Beitrag ist für die Website verfügbar, in der Regel heißt das, er kann auf der Website aufgerufen werden.

Noch nicht zur Veröffentlichung freigegeben: Der Beitrag muss noch durch einen Berechtigten (etwa ein Publisher oder Administrator) freigegeben werden, bevor er auf der Website angezeigt wird.

Freigegeben, aber sein Haltbarkeitsdatum ist abgelaufen: Der Beitrag befindet sich außerhalb des eingegebenen Gültigkeitszeitraums und wird deshalb nicht mehr angezeigt.

Nicht freigegeben: Der Beitrag ist zwar gespeichert, aber nicht freigegeben, also nicht auf der Website verfügbar.

Archiviert: Der Beitrag wurde ins Archiv verschoben und ist damit vorerst schreibgeschützt. Mehr zur Archivierung erfahren Sie im Abschnitt *Ab ins Archiv – und wieder heraus*.

Mit einem Klick auf das aktuelle Symbol können Sie den Status des Beitrags ändern. Freigegebene Beiträge lassen sich so per Mausklick von der Website nehmen, nicht freigegebene Beiträge blitzschnell veröffentlichen.

Übersicht schaffen in der Beitrags-Verwaltung

Gibt es bereits sehr viele Beiträge, so hilft die Filterfunktion der Beitrags-Verwaltung, um einen bestimmten Beitrag schnell wiederzufinden oder Beiträge nach bestimmten Kriterien anzuzeigen. Sie haben zwei Möglichkeiten:

✔ **Nach dem Beitragstitel suchen:** Geben Sie dazu in das Textfeld Filter den Beitragstitel teilweise oder komplett ein und klicken Sie auf die Schaltfläche Suchen. Jetzt werden nur noch Beiträge angezeigt, die den Suchtext im Titel enthalten.

  Wollen Sie wieder alle Beiträge sehen und den Filter aufheben, klicken Sie auf die Schaltfläche Zurücksetzen.

✔ **Nach Beitragseigenschaften filtern:** Möchten Sie nur Beiträge mit gleichen Eigenschaften angezeigt bekommen, zum Beispiel alle Beiträge aus einer Kategorie, so stehen Ihnen die folgenden vier Möglichkeiten zur Verfügung:

- Nach Bereich filtern über das Auswahlmenü Kategorie auswählen
- Nach Kategorie filtern über das Auswahlmenü Zugriffsebene auswählen
- Nach Autor filtern über das Auswahlmenü Autor auswählen
- Nach Freigabestatus filtern über das Auswahlmenü Status auswählen
- Nach Sprache filtern über das Auswahlmenü Sprache auswählen

Beiträge freigeben

Wie im richtigen Leben kommt es auch bei Beiträgen in Joomla auf den Status an, wenn etwas freigegeben werden soll.

- **Nicht freigegebene Beiträge** können Sie kinderleicht veröffentlichen. Klicken Sie dazu in der Beitrags-Verwaltung auf das rote Symbol mit dem weißen Punkt neben dem Beitrag, der veröffentlicht werden soll. Nicht freigegebene Beiträge können aber zusätzlich noch abgelaufen sein. In diesem Fall beachten Sie bitte den nächsten Punkt.
- **Abgelaufene Beiträge** (Beiträge, für die ein Verfallsdatum festgelegt wurde) wiederzubeleben, fällt schon ein wenig schwerer. Öffnen Sie dazu den betreffenden Beitrag zunächst zum Bearbeiten. Auf der Seite BEITRAG: [BEARBEITEN] im Ausklappbereich VERÖFFENTLICHUNGSOPTIONEN löschen Sie im Textfeld FREIGABE BEENDEN das alte Datum oder tragen hier ein Datum in der Zukunft ein und speichern den Beitrag.
- **Noch nicht zur Veröffentlichung freigegebene Beiträge** wurden von Site-Benutzern der Gruppe »Autor« oder »Editor« eingereicht und müssen erst von einem höhergestellten Benutzer freigegeben werden. Das sind Publisher, Manager, Administratoren oder Super-Administratoren. Ansonsten geht das genauso wie bei nicht freigegebenen Beiträgen.
- **Archivierte Beiträge** müssen zunächst aus dem Archiv herausgeholt werden. Dann lassen sie sich wieder wie normale Beiträge behandeln und veröffentlichen. Wie das mit dem Archivieren funktioniert, erfahren Sie im Abschnitt *Ab ins Archiv – und wieder heraus*.
- **Und freigegebene Beiträge?** Nun, die sind ja bereits freigegeben! In der Beitrags-Verwaltung können Sie dem Beitrag mit einem Klick auf das grüne Häkchen den Status NICHT FREIGEGEBEN zuweisen, er wird dann nicht mehr auf der Website angezeigt.

Beiträge für die Startseite freigeben

In der Beitrags-Verwaltung kann man für jeden Beitrag festlegen, ob er auch auf der Startseite angezeigt werden soll. Dazu dient die Spalte HAUPTEINTRAG rechts neben dem Status des Beitrags. Für jeden Beitrag gibt es nur zwei Möglichkeiten:

 Beitrag wird auf der Startseite angezeigt (sofern er freigegeben ist).

 Beitrag wird nicht auf der Startseite angezeigt.

Einen Beitrag für die Startseite freizugeben, ist kinderleicht:

1. **Klicken Sie auf das Menü INHALT|BEITRÄGE.**

   Die Beitrags-Verwaltung wird geöffnet (siehe Abbildung 5.10). Hier sehen Sie in der Spalte HAUPTEINTRAG anhand der hier oben abgebildeten Symbole, ob der Beitrag für die Startseite freigegeben wurde oder nicht.

2. **Klicken Sie in der Spalte HAUPTBEITRAG neben dem Beitrag auf das blaue Symbol mit dem weißen Stern.**

   Der Beitrag wird nun auf der Startseite angezeigt. Über das Menü INHALT|HAUPTBEITRÄGE können Sie in der Startseiten-Verwaltung überprüfen, welche Beiträge gerade für die Startseite freigegeben sind.

Der Beitrag erscheint nicht wie gewünscht auf der Startseite der Website? Beiträge müssen freigegeben sein, um auf der Startseite zu erscheinen. Prüfen Sie also zunächst den Status des Beitrags. Möglicherweise ist er abgelaufen oder gesperrt. Oder aber Sie haben zu viele Beiträge auf der Startseite veröffentlicht, wodurch der Beitrag auf die zweite Seite der Startseite gerutscht ist. In diesem Fall nehmen Sie einige Beiträge von der Startseite, bis nur noch eine Seite benötigt wird, um alle Beiträge anzuzeigen.

Für die Startseite gibt es in der Administration von Joomla eine extra Verwaltung, die Sie über das Menü INHALT|HAUPTBEITRÄGE aufrufen können. Dort sehen Sie, welche Beiträge auf der Startseite angezeigt werden.

Wie Sie Ihre Startseite chic einrichten und wie Sie einen Menüeintrag für die Startseite anlegen und bearbeiten können, erfahren Sie in Kapitel 6.

Ab ins Archiv – und wieder heraus

»Bloß nichts wegwerfen!« ist der Leitspruch von vielen Großeltern. Doch Opa und Oma haben gar nicht so unrecht: Warum sollten veraltete Beiträge sofort gelöscht werden? Speicherplatz ist – sowohl auf dem eigenen Rechner als auch im Web – meist im Überfluss vorhanden. Und wer weiß, ob die ollen Kamellen nicht doch noch einmal nützlich sein können, zur Recherche für neue Beiträge oder als Zeitdokumente Ihrer Website. So können Sie beim Lesen alter Beiträge in Erinnerungen schwelgen: »Ja, ja, so war das damals ...«

Joomla bietet in der Beitrags-Verwaltung die Möglichkeit, Beiträge per Mausklick in ein Archiv zu befördern und bei Bedarf dort wieder hervorzukramen. Die Beiträge bleiben zwar in der Beitrags-Verwaltung, bekommen aber ein besonderes Archivsymbol und lassen sich nicht mehr bearbeiten, ohne dass man sie wieder in einen richtigen Beitrag zurückverwandelt.

Im Archiv werden nur Texte und Formatierungen des Beitrags gespeichert. Alle Grafiken eines archivierten Beitrags verbleiben im entsprechenden Bilderordner. Wenn die Grafiken dort gelöscht werden, können sie später beim Hervorkramen des archivierten Beitrags nicht mehr angezeigt werden.

- ✔ **Einen oder mehrere Beiträge ins Archiv befördern:** Aktivieren Sie in der Beitrags-Verwaltung die Kontrollkästchen vor allen Beiträgen, die archiviert werden sollen. Klicken Sie dann auf die Schaltfläche ARCHIVIEREN.

  Die Beiträge sind erst einmal nicht mehr zu sehen.

- ✔ **Archivierte Beiträge hervorkramen:** Wenn Sie in der Beitragsverwaltung bei STATUS AUSWÄHLEN ARCHIVIERT auswählen, sind alle archivierten Beiträge wieder sichtbar und können bearbeitet, freigegeben oder gesperrt werden.

  Die ausgewählten Archivbeiträge sind nun wieder vollwertige Beiträge.

Beiträge löschen und wiederherstellen

Wenn Sie einen Beitrag endgültig satthaben und ihn auch nicht mehr jedes Mal in der Beitrags-Verwaltung zu Gesicht bekommen wollen, dann können Sie ihn kurzerhand von dort entfernen.

1. **Aktivieren Sie in der Beitrags-Verwaltung das Kontrollkästchen vor dem entsprechenden Beitrag oder auch vor mehreren Beiträgen.**
2. **Klicken Sie auf die Schaltfläche Papierkorb.**

   Die ausgewählten Beiträge werden nun in den Papierkorb geworfen. Das heißt, sie sind zwar noch nicht komplett gelöscht, aber dafür nicht mehr zu sehen.

Das kommt Ihnen bestimmt bekannt vor: Gelöschte Beiträge landen im Papierkorb und können dort wieder herausgeholt werden, genauso wie bei Windows und vielen anderen Betriebssystemen.

Der Papierkorb

Aufrufen lässt sich der Papierkorb für weggeworfene Beiträge in der Beitrags-Verwaltung über den Status Papierkorb. Abbildung 5.12 zeigt, wie es aussieht.

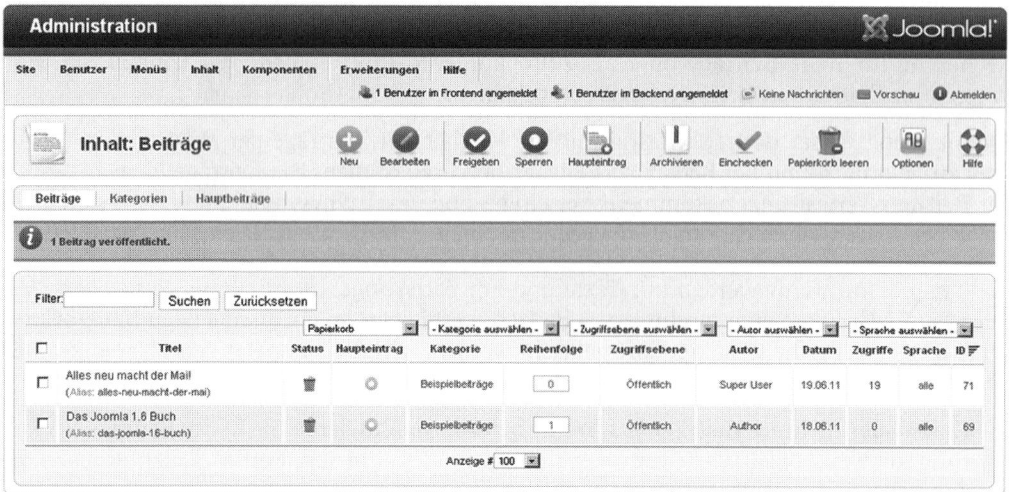

Abbildung 5.12: Papierkorb für weggeworfene Beiträge

Hier finden Sie Ihre gelöschten Beiträge wieder und können mit ihnen genau zwei Dinge anstellen:

✔ **Wiederherstellen:** Sie können die gelöschten Beiträge wieder aus dem Papierkorb nehmen und an ihren ursprünglichen Ort, nämlich die Beitrags-Verwaltung, zurücklegen. Und so geht's:

  Aktivieren Sie das Kontrollkästchen vor dem Beitrag, den Sie wiederherstellen möchten. Wie üblich können Sie auch mehrere Beiträge gleichzeitig auswählen. Klicken Sie auf die

Schaltfläche FREIGEBEN oder SPERREN. Der Beitrag ist entweder sofort wieder freigegeben oder noch gesperrt.

✔ **Endgültig löschen:** Beiträge aus dem PAPIERKORB zu löschen, geht selbstverständlich auch. Doch seien Sie gewarnt: Der Beitrag kann danach nicht mehr wiederhergestellt werden. Alles klar? Dann ran ans Werk:

Aktivieren Sie in der Beitrags-Verwaltung das Kontrollkästchen vor dem Beitrag, den Sie endgültig löschen möchten. Der Statuseintrag muss dabei auf PAPIERKORB stehen. Klicken Sie dann auf die Schaltfläche PAPIERKORB LEEREN und der Beitrag ist endgültig weg.

Verschiebt man einen Beitrag in den Papierkorb, so wird in der Datenbank nur der interne Status geändert (beispielsweise von FREIGEGEBEN auf IM PAPIERKORB). Erst beim endgültigen Löschen wird ein Beitrag aus der Datenbank entfernt und kann nicht mehr wiederhergestellt werden.

Inhalte nur für registrierte Benutzer freigeben

Nicht immer sollen alle Inhalte für jeden Besucher zugänglich sein. Mit Joomla ist es möglich, Inhalte teilweise oder komplett nur für registrierte Benutzer zugänglich zu machen und für niemanden sonst.

Um bei den Besucherheerscharen die sprichwörtliche Spreu vom Weizen zu trennen, gibt es auf der Site das Modul namens ANMELDEN. Dieses werden Sie in Kapitel 8 ausführlich kennen lernen. Über das Modul ANMELDEN melden sich die registrierten Benutzer mit Benutzernamen und Passwort an. Danach bekommen sie Dinge zu sehen, die anderen komplett verborgen bleiben. Nicht nur Beiträge tauchen auf, sondern auch ganz neue Menüs, Menüeinträge und damit bisher unbekannte Seiten und Module. Das hätten sich die unregistrierten Besucher wahrscheinlich nicht träumen lassen ...

Zum Einschränken der Zugriffsrechte haben Sie folgende Möglichkeiten:

✔ **Kategorien schützen:** Damit fehlen für alle nicht registrierten Besucher auf Übersichtsseiten plötzlich sämtliche geschützten Kategorien. Aber Vorsicht, ohne weitere Maßnahmen sind die Beiträge dieser Kategorie damit noch lange nicht komplett von der Site verschwunden und könnten durchaus an anderer Stelle noch auftauchen, zum Beispiel auf der Startseite.

Zum Schützen eines Bereichs öffnen Sie die Kategorie-Verwaltung, indem Sie auf das Menü INHALT|KATEGORIEN klicken. Nun sehen Sie alle Kategorien, die es gibt, in einer Tabelle. In der Spalte ZUGRIFFSEBENE werden die Zugriffsrechte jeder Kategorie angezeigt.

Gleiches gilt für Kategorien, allerdings geht das naheliegenderweise in der Kategorie-Verwaltung, erreichbar über das Menü INHALT|KATEGORIEN.

✔ **In einer Kategorie die Zugriffsebene ändern:** Öffnen Sie das Menü INHALT|KATEGORIEN und klicken Sie auf die jeweilige Kategorie. Die Kategorie öffnet sich und bei den Details ändern Sie die Zugriffsebene auf REGISTRIERT oder eine andere Zugriffsebene.

- **Einzelne Beiträge schützen:** Wenn Sie ganz sicher sein wollen, dass manche Inhalte nicht Hinz und Kunz zu sehen bekommen, dann schließen Sie den Vorhang und stellen für nicht öffentliche Beiträge die Zugriffsebene auf Registriert. Das geht wie folgt:

  Öffnen Sie die Beitrags-Verwaltung, indem Sie auf das Menü Inhalt|Beiträge klicken. Verändern Sie die Zugriffsebene, indem Sie in der Liste der Beiträge den schützenswerten Beitrag öffnen und bei Beitrag bearbeiten die Zugriffsebene entsprechend ändern. Danach nur noch Speichern & Schliessen anklicken.

- **Menüeinträge und ganze Menüs schützen:** Sie können Menüeinträge einrichten, die nur für registrierte Benutzer sichtbar sind. Dasselbe geht auch für komplette Menüs. Im letzteren Fall müssen Sie jedoch dem zugehörigen Menümodul die Zugriffsebene Registriert verordnen. Schauen Sie sich dazu den nächsten Listenpunkt an. Und keine Sorge: Alles Nötige über Menüeinträge und Menüs erfahren Sie in Kapitel 6.

  Um einen einzelnen Menüeintrag nur für registrierte Benutzer zugänglich zu machen, öffnen Sie die Menü-Verwaltung des gewünschten Menüs, beispielsweise das Hauptmenü, indem Sie auf das Menü Menüs|Hauptmenü klicken. Dort sehen Sie alle Menüeinträge des Menüs in einer Liste. Öffnen Sie den entsprechenden Menüeintrag und ändern Sie die Zugriffsebene. Dann nur noch Speichern & Schliessen anklicken.

- **Module schützen:** Sämtliche Module können für nicht registrierte Benutzer unsichtbar gemacht werden.

  Öffnen Sie die Modul-Verwaltung, indem Sie auf das Menü Erweiterungen|Module klicken. Dort sehen Sie alle Module. Auch hier können Sie für jedes Modul die Zugriffsebene verändern, indem Sie das jeweilige Modul öffnen und die Zugriffebene ändern. Dann nur noch Speichern & Schliessen anklicken.

Wenn Sie die Zugriffsebene Special verwenden, machen Sie Ihren Zugriffsschutz noch strenger. Inhalte können dann auf der Site nur noch von angemeldeten Benutzern mit mindestens den Rechten eines Autors oder von allen Benutzern der Administration eingesehen werden.

Bildermanagement

Jeden Hobbyfotografen graust es bei seinem Anblick. Es gibt kaum etwas Schlimmeres als ihn: den Riesenstapel voller unsortierter Fotos. Damit es nicht zu ähnlichen Horrorszenarien auf Ihrer Website kommt, erfahren Sie in diesem Abschnitt, wie Sie Ordnung ins Bilderchaos bringen, Grafikdateien verwalten und neue Bilder bequem hochladen können.

Medien-Verwaltung

Grafiken werden nicht nur in Beiträgen eingebunden, sondern können auch an anderen Stellen, wie zum Beispiel auf Übersichtsseiten, verwendet werden. Je mehr Texte Ihre Website erhält, umso mehr neue Grafiken kommen in der Regel hinzu. Auch bei Grafiken kann man so schnell die Übersicht verlieren. Deshalb empfiehlt es sich, von Anfang an auch für Grafiken und Fotos ein Ordnungssystem anzulegen und die Dateien sinnvoll zu verwalten. Dazu gibt es bei Joomla die Medien-Verwaltung, die Sie über das Menü Inhalt|Medien aufrufen können (siehe Abbildung 5.13).

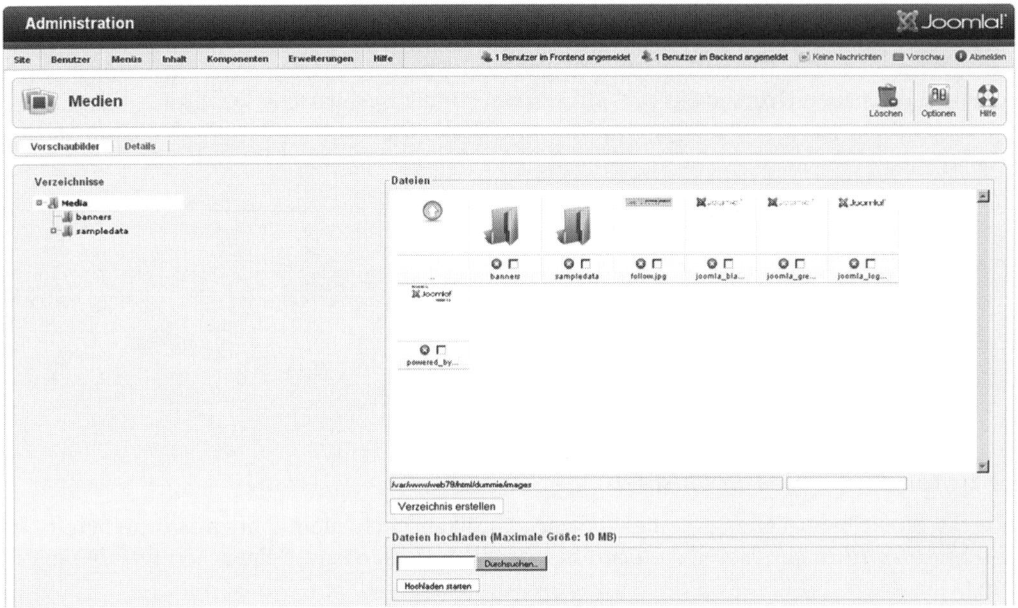

Abbildung 5.13: Medien-Verwaltung

- ✔ **Bereich VERZEICHNISSE:** Hier sehen Sie die Ordner in einer Baumstruktur, vergleichbar mit anderen Dateimanagern wie dem *Windows-Explorer*. Unterordner lassen sich mit Klick auf + und – auf- und zuklappen.
- ✔ **Bereich DATEIEN:** Die Dateien und Unterordner des ausgewählten Ordners werden angezeigt. Für jede Grafikdatei gibt es ein Vorschaubild mit dem Dateinamen. Unterordner werden mit einem Ordnersymbol dargestellt. Unten in diesem Bereich wird der absolute Pfad des aktuellen Ordners auf dem Server angezeigt.
- ✔ **Bereich DATEI HOCHLADEN:** Hier können Sie eigene Grafikdateien von Ihrem Computer in Joomla laden. Wie Sie Bilder hochladen können, erfahren Sie im Abschnitt *Grafiken und Fotos hochladen*.

Ordnung für Bilder

Gerade wenn zahlreiche Grafiken verwendet werden, ist es sinnvoll, eine Ablagesystematik zu entwickeln und sämtliche Bilddateien nach Themen zu sortieren. Dazu bieten sich Unterordner an – beispielsweise einen für Familienfotos, den anderen für Partyschnappschüsse.

Im Bereich DATEIEN befinden sich unten zwei Textfelder, wobei das linke den Ordnerpfad auf dem Server anzeigt. Das rechte Textfeld hingegen dient zum Erstellen eines Unterordners.

Um einen Unterordner anzulegen, klicken Sie auf den Ordner, in dem der Unterordner angelegt werden soll. Geben Sie dann in das Textfeld rechts neben dem Ordnerpfad den Namen des neuen Ordners ein und klicken Sie auf die Schaltfläche Verzeichnis erstellen. Nun wird ein leerer Unterordner an Ort und Stelle angelegt, in den Sie Mediendateien hochladen können.

Unterordner Beispiel *wurde angelegt*

Grafiken und Fotos hochladen

Wie Sie direkt beim Verfassen eines Beitrags Grafiken hochladen können, wurde bereits im Abschnitt *Grafiken geschwind einfügen* beschrieben. Doch das war eigentlich nur die Abkürzung.

Jetzt lernen Sie den offiziellen Weg über die Medien-Verwaltung kennen.

1. **Klicken Sie auf das Menü Inhalt|Medien.**

   Die Medien-Verwaltung wird geöffnet und zeigt den Inhalt des Bilderordners an. Hier liegen alle Grafiken, auf die Joomla zugreifen kann.

2. **Klicken Sie auf einen Unterordner, wenn die Grafikdatei dort hineingeladen werden soll.**

   Dies ist empfehlenswert, wenn Sie Ihre Grafiken thematisch sortieren möchten, um langfristig die Übersicht zu behalten.

Wenn Sie ein Bild für die Übersichtsseiten von Kategorien hochladen möchten, so muss dieses in den Bilderordner `/stories` hochgeladen werden. Nur dann taucht es beim Erstellen und Bearbeiten von Kategorien in der entsprechenden Auswahlliste auf.

3. **Klicken Sie im Bereich Datei hochladen auf die Schaltfläche Durchsuchen.**

   Ein Dialogfenster wie in Abbildung 5.14 wird geöffnet. Hier können Sie zunächst nur eine Datei auf Ihrem Computer auswählen, die Sie hochladen möchten.

4. **Wählen Sie eine Grafikdatei aus und klicken Sie auf die Schaltfläche Öffnen.**

   Gültige Grafikdateien besitzen die Dateiendungen `.gif`, `.png` oder `.jpg`.

Sie können auch andere Dateitypen und -größen zulassen. Wie Sie diese Medieneinstellungen verändern, erfahren Sie in Kapitel 4.

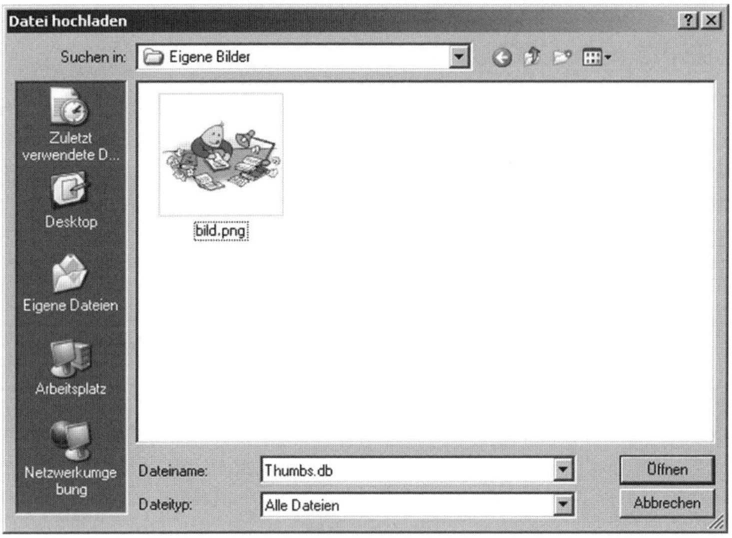

Abbildung 5.14: Grafikdatei auf Ihrem Computer auswählen

Das Dialogfenster wird geschlossen. In der Medien-Verwaltung stehen nun im Bereich DATEIEN HOCHLADEN der Ordnerpfad der ausgewählten Datei im zugehörigen Textfeld, wie in Abbildung 5.15 zu sehen.

Abbildung 5.15: Grafikdatei hochladen

5. Wenn Sie noch weitere Grafikdateien hochladen möchten, klicken Sie erneut auf die Schaltfläche DURCHSUCHEN.

Verfahren Sie hier auf dieselbe Weise wie bei der ersten Grafikdatei (siehe Schritt 2 und 3).

6. Klicken Sie auf die Schaltfläche HOCHLADEN STARTEN und warten Sie kurz.

Das Hochladen der Grafiken kann je nach Größe der Grafiken und Verbindungsgeschwindigkeit etwas Zeit in Anspruch nehmen. Danach lädt die Medien-Verwaltung neu und der Ordner enthält nun die soeben hochgeladenen Dateien.

Grafiken per FTP verwalten

Sollten Sie allen Vorzügen zum Trotz die Medien-Verwaltung von Joomla verschmähen, so können Sie Ihre Bilder und Fotos auch per FTP hochladen und verwalten. Achten Sie in diesem Fall darauf, dass Sie Grafiken in den Bilderordner `/images` oder in dessen Unterordner hineinspeichern, damit Joomla darauf zugreifen kann.

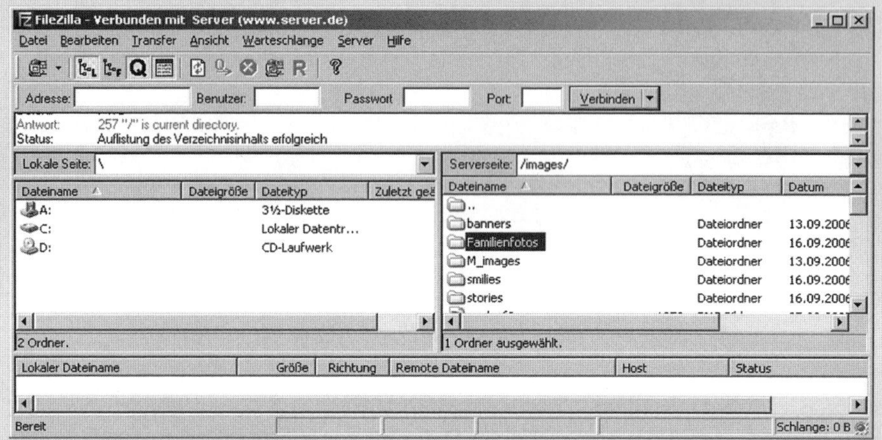

Unterordner FAMILIENFOTOS *per FTP angelegt*

Sie können mit Ihrem FTP-Programm auch Unterordner anlegen, in denen Sie Ihre Grafikdateien in Zukunft thematisch sortiert ablegen. Außerdem haben Sie per FTP vollen Zugriff auf Dateien und Ordner, können sie umbenennen, löschen oder verschieben. Beachten Sie dabei jedoch, dass allzu sorgloser Umgang zu Anzeigefehlern auf Ihrer Website führen kann.

Grafiken und Ordner in der Medien-Verwaltung löschen

Bilddateien und Ordner, die nicht mehr benötigt werden, lassen sich in der Medien-Verwaltung mit wenigen Mausklicks löschen. Achten Sie jedoch darauf, nur Grafiken zu löschen, die nicht mehr verwendet werden. Ordner müssen übrigens leer sein, bevor sie gelöscht werden können.

1. **Klicken Sie in der Medien-Verwaltung im Bereich ORDNER auf den Ordner, in dem sich der Löschkandidat befindet.**

2. **Klicken Sie neben der zu löschenden Grafik auf das rote Symbol mit dem weißen X.**

3. **Wenn Sie mehrere Grafiken auf einmal löschen möchten, aktivieren Sie jeweils das Kontrollkästchen unter den Vorschaubildern (siehe Abbildung 5.16) und klicken Sie auf die Schaltfläche LÖSCHEN.**

   Die ausgewählten Grafiken oder Ordner wurden nun unwiederbringlich vom Webserver gelöscht.

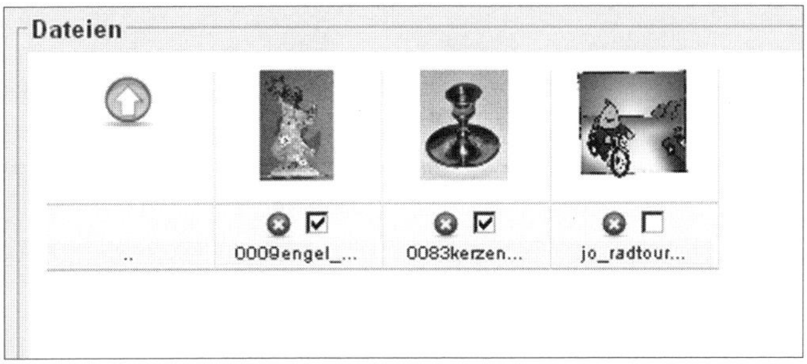

Abbildung 5.16: Medien-Verwaltung: Elemente löschen

Menüs – Wege zum Inhalt

6

In diesem Kapitel

- Menüs und wozu sie gut sind
- Menüs erstellen und verändern
- Das Prinzip »Menüeintrag erzeugt Zielseite«
- Menüeinträge für Inhalte und Erweiterungen erstellen
- Die Startseite der Website einrichten
- Übersichtsseiten und ihre Darstellungsformen
- Menüfunktionen für Site-Benutzer einrichten

Das Glöckchen erklingt, und eine helle Stimme ruft: »Das Menü ist angerichtet!« »Mmh, das sieht aber lecker aus. Wie ging das denn so flott?« »Na, mit Joomla gelingt eben jedes Menü, und zwar blitzschnell!«

Was wie ein Werbespot klingt, ist gar nicht mal so falsch, obwohl es hier nicht ums Kochen geht, sondern um die Menüs von Joomla. Genauer geht es um äußerst schmackhafte Navigationsmenüs für Ihre Website. Denn erst durch Menüs kann der Besucher auf die voll gedeckte Tafel der Website und deren Inhalte zugreifen. Hunderte gehaltvolle Beiträge können bereits geschrieben sein, doch ohne Menü bleibt der Informationshunger Ihrer Besucher ungestillt, weil die Inhalte nicht aufgerufen werden können.

Darüber hinaus sind Menüeinträge, wie Sie gleich erfahren werden, mehr als bloße Links. Sie machen eine Website erst zur Website. Wie ein Chefkoch lässt sich über Menüs bestimmen, was die Besucher vorgesetzt bekommen – Einheitsbrei oder Haute Cuisine. Die Kategorien und Beiträge, die Sie mit Hilfe von Kapitel 5 angelegt haben, werden nun durch Menüeinträge auf der Website appetitlich serviert. Und was die einzelnen Komponenten betrifft: Manche Zutaten treten erst dann zutage, wenn sie auf dem Menü stehen.

Das klingt alles wie Küchenlatein? Keine Angst, nachdem Sie dieses Kapitel verschlungen haben, sind Sie ein wahrer Menüexperte.

Menüs bei Joomla

Eine Website ohne Menüs wäre der Horror jedes Surfers. Vermutlich würde er nie erfahren, dass es dort noch andere Seiten gibt als die gerade aufgerufene. Deshalb spendiert der höfliche Website-Betreiber seiner Website mindestens ein Menü. Bei Joomla gibt es sogar mehrere Menüs. Welche genau das sind, erfahren Sie im nächsten Abschnitt. Wie Menüs beispielsweise aussehen können, zeigt Abbildung 6.1.

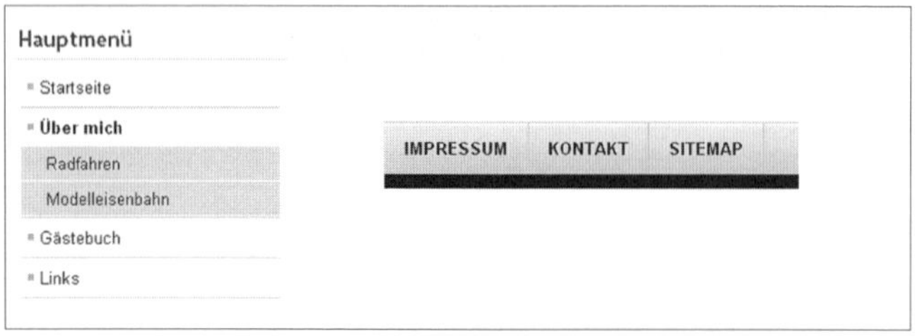

Abbildung 6.1: Beispiele für Navigationsmenüs

Zunächst erfahren Sie aber ein wenig über den Umgang mit den verschiedenen Menüs. Und im Abschnitt *Einträge für Menüs* wird dann endlich geklärt, warum die Einträge in den Menüs so unglaublich wichtig für Ihre Website sind.

Jedes Menü steckt in einem eigenen Modul und das lässt sich in vielerlei Hinsicht umgestalten. So können beispielsweise die Menümodule auf verschiedenen Bereichen der Site beliebig ein- oder ausgeblendet werden. Wie das geht, erfahren Sie im Abschnitt *Module auf Übersichtsseiten ein- und ausblenden*.

Bestandsaufnahme

Wurde Joomla mit deutschen Beispieldateien installiert, dann stehen unter anderem folgende Menüs zur Verfügung. Diese Burschen lassen sich aber auch nachträglich noch anlegen, bearbeiten oder löschen, wie Sie bald sehen werden.

- ✔ **HAUPTMENÜ:** Die Hauptnavigation durch die Website und ein wahres Urgestein, denn das HAUPTMENÜ gibt es wirklich immer. Hier offenbart sich die Struktur der Website mit Menüeinträgen und Untermenüeinträgen.
- ✔ **MENÜ OBEN:** Navigationsmenü meist am oberen Rand der Website. Praktisch für allgemeine Menüeinträge wie für das Impressum oder für ein Kontaktformular.
- ✔ **BENUTZERMENÜ:** Erst für angemeldete Benutzer sichtbares Navigationsmenü. Meist enthält es benutzerspezifische Links zur Profilseite des Benutzers oder zum Verfassen von Beiträgen.
- ✔ **WEITERES MENÜ:** Enthält Menüeinträge, die vielleicht nicht auf jeder Seite gebraucht werden. Das zugehörige Modul kann, wie alle anderen Menüs, so eingestellt werden, dass es nur auf bestimmten Seiten zu sehen ist.

Menü-Verwaltung

Menüs und Menüeinträge lassen sich ausschließlich in der Administration von Joomla erstellen. Für alles rund um Menüs und Menüeinträge gibt es dort die Menü-Verwaltung, die Sie über das Menü MENÜS|MENÜS aufrufen können. Hier sehen Sie, welche Menüs es gibt, jedoch nicht unmittelbar, welche Menüeinträge (siehe Abbildung 6.2).

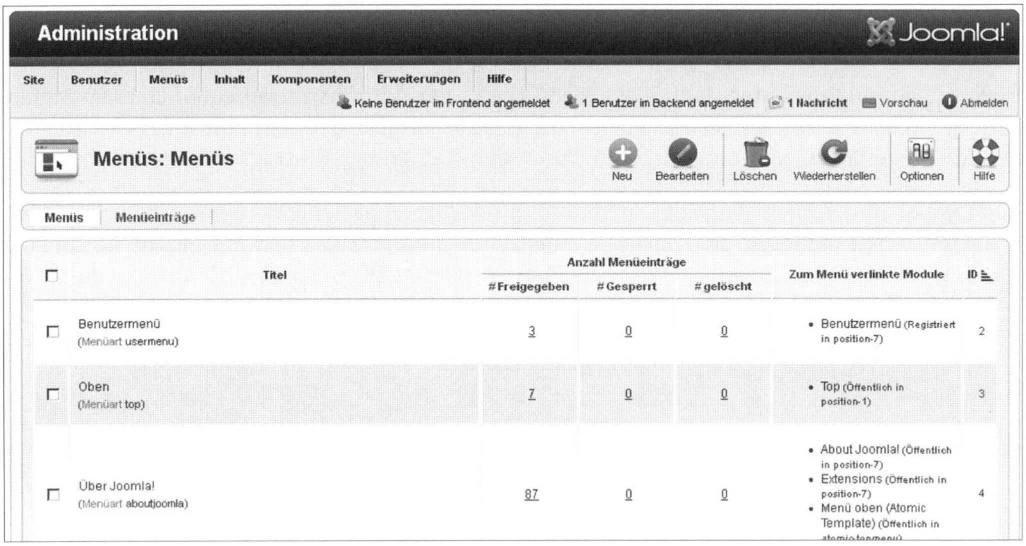

Abbildung 6.2: Menü-Verwaltung

Menüs oder Menüeinträge löschen

Sollten Sie bereits jetzt den Wunsch verspüren, Menüeinträge oder gar komplette Menüs zu löschen, hier gleich zu Anfang die Lösung, damit Sie nachts wieder ruhig schlafen können. Ein Tipp: Löschen Sie nicht zu viel, zumindest das HAUPTMENÜ und dessen Menüeintrag STARTSEITE sollten Sie übrig lassen.

✔ **Ganze Menüs lassen sich löschen**, indem Sie auf das Menü MENÜS|MENÜS klicken und dann den Optionsschalter vor dem Menü wählen und auf die Schaltfläche LÖSCHEN klicken.

✔ **Das Löschen von Menüeinträgen** geht ähnlich: Öffnen Sie in der Menü-Verwaltung das entsprechende Menü und aktivieren Sie das Kontrollkästchen vor allen Menüeinträgen, die Sie löschen möchten. Anschließend klicken Sie auf die Schaltfläche PAPIERKORB.

Wenn Sie ein ganzes Menü löschen, kann es nicht mehr wiederhergestellt werden, alle Einstellungen und Menüeinträge gehen unwiederbringlich verloren. Gelöschte einzelne Menüeinträge hingegen landen vorerst im Papierkorb (zu finden unter MENÜS|MENÜEINTRÄGE UNTER STATUS WÄHLEN) und können wiederhergestellt werden. Erst wenn der Papierkorb geleert wird, sind die Daten endgültig weg.

Wenn Sie nun auf den jeweiligen Menünamen klicken, dann bekommen Sie schließlich die Einträge des ausgewählten Menüs zu Gesicht.

Doch es geht auch leichter, denn jedes Menü hat in der Administration einen eigenen Menüeintrag. So lässt sich das HAUPTMENÜ beispielsweise direkt über das Menü MENÜS|HAUPTMENÜ öffnen. Einträge lassen sich nun durch Klick auf den Namen des Eintrags bearbeiten.

In der Menü-Verwaltung können Sie festlegen, welche Menüs es gibt und welche Menüeinträge sich darin befinden. Aussehen und Position der Menüs lassen sich hier über ZUM MENÜ VERLINKTE MODULE, aber auch in der Modul-Verwaltung festlegen. Wie das geht, erfahren Sie im Abschnitt *Menüdarstellung und Titel anpassen*.

Neues Menü zubereiten

Im Prinzip können Sie unendlich viele Menüs anlegen. Allerdings dürften mehr als drei oder vier die Website äußerst unübersichtlich machen. Schließlich soll die Website ja nicht nur chic, sondern auch leicht zu bedienen sein. Wenn Sie bei der Installation von Joomla die Beispieldaten mitinstalliert haben, steht Ihnen schon eine Handvoll Menüs zur Verfügung, die Sie nur noch anzupassen oder auszublenden brauchen.

Immer wenn Sie ein neues Menü erstellen, wird dabei automatisch auch ein neues Menü-Modul angelegt, das Sie ganz nach Ihren Wünschen einrichten können.

1. **Klicken Sie auf das Menü MENÜS|MENÜS.**

   Die Menü-Verwaltung wird geöffnet und zeigt alle bisher vorhandenen Menüs an.

2. **Klicken Sie auf die Schaltfläche NEU.**

   Die Seite MENÜS: MENÜ HINZUFÜGEN wird geöffnet (siehe Abbildung 6.3).

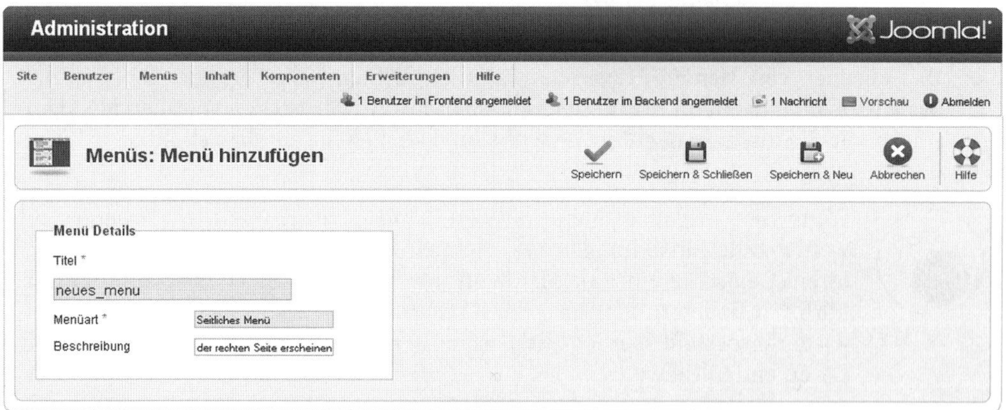

Abbildung 6.3: Neues Menü anlegen

3. **Geben Sie in das Textfeld Menüart einen Namen für einen neuen Menütyp ein.**

   Dieser Name wird aus technischen Gründen benötigt und braucht Sie nicht weiter zu kümmern. Er darf aber keine Leerzeichen enthalten.

4. **Geben Sie in das Textfeld Titel den Titel des neuen Menüs ein.**

   Dieser Titel taucht in der Menü-Verwaltung von Joomla auf.

5. **Geben Sie in das Textfeld Beschreibung einen kurzen Beschreibungstext ein.**

   Dieser Text wird nicht auf der Website angezeigt und dient lediglich den Benutzern der Administration als Orientierungshilfe.

6. **Klicken Sie auf die Schaltfläche Speichern & Schliessen.**

   Das neue Menü wurde nun gespeichert. In der Administration gibt es jetzt im Menü Menüs einen eigenen Eintrag für dieses neu erstellte Menü. Nun muss noch ein Modul erzeugt werden, in dem das Menü zukünftig angezeigt wird.

7. **Klicken Sie auf das Menü Erweiterungen|Module.**

   Die Modul-Verwaltung wird geöffnet (siehe Abbildung 6.4).

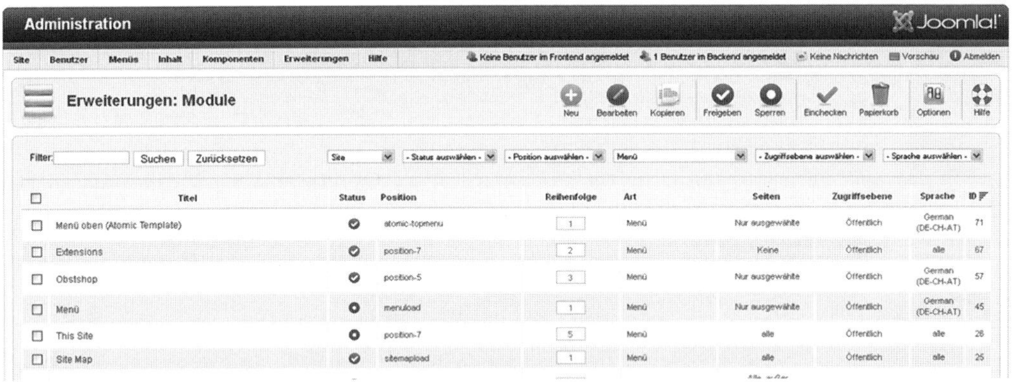

Abbildung 6.4: Modul-Verwaltung mit neuem Menümodul

8. **Klicken Sie auf die Schaltfläche Neu.**

   Es öffnet sich ein neues Fenster, in dem Sie den Modultyp Menü durch Anklicken auswählen. In dem neuen Fenster tragen Sie im Bereich Details einen aussagekräftigen Titel und die Position ein. Im Bereich Basisoptionen wählen Sie das eben erstellte Menü aus. Im Bereich Modulzuweisungen können Sie es allen Seiten zuweisen oder nur bestimmten Seiten. Danach klicken Sie auf Speichern & Schliessen.

   In der Liste der Module gibt es nun ein Modul mit dem Namen, den Sie in Schritt 4 im Textfeld Titel festgelegt haben. Das neu angelegte Menü enthält noch keinen Menüeintrag. Wie sich das ändern lässt, sehen Sie im Abschnitt *Einträge für Menüs*.

Menüdarstellung und Titel anpassen

Es wäre etwas seltsam, geradezu verwunderlich, wenn Sie bereits jetzt mit der Darstellung Ihrer Menüs zufrieden wären. Ach, das sind Sie nicht? Keine Sorge, es gibt zahlreiche Möglichkeiten, die Menüs nach Ihren Wünschen anzupassen.

Wie Sie bereits erfahren haben, findet das Menü-Tuning in der Modul-Verwaltung statt. Für jedes Menü gibt es schließlich ein eigenes Modul, das Sie wie folgt bearbeiten können.

1. **Klicken Sie auf das Menü ERWEITERUNGEN|MODULE.**

   Die Modul-Verwaltung wird geöffnet und zeigt die verfügbaren Module an. Wie viele Elemente pro Seite angezeigt werden, können Sie übrigens am Seitenende im Auswahlmenü ANZEIGE # auswählen.

2. **Klicken Sie auf das Menü-Modul, das Sie bearbeiten möchten.**

   Das kann beispielsweise das HAUPTMENÜ sein. Die Seite MODUL MENÜ wird geöffnet, wie in Abbildung 6.5 zu sehen.

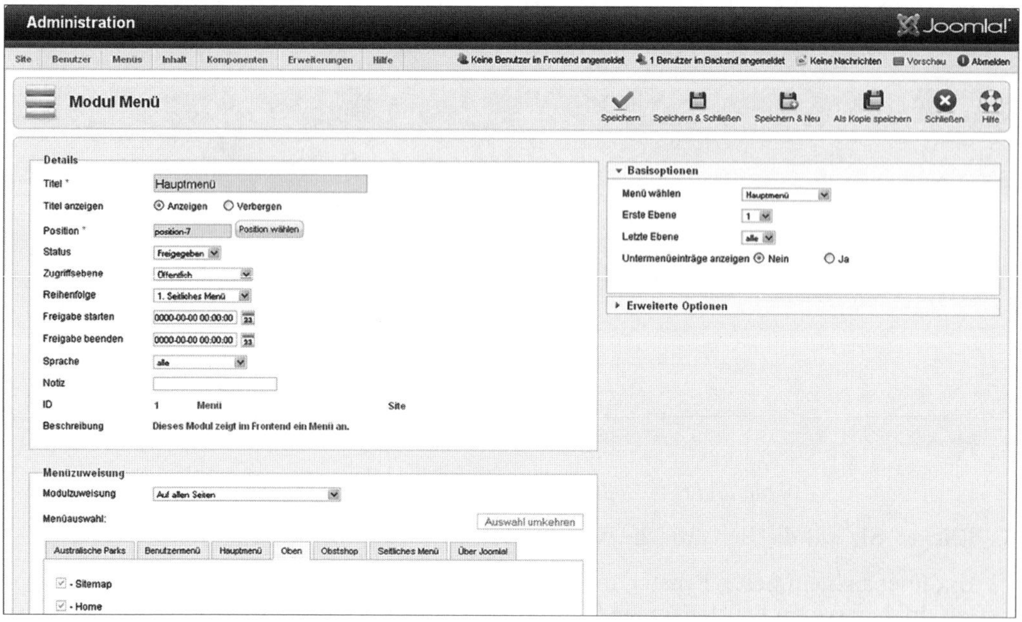

Abbildung 6.5: Menüdarstellung anpassen

3. **Nehmen Sie die gewünschten Einstellungen vor.**

   Die wichtigsten Einstellungsmöglichkeiten für Menü-Module finden Sie im Kasten *Wichtige Einstellungsmöglichkeiten für Menü-Module*.

4. **Klicken Sie auf die Schaltfläche SPEICHERN & SCHLIESSEN.**

   Die Änderungen in der Moduldarstellung wurden nun gespeichert.

Wichtige Einstellungsmöglichkeiten für Menü-Module

Für jedes Menü-Modul können Sie in der Modul-Verwaltung auf der Seite MODUL MENÜ im Bereich DETAILS Folgendes einstellen:

- ✔ **TITEL:** Menütitel verändern, der auf der Site angezeigt wird
- ✔ **TITEL ANZEIGEN:** Menütitel auf der Site anzeigen (ANZEIGEN) oder nicht (VERBERGEN)
- ✔ **STATUS:** FREIGEGEBEN, GESPERRT oder PAPIERKORB
- ✔ **POSITION:** Wo das Menü auf der Website angezeigt werden soll. Die Positionen richten sich nach dem verwendeten Template und sind nach Positionen bezeichnet.
- ✔ **ZUGRIFFSEBENE:** Soll das Menü für alle zugänglich sein (ÖFFENTLICH), nur für registrierte Benutzer (REGISTRIERT), für Benutzer der Administration (SPECIAL) oder sogar für eine eigene Zugriffsebene?

  Indem Sie ein Menü nur für registrierte Benutzer verfügbar machen, können Sie den Zugriff für ganze Bereiche Ihrer Website beschränken. Das Menü und alle seine Menüeinträge bleiben für nicht angemeldete Besucher Ihrer Website unsichtbar.

  Welche Einstellungen nötig sind, um jeden einzelnen Beitrag vor unbefugtem Zugriff zu schützen, erfahren Sie in Kapitel 5.
- ✔ **REIHENFOLGE:** Wenn eine Position mehrere Module enthält, lässt sich hier bestimmen, was zuerst, zuletzt und so weiter kommt.

Im rechten Bereich können Sie das Aussehen des Menüs beeinflussen, dazu gibt es folgende zwei Ausklappbereiche.

- ✔ **BASISOPTIONEN:** Hier können Sie festlegen, welchem Menü es zugeordnet sein soll, wie das Menümodul aussehen soll, etwa welche Ebenen des Menüs angezeigt werden sollen (ERSTE EBENE), was die LETZTE EBENE sein soll oder ob Untermenüs immer angezeigt werden sollen (UNTERMENÜEINTRÄGE ANZEIGEN JA oder NEIN).
- ✔ **ERWEITERTE OPTIONEN:** Für Template-Experten eignet sich dieser Bereich besonders. Im Standardtemplate wird beispielsweise über das MODUL-KLASSEN-SUFFIX `-menu` dafür gesorgt, dass das Menü wie das *Hauptmenü* aussieht.

Einträge für Menüs

Jetzt geht's ans Befüllen der Menüs – denn leere Menübereiche wären augenscheinlich ziemlich unnütz. Doch zunächst sollen Sie erfahren, warum die Menüeinträge so überaus wichtig sind: Die meisten Seiten auf der Website würde es ohne zugehörigen Menüeintrag nämlich überhaupt nicht geben! Zugegeben, das klingt komisch, aber bei Joomla ist das so.

Ein klassisches Beispiel sind die Übersichtsseiten für Kategorien. Eine Übersichtsseite gibt es nur dann, wenn Sie einen entsprechenden Menüeintrag dafür erstellt haben.

So entscheidet also der Menüeintrag über Existenz und Aussehen der Zielseite. Beim Erstellen eines solchen Menüeintrags haben Sie dann die Qual der Wahl: Wie soll die Zielseite aussehen, was soll drauf und in welcher Reihenfolge? Das gilt für praktisch jede Art von Inhalt ebenso wie für Zusatzkomponenten. Ohne Menüeintrag lassen sich diese erst gar nicht auf der Website blicken.

Das anfangs etwas gewöhnungsbedürftige Prinzip lautet also: Über den Menüeintrag wird festgelegt, welche Inhalte sich auf der Seite befinden und wie die Seite nach dem Klick auf den Menüeintrag ausschaut.

Ordnen und Sortieren: Reihenfolge der Menüeinträge verändern

In der Menü-Verwaltung können Sie für jedes Menü die Reihenfolge der bestehenden Menüeinträge beliebig verändern, ohne jedes Mal alle Menüeinträge einzeln öffnen zu müssen.

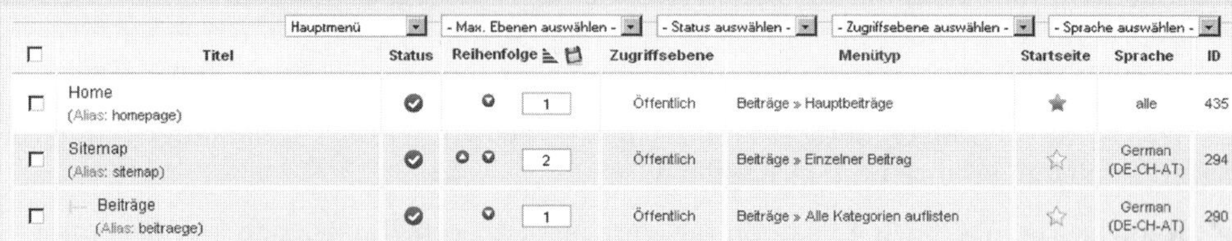

Menü-Verwaltung: Reihenfolge der Menüeinträge verändern

In der Liste der Menüeinträge finden Sie in der Spalte REIHENFOLGE kleine Pfeilsymbole. Wenn Sie auf diese klicken, können Sie einen Menüeintrag auf die nächsthöhere oder -niedrigere Position innerhalb der Liste bringen.

Außerdem gibt es zu jedem Menüeintrag ein Textfeld, in dem Sie direkt die gewünschte Positionsnummer eines Menüeintrags eingeben können. Klicken Sie anschließend auf das kleine Disketten-Symbol rechts neben dem Spaltentitel REIHENFOLGE.

Menüeinträge – Wege zum Inhalt

Menüeinträge kann man sich als Wege vorstellen. Jeder gute Weg hat ein Ziel, in unserem Fall sind das die Inhalte und Komponenten. Bei Joomla gibt es verschiedene Arten von Zielen, festgelegt durch bestimmte Menüeintragstypen:

- ✔ **Interner Link:** Der häufigste Menüeintragstyp, denn er verweist auf die Komponenten von Joomla. Und bei Joomla steckt nahezu alles in so genannten Komponenten, seien es Beiträge, Kontakte, die Startseite oder Newsfeeds.

- ✔ **Externer Link:** Eine frei wählbare Zieladresse, zum Beispiel für Links auf andere Websites oder Inhalte, die nicht mit Joomla verwaltet werden. Näheres dazu finden Sie im Abschnitt *Externe Links ins Menü einbauen*.

- ✔ **Trenner:** Das sind Menüeinträge, die keinen Link enthalten, sondern lediglich als Platzhalter zwischen den Menüeinträgen dienen, mehr dazu im Abschnitt *Platz da! Hier kommt ein Trenner.*
- ✔ **Link auf andere Menüeinträge (Alias):** Für Menüeinträge, die in mehreren Menüs auftauchen und die Eigenschaften eines bestimmten Menüeintrags erben sollen. Mehr Infos gibt's dazu im Abschnitt *Alias-Link anlegen.*

Wie die Zielseite aussehen soll, lässt sich über den jeweiligen Menüeintragstyp festlegen. Zahlreiche Einstellungsmöglichkeiten finden Sie am Ende des Erstellungsvorgangs oder wenn Sie einzelne Menüeinträge bearbeiten. Doch dazu später mehr.

Menüeinträge in ein anderes Menüs verschieben oder kopieren

Wenn Sie einen Menüeintrag in ein anderes Menü verfrachten möchten, so brauchen Sie ihn nicht umständlich zu löschen und andernorts neu zu erstellen. In der Menü-Verwaltung können Sie Menüeinträge einfach verschieben oder kopieren.

1. **Öffnen Sie in der Menü-Verwaltung das Menü mit dem Menüeintrag, der verschoben oder kopiert werden soll.**
2. **Aktivieren Sie das Kontrollkästchen vor dem Eintrag.**

   Sie können auch mehrere Menüeinträge auf einmal auswählen.
3. **Im unteren Bereich bei MENÜEINTRÄGE ein Menü oder übergeordneten Eintrag auswählen. Dann KOPIEREN oder VERSCHIEBEN auswählen. Eventuell die Zugriffsebene ändern.**
4. **Klicken Sie auf die Schaltfläche AUSFÜHREN.**

   Und schwupps ist der Menüeintrag im gewünschten Menü verschoben oder kopiert.

Grundrezept zum Erstellen von Menüeinträgen

Die Erstellung von Menüeinträgen läuft immer nach dem gleichen Muster ab. Damit Sie von Anfang an Bescheid wissen, hier die grundlegenden Schritte.

1. **Klicken Sie in der Administration im Menü MENÜS auf das gewünschte Navigationsmenü.**

   Das kann beispielsweise das HAUPTMENÜ oder das MENÜ OBEN sein. Das ausgewählte Menü wird in der Menü-Verwaltung geöffnet. In diesem Menü wird nun der neue Menüeintrag erstellt.
2. **Klicken Sie auf die Schaltfläche NEU.**

   Die Seite MENÜS: NEUER MENÜEINTRAG wird geöffnet (siehe Abbildung 6.6).

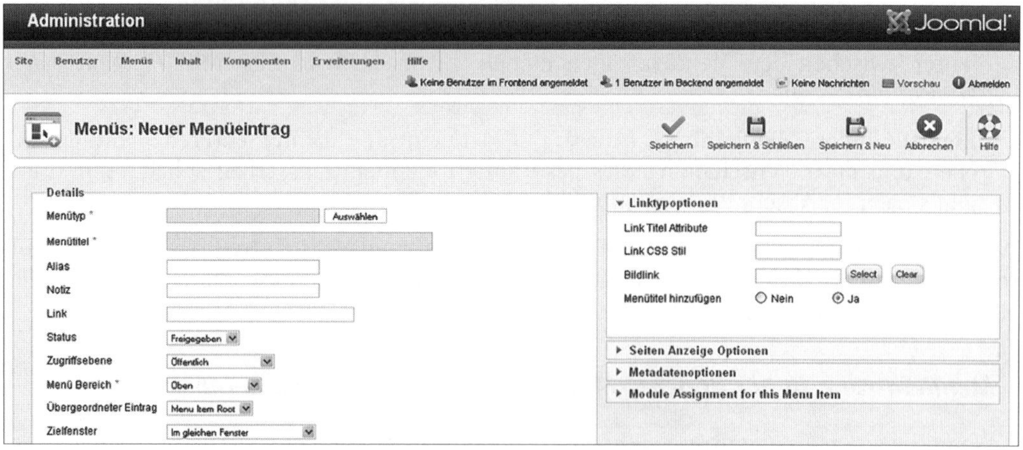

Abbildung 6.6: Neuen Menüeintrag anlegen

3. **Klicken Sie im Bereich Details bei Menütyp auf Auswählen.**

   Hier können Sie auswählen, worauf Sie verweisen möchten, beispielsweise auf Beiträge oder Kontakte. Es stehen Beiträge, Kontakte, Newsfeed, Suche, Benutzer, Weblinks, Wrapper und Systemlinks zur Auswahl (siehe Abbildung 6.7).

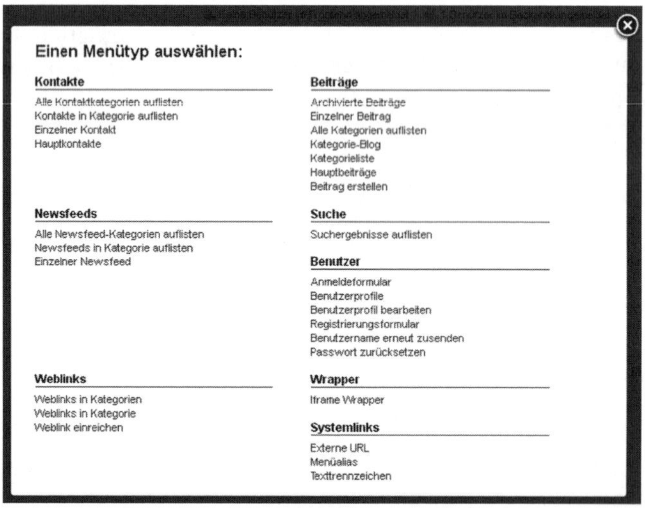

Abbildung 6.7: Übersicht der zur Verfügung stehenden Menütypen

4. **Bearbeiten Sie in jedem Fall diese Felder im Bereich Details:**

   - **Menütitel:** In diesem Textfeld legen Sie die Beschriftung des Menüeintrags fest.
   - **Status:** Soll der Menüeintrag sofort angezeigt werden (Freigegeben) oder noch nicht freigegeben werden (Gesperrt).

- **Zugriffsebene:** Dient zur Vergabe der Zugriffsrechte für diesen Menüpunkt. Beachten Sie: Die Zugriffsrechte für das Menü gehen vor. Das heißt, in einem Menü, das nur für registrierte Benutzer zugänglich ist (Zugriffsebene Registriert), wird ein Menüeintrag der Zugriffsebene Öffentlich nicht angezeigt.
- **Menü Bereich:** Damit können Sie auswählen, ob der neue Eintrag in einem anderen Menü gespeichert werden soll, beispielsweise im Hauptmenü.
- **Übergeordneter Eintrag:** Mit dieser Auswahlliste können Sie Menüeinträge verschachteln, also einem anderen Menüeintrag unterordnen. Dies ist etwa dann sinnvoll, wenn Sie Ihre inhaltliche Struktur mit Kategorien auch im Menü abbilden möchten.
- **Zielfenster:** Legt fest, was passiert, wenn man auf der Website auf den Menüeintrag klickt: Öffnet sich die Zielseite in demselben Fenster, in einem neuen Fenster oder in einem neuen Fenster ohne Browser-Navigationsleiste.

5. **Klicken Sie auf die Schaltfläche Speichern & Schliessen.**

   Damit wird der Menüeintrag mit allen Einstellungen gespeichert. In der Menü-Verwaltung kann er nun bearbeitet, verschoben oder gelöscht werden.

Website-Komponenten auf der Site einbinden

In der Menü-Verwaltung hat man es meistens mit dem Menüeintragstyp Interner Link zu tun. Denn über Menüeinträge dieses Typs lassen sich sämtliche Inhalte und Funktionen Ihrer Website aufrufen. Die wurden schön sortiert in so genannten Komponenten zusammengestellt. Und jede zusätzlich installierte Komponente wie ein Gästebuch oder ein Forum taucht in der Reihe der internen Links auf und lässt sich so auf der Site einbinden.

1. **Gehen Sie vor, wie im Abschnitt *Grundrezept zum Erstellen von Menüeinträgen* beschrieben, und klicken Sie bei Details bei Menütyp auf Auswählen.**

   In der Liste der Internen Links stehen standardmäßig folgende Komponenten zur Auswahl:

   - **Beiträge:** Komponente mit zahlreichen Darstellungsmöglichkeiten für Inhalte in Form von Archiven, einzelnen Beiträgen, Übersichtsseiten für Bereiche und Kategorien sowie für die Startseitenkomponente. Mehr zu Darstellungsformen in Übersichtsseiten finden Sie im Abschnitt *Alles im Blick mit Übersichtsseiten*.
   - **Kontakte:** Anzeige der Personen- und Adressdaten, die in der Kontakt-Komponente von Joomla verwaltet werden. Hier können Sie Kontakte nach Kategorien sortiert anzeigen (Kontakte in Kategorie auflisten) oder Sie können einen Menüeintrag für einen einzelnen Kontakt erstellen (Einzelner Kontakt).
   - **Newsfeeds:** Mit dieser Komponente ist es möglich, sämtliche Newsfeeds, Newsfeeds einer bestimmten Kategorie oder auch einzelne Newsfeeds anzuzeigen. Was Newsfeeds überhaupt sind, wird in Kapitel 8 erklärt.
   - **Suche:** Zugriff auf das Suchformular. So können Site-Benutzer Ihre Joomla-Seite nach Stichwörtern durchsuchen.

- **Benutzer:** Komponente zur Benutzerverwaltung auf der Site. Sie können damit Menüeinträge erstellen, die es registrierten Site-Benutzern ermöglichen, sich je nach Status an- und abzumelden (Anmeldeformular). Außerdem können Sie über Menüeinträge Formularseiten erzeugen, mit denen Benutzer vergessene Passwörter anfordern können (Passwort zurücksetzen) oder sich neue Benutzer registrieren lassen können (Registrierungsformular). Über den Menüeintragstyp Benutzerprofil bearbeiten können Benutzer ihre Daten, wie E-Mail-Adresse und Passwort selbstständig ändern.
- **Weblinks:** Zugriff auf die Weblink-Komponente. Sie können entweder eine Übersicht über alle Weblink-Kategorien (Weblinks in Kategorien) erzeugen oder alle Weblinks einer bestimmten Kategorie (Weblinks in Kategorie) auflisten. Zusätzlich können Sie ein Formular zum Einsenden von neuen Weblinks anbieten (Weblink einreichen).
- **Wrapper:** Komponente zum nahtlosen Einbinden externer Seiten in Ihre Website. Mehr dazu erfahren Sie im Abschnitt *Externe Links ins Menü einbauen*.

2. **Klicken Sie auf die gewünschte Komponente.**

   Es wird automatisch die Seite Menüs: Neuer Menüeintrag geöffnet.

3. **Wie im Grundrezept beschrieben, geben Sie den Titel des Menüeintrags an, bestimmen die Position im Menü und legen die Zugriffsrechte fest.**

   Je nach Komponente kann es erforderlich sein, weitere Angaben zu machen.

4. **Klicken Sie auf die Schaltfläche Speichern & Schliessen.**

   Ein neuer Menüeintrag für die ausgewählte Komponente wurde nun angelegt und kann ab jetzt von den Website-Besuchern verwendet werden.

Menüeintrag für einen einzelnen Beitrag erstellen

Sie können einen Menüeintrag erstellen, der auf einen einzelnen Beitrag verweist. Das kann auch ein nicht kategorisierter Beitrag sein, zum Beispiel das Impressum der Website.

Gerade für nicht kategorisierte Beiträge ist ein eigener Menüeintrag besonders wichtig, denn sonst werden die Beiträge nirgends auf der Site auftauchen, höchstens auf der Startseite.

Beachten Sie, dass Beiträge, die einen eigenen Menüeintrag besitzen, nicht einfach gelöscht werden oder die Freigabe entzogen bekommen sollten, da dies auf der Website zu Anzeigefehlern führen könnte.

1. **Gehen Sie vor, wie im Abschnitt *Grundrezept zum Erstellen von Menüeinträgennngen* beschrieben. Klicken Sie dabei auf der Seite Neuer Menüeintrag bei Details auf Menütyp auswählen.**

   In einem neuen Fenster wählen Sie den Menütyp Einzelner Beitrag.

2. **Die Seite Neuer Menüeintrag wird geöffnet (siehe Abbildung 6.8).**

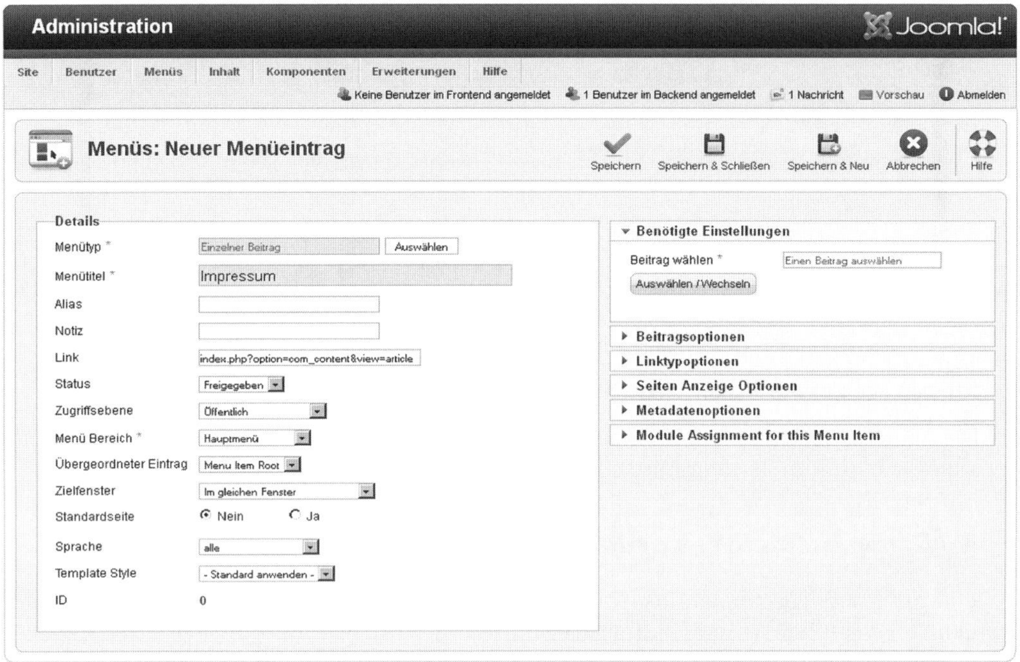

Abbildung 6.8: Neuen Menüeintrag für einen einzelnen Beitrag erstellen

3. **Geben Sie in das Textfeld Menütitel die Beschriftung des neuen Menüeintrags ein.**

   Da Sie gerade einen Menüeintrag erstellen, der direkt auf einen Beitrag verweist, ist der Name des Menüeintrags idealerweise dem Beitragstitel sehr ähnlich oder sogar identisch mit ihm.

4. **Klicken Sie im Ausklappbereich Benötigte Einstellungen unter dem Textfeld Beitrag wählen auf die Schaltfläche Auswählen/Wechseln.**

   Hier lässt sich festlegen, welcher Beitrag verlinkt werden soll. Ein Fenster wird geöffnet (siehe Abbildung 6.9).

5. **Klicken Sie in der Liste auf den gewünschten Beitrag.**

   Sämtliche freigegebenen Beiträge stehen Ihnen hier zur Verfügung.

   Wenn diese Beitragsliste lang und unübersichtlich ist, dann können Sie mit den Auswahlmenüs Zugriffsebene auswählen, Status auswählen, Kategorie auswählen und Sprache auswählen die Anzeige auf bestimmte Kategorien oder auf nicht kategorisierte Beiträge (Nicht kategorisiert) beschränken. Außerdem können Sie im Textfeld Filter nach einem bestimmten Beitragstitel suchen.

   Wenn Sie einen Beitrag ausgewählt haben, schließt sich das Fenster und die Seite Menüs: Neuer Menüeintrag wird wieder angezeigt.

6. **Wie im Grundrezept beschrieben, bestimmen Sie nun die Position des Eintrags im Menü und legen die Zugriffsrechte fest.**

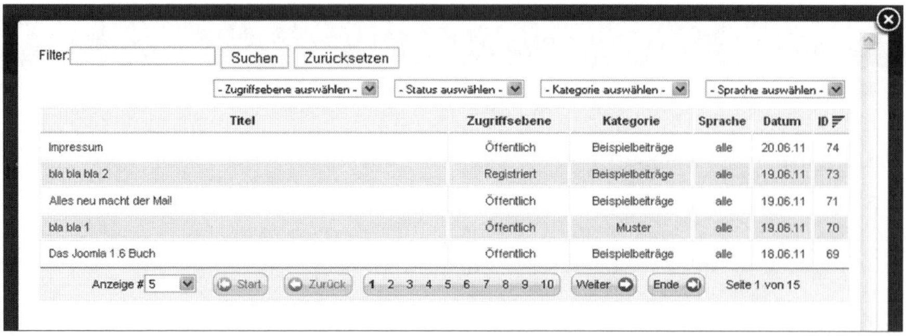

Abbildung 6.9: Beitrag auswählen

7. **Klicken Sie auf die Schaltfläche Speichern & Schliessen.**

   Die Änderungen wurden nun gespeichert und der Menüeintrag kann jetzt auf der Website angeklickt oder in der Administration verändert werden.

Die clevere Alternative: Externe Seiten per Wrapper einbinden

Wenn Sie eine Webseite nahtlos in Ihre Site integrieren möchten, können Sie auch auf einen so genannten Wrapper zurückgreifen. Damit wird die eingebundene Seite im Inhaltsbereich Ihrer Site angezeigt.

Bei einem Wrapper handelt es sich um nichts anderes als ein *iFrame*, also um ein eingebettetes Frame, das (X)HTML-Kennern wohlbekannt sein dürfte.

1. **Gehen Sie vor, wie im Abschnitt *Grundrezept zum Erstellen von Menüeinträgen* beschrieben. Klicken Sie dabei auf der Seite Neuer Menüeintrag bei Details auf Menütyp auswählen.**

   In einem neuen Fenster wählen Sie den Menütyp Iframe Wrapper.

2. **Wie im Grundrezept beschrieben, geben Sie den Namen des Menüeintrags an, bestimmen die Position des Eintrags im Menü und legen die Zugriffsrechte fest.**

3. **Geben Sie im Ausklappbereich Basisoptionen in das Textfeld Webadresse die Adresse des Links ein.**

   Damit legen Sie fest, welche Seite eingebunden werden soll.

   Außerdem können Sie im Ausklappbereich Bildlaufleiste Parameter festlegen, ob die Bildlaufleiste angezeigt werden soll (Nein/Ja/Auto). Außerdem lassen sich hier die Breite und die Höhe des Wrapper-Bereichs einstellen.

4. **Klicken Sie auf die Schaltfläche Speichern & Schliessen.**

   Ein neuer Menüeintrag wurde erstellt und somit auch eine Seite mit Wrapper.

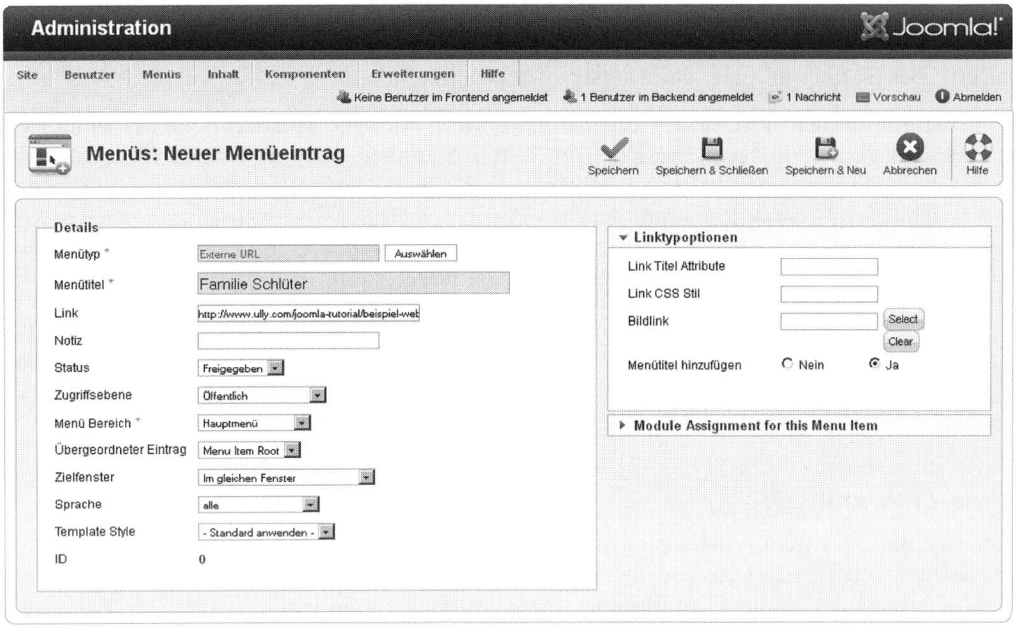

Abbildung 6.10: Neuer externer Menüeintrag

Externe Links ins Menü einbauen

Mit dem Menüeintragstyp EXTERNE URL lässt sich eine frei wählbare Adresse als Ziel angeben. So können Sie beispielsweise ein Forum verlinken oder auf eine andere Website verweisen.

1. **Gehen Sie vor, wie im Abschnitt *Grundrezept zum Erstellen von Menüeinträgen* beschrieben. Klicken Sie dabei auf der Seite NEUER MENÜEINTRAG bei DETAILS auf MENÜTYP AUSWÄHLEN.**

   In einem neuen Fenster wählen Sie den Menütyp EXTERNE URL.

2. **Wie im Grundrezept beschrieben, geben Sie den Namen des Menüeintrags an, bestimmen die Position des Eintrags im Menü und legen die Zugriffsrechte fest.**

3. **Geben Sie in das Textfeld LINK eine vollständige Webadresse ein.**

   Damit legen Sie das Ziel des Links fest. Das ist die flexibelste Weise, einen Menüeintrag zu erstellen. Denn so kann jede beliebige Adresse, ob im WWW oder auf Ihrer Website, angegeben werden.

4. **Klicken Sie auf die Schaltfläche SPEICHERN & SCHLIESSEN.**

Platz da! Hier kommt ein Trenner

Einmal tief durchatmen, bitte. Bei all den Menüeintragstypen wird es einem ja ganz schwindelig! Deshalb kommt zwischendurch etwas ziemlich Einfaches zur Entspannung.

Nicht jeder Eintrag im Menü muss ein Link sein. Manchmal ist es sinnvoll, zwischen Menüeinträgen eine Zeile Text zu setzen, um die Links voneinander abzugrenzen oder kurz zu erläutern. Das ist über den Menüeintragstyp TRENNER möglich.

Weil man hier weder ein Linkziel angeben kann noch sonstige Einstellungen getroffen werden müssen, reicht es, wenn Sie sich zum Erstellen an den Abschnitt *Grundrezept zum Erstellen von Menüeinträgen* halten, dabei einen Menüeintrag vom Typ TRENNZEICHEN auswählen und anschließend Name, Reihenfolge und so weiter festlegen. Der Name des Trenners wird dann als nicht verlinkter Menüeintrag angezeigt. Im Ausklappbereich LINKTYPOPTIONEN können Sie auch festlegen, dass der Menütitel hinzugefügt werden soll.

Sie können auch ein Bild als Trenner bestimmen. Wählen Sie dazu beim Anlegen oder Bearbeiten eines Trenners im Ausklappbereich LINKTYPOPTIONEN im Auswahlmenü BILDLINK ein Bild aus. Alle Grafikdateien, die im Bilderordner `/images/stories` gespeichert wurden, lassen sich auswählen.

Alias-Link anlegen

Nun zu einer ungemein praktischen Einrichtung: Für Menüeinträge, die in mehreren Menüs auftauchen sollen (beispielsweise sowohl im HAUPTMENÜ wie auch im MENÜ OBEN) müssen Sie nicht ein zweites Mal alle Einstellungen anpassen. Stattdessen erzeugen Sie lediglich einen Verweis auf den ursprünglichen Menüeintrag mit all seinen Einstellungen. Das heißt: Ändern sich die Einstellungen des ursprünglichen Menüeintrags, so ändert sich auch die Zielseite des ALIAS-Menüeintrags.

1. **Gehen Sie vor, wie im Abschnitt »Grundrezept zum Erstellen von Menüeinträgen« beschrieben. Wählen Sie bei DETAILS AUSWÄHLEN den Menütyp MENÜALIAS.**

   Die Seite MENÜS: NEUER MENÜEINTRAG: wird geöffnet.

2. **Wie im Grundrezept beschrieben, geben Sie den Namen des Menüeintrages an, bestimmen die Position des Eintrages im Menü und legen die Zugriffsrechte fest.**

3. **Wählen Sie im Bereich BENÖTIGTE EINSTELLUNGEN im Auswahlmenü MENÜEINTRAG den Eintrag aus, von dem Sie einen Alias-Link anlegen möchten.**

   In diesem Auswahlmenü finden Sie alle bisher angelegten Menüeinträge.

4. **Klicken Sie auf die Schaltfläche SPEICHERN & SCHLIESSEN.**

   Ein Alias-Link zum gewählten Menüeintrag wurde nun erstellt.

Alles im Blick mit Übersichtsseiten

Schaffen Sie nun etwas Übersicht auf Ihrer Website. Die Inhalte wollen schließlich angemessen präsentiert sein. Nehmen Sie sich also ein wenig Zeit und erfahren Sie, welche Möglichkeiten es gibt, die Übersichtsseiten ins rechte Licht zu rücken. Dafür gibt es in Joomla spezielle Menüeintragstypen, die verschiedene Inhalte übersichtlich darstellen.

Darstellungsformen für Übersichtsseiten

Eine Übersichtsseite stellt beispielsweise alle Beiträge einer Kategorie kompakt dar. Auch die Startseite ist so eine Übersichtsseite (warum sie jedoch trotzdem etwas Besonderes ist, erfahren Sie im Abschnitt *Startseite aufmöbeln*).

Ganz egal, ob es sich um eine Übersichtsseite für alle Beiträge einer Kategorie handelt, um eine Kontaktübersicht oder um eine Liste von Weblinks, die folgenden drei Darstellungsformen tauchen in der einen oder anderen Form immer wieder auf:

- ✔ **Blog:** Meist auf eine, zwei oder drei Spalten verteilt, werden Beiträge mit Überschrift, Einleitungstext und WEITERLESEN-Link angezeigt.

  Diese Darstellungsform eignet sich gut für Seiten, auf denen es viele Inhalte gibt, die auf einen Blick präsent sein sollen.

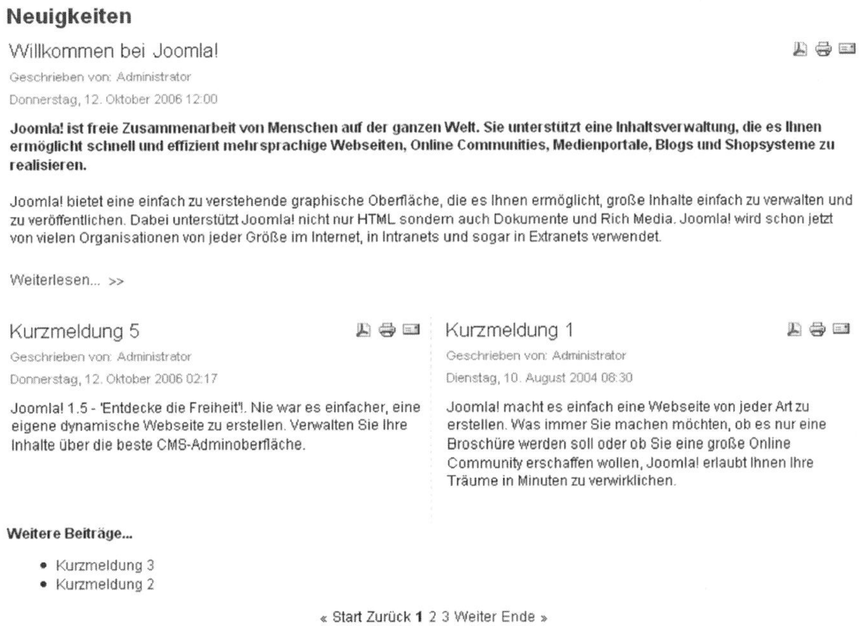

- ✔ **Liste:** Eine Liste aller Elemente, oft mit einem kurzen Beschreibungstext. Jeder Listeneintrag lässt sich anklicken und führt zum entsprechenden Inhalt – übersichtlich und äußerst kompakt.

- **Table:** Eine Inhaltsübersicht in Tabellenform. Hier werden nur die wichtigsten Eckdaten des Inhalts wie beispielsweise Titel, Datum und Autor eines Beitrags auflistet.

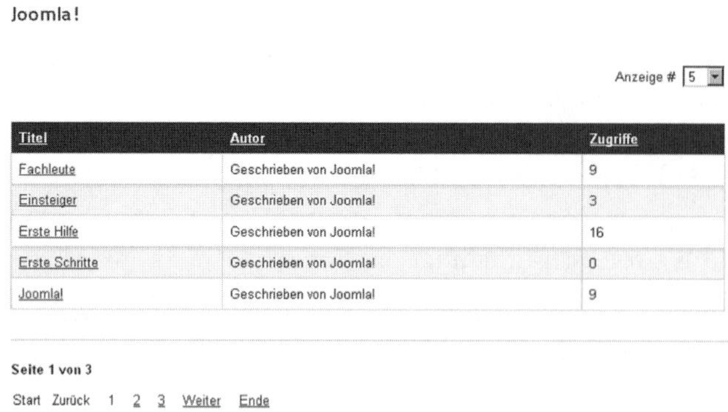

- **Joomla Standard:** Die standardmäßige Darstellungsform für einen Menüeintrag – das kann eine Liste, aber auch ein Blog oder Table sein.

Für nahezu alle Übersichtsseiten können außerdem ein Einführungstext und ein Bild eingeblendet werden, sofern diese in der jeweiligen Kategorie festgelegt wurde. Wie Sie für Kategorien Beschreibungstexte und ein Bild hinterlegen können, haben Sie in Kapitel 5 erfahren.

Tabelle 6.1 zeigt, welche verschiedenen Arten von Übersichtsseiten es gibt, welcher Menüeintragstyp dahintersteckt und in welcher Darstellungsform die Inhalte dort angezeigt werden.

Diese Übersichtsseite zeigt an …	So heißt der Menüeintragstyp …	Dargestellt als …
Alle Kategorien der Site	Alle Kategorien auflisten	Baumstruktur
Alle Beiträge einer Kategorie	Kategorie-Blog, Kategorieliste	Blog Table
Alle Beiträge, die für die Startseite freigegeben wurden	Hauptbeiträge	Blog
Alle archivierten Beiträge	Archivierte Beiträge	Archivliste
Alle Kontaktkategorien auflisten	Alle Kontaktkategorien auflisten	Baumstruktur
Alle Kontakte einer Kontaktkategorie	Kontakt in Kategorie auflisten	Table
Alle Newsfeed-Kategorien auflisten	Alle Newsfeed-Kategorien	Liste
Alle Newsfeeds einer Newsfeed-Kategorie auflisten	Newsfeed in Kategorie auflisten	Table
Namen aller Weblinks in Kategorien	Weblinks in Kategorien	Baumstruktur
Alle Weblinks einer Weblink-Kategorie	Weblinks in Kategorie	Table

Tabelle 6.1: Übersichtsseiten bei Joomla

Übersichtsseiten für Kategorien erstellen

Übersichtsseiten werden über Menüeinträge angelegt. Über diese Menüeinträge lässt sich festlegen, wie die Inhalte auf der Übersichtsseite dargestellt werden und welche Inhalte angezeigt werden sollen.

Meist ist es sinnvoll, die inhaltliche Struktur auch in der Menüstruktur abzubilden, beispielsweise einen Menüeintrag für eine (Haupt-)Kategorie zu erstellen und mehrere untergeordnete Menüeinträge für die einzelnen untergeordneten Kategorien. Hierzu ist es notwendig, den Menüeintrag für die Hauptkategorie anzulegen.

1. **Gehen Sie vor, wie im Abschnitt *Grundrezept zum Erstellen von Menüeinträgen* beschrieben. Wählen Sie dabei auf der Seite MENÜS: MENÜEINTRÄGE den gewünschten Übersichtsseitentyp, indem Sie auf NEU klicken und unter MENÜTYP auf AUSWÄHLEN klicken.**

   Werfen Sie dazu am besten noch einmal einen Blick auf Tabelle 6.1. Sobald Sie auf AUSWÄHLEN geklickt haben, wird die Seite EINEN MENÜTYP AUSWÄHLEN geöffnet. Klicken Sie dazu unter BEITRÄGE auf KATEGORIE-BLOG oder KATEGORIELISTE.

2. **Wie im Grundrezept beschrieben, geben Sie den Namen des Menüeintrags an, bestimmen die Position des Eintrags im Menü und legen die Zugriffsrechte fest.**
3. **Wählen Sie bei Bedarf im Bereich BENÖTIGTE EINSTELLUNGEN im Auswahlmenü CHOOSE A KATEGORIE die gewünschte Kategorie.**
4. **Klicken Sie auf die Schaltfläche SPEICHERN & SCHLIESSEN.**

   Die Übersichtsseite wurde nun erstellt.

Darstellung von Übersichtsseiten anpassen

Für die Darstellungsformen *Blog*, *Liste* und *Table* gibt es zahlreiche Einstellungsmöglichkeiten, die Ihnen nicht vorenthalten werden sollen.

Um die Darstellung einer Übersichtsseite anzupassen, klicken Sie in der Menü-Verwaltung den entsprechenden Menüeintrag an. Die Seite MENÜEINTRAG BEARBEITEN wird geöffnet. Hier finden Sie je nach gewähltem Darstellungstyp zahlreiche Einstellungsmöglichkeiten für Ihre Übersichtsseite.

Darstellungsform »Blog« anpassen

Wenn Sie einen Menüeintrag für eine Übersichtsseite vom Typ *Blog* anpassen möchten, so erhalten Sie auf der Seite NEUER MENÜEINTRAG (siehe Abbildung 6.11) folgende Einstellungsmöglichkeiten:

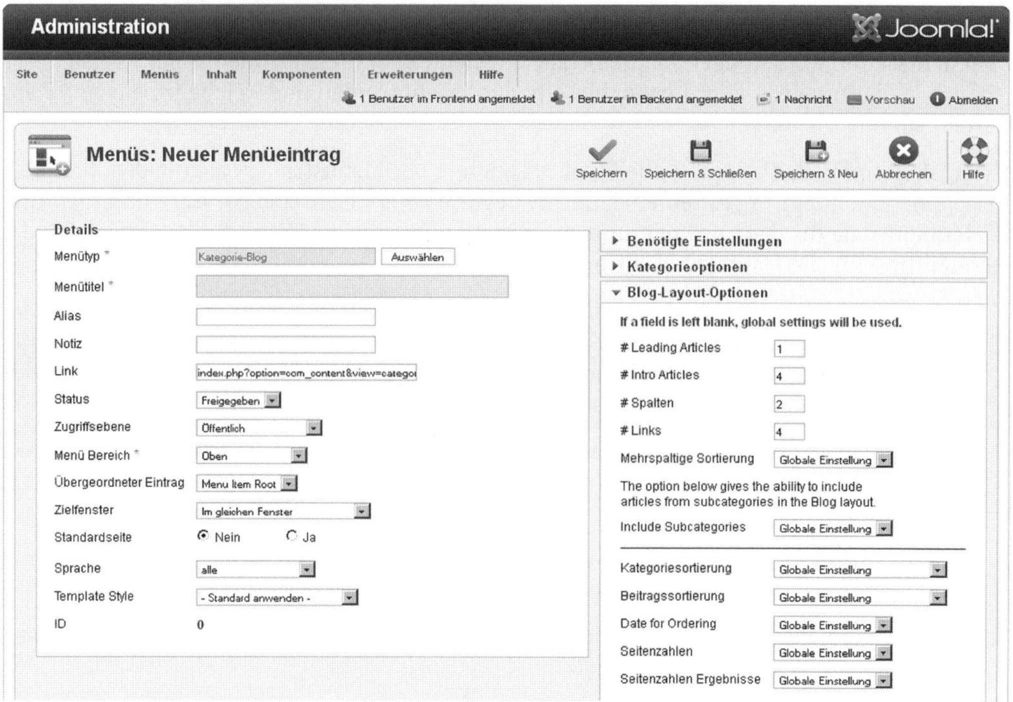

Abbildung 6.11: Übersichtsseite vom Typ »Blog« anpassen

Im Ausklappbereich Blog-Layout-Optionen:

- ✔ # Leading Articles: Anzahl der Beiträge, die ganz oben über die volle Breite des Inhaltsbereichs angezeigt werden
- ✔ # Intro Articles: Anzahl der Beiträge, die im so genannten Introbereich als Einleitungstexte angezeigt werden sollen (0 bedeutet: kein Introbereich)
- ✔ #Spalten: Anzahl der Spalten des Introbereichs
- ✔ # Links: Anzahl der Beiträge, die ganz unten auf der Seite in einer Liste angezeigt werden
- ✔ Mehrspaltige Sortierung: Sollen die Beiträge in den Spalten seitlich oder abwärts sortiert werden?
- ✔ Kategoriesortierung: Sollen die Beiträge nach dem Alphabet aufsteigend oder absteigend sortiert werden?
- ✔ Beitragssortierung: Reihenfolge der Beiträge auf der Übersichtsseite festlegen: nach Alter, Titel, Zugriffen, nach der Reihenfolge der Hauptbeiträge in der Beitrags-Verwaltung, nach Autor oder nach den Zugriffen.
- ✔ Date for Ordering: Sortierung der Beiträge nach dem Erstellungs- Bearbeitungs- oder Freigabedatum.

- ✔ Seitenzahlen: Anzeige einer kleinen Navigation unten auf der Übersichtsseite, um zwischen weiteren Seiten der Übersichtsseite, falls vorhanden, hin- und herspringen zu können.
- ✔ Seitenzahlen Ergebnisse: Steuert, ob unten auf der Übersichtsseite die jeweilige Seitenzahl der Übersichtsseite angezeigt wird.

Im Ausklappbereich Seiten Anzeige Optionen:

- ✔ Seitentitel: Der Seitentitel (falls leer gelassen, wird automatisch der Name des Menüeintrags verwendet)
- ✔ Show Page Heading: Den Browser-Seitentitel oder die Seitenüberschrift anzeigen. Ist keine Seitenüberschrift eingetragen, wird der Browser-Seitentitel verwendet.
- ✔ Seitenüberschrift: Hier kann die Überschrift, die auf der Seite angezeigt wird, eingetragen werden.

Darüber hinaus finden Sie im Ausklappbereich Beitragsoptionen zahllose Einstellungsmöglichkeiten, wie der Inhalt auf der Übersichtsseite dargestellt werden soll. Hier können Sie die Voreinstellungen für die Darstellung der aktuellen Seite überschreiben. Mehr zu diesen Voreinstellungen erfahren Sie in Kapitel 4.

Darstellungsform als »Liste« und »Table« anpassen

Wenn Sie einen Menüeintrag für eine Übersichtsseite vom Typ *Liste* oder *Table* anpassen möchten, erhalten Sie auf der Seite Neuer Menüeintrag folgende Einstellungsmöglichkeiten (siehe Abbildung 6.12):

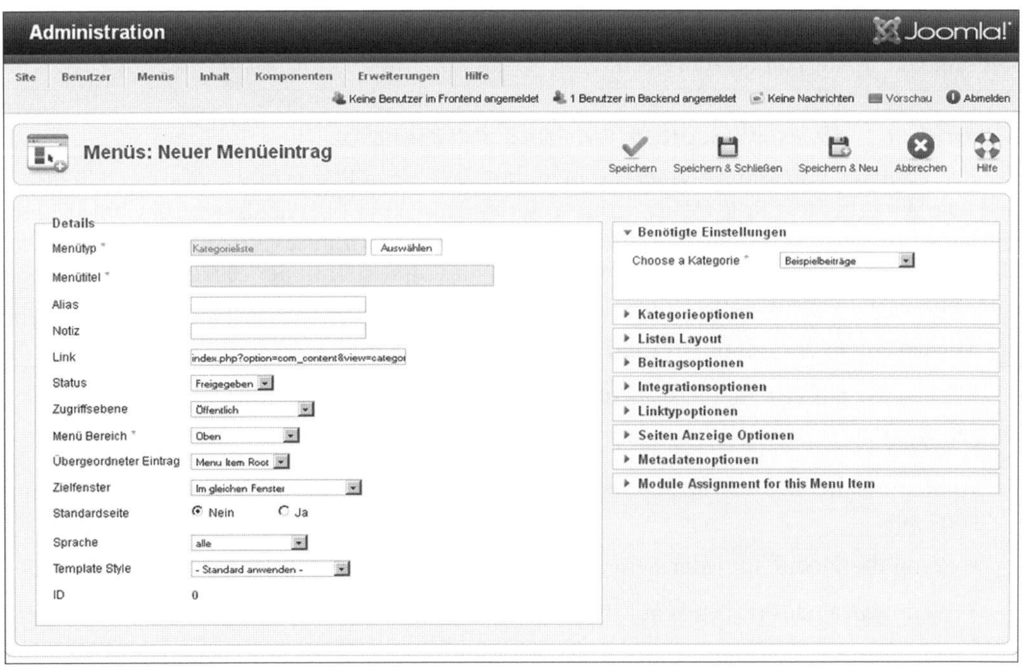

Abbildung 6.12: Übersichtsseite vom Typ »Liste« oder »Table« anpassen

Im Ausklappbereich BENÖTIGTE EINSTELLUNGEN:

- ✔ Choose a KATEGORIE: Wählen Sie eine Kategorie aus, die angezeigt werden soll.
- ✔ Im Ausklappbereich KATEGORIEOPTIONEN:

  Legen Sie unter anderem bei SUBCATEGORY LEVELS fest, ob Unterkategorien angezeigt werden. Beschreibung (VERBERGEN/ANZEIGEN): Soll der Beschreibungstext angezeigt werden, der beim Erstellen der Kategorie eingegeben wurde?

  BILD: Bild für die Übersichtsseite auswählen

- ✔ Im Ausklappbereich LISTEN LAYOUT:

  Bei der Tabellenüberschrift wird festgelegt, ob das Menü als Tabelle oder in Listenform angezeigt wird. In weiteren Einstellungen können die Anzahl der anzuzeigenden Einträge, das Filterfeld, das Datum, der Autor und die Seitenaufrufe angezeigt oder verborgen werden.

  - Im Ausklappbereich SEITEN ANZEIGE OPTIONEN: SEITENTITEL: Der Seitentitel (falls leer gelassen, wird automatisch der Name des Menüeintrags verwendet)
  - SHOW PAGE HEADING: Den Browser-Seitentitel oder die Seitenüberschrift anzeigen. Ist keine Seitenüberschrift eingetragen, wird der Browser-Seitentitel verwendet.
  - SEITENÜBERSCHRIFT: Hier kann die Überschrift, die auf der Seite angezeigt wird, eingetragen werden.

Im Ausklappbereich BEITRAGSOPTIONEN gibt es die Möglichkeit, die Voreinstellungen für die Darstellung von Inhalt zu überschreiben.

Module auf Übersichtsseiten ein- und ausblenden

Kennen Sie das? Manchmal befinden sich Module wie NEWS FLASH: LATEST (NEUESTE NACHRICHTEN) oder ARTICLES MOST READ (MEIST GELESENE ARTIKEL) auf einer Übersichtsseite, obwohl sie dort gar nicht hinsollen. Oder andersherum: Sie möchten ein bestimmtes Modul, etwa das WEITERE MENÜ, nur auf bestimmten Seiten einblenden. All das lässt sich in der Modul-Verwaltung für jedes Modul individuell steuern.

1. **Klicken Sie in der Administration auf das Menü ERWEITERUNGEN|MODULE.**
2. **Klicken Sie auf das Modul, das ein- oder ausgeblendet werden soll.**

   Die Seite MODUL BEITRÄGE (NAME DES MODULS) wird geöffnet.

3. **Wählen Sie im Bereich MENÜZUWEISUNG für den Optionsschalter MODULZUWEISUNG einen Wert aus.**

   - Wenn das Modul auf jeder Seite eingeblendet sein soll, den Wert AUF ALLEN SEITEN
   - Wenn das Modul nirgends auf Ihrer Website zu sehen sein soll, den Wert KEINE SEITE
   - Oder wenn Sie frei auswählen möchten, auf welchen Seiten das Modul angezeigt wird und wo nicht, den Wert NUR AUF DER GEWÄHLTEN SEITE ODER AUF ALLEN SEITEN MIT AUSNAHME DER GEWÄHLTEN

4. **Wählen Sie nun in der Auswahlliste MENÜAUSWAHL die Seite aus, auf der das Modul angezeigt werden soll.**

5. **Klicken Sie auf die Schaltfläche SPEICHERN & SCHLIESSEN.**

   Das bearbeitete Modul wird jetzt nur auf den Seiten angezeigt, die Sie soeben festgelegt haben.

Startseite aufmöbeln

Bekanntlich ist der erste Eindruck entscheidend. Und so schnell neue Besucher auf eine Website gekommen sind, so schnell sind sie auch wieder weg, wenn sie schon mit der Startseite nicht klarkommen. Starten Sie also jetzt durch und bringen Sie Ihre Startseite auf Hochglanz.

Die Startseite von Joomla ist gewissermaßen nichts anderes als eine Übersichtsseite vom Typ *Blog*, den Sie im vorherigen Abschnitt kennen gelernt haben. Doch es gibt einen ganz wichtigen Unterschied: Die Startseite kann Beiträge über Kategoriegrenzen hinweg anzeigen. Doch dazu müssen die Beiträge, die auf der Startseite erscheinen sollen, auch gesondert freigegeben werden. Wie man in der Beitrags-Verwaltung Beiträge für die Startseite freigibt, haben Sie in Kapitel 5 erfahren.

Aufbau der Startseite verändern

Hinter dieser speziellen Übersichtsseite steckt die Komponente *FrontPage*, die sich in vielerlei Hinsicht genauso anpassen lässt, wie das bei den anderen Übersichtsseiten auch möglich ist.

Gehen Sie doch einmal in die Menü-Verwaltung und öffnen Sie im HAUPTMENÜ den Menüeintrag für die Startseite (zu Anfang heißt dieser meist ebenfalls STARTSEITE). Nun sehen Sie, dass der Menüeintragstyp HAUPTBEITRÄGE heißt. Dies verrät: Bei der Startseite handelt es sich um eine Übersichtsseite in der *Blog*-Darstellung. Und wie man Übersichtsseiten dieses Typs bearbeitet, das wissen Sie bereits aus dem Abschnitt *Darstellung von Übersichtsseiten anpassen*. Noch nicht gelesen? Dann blättern Sie schnell einige Seiten zurück.

Beliebige Seite als Startseite festlegen

Ihre Startseite muss nicht notwendigerweise eine Übersichtsseite vom Typ Hauptbeiträge sein. Im Gegenteil! Sie können jede beliebige Seite als Startseite festlegen, beispielsweise einen bestimmten Willkommensbeitrag, den Sie vielleicht angelegt haben. Um eine Seite als Startseite festzulegen, benötigt diese lediglich einen eigenen Menüeintrag. So ein Menüeintrag lässt sich bei Bedarf in Windeseile anlegen, wie der Abschnitt *Einträge für Menüs* in diesem Kapitel zeigt.

1. **Klicken Sie auf das Menü MENÜS|HAUPTMENÜ.**

   Sie können aber auch ein anderes Menü wählen, solange es nicht zugriffsgeschützt ist (Zugriffsebene REGISTRIERT oder ADMINS). Sonst lässt sich die Website schlimmstenfalls nicht mehr aufrufen.

2. **Aktivieren Sie das Kontrollkästchen vor dem Menüeintrag, den Sie als Startseite festlegen möchten.**
3. **Klicken Sie in der Werkzeugleiste auf die Schaltfläche Startseite.**

Der ausgewählte Menüeintrag ist nun die neue Startseite Ihrer Website, erkennbar auch am Symbol in der Menü-Verwaltung neben dem Eintrag.

Funktionen für das Benutzermenü

Wenn Sie möchten, können Sie Ihren Benutzern erlauben, von der Site aus Beiträge zu schreiben und freizugeben oder eigenständig die Benutzerdaten zu ändern. Denn für registrierte Benutzer bietet die Site nicht bloß Zugang zu Inhalten, mit einigen zusätzlichen Einträgen im Benutzermenü können Benutzer auch selbst aktiv werden.

Menüeintrag zum Schreiben von Beiträgen auf der Site erstellen

Damit Ihre Site-Benutzer mit dem Schreiben loslegen können, wird zunächst ein Menüeintrag im Benutzermenü benötigt, um überhaupt auf den Editor zugreifen zu können. Dann können Benutzer – sofern sie dazu berechtigt sind – Beiträge über ein Formular erstellen, das in vielerlei Hinsicht der Editor-Oberfläche in der Administration ähnelt, wie Abbildung 6.13 zeigt. Wenn Sie genau wissen möchten, wie man Beiträge erstellt, werfen Sie doch einen Blick in Kapitel 5.

Nicht alle Site-Benutzer dürfen Beiträge verfassen. Erst Autoren und Editoren ist das erlaubt. Deren Beiträge landen aber zunächst nicht freigegeben in der Beitrags-Verwaltung. Erst ein Benutzer mit Publisher-Rechten oder ein Benutzer der Administration kann Beiträge auf eigene Faust freigeben. Ab Joomla 1.6 können die Rechte frei vergeben werden, so dass unterschiedlichen Site-Benutzern auch unterschiedliche Rechte zugeteilt werden können.

4. **Klicken Sie auf das Menü Menüs|Benutzermenü.**

   Die Seite Menüs: Menüeinträge wird geöffnet.

   Wenn Sie noch kein Benutzermenü angelegt haben, dann erstellen Sie es, wie im Abschnitt *Neues Menü zubereiten* beschrieben. Achten Sie dabei darauf, die Zugriffsebene auf Registriert zu setzen.

5. **Gehen Sie vor, wie im Abschnitt *Grundrezept zum Erstellen von Menüeinträgen* beschrieben. Klicken Sie dabei auf der Seite Menüs: Menüeinträge auf Neu.**

   Ein Fenster Menüs: Neuer Menüeintrag öffnet sich. Klicken Sie bei Details auf Menütyp auswählen.

   Klicken Sie auf den Menüeintragstyp Beitrag erstellen. Das Fenster schließt sich wieder (siehe Abbildung 6.14).

6. **Geben Sie in das Textfeld Menütitel den Namen des Menüeintrags ein.**

   Hier empfiehlt sich wärmstens eine aussagekräftige Bezeichnung wie `Beitrag schreiben` oder `Beitrag einreichen`.

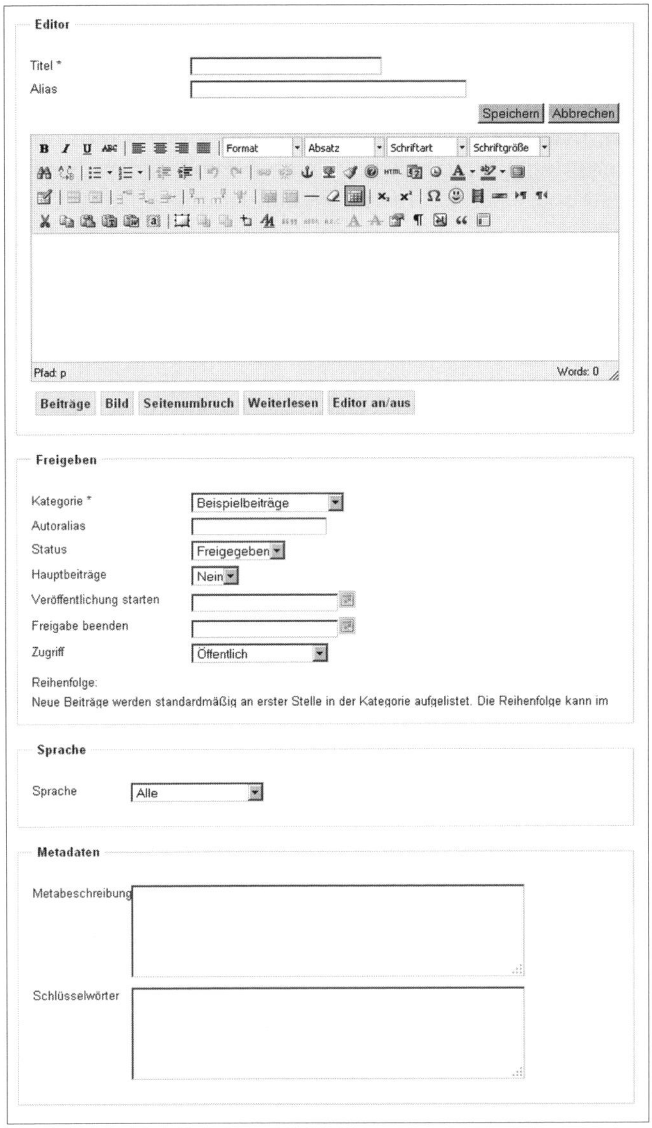

Abbildung 6.13: Formular zum Schreiben von Beiträgen auf der Site

7. Klicken Sie auf die Schaltfläche SPEICHERN & SCHLIESSEN.

Der Menüeintrag ist nun aktiv. Er erscheint, wenn sich Benutzer mit den entsprechenden Rechten auf der Site angemeldet haben, im Benutzermenü.

Ein ähnliches Formular gibt es auch zur Übermittlung von Weblinks über die Site. Erstellen Sie dazu einen Menüeintrag vom Typ WEBLINK EINREICHEN auf die gleiche Weise.

Formular zum Ändern der Benutzerdaten auf der Site einbinden

Zum Abschluss noch etwas, das einem das Leben als Website-Betreiber ein wenig erleichtert. Warum sollen Sie sich darum kümmern müssen, wenn sich die Site-Benutzer ständig melden und mal das Passwort, mal die E-Mail-Adresse geändert haben wollen? Geben Sie Ihren registrierten Site-Benutzern deshalb mehr Eigenverantwortung, indem Sie ihnen ein Formular einrichten, mit dem sie selbstständig ihre Daten ändern können.

Sie benötigen dazu lediglich einen neuen Menüeintrag im Benutzermenü. Dann können Ihre Benutzer endlich Name, E-Mail-Adresse und Passwort selbst auf der Site ändern. Außerdem können Ihre Benutzer nun verschiedene Dinge einstellen wie die Sprache der Site, den Lieblingseditor zum Verfassen von Beiträgen, den passenden Hilfeserver oder die Zeitzone, in der sie sich gerade befinden.

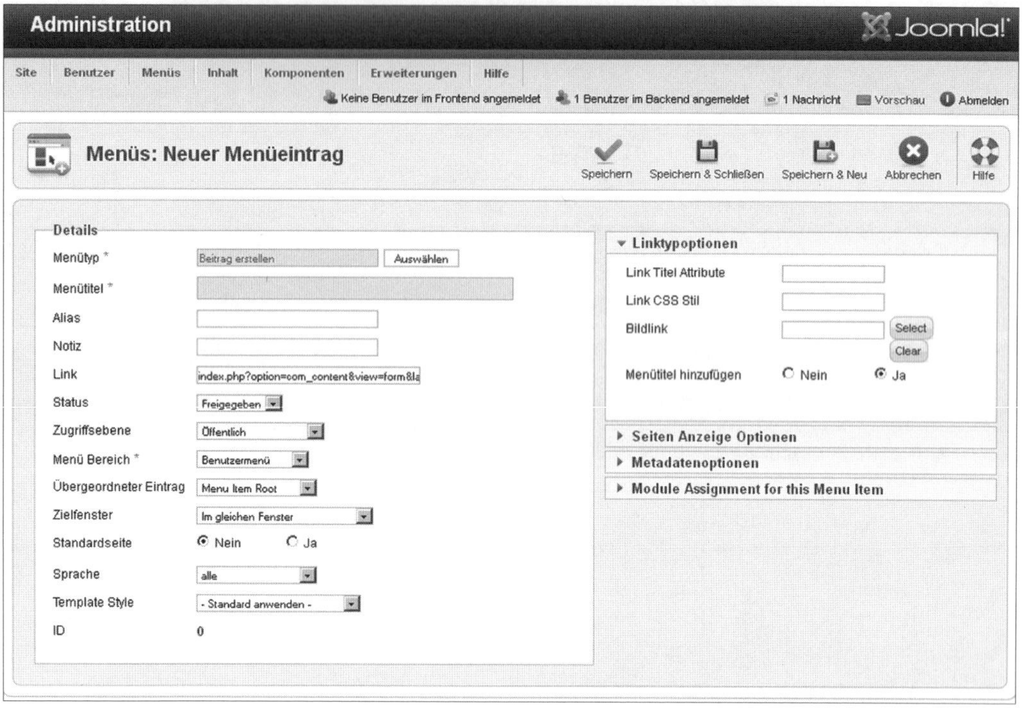

Abbildung 6.14: Menüeintrag anlegen zum Schreiben von Beiträgen auf der Site

1. **Klicken Sie auf das Menü Menüs | Benutzermenü.**

   Sie können aber auch jedes andere Menü verwenden.

2. **Gehen Sie vor, wie im Abschnitt *Grundrezept zum Erstellen von Menüeinträgen* beschrieben. Klicken Sie dabei auf der Seite Menüeinträge auf Neu.**

   Ein Fenster Menüs: Neuer Menüeintrag öffnet sich. Klicken Sie bei Details auf Menütyp Auswählen.

   Klicken Sie auf den Menüeintragstyp Beitrag erstellen. Das Fenster schließt sich.

3. **Geben Sie in das Textfeld Menütitel den Titel des Menüeintrags ein.**

   Vergeben Sie hier eine aussagekräftige Bezeichnung wie `Benutzerdaten ändern`.

4. **Klicken Sie auf die Schaltfläche Speichern & Schliessen.**

   Ein Menüeintrag wurde nun im Benutzermenü angelegt, wodurch sich eine Menge lästiger Anfragen von Benutzern auf einen Streich erledigt hat.

Das Formular auf der Site enthält die Punkte Name, Benutzername, Passwort, E-Mail-Adresse.

Design mit Templates aufpeppen

7

In diesem Kapitel

- Templates: Neue Layoutvorlagen installieren
- Ein Template der gesamten Site oder einzelnen Menüeinträgen zuweisen
- Grundlagen von XHTML, CSS und PHP
- Modulpositionen – die Ordnung auf den Kopf stellen
- Bildchen wechsel' dich: Grafiken austauschen
- Feinarbeit per CSS

Ihr Traumhaus soll nicht wie eine Doppelhaushälfte in Castrop-Rauxel aussehen, sondern wie ein viktorianisches Backsteinhäuschen in einem Londoner Vorort? Sie schwärmen von einer Altbauvilla im französischen Landhausstil und nicht von einem Altbau im ostdeutschen Plattenbaustil? Dann geht es Ihnen bei der eigenen Website vermutlich ähnlich: Innen ist die Site schon recht ansehnlich. Sie haben interessante Inhalte angelegt und über Menüeinträge zugänglich gemacht. Aber von außen? Da sieht die Website noch genauso aus wie Zehntausende andere Joomla-Sites auch.

In Joomla wird das Layout von Vorlagen bestimmt, diese werden *Templates* genannt. Die mitgelieferte und bei der Installation per Standard aktivierte Layoutvorlage bestimmt weiterhin das Erscheinungsbild Ihrer Website.

Doch das lässt sich ändern. Mit Maus und Tastatur ändern Sie im Handumdrehen Aussehen und Gestaltung Ihrer Internetimmobilie. Im Web stehen Hunderte Templates zum Download, die sich mit ein paar Kniffen an Ihre Bedürfnisse anpassen lassen.

Sie wollen kein Layout von der Stange, sondern eine Gestaltung ganz nach Ihrem Geschmack? Dann verpassen Sie Ihrer Joomla-Website einen frischen Anstrich!

Neues Gewand für Joomla

Hier erfahren Sie, wie man Templates in Joomla installiert und sie für die gesamte Site auswählt. Wenn Sie für bestimmte Seiten ein abweichendes Layout wünschen, können Sie sogar einzelnen Menüeinträgen eigene Templates zuweisen, wie in Abschnitt *Für einzelne Seiten ein anderes Template auswählen* weiter hinten in diesem Kapitel beschrieben.

Templates sind ein wichtiges Thema – so wichtig, dass für den Umgang mit ihnen die höchsten Benutzerrechte benötigt werden, die es in Joomla gibt: die des Super-Administrators.

Sie sind auf der Suche nach dem richtigen Template? Unter `http://www.joomla16-das-buch.de/kapitel-7` finden Sie Links zu verschiedenen Websites, von denen man neue Templates herunterladen kann.

Ausgewählte Templates für Joomla 1.6 finden Sie außerdem auf der CD, die diesem Buch beiliegt, im Ordner `Joomla 1.6/Templates`.

Template installieren

Wenn Sie sich Ihr Lieblingstemplate heruntergeladen haben, dann muss es noch installiert werden, damit es in voller Pracht auf Ihrer Website zur Geltung kommt. Probieren Sie es aber zunächst auf Ihrer Lokalinstallation von Joomla aus, um böse Überraschungen für sich und Ihre Website-Besucher zu vermeiden.

1. **Klicken Sie in der Administration auf das Menü Erweiterungen|Erweiterungen.**

   Die Seite Erweiterungen: Installieren wird geöffnet, wie in Abbildung 7.1 gezeigt.

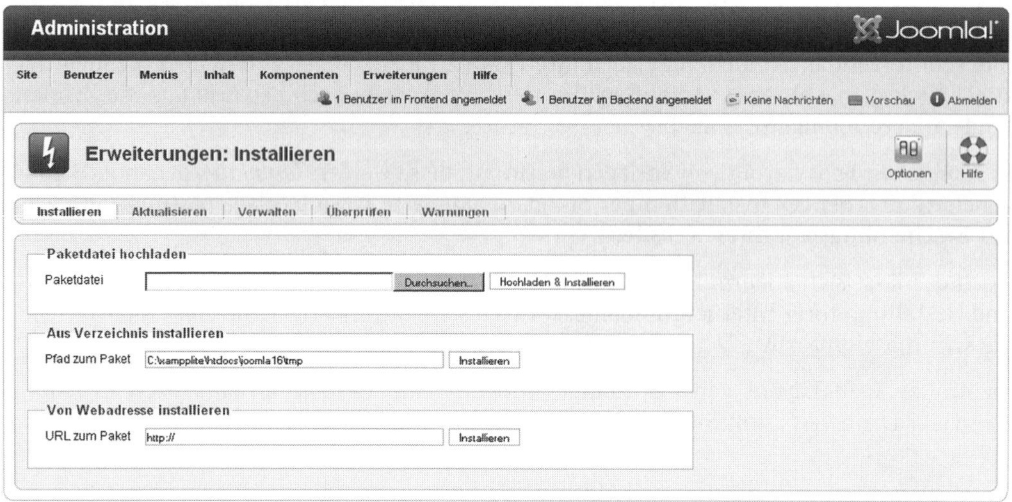

Abbildung 7.1: Template hochladen und installieren

2. **Klicken Sie im Bereich Paketdatei hochladen auf die Schaltfläche Durchsuchen.**

   Das Dialogfenster Datei hochladen wird geöffnet. Hier können Sie die Installationsdatei (mit der Dateiendung `.zip`) für ein Template auf Ihrem Computer auswählen.

3. **Wählen Sie die Installationsdatei des Templates aus und klicken Sie auf die Schaltfläche Öffnen.**

   Der Pfad der Installationsdatei wird nun im Textfeld Paketdatei angezeigt.

4. **Klicken Sie auf die Schaltfläche HOCHLADEN & INSTALLIEREN.**

   Das Template wird installiert und kann nun der gesamten Site oder einzelnen Menüeinträgen zugewiesen werden.

> **Probleme bei der Installation von Templates beheben**
>
> Sie erhalten eine Fehlermeldung: `JInstaller: :Install: Cannot find XML setup file.`
>
> Ohne XML-Datei in der `.zip`-Datei ist eine Installation eines Templates nicht möglich oder es handelt sich um eine falsche Version (1.0 oder 1.5).

Für die gesamte Site ein Template auswählen

Um ein Template für die gesamte Joomla-Site auszuwählen, benötigen Sie die Rechte eines Super-Administrators.

1. **Klicken Sie in der Administration auf das Menü ERWEITERUNGEN|TEMPLATES.**

   Die Template-Verwaltung mit der Registerkarte STILE wird geöffnet, wie in Abbildung 7.2 gezeigt.

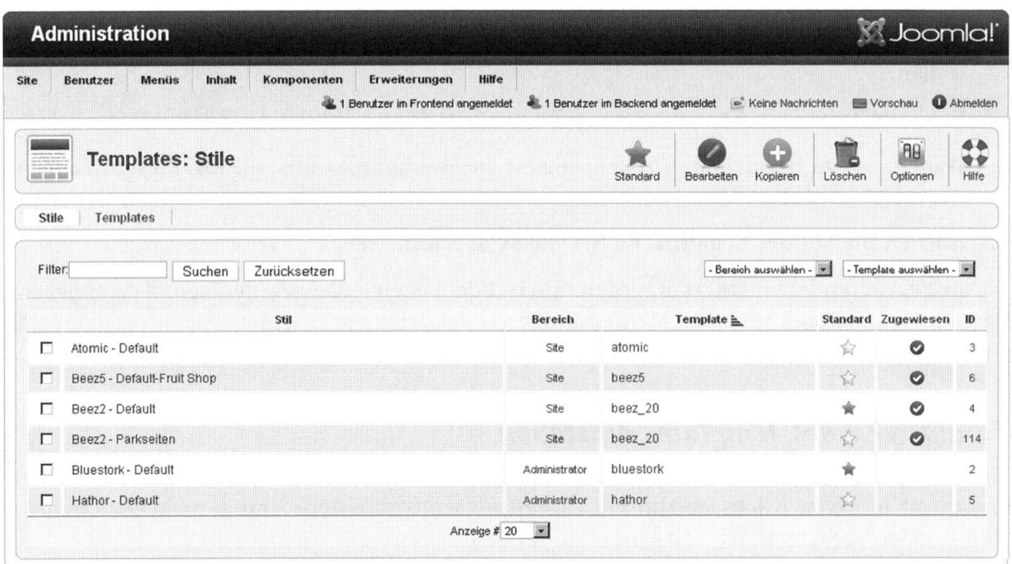

Abbildung 7.2: Template-Verwaltung

2. **Wählen Sie den Optionsschalter des Templates, das auf der gesamten Site angezeigt werden soll, und klicken Sie auf die Schaltfläche STANDARD.**

Das Template wird nun für die gesamte Site als Standard angezeigt – zu erkennen am orangenen Sternchen in der Spalte STANDARD.

Für einzelne Seiten ein anderes Template auswählen

Stellen Sie sich vor, Sie erstellen eine Website für Ihre Familie. Vielleicht möchte jedes Familienmitglied eine eigene Gestaltung für seine Seiten. Oder Sie erstellen die Website für ein Unternehmen, dort haben die unterschiedlichen Geschäftsfelder ein eigenes Erscheinungsbild, beispielsweise eine bestimmte Farbgebung.

Mit Joomla ist das kein Problem. Während der Rest der Site mit dem Standard-Template angezeigt wird, können Sie einzelnen Seiten ein eigenes Template und damit ein eigenes Aussehen zuweisen. In Joomla gibt es keine Seiten im klassischen Sinn, sondern Inhalte, die über Menüeinträge aufgerufen und dargestellt werden. Diese Menüeinträge lassen sich individuell einkleiden.

Um ein Template für einzelne Menüeinträge auszuwählen, benötigen Sie die Rechte eines Super-Administrators.

1. **Klicken Sie in der Administration auf das Menü ERWEITERUNGEN|TEMPLATES.**

   Die Template-Verwaltung mit der Registerkarte STILE wird geöffnet.

2. **Klicken Sie auf den Namen des Templates, das Sie einzelnen Menüeinträgen zuweisen wollen.**

   Die Seite TEMPLATES: STIL BEARBEITEN wird geöffnet (siehe Abbildung 7.3).

3. **Wählen Sie im Bereich MENÜZUGEHÖRIGKEIT die Menüpunkte aus, die mit diesem Template angezeigt werden sollen.**

4. **Klicken Sie auf die Schaltfläche SPEICHERN & SCHLIESSEN.**

Die ausgewählten Menüeinträge werden nun mit dem eben zugewiesenen Template angezeigt. Dass das Template für einzelne Menüeinträge verwendet wird, erkennen Sie am grünen Häkchen in der Spalte ZUGEWIESEN.

Parameter eines Templates einstellen

Viele Template-Designer erstellen ihre Templates so, dass man mit Hilfe so genannter *Parameter* mit wenigen Klicks bestimmte Gestaltungseigenschaften verändern kann, ohne den HTML- oder CSS-Quelltext bearbeiten zu müssen.

1. **Klicken Sie in der Administration auf das Menü ERWEITERUNGEN|TEMPLATES.**

   Die Seite TEMPLATES: STILE wird geöffnet.

2. **Klicken Sie auf den Namen des Templates, dessen Parameter Sie ändern wollen.**

   Die Seite TEMPLATES: STIL BEARBEITEN wird geöffnet.

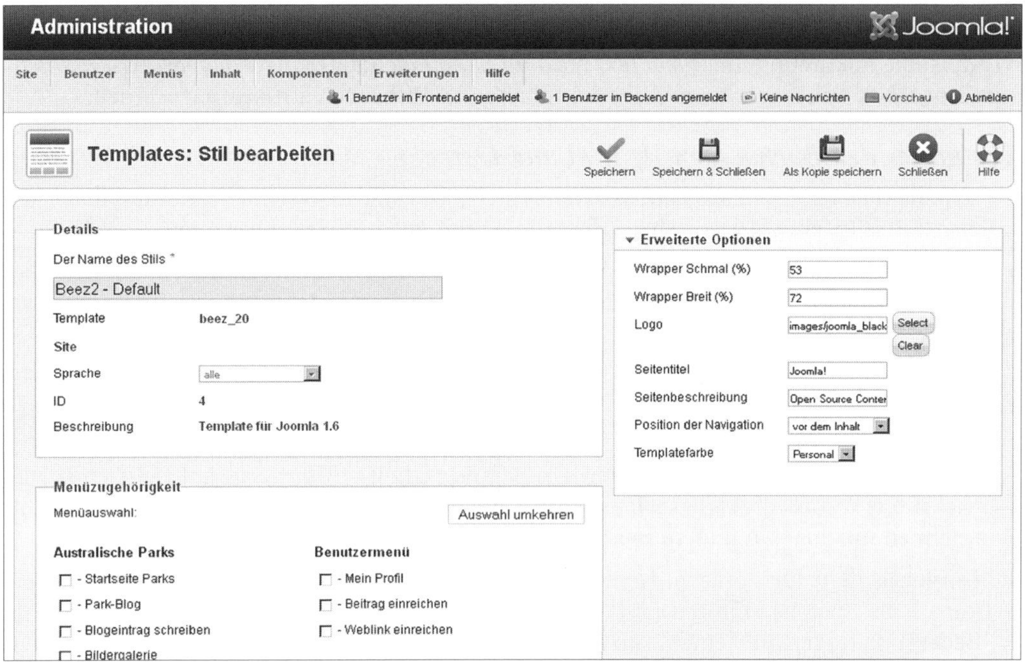

Abbildung 7.3: Template-Parameter beeinflussen

3. **Nehmen Sie im Bereich Erweiterte Optionen die gewünschten Einstellungen vor.**

   Je nach Template sind hier unterschiedliche Einstellungen möglich.

4. **Klicken Sie auf die Schaltfläche Speichern & Schliessen.**

   Die neuen Parameter für das Template sind jetzt eingestellt.

Das Einmaleins der Webseitengestaltung

Webseiten bestehen aus Inhalt, das sind Texte, Bilder oder Multimedia-Elemente, und einem Layout. Inhalt und Layout sind idealerweise strikt voneinander getrennt. Der Inhalt hat eine bestimmte Struktur. Diese Struktur wird mit der Auszeichnungssprache *HTML* festgelegt. Außerdem kann der Inhalt formatiert werden. Wie das Layout aussieht, wird mit *CSS* bestimmt. Der HTML-Quelltext kann, während er vom Webbrowser aufgerufen wird, zudem dynamisch anpasst werden. Das ist das Werk von *PHP*, das Sie bereits in Kapitel 2 kennen gelernt haben.

Das war zwar eine prägnante Zusammenfassung, aber doch ein wenig zu kurz gefasst? In den folgenden Abschnitten erfahren Sie im Schnelldurchgang über HTML, CSS, PHP und ihr Zusammenwirken alles, was Sie für die Arbeit mit Templates in Joomla wissen müssen. Wenn Sie sich damit schon gut auskennen, können Sie Anlauf nehmen und den folgenden Theorieteil getrost überspringen.

Das Web spricht HTML

HTML ist die Abkürzung für *HyperText Markup Language* (auf Deutsch *Hypertext-Auszeichnungssprache*), eine Sprache, mit der die Inhalte von Webseiten strukturiert werden.

Was hinter den Buchstaben H, T, M und L steckt

- **Hypertext** ist der Stoff, aus dem das Web besteht. Das sind Seiten mit Text und Bildern, die über Links (oder ausgeschrieben: Hyperlinks) mit anderen Seiten verbunden sind.
- **Markup** bedeutet Auszeichnung. Aber hier werden keine Orden verliehen, sondern bestimmte Inhalte des Hypertextes gekennzeichnet.

  HTML ist kinderleicht!

  Sehen Sie sich die vorige Zeile an. In HTML stünde dort:

  ```
  <p>HTML ist kinderleicht!</p>
  ```

  Diese Dinger mit den spitzen Klammern, < und >, heißen *Tags*, was auf Deutsch so viel wie »Etikett« bedeutet. Diese Tags »etikettieren« den Inhalt, der zwischen ihnen steht, zeichnen ihn aus – in diesem Beispiel als normalen Absatz.
- **Language** steht für Sprache. Genauso wie eine natürliche Sprache wie Deutsch hat die künstliche Sprache HTML zwei Bestandteile: Vokabeln, also Wörter, die eine bestimmte Bedeutung tragen, und eine Grammatik, also Regeln, wie diese Wörter in einen sinnvollen Zusammenhang gebracht werden.

  Um auf das obige Beispiel zurückzukommen: `p` ist eine Vokabel, die für normalen Text steht. Eine HTML-Grammatikregel besagt beispielsweise, dass Ende-Tags, also die Tags hinter dem etikettierten Text, mit einem Schrägstrich »geschlossen« werden: `</p>`.

Elemente – die Bausteine der Website

So, und jetzt wird's ein wenig lebendiger. Sehen Sie sich dazu Abbildung 7.4 an:

Abbildung 7.4: Beides geht mit HTML: Text und Bild

Herzallerliebst, nicht? Nun gut, in HTML sähe das jedenfalls ungefähr so aus:

```
<div>Niedlicher Welpe</div>
<img src = "welpe.jpg" />
```

Das Anfangs-Tag `<div>`, der Inhalt: »Niedlicher Welpe« und das Ende-Tag `</div>` bilden zusammen ein *Element*: `<div>Niedlicher Welpe</div>`.

Elemente sind die Bausteine einer Webseite. Merken Sie sich besonders das Element `div`. Es ist ein so genanntes *Blockelement,* mit dem mehrere Inhalte wie Text, Grafiken und so weiter in einen gemeinsamen Bereich eingeschlossen werden.

Auch `<img src = "welpe.jpg" />` ist ein Element, in diesem Fall allerdings ein Grafikelement (die HTML-Vokabel `img` kommt vom englischen *image* für Bild). Weil eine Grafik keinen Text als Inhalt hat, der eingerahmt und damit ausgezeichnet werden könnte, wird das Tag mit einem Schrägstrich gleich wieder geschlossen.

Attribute und Werte

Ihnen ist sicherlich die anmutige Konstruktion `src = "welpe.jpg"` aufgefallen. Sieht man sich diese etwas näher an, erkennt man die Form `attribut = "wert"`. Ein HTML-Element kann bestimmte Eigenschaften oder *Attribute* haben, und diese Attribute besitzen wiederum unterschiedliche *Werte*, die in Anführungszeichen angegeben werden.

Das Bild des niedlichen Welpen stammt aus einer bestimmten Quelle (`src` kommt vom englischen *source* für Quelle), das ist das Attribut. Der Dateiname `welpe.jpg` ist der Wert zu diesem Attribut.

Die meisten Attribute, wie `src` bei Grafiken, gelten nur für bestimmte HTML-Elemente. Doch es gibt Attribute, die alle Elemente betreffen. Die zwei wichtigsten heißen `class` und `ID`.

Jedem HTML-Element kann ein Attribut namens `class` zugewiesen werden; das macht es zum Teil einer bestimmten *Klasse*.

```
<div class = "hund">Hund 1</div>
<div class = "hund">Hund 2</div>
<div class = "hund">Hund 3</div>
```

Alle drei Hunde gehören zur gemeinsamen Klasse `hund`.

Das zweite Attribut namens `ID` kennzeichnet ein HTML-Element genau. Wie der Name `ID` schon sagt, wird ihm eine *eindeutige Identifikationsbezeichnung* zugewiesen. Kein anderes HTML-Element darf diese ID besitzen.

```
<div id = "derniedlichewelpeindiesembuch">Hund</div>
```

Die Bezeichnung »derniedlichewelpeindiesembuch« verweist eindeutig auf einen ganz bestimmten Hund.

Wie Sie vielleicht schon gemerkt haben, kommen in allen Tags in den spitzen Klammern, in den Attributen und Werten nur Kleinbuchstaben vor. Großbuchstaben sollten nicht verwendet werden.

Ordnung muss sein: die Struktur einer HTML-Seite

Sie haben mit den Elementen nun die Bausteine einer HTML-Seite kennen gelernt. Aber einzelne Bausteine allein nützen nichts, sie müssen zusammengenommen ein stabiles Grundgerüst ergeben.

Denn nun kommt der Clou von HTML: Diese Bausteine lassen sich ineinanderfügen, bei HTML spricht man von *Verschachteln*. Das heißt, ein Element kann Teil eines anderen sein.

Die Struktur und damit das Grundgerüst einer Webseite sieht vereinfacht aus wie in Listing 7.1 gezeigt.

```
<!DOCTYPE html PUBLIC "-//W3C//DTD XHTML 1.0 Transitional//EN" "http://www.
w3.org/TR/xhtml1/DTD/xhtml1-transitional.dtd">
<html xmlns = "http://www.w3.org/1999/xhtml">
  <head>
    <meta http-equiv = "Content-Type" content = "text/html; charset = UTF-8">
    <title>Titel der Website</title>
  </head>
  <body>
    Inhalt ...
  </body>
</html>
```

Listing 7.1: Struktur einer Website in HTML

- **Der DOCTYPE:** Kurzform für *Dokumenttyp-Definition*. Er legt für die gesamte HTML-Seite fest, welche Version von HTML verwendet wird. Im Zusammenhang mit Joomla ist das »XHTML 1.0 Traditional« oder »XHTML 1.0 Strict«.

  XHTML ist eine Weiterentwicklung von HTML, das X steht dabei für *eXtensible*, also *erweiterbar*. Die Regeln von XHTML sind strenger als die von HTML.

- **Das Anfangs-Tag:** Mit <html> beginnt die eigentliche HTML-Seite. Bei XHTML muss außerdem das Attribut xmlns mit dem in Listing 7.1 angegebenen Wert festgelegt werden. Alle folgenden Elemente werden in das Element html verschachtelt.

- **Der Kopf der Webseite:** Zwischen den Tags <head> und </head> stehen Verwaltungsinformationen. Das sind beispielsweise Metainformationen wie der verwendete Zeichensatz (im Beispiel heißt er UTF-8) oder der Titel der Webseite, der im Element title steht.

- **Der Körper der Webseite:** Er steckt zwischen den Tags <body> und </body>, das ist der eigentliche Inhalt, der vom Webbrowser am Bildschirm angezeigt wird.

Info: Eine ausgezeichnete Quelle für mehr Informationen über HTML und XHTML ist die Site »SELFHTML«, die Sie unter der Adresse http://de.selfhtml.org/ finden. Dort gibt es unter anderem eine Liste aller (X)HTML-Elemente, ihrer Attribute und den jeweils zulässigen Werten.

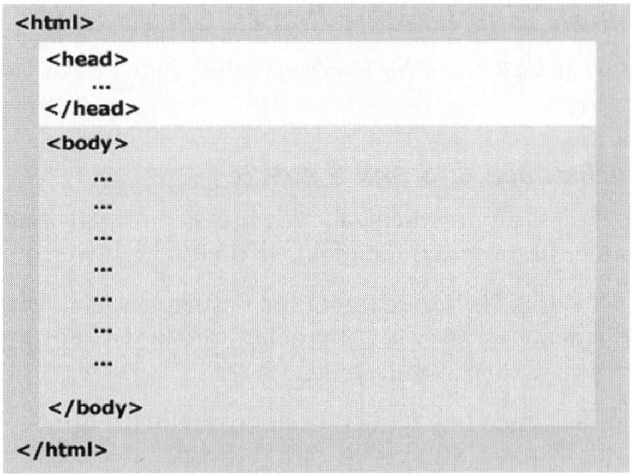

Abbildung 7.5: Grafische Darstellung der Strukturelemente

Das Wichtigste zu HTML

✔ Inhalte wie Texte und Grafiken werden in der Auszeichnungssprache HTML ausgezeichnet, das geschieht über Tags.

✔ Tags stehen in spitzen Klammern und schließen den Inhalt, den Sie auszeichnen, als Anfangs- und Ende-Tag in der Form `<tag>Inhalt</tag>` ein. Wenn es keinen Inhalt in Textform gibt, beispielsweise bei einer Grafik, endet das Tag mit einem Schrägstrich in der Form `<tag />`.

✔ Tags und Inhalt zusammen bilden ein Element.

✔ Das Element `p` steht für normale Absätze, das Element `div` für Blockelemente und `img` für Grafiken.

✔ Ein Element kann Attribute mit bestimmten Werten besitzen, diese werden in der Form `attribut = "wert"` angegeben. Welche Attribute für ein Element und welche Werte für ein Attribut erlaubt sind, ist im HTML-Standard festgelegt.

✔ Elemente können mit dem Attribut `class` einer bestimmten Klasse zugewiesen werden oder mit dem Attribut `ID` eine eindeutige Bezeichnung erhalten.

✔ Als Faustregel gilt: In den Tags, Attributen und Werten, also zwischen den spitzen Klammern, werden nur Kleinbuchstaben verwendet.

✔ Elemente werden ineinander verschachtelt, dadurch ergibt sich die Struktur einer HTML-Seite.

✔ Eine HTML-Seite besteht im Wesentlichen aus zwei Bestandteilen, dem Kopf zwischen den Tags `<head>` und `</head>`, in dem nicht sichtbare Verwaltungsinformationen stehen, und dem Körper zwischen den Tags `<body>` und `</body>`, in dem der sichtbare Inhalt der Seite steht.

CSS – gleicher Inhalt in unterschiedlichen Gewändern

CSS ist die Abkürzung für *Cascading Style Sheets*, eine Sprache zur Gestaltung von HTML-Elementen.

Was hinter den Buchstaben C, S und S steckt

- ✔ **Cascading** bedeutet, dass an unterschiedlichen Stellen Formatvorlagen festgelegt werden können, die mit einer bestimmten Rangfolge berücksichtigt werden.
- ✔ **Style Sheets** ist die englische Bezeichnung für Formatvorlagen. Diese legen fest, wie bestimmte HTML-Elemente im Browser angezeigt werden. Die Formatvorlagen-Anweisungen lassen sich in zwei Gruppen unterteilen:
  - Anweisungen zu Schriften und Farben beeinflussen Schriftgröße, Schriftart, Text- und Hintergrundfarbe.
  - Anweisungen zur Größe und Position der HTML-Elemente beeinflussen die grafische Darstellung der Seite.

Boxmodell – Bausteine der Darstellung

Wie Sie bereits wissen, besteht eine HTML-Datei aus einzelnen Elementen, die ineinander verschachtelt sind (siehe Abbildung 7.5). Jedes Element kann nun wiederum selbst als Baustein oder rechteckige Box dargestellt werden, die aus vier Teilen besteht, wie Abbildung 7.6 zeigt. Fachleute sprechen hier vom *Boxmodell*.

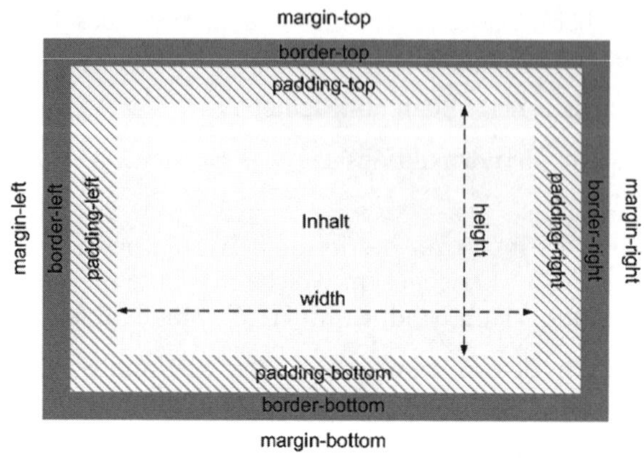

Abbildung 7.6: Das Boxmodell von CSS

Die vier Teile einer Box von innen nach außen gesehen sind:

- ✔ **Der eigentliche Inhalt der Box:** Dieser Inhalt hat eine bestimmte Breite (CSS-Eigenschaft `width`) und eine bestimmte Höhe (`height`).
- ✔ **Der Innenabstand:** In CSS heißt die zugehörige Eigenschaft `padding`. Sie legt den Abstand von Inhalt und Rahmen an allen vier Seiten fest (im Uhrzeigersinn: oben `top`, rechts `right`, unten `bottom` und links `left`).

- ✔ **Der Rahmen:** Er begrenzt alle vier Seiten des Inhalts und kann für jede der vier Seiten unterschiedlich gestaltet werden, beispielsweise in Farbe und Breite. Der Rahmen wird mit der CSS-Eigenschaft `border` festgelegt.
- ✔ **Der Außenabstand:** Die CSS-Eigenschaft `margin` legt den Abstand der Box und damit des Elements zu den umgebenden Elementen fest.

CSS-Formatvorlage

Alles schön und gut, Boxmodell hin oder her, aber wie sieht denn nun so eine CSS-Formatvorlage aus? Beispielsweise wie in Listing 7.2 zu sehen.

```
body {
  background: #FFFFFF;
  font-family: arial, helvetica, sans-serif;
  padding: 0px;
  text-align: center;
}
```

Listing 7.2: Beispiel für eine CSS-Formatvorlage

Diese Formatvorlage (Listing 7.3) ist nach einem bestimmten Muster aufgebaut:

```
Selektor {
  Eigenschaft: Wert;
  ...
}
```

Listing 7.3: Aufbau einer CSS-Formatvorlage

- ✔ **Selektor:** Er legt fest, welche Teile der Website, oder genauer welche Elemente im Folgenden formatiert werden sollen.
- ✔ **Geschweifte Klammern:** Zwischen diesen stehen die eigentlichen Formatierungsanweisungen.
- ✔ **Einzelne Festlegungen (Deklarationen):** Hier wird einer CSS-Eigenschaft ein bestimmter Wert zugewiesen, beispielsweise dem Hintergrund eine bestimmte Farbe. Das ist genauso wie bei HTML mit Attribut und Wert. Bei CSS werden Eigenschaft und Wert durch einen Doppelpunkt getrennt, die Deklaration wird am Ende mit einem Semikolon abgeschlossen.

Im Beispiel in Listing 7.2 werden also vier Eigenschaften des Elements `body`, also dem Körper der HTML-Datei, verändert: Hintergrundfarbe (`background`), Schriftart (`font-family`), Innenabstand (`padding`) und Textausrichtung (`text-align`).

Normalerweise besteht eine CSS-Datei nicht nur aus einer Formatvorlage, sondern aus mehreren Formatvorlagen für unterschiedliche Elemente.

CSS besitzt noch zwei wichtige Eigenarten, die Sie kennen sollten:

- Deklarationen, also Festlegungen für die Formatierung, werden von übergeordneten HTML-Elementen auf untergeordnete Elemente vererbt. Das bedeutet beispielsweise, dass Formatierungen, die für das oberste sichtbare Element der HTML-Datei `body` vorgenommen werden, von allen untergeordneten Elementen, wie dem Blockelement `div`, übernommen, also geerbt, werden. Ist die Hintergrundfarbe von `body` Weiß, haben auch alle untergeordneten Elemente Weiß als Hintergrundfarbe.
- Bestimmte Eigenschaften lassen sich in Kurzschreibweise zusammenfassen. Wenn Sie sich noch einmal das Boxmodell in Abbildung 7.6 ansehen, werden Sie feststellen, dass dort `padding-top`, `padding-right`, `padding-bottom` und `padding-left` unterschiedliche Eigenschaften sind. In Listing 7.2 gibt es aber nur eine Eigenschaft namens `padding`. Was ist passiert? Die vier Eigenschaften können in einer einzigen Deklaration namens `padding` festgelegt werden. Steht dort nur ein einzelner Wert, wie im Beispiel `0px` für 0 Pixel, wird er allen vier Eigenschaften zugewiesen. Sollen allen Eigenschaften unterschiedliche Werte zugewiesen werden, kann als Wert beispielsweise `5px 6px 4px 4px` stehen, der den Eigenschaften wie in der Reihenfolge oben für `padding-top`, `padding-right` und so weiter zugewiesen würde.

Selektoren – eine gute Wahl

Selektoren bestimmen, was eigentlich formatiert werden soll. Es gibt unterschiedliche Typen von Selektoren.

Sie formatieren …

- **alle HTML-Elemente** mit einem Sternchen `*`.

  ```
  *{ ... }
  ```

- **bestimmte HTML-Elemente**, indem der Name des Elements als Selektor geschrieben wird (ohne spitze Klammern!)

  ```
  div{ ... }
  ```

- **Elemente mit eindeutigen IDs** (siehe Abschnitt *Attribute und Werte* weiter vorne in diesem Kapitel), indem dem Namen der ID eine Raute `#` vorangestellt wird.

  ```
  #idname{ ... }
  ```

- **Elemente einer Klasse** (siehe Abschnitt *Attribute und Werte* weiter vorne in diesem Kapitel), indem dem Klassennamen ein Punkt `.` vorangestellt wird.

  ```
  .klassenname{ ... }
  ```

- **Elemente, die es in HTML gar nicht gibt (Pseudoklassen).** Das HTML-Element für einen Link heißt `a`. Sie kennen sicherlich die unterschiedliche Gestaltung ein und desselben Links, je nachdem, ob Sie ihn noch nie angeklickt haben, gerade den Mauszeiger darüber führen oder ihn schon einmal angeklickt haben. Für diese unterschiedlichen Zustände gibt es keine eigenen Elemente, deshalb nennt man sie auch Pseudoklassen. Die bekanntesten Pseudoklassen sind die für das Linkelement `a`. Dabei formatiert `a:link` noch nicht besuchte Links, `a:visited` bereits besuchte, `a:hover` Links, auf die gerade der Mauszeiger zeigt, und `a:active` Links, die identisch mit der aktuellen Seite sind.

Einzelne Selektoren können auf zwei verschiedene Arten zu so genannten *Mehrfachselektoren* zusammengefasst werden:

- ✔ **Nebenordnung** erlaubt es, mehreren Einzelselektoren dieselben Deklarationen zuzuweisen.

  Der Selektor `p, div, #klassenname{...}` erzielt dasselbe Ergebnis wie die weitaus mehr Platz einnehmende Form

  ```
  p{...}
  div{...}
  #klassenname{...}
  ```

- ✔ **Unterordnung** erlaubt es, in der verschachtelten Struktur von HTML bestimmte Elemente zu formatieren, die unterhalb anderer Elemente liegen.

  Der Selektor `#content p img` formatiert ein Bildelement `img`, das in einem Absatz `p` steht, der wiederum Teil eines Elements mit der ID `#content` ist. Alle anderen Bildelemente werden durch diesen Selektor nicht formatiert. Der Selektor wirkt nur, wenn ein Bildelement in der festgelegten Form im HTML-Quelltext auftaucht, wie in folgendem Beispiel:

  ```
  <div class = "content">
  <p><img src = "bild.jpg" /></p>
  </div>
  ```

Toll im Team: HTML und CSS

Es gibt mehrere Möglichkeiten, HTML und CSS zusammenzubringen. Beispielsweise können die CSS-Anweisungen über ein Attribut direkt für ein bestimmtes HTML-Element festgelegt werden.

Die Möglichkeit, die Ihnen bei Joomla begegnen wird, ist der Aufruf einer externen CSS-Datei aus einer HTML-Datei. Das bedeutet, dass alle CSS-Formatvorlagen in einer eigenen Datei mit der Endung `.css` stehen. Diese CSS-Datei wird aus der HTML-Datei heraus über ein HTML-Element aufgerufen, dessen Attribut `href` den Pfad zur CSS-Datei enthält:

```
<link rel = "stylesheet" href = "stylesheet.css" type = "text/css" />
```

An dieser Stelle wird der kaskadierende Charakter von CSS wieder wichtig, denn die Formatierungsregeln werden in einer bestimmten Reihenfolge berücksichtigt.

Hier sind die drei wichtigsten Regeln:

1. Mit dem Wert `!important` am Ende der Deklaration als wichtig markierte Anweisungen sind wichtiger als andere.
2. Genauere Selektoren überschreiben allgemeinere. Anders ausgedrückt: Spezifische Anweisungen sind wichtiger als allgemeine. Beispielsweise werden die Formatierungen für eine ID eher berücksichtigt als die Formatierungen für ein normales HTML-Element.

Eben weil ein Selektor für eine bestimmte ID genauer ist als ein Selektor für ein HTML-Element.

3. Später definierte Anweisungen sind wichtiger als früher definierte. Eine in derselben CSS-Datei weiter unten stehende Eigenschaft ist wichtiger als die gleiche Eigenschaft, die oben steht. Falls sich die zugewiesenen Werte unterscheiden, wird also der Wert der unten stehenden Eigenschaft angewendet.

Das Wichtigste zu CSS

- ✔ CSS ist eine Gestaltungssprache. Sie ist wichtig, weil sie das Layout bestimmt und die Inhalte HTML überlässt. Dadurch sind Layout und Inhalt getrennt.
- ✔ Ein CSS besteht aus Formatvorlagen, die das Aussehen von HTML-Elementen verändern können.
- ✔ Nicht nur HTML-Elemente werden bei der Darstellung wie Boxen behandelt, auch jedes einzelne HTML-Element selbst hat die Eigenschaften einer Box, besitzt also einen Inhalt, einen Innenabstand, einen Rahmen und einen Außenabstand.
- ✔ Ein Selektor wählt aus, welche HTML-Elemente mit der Formatvorlage gestaltet werden.
- ✔ Eine Deklaration ist die eigentliche Formatierungsanweisung. Sie weist einer CSS-Eigenschaft einen bestimmten Wert zu und hat die Form `wert: eigenschaft;`.
- ✔ Der Selektor schließt die Deklarationen in geschweiften Klammern { und }ein.
- ✔ Deklarationen, also die Formatierungsanweisungen, werden von übergeordneten HTML-Elementen auf untergeordnete Elemente vererbt.
- ✔ Manche Eigenschaften lassen sich in Kurzschreibweise zusammenfassen.
- ✔ Es gibt unterschiedliche Typen von Selektoren.
- ✔ Die einzelnen Selektortypen können zu Mehrfachselektoren zusammengefasst werden, indem sie mehreren Einzelselektoren dieselbe Deklaration zuweisen oder wie HTML verschachtelt werden und bestimmte verschachtelte Elemente in der HTML-Struktur formatieren.
- ✔ Es gibt mehrere Möglichkeiten, HTML und CSS miteinander zu verbinden. Bei Joomla werden die CSS-Formatvorlagen in einer eigenen Datei mit der Endung `.css` gespeichert und von den einzelnen HTML-Seiten aus aufgerufen.
- ✔ Die Formatierungsregeln werden in einer bestimmten Reihenfolge ihrer Wichtigkeit nach berücksichtigt.

Info

Eine ausgezeichnete Quelle für mehr Informationen über CSS ist die Site »CSS4you«, die Sie unter der Adresse `http://www.css4you.de/` erreichen. Dort finden Sie auch eine Liste aller Eigenschaften und Werte.

Dateien und Ordner eines Templates

Wie Sie vielleicht schon bei der Installation eines Templates bemerkt haben, sind die Installationsdateien eines Templates nichts anderes als ganz normale ZIP-Dateien, in denen Dateien und Ordner gepackt sind.

Falls Sie Joomla auf Ihrem Rechner installiert haben, lässt sich der Ordner `templates` von Joomla leicht mit dem Windows-Explorer anzeigen. Bei einer Installation wie in Kapitel 2 beschrieben lautet der Pfad `C:\xampp\htdocs\joomla\templates\`. In diesem Ordner befinden sich weitere Ordner für die einzelnen Templates.

Bei der Installation von Joomla 1.6 werden drei Templates namens *beez20* (das Standardtemplate), *beez5* und *atomic* mitgeliefert.

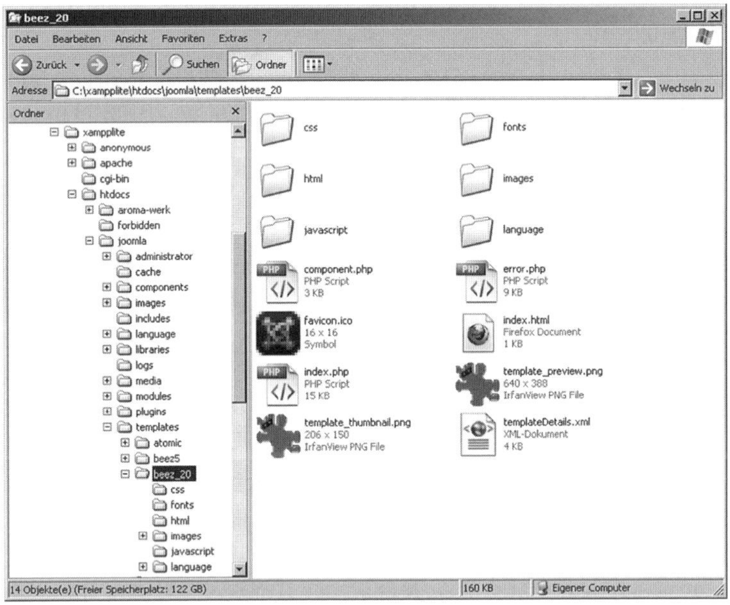

Abbildung 7.7: Dateien und Ordner in einem Template-Ordner

Ein Template-Ordner enthält folgende Dateien und Ordner (siehe Abbildung 7.7):

- ✔ Die Datei `index.php` ist die wichtigste Datei: Sie ist das eigentliche Template, in dem das Aussehen der Website mit der Auszeichnungssprache HTML, der Gestaltungssprache CSS und der Skriptsprache PHP festgelegt ist. Sie ist eine HTML-Datei mit zusätzlichen PHP-Anweisungen, deshalb hat sie die Dateiendung `.php`.
- ✔ Die Steuerungsdatei `templateDetails.xml`, die bereits bei der Installation des Templates benötigt wird. Sie enthält unter anderem Informationen über den Autor des Templates, die Namen aller Dateien und Ordner des Templates und Parameter mit unterschiedlichen Einstellungsmöglichkeiten. Diese Parameter können in der Administration per Mausklick geändert werden. Wie das geht, erfahren Sie im Abschnitt *Parameter eines Templates einstellen* weiter vorne in diesem Kapitel.

- Die Grafikdatei `template-thumbnail.png` ist eine ungefähr 200 Pixel breite und 150 Pixel hohe Vorschaugrafik des Templates. Sie wird in der Template-Verwaltung beim Fahren des Mauszeigers über den Link gemeinsam mit dem Namen des Templates angezeigt.
- Das Symbol in der Datei `favicon.ico` wird von aktuellen Browsern in der Adresszeile, auf den Navigationstabs und beim Anlegen eines Lesezeichens angezeigt. Dieses kleine Bildchen sorgt für jede Menge Wiedererkennungseffekt.

Info: Ihr eigenes Favicon können Sie unter der Adresse `http://www.favicon-generator.de` erstellen und anschließend in den Template-Ordner kopieren.

- Die HTML-Datei `index.html` schützt den Template-Ordner vor neugierigen Blicken: Surfer können den Quelltext der auf Ihrer Site verwendeten Templates nicht aufrufen. Und das ist auch gut so.
- Im Ordner `css` liegen die CSS-Dateien, die sämtliche Formatvorlagen für die Website enthalten. Die wichtigste Datei ist hier `template.css`, je nach Template können aber in weiteren Dateien wie `position.css` oder `layout.css` Formatvorlagen enthalten sein.
- Der Ordner `images` enthält die Grafiken, die im Template verwendet werden.
- In Joomla 1.6 gibt es in einigen Templates zusätzlich den Ordner `html`, der PHP-Dateien enthält. Mit diesen lässt sich der HTML-Quelltext einzelner Module anpassen. Weitere Ordner sind *fonts* für Schriftarten, *javascript* für Javascriptanwendungen und *language* für verschiedene Sprachen.

Aufbau eines Templates

HTML und CSS sind die beiden Sprachen, mit denen ein Template in Joomla strukturiert und formatiert wird. Für die dynamische Gestaltung sorgt PHP, über das Sie mehr in Kapitel 1 und Kapitel 2 erfahren.

Listing 7.4 zeigt den grundsätzlichen Aufbau der Datei `index.php`. Die wichtigsten Elemente sind hier fett hervorgehoben:

```
<!DOCTYPE html PUBLIC "-//W3C//DTD XHTML 1.0 Transitional//EN" "http://www.
w3.org/TR/xhtml1/DTD/xhtml1-transitional.dtd">
<html xmlns = "http://www.w3.org/1999/xhtml" xml:lang = "<?php echo $this->language;
?>" lang = "<?php echo $this->language; ?>" >

<head>
  <jdoc:include type = "head" />
  <link rel = "stylesheet" href = "templates/<?php echo $this->template ?>/ css/
  template.css" type = "text/css" />
</head>
```

```
<body>
<?php if ($this->countModules('user1 + user2 + right + top')) : ?>
  <div id = "contentarea2">
<?php else : ?>
  <div id = "contentarea">
<?php endif; ?>
  <div id = "left">
<jdoc:include type = "modules" name = "left" style = "xhtml" />
  </div>
  </div>

  <jdoc:include type = "component" />
</div>

</body>
</html>
```

Listing 7.4: Aufbau der Datei `index.php`

Inhalte rein mit jdoc-Elementen

Für ein Joomla-Template sind Elemente, die mit `jdoc:` beginnen, am wichtigsten. An ihrer Stelle wird der entsprechende Inhalt ausgegeben.

✔ `<jdoc:include type = "head" />` gibt den Kopf der HTML-Datei aus und berücksichtigt dabei die Einstellungen, die Sie in der Konfiguration vorgenommen haben, beispielsweise den Namen der Site und die Metainformationen. Mehr Informationen zur Konfiguration finden Sie in Kapitel 4.

✔ `<jdoc:include type = "modules" name = "left" style = "xhtml" />` legt die Modulposition `left` fest. Hier werden nun Module angezeigt, denen die Position `left` zugewiesen wurde. Dabei wird in diesem Beispiel der Stil `xhtml` verwendet.

Modulpositionen werden also in der Form `<jdoc:include type = "modules" name = "Modulposition" style = "Darstellung" />` festgelegt. Im Attribut `name` können Sie eine Modulposition eintragen.

Das Attribut `style` beeinflusst die Darstellung des Moduls. Zulässige Werte sind:

- `xhtml`: Gibt das Modul eingeschlossen in ein `div`-Blockelement aus. Dies ist der empfohlene Wert, weil seine Darstellung am besten eine barrierefreie Gestaltung ermöglicht (siehe Kapitel 12).
- `rounded`: Wirkt ähnlich wie `xhtml`. Allerdings wird das Modul in mehrere ineinander verschachtelte `div`-Blockelemente eingeschlossen, die CSS-Profis so formatieren können, dass sie mit abgerundeten Ecken angezeigt werden.
- `raw`: Zeigt Module »roh« an, also ohne jedes Element oder Modultitel.

- table: Gibt das Modul eingeschlossen in eine senkrecht angeordnete Tabelle aus, deren Felder also in Zeilen eingeteilt sind. Diese Darstellung wird für barrierefreie Websites nicht empfohlen.
- horz: Gibt das Modul eingeschlossen in eine horizontale Tabelle aus, die also in Spalten eingeteilt ist. Auch diese Darstellung wird nicht empfohlen.

✔ <jdoc:include type = "component" /> fügt die Ausgabe einer Komponente ein. Welche Komponente das ist, wird bestimmt durch den Menüeintrag, auf den ein Besucher der Site geklickt hat. Mehr zu Komponenten erfahren Sie in Kapitel 8 und genauere Informationen zu Menüeinträgen erhalten Sie in Kapitel 6.

Smarte PHP-Anweisungen

Alle Tags in der Form <?php ... ?> sind PHP-Anweisungen, die eine Menge Dynamik in die ansonsten starre HTML-Struktur bringen. So ist beispielsweise <?php echo $this->language ?> ein Platzhalter für die Sprache, die Sie in der Administration für die Site festgelegt haben. Und <?php echo $this->template ?> gibt den Ordnerpfad zum ausgewählten Template aus.

Die PHP-Befehle mit if, else und end bilden gemeinsam eine Bedingung:

✔ if: Wenn (englisch *if*) alle vier angegebenen Module (countModules('user1 + user2 + right + top')) auf der Seite vorkommen, dann wird das Blockelement contentarea2 angelegt.

✔ else: Andernfalls (englisch *else*) wird das Blockelement contentarea verwendet. Über CSS können diese Module in den unterschiedlichen Blockelementen dann unterschiedlich formatiert werden.

✔ end: Schließt die Bedingung ab.

Info: Eine gute Quelle für mehr Informationen über PHP ist die Site »SELFPHP«, die Sie unter der Adresse http://www.selfphp.info/ erreichen. Weitergehende Informationen finden Sie im Buch *PHP für Dummies* (erschienen bei Wiley-VCH).

Das Wichtigste zur Struktur eines Templates

✔ Ein Template in Joomla ist im Wesentlichen eine Textdatei mit der Endung .php, deren Struktur durch die Auszeichnungssprache HTML festgelegt ist und deren Inhalte mit der Gestaltungssprache CSS formatiert werden können.

✔ Die Inhalte werden in das Template über Elemente eingefügt, die mit jdoc: beginnen.

✔ Der Kopf der HTML-Datei wird eingefügt durch das Element <jdoc:include type = "head" />, Module durch Elemente in der Form <jdoc:include type = "modules" name = "Modulposition" style = "Darstellung" /> und Komponenten durch das Element <jdoc:include type = "component" />.

Modulpositionen – Alles an seinem Platz

Modulpositionen sind sozusagen die Zimmer eines Joomla-Hauses, in denen sich die Inhalte der Website tummeln beziehungsweise angezeigt werden. Wo sich ein solches Zimmer befindet, können Sie nahezu beliebig selbst bestimmen. Genaueres zu Modulen erfahren Sie übrigens in Kapitel 8.

Modulpositionen im Template anzeigen

Um sich einen Überblick zu verschaffen, welche Modulpositionen es im ausgewählten Template überhaupt gibt und wo sich diese auf der Seite befinden, eignet sich die Site-Vorschau in der Administration von Joomla hervorragend.

1. **Klicken Sie in der Administration auf das Menü Erweiterungen|Templates.**

   Die Template-Verwaltung mit der Registerkarte Templates: Stile wird geöffnet.

2. **Klicken Sie in der Werkzeugleiste auf Optionen.**

   Das Fenster Templateoptionen wird geöffnet, wie in Abbildung 7.8 gezeigt.
   Dort aktivieren Sie die Vorschau Modulpositionen.

3. **Klicken Sie auf die Schaltfläche Speichern & Schliessen.**

Abbildung 7.8: Template-Parameter

4. **Klicken Sie auf die Schaltfläche Vorschau.**

   Die Site-Vorschau wird ganz normal angezeigt. Fügen Sie am Ende der Browser-Adresse nach dem/noch folgende Zeichen ein: `index.php?tp = 1` und klicken Sie auf die Enter-Taste. Die Site-Vorschau wird angezeigt (vgl. Abbildung 7.9). In den grauen Kästchen mit der roten Schrift steht der Name der Modulposition.

Abbildung 7.9: Site-Vorschau mit Modulpositionen

Modul auf eine andere Position verschieben

Um ein Modul auf eine andere Position zu verschieben, verfügen Sie über die Rechte eines Administrators.

1. **Klicken Sie in der Administration auf das Menü Erweiterungen|Module.**

   Die Modul-Verwaltung wird angezeigt (siehe Abbildung 7.10). Sie zeigt eine Übersicht über die Module auf Ihrer Website. In der Spalte Position sehen Sie, welche Modulposition das Modul momentan hat.

2. **Aktivieren Sie das Kontrollkästchen des Moduls, das Sie auf eine andere Position verschieben möchten, und klicken Sie auf die Schaltfläche Bearbeiten.**

   Die Seite Modul Name des Moduls wird angezeigt.

3. **Klicken Sie bei Details auf Position wählen. Ein Fenster geht auf, in dem Sie die jeweilige Position auswählen können. Beachten Sie, dass verschiedene Templates auch verschiedene Positionen haben können. Mit Klick auf die jeweilige Position schließt sich das Fenster.**

4. **Klicken Sie auf die Schaltfläche Speichern & Schliessen.**

   Das von Ihnen bearbeitete Modul wird jetzt auf der neuen Position angezeigt, falls die Modulposition für das Template festgelegt ist.

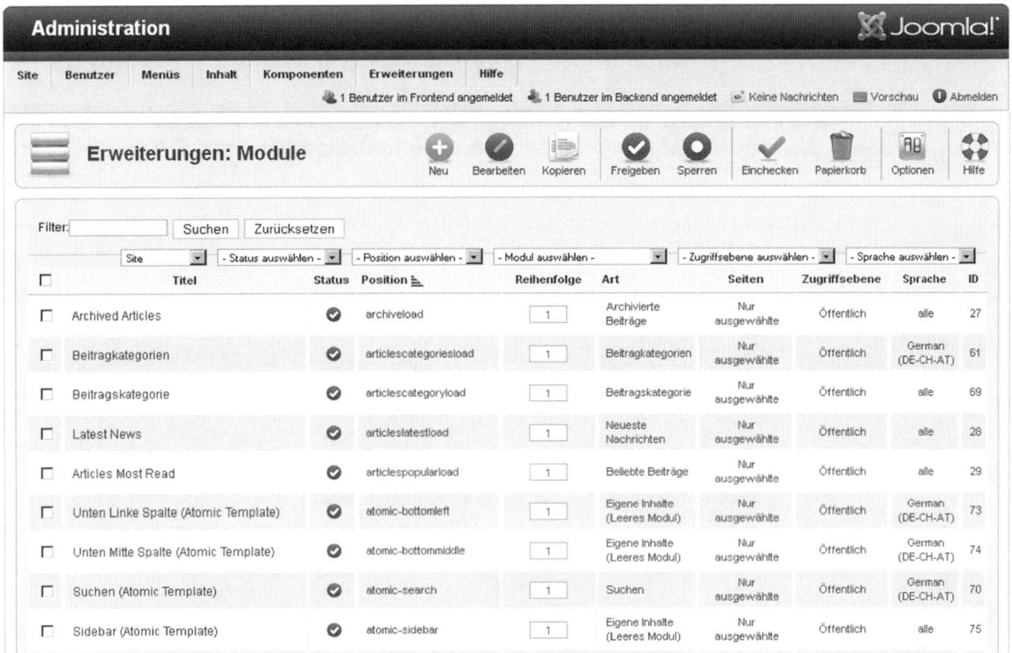

Abbildung 7.10: Modul-Verwaltung

Template umgestalten

Sie werden sehen: Es ist nicht schwer, den HTML- oder CSS-Quelltext zu bearbeiten.

Aufbau der HTML-Struktur bearbeiten

Ein Template sagt Ihnen zu, aber einige Elemente sind für Sie noch nicht richtig angeordnet? Indem Sie die HTML-Struktur des Templates verändern, können Sie nahezu beliebig das Aussehen Ihrer Website beeinflussen.

Legen Sie unbedingt ein Backup der Dateien Ihrer Joomla-Installation an, bevor Sie das Template bearbeiten. Sie können so unbeabsichtigte Änderungen später wieder rückgängig machen. Wie das genau geht, erfahren Sie in Kapitel 11.

1. **Klicken Sie in der Administration auf das Menü ERWEITERUNGEN|TEMPLATES. Klicken Sie auf den Reiter TEMPLATES.**

   Die Template-Verwaltung mit der Registerkarte TEMPLATES: TEMPLATES wird geöffnet.

2. **Klicken Sie auf den Namen des Templates, dessen Aufbau Sie mit HTML bearbeiten wollen.**

   Die Seite TEMPLATES: TEMPLATE ANPASSEN wird geöffnet.

3. **Klicken Sie auf die Schaltfläche Hauptseite bearbeiten.**

   Die Seite Templates: Datei bearbeiten wird geöffnet, wie in Abbildung 7.11 zu sehen.

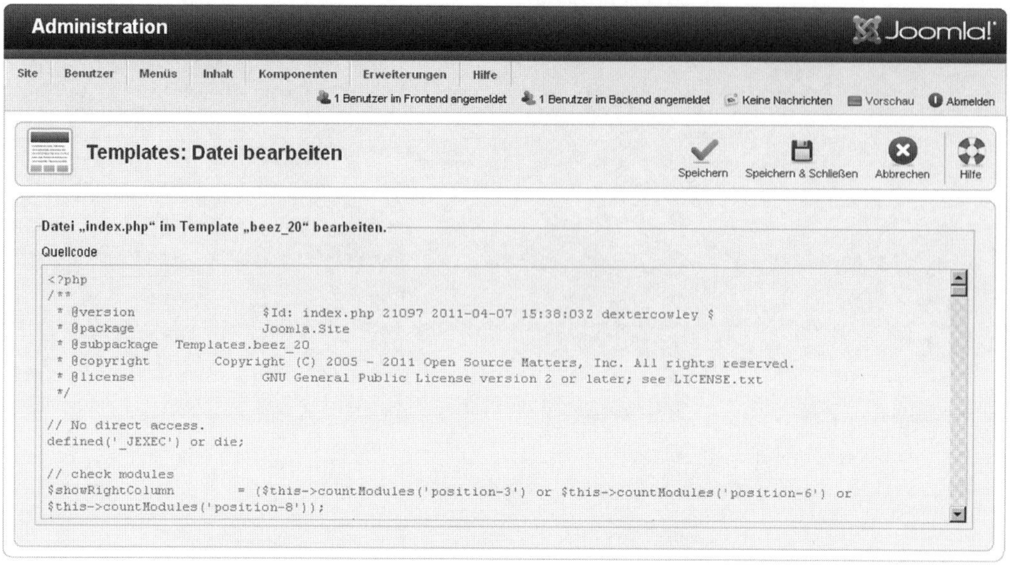

Abbildung 7.11: Template-HTML-Editor

4. **Nehmen Sie die gewünschten Änderungen am HTML-Quelltext vor.**

   Sie bearbeiten nun die Datei `index.php` des Templates. In dem Textbereich können Sie wie in einem normalen Texteditor arbeiten.

5. **Klicken Sie auf die Schaltfläche Speichern & Schliessen.**

   Der geänderte Aufbau des Templates wird sofort übernommen und auf der Site angezeigt.

Arbeiten Sie zunächst besser auf Ihrer Lokalinstallation. Dort können Sie die Template-Dateien direkt auf Ihrem Rechner bearbeiten und Ursache und Wirkung von Veränderungen sofort sehen. Wenn das Template fertig ist, laden Sie die Dateien und Ordner auf den Webserver in den Ordner `templates` hoch, wie in Kapitel 11 beschrieben.

Wenn Sie HTML- und CSS-Dateien komfortabler bearbeiten wollen, können Sie für diese Arbeit einen anderen Editor verwenden. Einen schicken Texteditor namens *Notepad2* finden Sie auf der CD, die diesem Buch beiliegt, im Ordner `Software\Notepad2`. Dieses kleine Helferlein erleichtert Ihnen die Arbeit, indem es beispielsweise Eigenschaften und Werte in CSS bunt darstellt.

Logo-Grafik austauschen und Untertitel der Website ändern

Im Folgenden erfahren Sie, wie Sie beispielhaft am Template *Beez20* das Logo und den Untertitel Ihrer Website ändern. Bei anderen Templates weicht der HTML-Quelltext von den hier angegebenen Beispielen ab.

1. **Erstellen Sie in der Medien-Verwaltung einen neuen Ordner namens** `template`.

   Wie das genau geht, erfahren Sie in Kapitel 5.

2. **Wechseln Sie in den Ordner** `template` **und laden Sie in diesen Ordner die Grafikdatei hoch, die das neue Logo Ihrer Website werden soll.**

   In diesem Beispiel hat die Grafik den Dateinamen `familie.jpg` (siehe Abbildung 7.12).

Abbildung 7.12: Ausschnitt aus der Medien-Verwaltung

3. **Klicken Sie auf das Menü ERWEITERUNGEN|TEMPLATES.**

   Die Template-Verwaltung mit der Registerkarte STILE wird geöffnet.

4. **Klicken Sie auf den Namen des Templates BEEZ2 – DEFAULT.**

   Die Seite STIL BEARBEITEN wird geöffnet.

5. **Wählen Sie im Ausklappbereich ERWEITERTE OPTIONEN ÜBER SELECT das Logo TEMPLATE/FAMILIE.JPG aus.**

6. **Geben Sie im Textfeld SEITENBESCHREIBUNG den neuen Untertitel Ihrer Website ein.**

7. **Klicken Sie auf die Schaltfläche SPEICHERN & SCHLIESSEN.**

   Das neue Logo und der neue Untertitel werden übernommen und auf der Site angezeigt (siehe Abbildung 7.13).

Abbildung 7.13: Geändertes Template

Seitengestaltung mit CSS bearbeiten

Wenn Ihnen der Seitenaufbau zusagt und Sie die Formatierung ändern wollen, dann kommt CSS zum Zuge. Hier lassen sich Position, Rahmen, Farben und so weiter ganz nach Ihren Wünschen anpassen – etwas Zeit, CSS-Kenntnisse und die Rechte eines Super-Administrators vorausgesetzt.

Legen Sie unbedingt ein Backup der Dateien Ihrer Joomla-Installation an, bevor Sie das Template bearbeiten. Sie können so unbeabsichtigte Änderungen später wieder rückgängig machen. Wie das genau geht, erfahren Sie in Kapitel 11.

1. **Klicken Sie in der Administration auf das Menü ERWEITERUNGEN|TEMPLATES.**

   Die Template-Verwaltung mit der Registerkarte STILE wird geöffnet. Klicken Sie auf den Reiter TEMPLATES.

2. **Klicken Sie auf den Namen des Templates, dessen Gestaltung Sie mit CSS bearbeiten wollen.**

   Die Seite TEMPLATES: TEMPLATE ANPASSEN wird geöffnet (siehe Abbildung 7.14).

3. **Klicken Sie im Bereich STYLESHEETS auf den Link** `css/personal.css bearbeiten`. **(Gilt bei Verwendung der Templatefarbe PERSONAL.)**

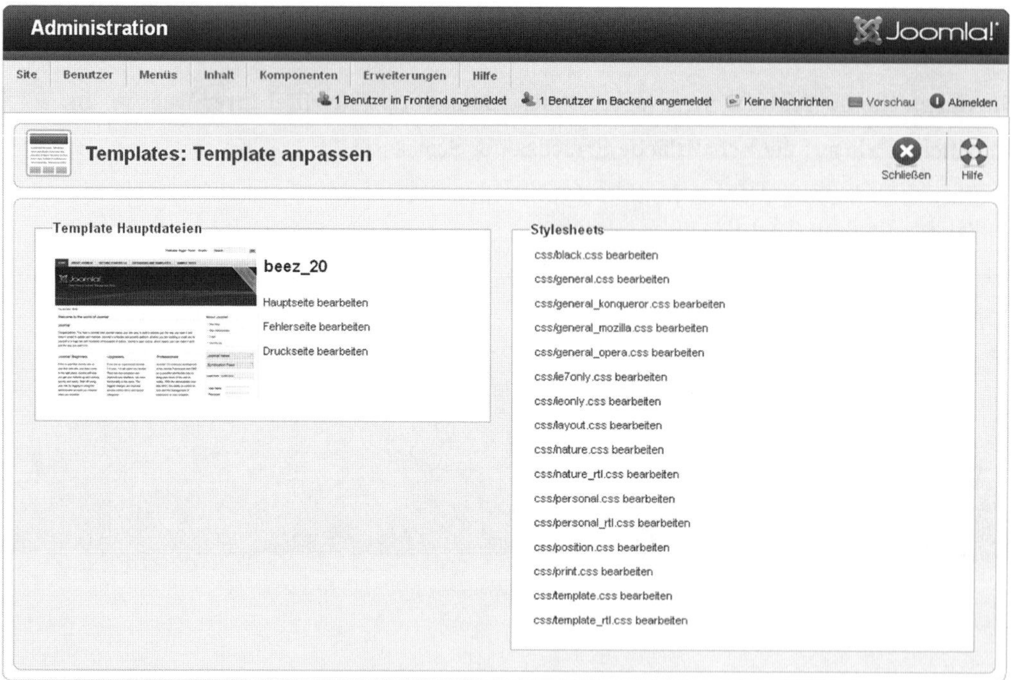

Abbildung 7.14: Template-CSS-Editor

In den meisten Fällen stehen die wichtigsten Formatvorlagen in der Datei `template.css`. Bei manchen Templates gibt es jedoch weitere Dateien mit Namen wie `layout.css` oder `position.css`, die Formatvorlagen enthalten.

Die Seite TEMPLATES: DATEI BEARBEITEN wird geöffnet, wie in Abbildung 7.15 gezeigt. In dem Textbereich können Sie wie in einem normalen Texteditor die CSS-Datei bearbeiten.

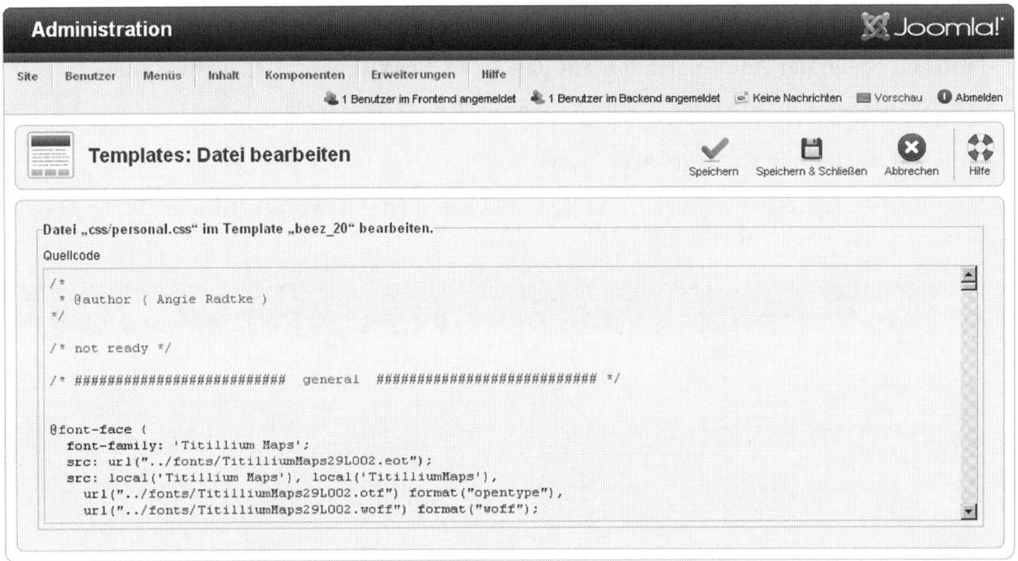

Abbildung 7.15: CSS-Datei `personal.css` eines Templates

4. **Nehmen Sie hier die gewünschten Änderungen an den CSS-Formatvorlagen vor.**

   Auch hierfür können Sie einen externen Editor verwenden, wie im Abschnitt *Aufbau der HTML-Struktur bearbeiten* beschrieben.

5. **Klicken Sie auf die Schaltfläche SPEICHERN & SCHLIESSEN.**

   Die geänderte Gestaltung des Templates wird sofort übernommen und auf der Site angezeigt.

Info: Aus Platzgründen können wir in *Joomla für Dummies* nicht auf alle Möglichkeiten einzugehen, die Sie zur Gestaltung Ihrer Website mit HTML und CSS haben. Auf der Webseite `http://www.joomla16-das-buch.de/kapitel-7` finden Sie detaillierte Beschreibungen, wie Sie das Aussehen Ihrer Website in bestimmten Punkten ändern.

Template deinstallieren

Haben Sie bei all dem Ausprobieren passender Templates die Übersicht in der Template-Verwaltung längst verloren? Kein Problem, Templates lassen sich auch wieder entfernen.

Beachten Sie, dass Sie nur Templates deinstallieren können, die gerade nicht verwendet werden, die also nicht zur Gestaltung der gesamten Site oder einzelner Menüeinträge verwendet werden.

1. **Klicken Sie in der Administration auf das Menü ERWEITERUNGEN|ERWEITERUNGEN.**

   Die Seite ERWEITERUNGEN mit der Registerkarte INSTALLIEREN wird geöffnet.

2. **Klicken Sie auf die Registerkarte VERWALTEN.**

   Die Registerkarte ERWEITERUNGEN: VERWALTEN wird geöffnet. Wählen Sie bei TYP AUSWÄHLEN TEMPLATE aus (siehe Abbildung 7.16).

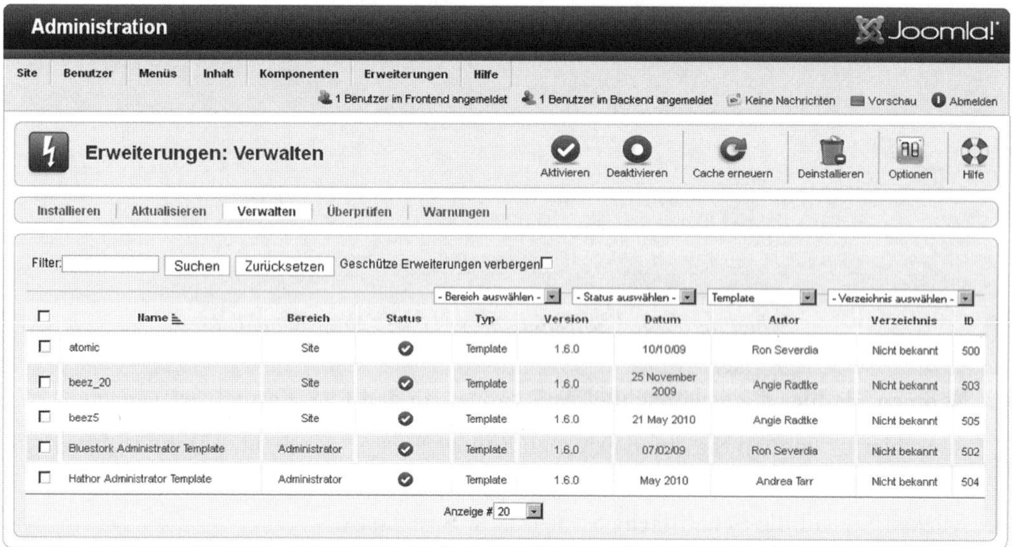

Abbildung 7.16: Template deinstallieren

3. **Aktivieren Sie das Kontrollkästchen für das Template, das Sie deinstallieren wollen, und klicken Sie auf die Schaltfläche DEINSTALLIEREN.**

   Das ausgewählte Template wird nun deinstalliert.

Teil III

Joomla ausbauen

»Quengeln Ihre Kleinen auch so, weil sie unbedingt die neueste Spongebob-Schwammkopf-Erweiterung für ihre Website haben wollen?«

In diesem Teil ...

Im Leben eines frischgebackenen Joomla-Administrators ist es wie im Gemischtwarenhandel. Man steht vor einem riesigen Regal voller Komponenten, Plugins oder Module und hat die Qual der Wahl. Manche Erweiterungen scheinen nützlich, manche ziemlich bunt und andere wiederum wirken etwas wackelig zusammengezimmert. Doch die Frage lautet: Welche Funktionen benötigt man wirklich? In Teil III lernen Sie eine Reihe von Erweiterungen kennen, die für Ihre Website nützlich sein können. Dass Sie dafür nicht erst das Internet zu durchstöbern brauchen, zeigt Kapitel 8. Hier werden Ihnen einige Zusatzfunktionen von Joomla vorgestellt, die bereits ab Werk verfügbar sind und auf Zuruf eingerichtet und verwendet werden können. Wenn Ihnen diese Erweiterungen von der Stange nicht genügen, dann gibt es immer noch Kapitel 9. Hier lernen Sie einige handverlesene Erweiterungen zum Selberinstallieren kennen. Und da Sie dort auch gleich erfahren, wie Sie Ihre Neuerwerbungen installieren, steht der Erweiterung Ihrer Website nichts mehr im Wege ...

Mitgelieferte Erweiterungen – komplett möbliert

8

In diesem Kapitel

- Werbung schalten
- Kontaktdaten pflegen
- Newsfeed-Sammlung veröffentlichen
- Mit Modulen hantieren
- Modultypen kennen lernen
- Plugins schätzen lernen

Joomla kann als Web-Content-Management-System Inhalte optisch ansprechend auf einer Website darstellen. Aber darüber hinaus kann es noch viel mehr. Das »Joomla-Haus«, in das Sie gerade eingezogen sind, war von vorneherein komplett möbliert. Eine ganze Reihe mitgelieferter Erweiterungen erlauben es Ihnen, alles Mögliche mit Ihrer Website anzustellen.

Der *Newsflash* zeigt Ihnen beispielsweise zufällig ausgewählte Kurzbeiträge und sie können ein Zufallsbild einblenden, das bei jedem Aufruf Ihrer Website anders aussieht. Joomla bietet auch eine umfassende Suchfunktion, um Ihre Beiträge zu durchsuchen. Sie können sich Statistiken anzeigen lassen, und eine andere Erweiterung zeigt den Besuchern Ihrer Website, wie viele Besucher und angemeldete Benutzer gerade online sind. Außerdem können Sie mit dem *Wrapper* eine andere Website in einen Rahmen packen und auf Ihrer Website darstellen. Mit der *Banner-Komponente* locken Sie Besucher auf die Websites Ihrer Werbekunden und können so etwas Geld verdienen. Die Kontaktdaten-Erweiterung erlaubt es Ihnen, umfangreiche Daten über Personen anzulegen (Adresse, Telefonnummer ...). Über die *Syndication-Funktion* werden Interessenten Ihrer Website mit einem Newsfeed über neue Beiträge auf dem Laufenden gehalten, ohne dass Sie ständig auf Ihre Website schauen müssen. Mit der Erweiterung *Weblinks* können Sie Ihre Lieblingssites im Internet auf Ihrer Website verlinken. Schließlich werden auch standardmäßig zwei Texteditoren mitgeliefert, mit denen Sie die Beiträge Ihrer Website bearbeiten können. Eine Umleitungskomponente ermöglicht es Ihnen, Weiterleitungen von URLs durchzuführen, um »404 nicht gefunden«-Fehler zu vermeiden.

In diesem Kapitel erfahren Sie Genaueres über die mitgelieferten Standarderweiterungen von Joomla und die Unterschiede zwischen den verschiedenen Erweiterungsarten. Es gibt nämlich drei unterschiedliche Arten von Erweiterungen in Joomla:

- ✔ Komponenten
- ✔ Module
- ✔ Plugins

Natürlich können Sie die Palette der Joomla-Erweiterungen über die mitgelieferten Erweiterungen hinaus vergrößern. Mehr Informationen zum Installieren neuer Erweiterungen finden Sie in Kapitel 9.

Komponenten

Komponenten sind Anwendungen in Joomla, für die Sie jeweils eigene Einstellungen vornehmen können. Eine typische Komponente wäre zum Beispiel eine Bildergalerie. Eine solche Komponente ist quasi ein eigenständiger, von Joomla relativ unabhängiger Programmteil. Doch eine Komponente allein bewirkt noch nichts. Was die Komponente erzeugt (Umfrage, Fotoalbum und so weiter), muss irgendwie auf der Joomla-Website dargestellt werden. Hier kommen die Module ins Spiel. Ein Modul kann die Inhalte der entsprechenden Komponente darstellen. Sie können die Inhalte einer Komponente aber auch direkt über einen Menüeintrag (zum Beispiel im Hauptmenü) veröffentlichen, ein Modul ist also nicht immer zwingend notwendig.

Joomla enthält standardmäßig die Komponenten:

- Banner
- Kontakte
- Nachrichten
- Newsfeeds
- Suche
- Umleitungen
- Weblinks

Die Komponenten finden Sie in der Administration unter dem Menüeintrag KOMPONENTEN (siehe Abbildung 8.1).

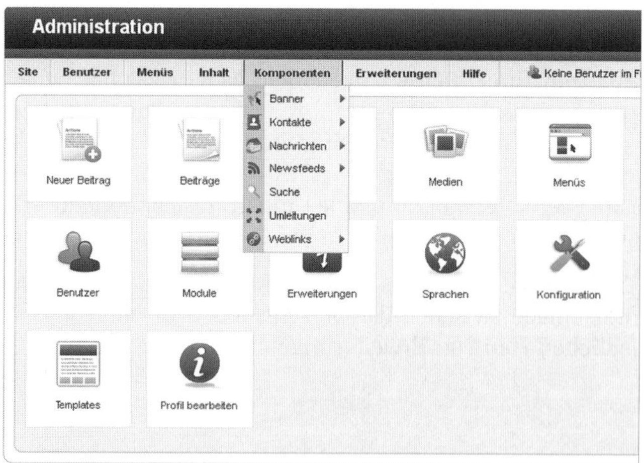

Abbildung 8.1: Menü KOMPONENTEN in der Administration

Banner

Die Banner-Komponente ist dazu gedacht, auf Ihrer Website Werbung zu veröffentlichen, sei es in Form eines Bildes oder in Form eines Werbetextes. In drei Übersichtslisten können Sie die Banner, Ihre Werbekunden und Bannerkategorien verwalten. Um Banner zu erstellen, müssen Sie zuerst mindestens einen Werbekunden und eine Werbekategorie anlegen. Erst dann können Sie mit den Bannern (zumindest theoretisch) einen ordentlichen Reibach machen. Für die Banner-Komponente gibt es standardmäßig ein passendes Modul, mit dem Sie die Banner auf Ihrer Website platzieren können.

Werbekunden anlegen

Wenn Sie auf Ihrer Website Werbung platzieren möchten, ist der erste Schritt, einen Werbekunden anzulegen. Es muss mindestens einen Werbekunden geben, damit Sie ein Banner erstellen können. Falls es keine Werbekunden gibt und Sie die Banner nur einfach so platzieren möchten, legen Sie eben sich selbst als Werbekunden an oder geben irgendeinen Namen ein.

1. **Klicken Sie in der Administration auf das Menü KOMPONENTEN|BANNER|KUNDEN.**

   Die Seite BANNER: KUNDEN mit einer Übersicht über Ihre Werbekunden wird angezeigt.

2. **Klicken Sie auf die Schaltfläche NEU.**

   Die Seite BANNER: NEUER KUNDE zum Anlegen neuer Werbekunden wird angezeigt (siehe Abbildung 8.2).

3. **Geben Sie in das Textfeld KUNDENNAME den Namen Ihres Werbekunden ein.**

4. **Geben Sie in das Textfeld KONTAKTNAME den Namen Ihrer Kontaktperson ein.**

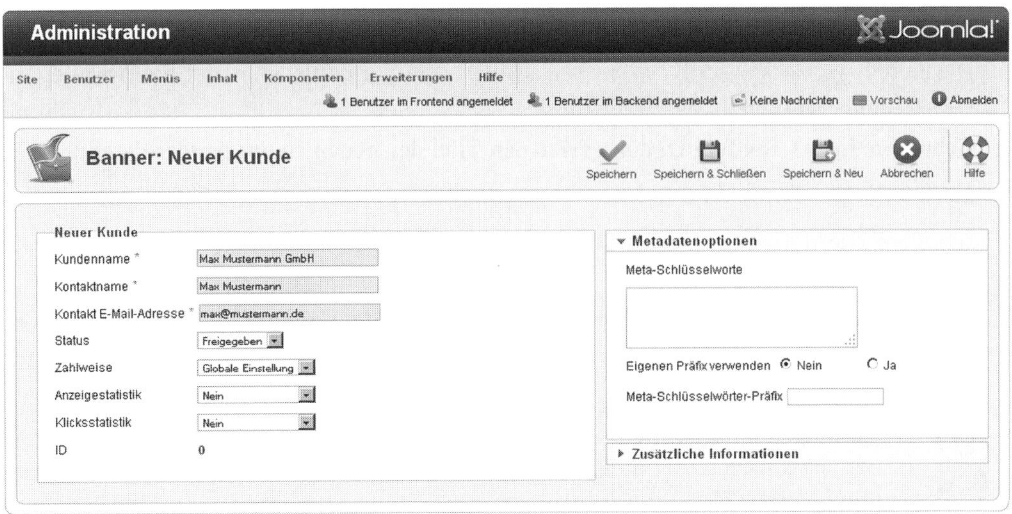

Abbildung 8.2: Eingabefelder für neuen Werbekunden

5. **Geben Sie in das Textfeld Kontakt E-Mail-Adresse die E-Mail-Adresse Ihrer Kontaktperson ein.**

6. **Im Bereich Metadatenoptionen können Sie Schlüsselwörter eingeben.**

7. **Im Textbereich Zusätzliche Informationen können Sie zusätzliche Informationen zum Werbekunden eingeben.**

8. **Klicken Sie auf die Schaltfläche Speichern & Schliessen.**

   Der neue Werbekunde ist jetzt angelegt und wird in der Übersicht der Bannerkomponente auf der Registerkarte Kunden aufgeführt.

In der Banner-Verwaltung finden Sie Übersichtslisten über die Banner, Ihre Werbekunden, über die Bannerkategorien und Nutzungsstatistiken auf den Registerkarten Banner, Kunden, Kategorien und Nutzungsstatistiken. Sie können jederzeit durch einen Klick auf die Registerkarten zwischen ihnen hin und her springen und brauchen nicht jedes Mal das Menü aufzurufen.

Bannerkategorie anlegen

Um Werbung auf Ihrer Website einzublenden, benötigen Sie neben einem Werbekunden auch noch mindestens eine Bannerkategorie. Zum Beispiel können Sie Ihre Werbung in Textwerbung und Bildwerbung kategorisieren. Oder Sie richten Bannerkategorien beispielsweise für »nervtötende Werbung«, »Werbung für Bildungsbürger« und so weiter ein.

1. **Klicken Sie in der Administration auf das Menü Komponenten|Banner|Kategorien.**

   Die Seite Kategorien: Banner mit der Übersicht über Ihre Bannerkategorien wird angezeigt.

2. **Klicken Sie auf die Schaltfläche Neu.**

   Die Seite Kategorien: Neue Bannerkategorie hinzufügen zum Anlegen neuer Bannerkategorien wird angezeigt (siehe Abbildung 8.3).

3. **Geben Sie in das Textfeld Details|Titel den Titel der neuen Bannerkategorie ein.**

4. **Lassen Sie das Textfeld Alias leer.**

   Beim Speichern wird automatisch ein alternativer Titel erzeugt, den Joomla für die Erzeugung von suchmaschinenfreundlichen Links verwendet.

5. **Wählen Sie für den Status den Wert Freigegeben, um die Bannerkategorie gleich zu veröffentlichen.**

Wenn Sie die Bannerkategorie gleich veröffentlichen, hat das noch keinerlei Auswirkungen auf Ihre Website. Erst wenn Sie für die Kategorie einen oder mehrere Banner erstellen und diese auch mit einem Modul veröffentlichen, wird die Werbung angezeigt.

Wenn Sie möchten, können Sie noch einige andere Einstellungen vornehmen. Zum Beispiel können Sie in der Auswahlliste Zugriffsebene auswählen, ob die Banner dieser Kategorie für alle Besucher Ihrer Website sichtbar sein sollen, nur für bestimmte Besuchergruppen, registrierte Benutzer oder nur für Administratoren.

6. **Klicken Sie auf die Schaltfläche Speichern & Schliessen.**

   Die neue Bannerkategorie ist jetzt angelegt und wird in der Übersichtsliste auf der Registerkarte Kategorien aufgeführt.

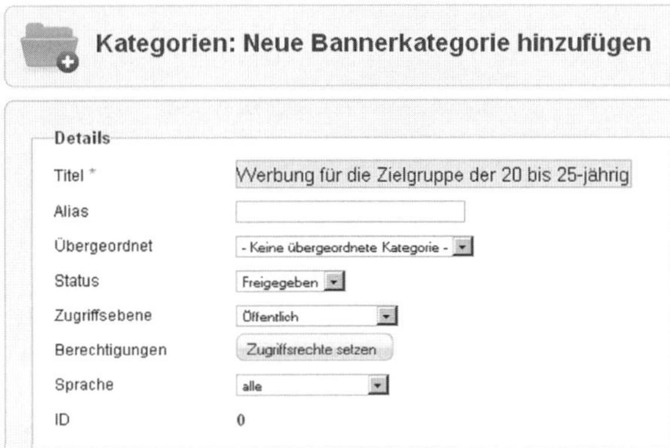

Abbildung 8.3: Eingabefelder für neue Bannerkategorie

Banner erstellen

Wenn Sie mindestens einen Werbekunden und eine Bannerkategorie angelegt haben, können Sie endlich loslegen und ein neues Banner erstellen. Überlegen Sie sich vorher genau, wie Ihr Banner aussehen soll. Möchten Sie ein Bild als Werbebanner, wie in Abbildung 8.4, müssen Sie es vorher auf Ihren Server in den Ordner `/images/banners` hochladen. Dazu steht Ihnen die Medien-Verwaltung zur Verfügung (mehr dazu in Kapitel 5).

Abbildung 8.4: Beispiel für ein Bild als Werbebanner

Oder aber Sie platzieren einen Werbetext auf Ihrer Website wie in Abbildung 8.5.

Um ein neues Werbebanner zu erstellen, befinden Sie sich in der Administration. Falls Sie ein Bild als Banner platzieren möchten, haben Sie das Bild auf den Server hochgeladen und zwar in den Ordner `/images/banners`.

1. **Klicken Sie auf das Menü Komponenten|Banner|Banner.**

   Die Banner-Verwaltung mit einer Übersicht über Ihre Werbebanner wird angezeigt.

2. **Klicken Sie auf die Schaltfläche Neu.**

   Die Seite Banner: Neuer Banner zum Erstellen neuer Banner wird angezeigt (siehe Abbildung 8.6).

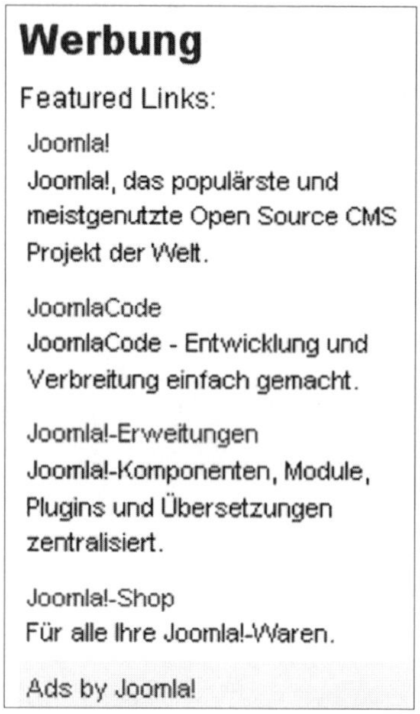

Abbildung 8.5: Beispiel für Werbetext

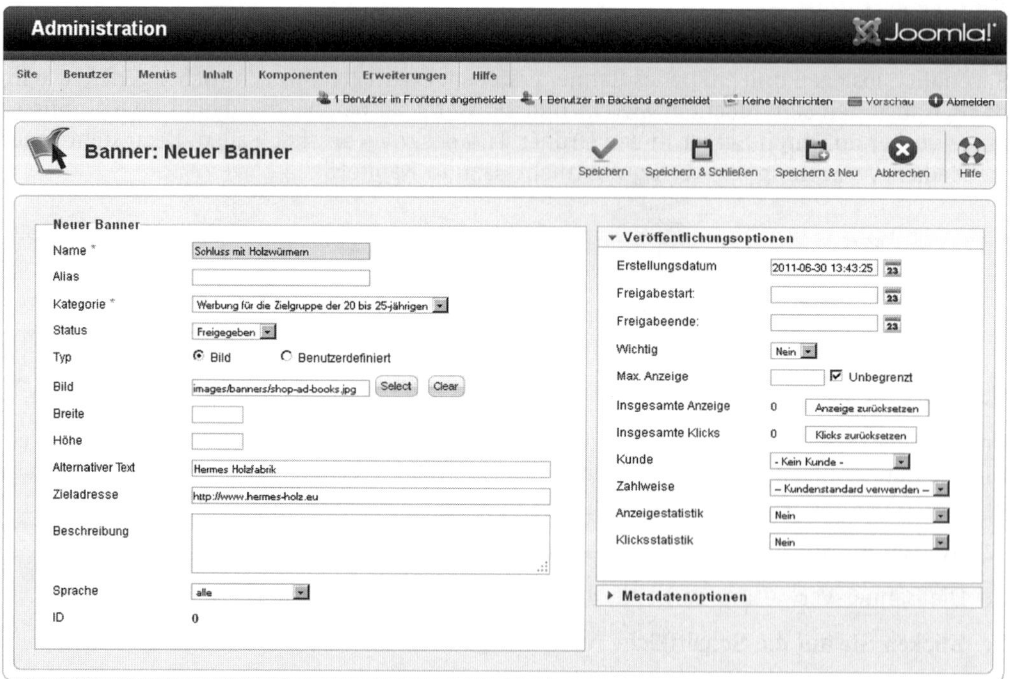

Abbildung 8.6: Eingabefelder für neues Banner

3. **Geben Sie in das Textfeld NAME den Namen des neuen Banners ein.**

4. **Wählen Sie für den STATUS FREIGEGEBEN, um das neue Banner gleich zu veröffentlichen.**

5. **Wählen Sie im Bereich VERÖFFENTLICHUNGSOPTIONEN für den Optionsschalter WICHTIG den Wert JA, um dem neuen Banner eine höhere Priorität zu geben. Die wichtigen Banner einer Kategorie werden später als Erstes auf der Website angezeigt.**

6. **Wählen Sie im Auswahlmenü KATEGORIE die Bannerkategorie für das neue Banner.**

7. **Wählen Sie im Auswahlmenü KUNDE den Kunden für das neue Banner.**

8. **Geben Sie in das Textfeld ZIELADRESSE das Verknüpfungsziel des Banners ein.**

   Klickt ein Besucher Ihrer Website auf das Banner, gelangt er auf die Website, die Sie hier eingegeben haben.

9. **Wählen Sie im Auswahlmenü BILD über das Feld SELECT das Bild für Ihr neues Banner aus.**

   In diesem Auswahlmenü werden nur Bilder aus dem Ordner `/images/banners` angezeigt. Wenn Ihr Banner dennoch nicht in der Liste angezeigt wird, müssen Sie die Liste der erlaubten Dateierweiterungen für Mediendateien ändern. Mehr Informationen dazu finden Sie in Kapitel 4.

10. **Wenn Sie einen Werbetext platzieren möchten, wählen Sie kein Bild aus, sondern geben Sie stattdessen im Textbereich BENUTZERDEFINIERTER CODE den HTML-Code für Ihren Werbetext ein. Vorher den Typ BENUTZERDEFINIERT auswählen.**

    Für das Verknüpfungsziel können Sie dabei den Platzhalter `{CLICKURL}` eingeben. So brauchen Sie die URL des Verknüpfungsziels hier nicht erneut einzugeben.

11. **Klicken Sie auf die Schaltfläche SPEICHERN & SCHLIESSEN.**

    Das neue Banner wurde gespeichert und wird jetzt in der Übersichtsliste angezeigt.

Das Banner wird nur auf Ihrer Website angezeigt, wenn Sie ein entsprechendes Bannermodul auf Ihrer Website platziert haben. Das machen Sie in der Modul-Verwaltung. Mehr Informationen dazu gibt es im Abschnitt *Modultypen* weiter hinten in diesem Kapitel.

Über die Schaltfläche VERÖFFENTLICHUNGSOPTIONEN in der Banner-Verwaltung können Sie allgemeine Einstellungen für Banner vornehmen, zum Beispiel ob die Banneranzeige und die Bannerklicks protokolliert werden sollen.

Kontakte

Die Komponente KONTAKTE ist sozusagen Ihr Joomla-Adressbuch. Mit ihr können Sie eine Fülle von personenbezogenen Daten speichern und verwalten. Die Kontakte können dabei in Kategorien gruppiert werden. Wenn Sie einmal einen Kontakt mit all seinen Adressdaten in dieser Komponente (in der Administration) eingegeben und gespeichert haben, können Sie die Kontaktdaten mit einem Benutzer in der Benutzer-Verwaltung verknüpfen. In der Detailansicht der Benutzer-Verwaltung werden dann zu diesem Benutzer die Kontaktdaten (oder ein Teil davon, wenn Sie möchten) angezeigt. Wie das dann in der Benutzer-Verwaltung aussieht, sehen Sie in Kapitel 4. Außerdem können Sie die Kontaktdaten auf Ihrer Website veröffentlichen. Natürlich kann der Zugriff auf die Daten auch auf registrierte Benutzer beschränkt werden.

Kontaktkategorie anlegen

Bevor Sie Kontaktdaten für eine Person speichern können, müssen Sie zuerst mindestens eine Kontaktkategorie anlegen. Überlegen Sie sich, nach welchen Kriterien Sie Ihre Kontakte kategorisieren möchten. Sie können auch alle Kontakte in einen Topf werfen und nur eine Kontaktkategorie anlegen.

1. **Klicken Sie in der Administration auf das Menü KOMPONENTEN|KONTAKTE|KATEGORIEN.**

   Die Seite KATEGORIEN: KONTAKTE mit der Übersicht über Ihre Kontaktkategorien wird angezeigt.

2. **Klicken Sie auf die Schaltfläche NEU.**

   Die Seite NEUE KONTAKTKATEGORIE HINZUFÜGEN zum Anlegen neuer Kontaktkategorien wird angezeigt (siehe Abbildung 8.7).

3. **Geben Sie in das Textfeld TITEL den Titel der neuen Kontaktkategorie ein.**

4. **Wählen Sie für den Status FREIGEGEBEN, um die Kontaktkategorie gleich zu veröffentlichen.**

Abbildung 8.7: Eingabefelder für neue Kontaktkategorie

Wenn Sie die Kontaktkategorie gleich veröffentlichen, hat das noch keinerlei Auswirkungen auf Ihre Website. Es bedeutet lediglich, dass Besucher Ihrer Website die Kontakte dieser Kategorie später aufrufen können, wenn Sie einen entsprechenden Menüeintrag erstellt haben.

Wenn Sie möchten, können Sie noch einige andere Einstellungen vornehmen. Zum Beispiel können Sie in der Auswahlliste Zugriffsebene auswählen, ob die Kontakte dieser Kategorie für alle Besucher Ihrer Website sichtbar sein sollen, nur für registrierte Benutzer oder nur für Administratoren.

5. **Klicken Sie auf die Schaltfläche Speichern.**

   Die neue Kontaktkategorie ist jetzt angelegt und wird in der Übersichtsliste auf der Registerkarte Kategorien: Kontakte aufgeführt.

Kontaktdaten eingeben

Wenn Sie mindestens eine Kontaktkategorie angelegt haben, kann es losgehen. Sie können die Kontaktdaten für Ihre Kontakte eingeben und diese auch Benutzern in der Benutzer-Verwaltung zuweisen. Wenn Sie für einen Kontakt neben den Daten auch ein Bild der Person speichern möchten, müssen Sie es vorher in den Ordner `/images/stories` hochladen. Dazu steht Ihnen die Medien-Verwaltung zur Verfügung (mehr dazu in Kapitel 5).

1. **Klicken Sie in der Administration auf das Menü Komponenten|kontakte|Kontakte.**

   Die Kontakt-Verwaltung wird angezeigt. Sie sehen eine Übersicht über Ihre bisherigen Kontakte.

2. **Klicken Sie auf die Schaltfläche Neu.**

   Die Seite kontakte: Kontakt für die Eingabe neuer Kontakte wird angezeigt (siehe Abbildung 8.8).

3. **Geben Sie in das Textfeld Name den Namen des neuen Kontaktes ein.**

4. **Wählen Sie für den Status Freigegeben, um den Kontakt gleich zu veröffentlichen.**

Wenn Sie den Kontakt gleich veröffentlichen, bekommen die Besucher Ihrer Website ihn trotzdem erst zu sehen, nachdem Sie einen entsprechenden Menüeintrag angelegt haben.

5. **Wählen Sie im Auswahlmenü Linked User den entsprechenden Benutzer, falls Sie den neuen Kontakt mit einem Benutzer Ihrer Website (in der Benutzer-Verwaltung) verknüpfen möchten.**

6. **Wählen Sie im Auswahlmenü Kategorie die Kontaktkategorie, in der Sie den neuen Kontakt speichern möchten.**

7. **In der Auswahlliste Zugriffsebene können Sie den Zugriff auf die Kontaktinformationen auf bestimmte Benutzergruppen beschränken.**

8. **In den Textfeldern im Bereich ANDERE INFORMATION können Sie alle möglichen Daten zu dem neuen Kontakt eingeben.**

9. **Im Bereich KONTAKTDETAILS unter BILD können Sie ein Bild für den Kontakt auswählen.**

   Hier werden nur Bilder aus dem Ordner `/images/stories` angezeigt.

   Darunter tragen Sie alle weiteren relevanten Daten ein, die Sie für die Anzeige benötigen.

10. **Im Bereich KONTAKTDETAILS können Sie für die Kontaktdaten mit jeweils einem Optionsschalter festlegen, welche Daten bei Veröffentlichung auf Ihrer Website angezeigt werden sollen (ANZEIGEN) oder nicht (VERBERGEN).**

Wenn Sie für den Optionsschalter VCARD den Wert ANZEIGEN wählen, können sich Besucher Ihrer Website den Kontakt mit allen veröffentlichten Daten als Visitenkarte herunterladen und in ihr eigenes Adressbuch (zum Beispiel in Microsoft Outlook) einfügen.

11. **Klicken Sie auf die Schaltfläche SPEICHERN & SCHLIESSEN.**

    Der neue Kontakt wurde gespeichert und wird jetzt in der Übersichtsliste der Kontakt-Verwaltung angezeigt.

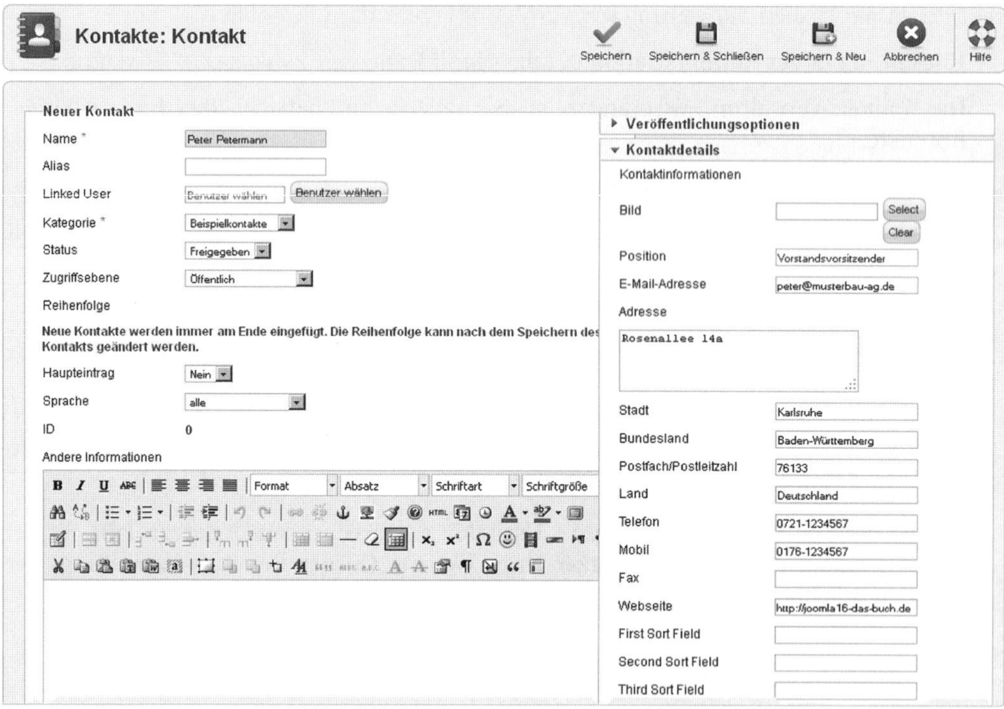

Abbildung 8.8: Eingabefelder für neuen Kontakt

Damit haben Sie den neuen Kontakt angelegt. Jetzt könnten Sie zum Beispiel einen Menüeintrag zu diesem Kontakt anlegen. Mehr Informationen zum Anlegen von Menüs finden Sie in Kapitel 5.

Über die Schaltfläche Optionen in der Kontakt-Verwaltung können Sie allgemeine Einstellungen für die Darstellung von Kontakten auf Ihrer Website vornehmen.

Newsfeeds

Newsfeeds informieren Sie als Websurfer über die neuesten Beiträge einer Website (zum Beispiel Nachrichten bei einer Online-Zeitung), ohne dass Sie die dazugehörige Website aufrufen müssen. Sie klicken auf einen Newsfeed und bekommen beispielsweise die neuesten Schlagzeilen angezeigt. Interessiert Sie eine Nachricht besonders, klicken Sie darauf und Sie werden direkt auf die Website des Newsfeed-Anbieters zu dem entsprechenden Beitrag geleitet. Um Newsfeeds auf Ihrem Computer anzuzeigen, benötigen Sie Lesesoftware, so genannte Newsfeed-Reader. Einige aktuelle Webbrowser, wie zum Beispiel Mozilla Firefox oder Windows Internet Explorer 7, unterstützen diese Funktion aber auch. Sie können den Newsfeed im Webbrowser abonnieren, und dieser wird dann mit den aktuellsten Beiträgen der eingegebenen Website gefüttert. Diese Newsfeeds sind also eine ziemlich praktische Sache.

Wenn Sie eine ansehnliche Sammlung von Newsfeed-Adressen angehäuft haben, können Sie diese Adressen auch den Besuchern Ihrer Joomla-Website zur Verfügung stellen. Dafür gibt es in Joomla die Komponente Newsfeeds. Sie haben auch die Möglichkeit, Kategorien anzulegen, um Ihre Newsfeed-Sammlung zu gliedern.

Newsfeed-Kategorie hinzufügen

Wenn Sie den Besuchern Ihrer Website Ihre Newsfeeds zur Verfügung stellen möchten, brauchen Sie zuerst mindestens eine Newsfeed-Kategorie. Ab einer gewissen Anzahl an Links wird eine Gruppierung in mehrere Kategorien aber sowieso sinnvoll, um nicht den Überblick zu verlieren. Mögliche Kategorien für Nachrichten-Newsfeeds wären zum Beispiel »Seriöse Nachrichten«, »Klatschpresse« und so weiter.

1. **Klicken Sie in der Administration auf das Menü Komponenten|Newsfeeds|Kategorien.**

   Die Seite Kategorien: Newsfeeds mit einer Übersicht über Ihre Newsfeed-Kategorien wird angezeigt.

2. **Klicken Sie auf die Schaltfläche Neu.**

   Die Seite Neue Newsfeed Kategorie hinzufügen zum Anlegen neuer Newsfeed-Kategorien wird angezeigt (siehe Abbildung 8.9).

3. **Geben Sie in das Textfeld Titel den Titel der neuen Newsfeed-Kategorie ein.**

4. **Wählen Sie für den Status Freigegeben, um die Newsfeed-Kategorie gleich zu veröffentlichen.**

Wenn Sie die Newsfeed-Kategorie gleich veröffentlichen, hat das noch keinerlei Auswirkungen auf Ihre Website. Es bedeutet lediglich, dass Besucher Ihrer Website die Newsfeeds dieser Kategorie später aufrufen können, wenn Sie einen entsprechenden Menüeintrag erstellt haben.

Wenn Sie möchten, können Sie noch einige andere Einstellungen vornehmen. Zum Beispiel können Sie in der Auswahlliste ZUGRIFFSEBENE auswählen, ob die Newsfeeds dieser Kategorie für alle Besucher Ihrer Website sichtbar sein sollen oder nur für bestimmte Benutzergruppen.

5. **Wenn Sie der Newsfeed-Kategorie ein Bild zuweisen möchten, wählen Sie mit SELECT über die entsprechende Datei bei den BASISOPTIONEN ein BILD aus.**

   Es werden nur Bilder aus dem Ordner `/images/stories` angezeigt.

6. **Unter BESCHREIBUNG können Sie für die Kategorie mit dem Texteditor eine Beschreibung eingeben.**

7. **Klicken Sie auf die Schaltfläche SPEICHERN & SCHLIESSEN.**

   Die neue Newsfeed-Kategorie ist jetzt angelegt und wird in der Übersichtsliste in der Registerkarte KATEGORIEN aufgeführt.

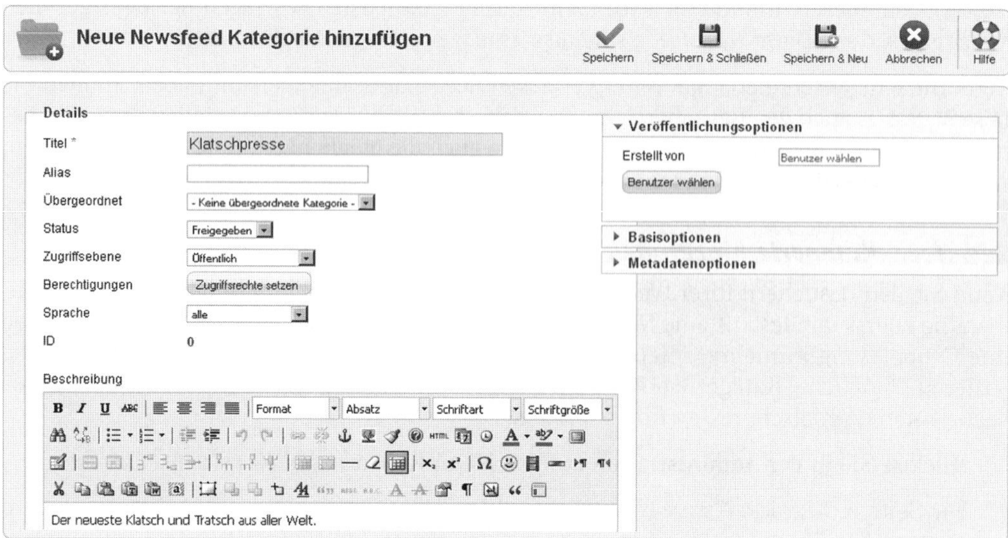

Abbildung 8.9: Eingabefelder für neue Newsfeed-Kategorie

Newsfeed anlegen

Wenn Sie mindestens eine Newsfeed-Kategorie angelegt haben, können Sie Ihre Newsfeed-Adressen eingeben und sie so Besuchern Ihrer Website zur Verfügung stellen.

1. **Klicken Sie in der Administration auf das Menü KOMPONENTEN|NEWSFEEDS|FEEDS.**

   Die Newsfeed-Verwaltung mit einer Übersicht über Ihre Newsfeed-Links wird angezeigt.

2. **Klicken Sie auf die Schaltfläche Neu.**

   Die Seite Newsfeed zum Anlegen neuer Newsfeed-Links wird angezeigt (siehe Abbildung 8.10).

3. **Geben Sie in das Textfeld Titel den Namen des neuen Newsfeeds ein.**
4. **Geben Sie in das Textfeld Link die Adresse (URL) des Newsfeeds ein.**
5. **Wählen Sie im Auswahlmenü Kategorie die Kategorie für den neuen Newsfeed.**
6. **Mit dem Textfeld Anzahl der Beiträge bei den Veröffentlichungsoptionen können Sie die Anzahl der Newsfeed-Beiträge dieses Newsfeeds ändern (der Standardwert ist 5).**
7. **Mit dem Textfeld Characters Count bei den Anzeigeoptionen können Sie die Anzahl der Wörter des Feed-Beitrages in der Übersicht festlegen.**
8. **Klicken Sie auf die Schaltfläche Speichern & Schliessen.**

   Der neue Newsfeed ist jetzt gespeichert und wird in der Übersichtsliste in der Newsfeed-Verwaltung angezeigt.

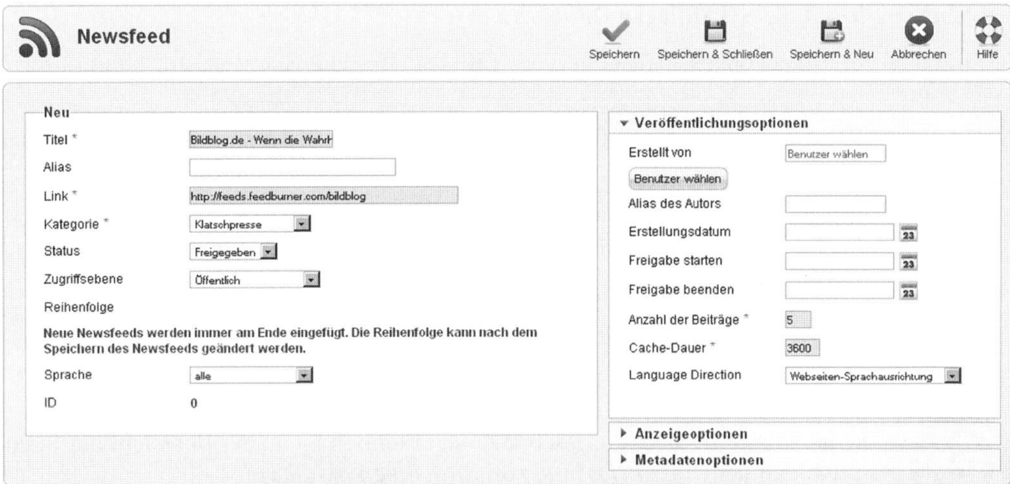

Abbildung 8.10: Eingabefelder für neuen Newsfeed

Damit haben Sie den neuen Newsfeed angelegt. Jetzt könnten Sie zum Beispiel einen Menüeintrag zu diesem Newsfeed oder zu der ganzen Kategorie anlegen. Mehr Informationen zum Anlegen von Menüs finden Sie in Kapitel 5.

Über die Schaltfläche Optionen in der Newsfeed-Verwaltung können Sie allgemeine Einstellungen für die Darstellung von Newsfeeds auf Ihrer Website vornehmen.

Suchen

Eine weitere, sehr interessante Funktion bietet die Komponente SUCHEN. Mit ihr können die Suchbegriffe gespeichert werden, die Besucher Ihrer Website in das Suchfeld eingeben. Anschließend können Sie sich eine Übersicht über alle eingegebenen Begriffe anzeigen lassen. Hat zum Beispiel ein Besucher Ihrer Site nach »Fotos aus der Schulzeit« gesucht, wissen Sie durch diese Funktion, was auf Ihrer Website vielleicht noch fehlt. Auch wird in der Suchstatistik angezeigt, nach welchem Begriff wie oft gesucht wurde.

Suchstatistik aktivieren

Damit Sie in der Übersicht der Komponente SUCHEN die eingegebenen Suchbegriffe sehen, müssen Sie zuerst die Suchstatistik aktivieren. Dazu sind Sie in der Administration angemeldet und haben mindestens die Rechte eines Managers.

1. **Klicken Sie auf das Menü KOMPONENTEN|SUCHEN.**

   Die Seite KOMPONENTEN: SUCHE wird angezeigt. Hier sehen Sie später eine Übersicht über alle eingegebenen Suchbegriffe und wie häufig danach gesucht wurde.

2. **Klicken Sie auf die Schaltfläche OPTIONEN.**

   Das Fenster SUCHOPTIONEN wird angezeigt, mit dem Sie die Suchstatistik konfigurieren können.

3. **Wählen Sie unter Komponente für den Optionsschalter SUCHSTATISTIKEN ERFASSEN den Wert JA.**

   Mit dem Optionsschalter ERSTELLUNGSDATUM können Sie zusätzlich die Anzeige des Erstellungsdatums bei den Suchergebnissen ein- oder ausblenden.

4. **Klicken Sie auf die Schaltfläche SPEICHERN & SCHLIESSEN.**

   Die Suchstatistik ist jetzt aktiviert und alle eingegebenen Suchbegriffe auf der Site werden gespeichert.

Ob die Suche ein- oder ausgeschaltet ist, erkennen Sie in der Übersicht der Suchstatistik an dem Text *Erfassung von Statistiken aktiviert*.

Wenn Sie auch noch wissen möchten, ob eine Suchanfrage Ergebnisse erbracht hat und wie viele, klicken Sie rechts auf den Link SUCHERGEBNISSE ANZEIGEN. Dann wird in der Übersicht eine weitere Spalte mit der Anzahl der Suchergebnisse eingeblendet.

Weblinks

Das Internet ist eine tolle Sache. Man findet zu fast allen Problemen und Fragestellungen in allen Lebenslagen Informationen und Gleichgesinnte. Man kann sich auf seiner Homepage selbst verwirklichen, eine Reise buchen, einkaufen oder den alten Ramsch von Omas Dachboden verhökern. Das Problem bei dieser Informationsflut aber ist, dass man die Websites erst einmal finden muss. Dazu gibt es erfolgreiche Suchmaschinen wie *Google*, mit denen man Stunden, ja sogar Tage lang recherchieren kann, ohne alles gesehen zu haben.

Wenn man sich dann schon einmal die Mühe gemacht hat und sich eine große Sammlung an guten Webadressen (Links) zugelegt hat, warum sollten sich dann andere noch einmal bei der Suche abmühen? Stellen Sie doch Ihren Website-Besuchern Ihre Linksammlung zur Verfügung.

Achten Sie dabei aber genau darauf, auf welche Seiten Sie verlinken. Wenn deren Inhalte illegal oder urheberrechtlich geschützt sind, können Sie schnell in die Bredouille kommen. Sie sollten auch auf jeden Fall einen Haftungsausschluss (einen so genannten Disclaimer) auf Ihre Website stellen, mit dem Sie sich von den Inhalten der verlinkten Websites ausdrücklich distanzieren.

Schauen wir uns also die Weblink-Komponente mal an, mit der Sie den Besuchern Ihrer Website Ihre Linksammlung zur Verfügung stellen können. Sie können Ihre Links in Kategorien gliedern und sie so übersichtlicher darstellen. Um Links einzugeben, müssen Sie vorher mindestens eine Linkkategorie angelegt haben.

Weblink-Kategorie anlegen

Um eine Kategorie für Ihre Webadressen (Links) anzulegen, sind Sie in der Administration angemeldet.

1. **Klicken Sie auf das Menü Komponenten|Weblinks|Kategorien.**

   Die Seite Kategorien: Weblinks mit einer Übersicht über Ihre bisherigen Weblink-Kategorien wird angezeigt.

2. **Klicken Sie auf die Schaltfläche Neu.**

   Die Seite Eine neue Weblink Kategorie hinzufügen zum Anlegen neuer Weblink-Kategorien wird angezeigt (siehe Abbildung 8.11).

3. **Geben Sie in das Textfeld Titel den Titel der neuen Linkkategorie ein.**

4. **Wählen Sie für den Status Freigegeben, um die neue Linkkategorie gleich zu veröffentlichen.**

Wenn Sie die Weblink-Kategorie gleich veröffentlichen, hat das noch keinerlei Auswirkungen auf Ihre Website. Es bedeutet lediglich, dass Besucher Ihrer Website die Weblinks dieser Kategorie später aufrufen können, wenn Sie einen entsprechenden Menüeintrag erstellt haben.

Wenn Sie möchten, können Sie noch einige andere Einstellungen vornehmen. Zum Beispiel können Sie in der Auswahlliste Zugriffsebene auswählen, ob die Weblinks dieser Kategorie für alle Besucher Ihrer Website sichtbar sein sollen, nur für bestimmte Benutzergruppen oder nur für Administratoren.

5. **Im Bereich Beschreibung können Sie mit dem Texteditor für die Kategorie eine Beschreibung eingeben.**

6. **Klicken Sie auf die Schaltfläche Speichern & Schliessen.**

   Die neue Weblink-Kategorie ist jetzt angelegt und wird in der Übersichtsliste auf der Registerkarte Kategorien aufgeführt.

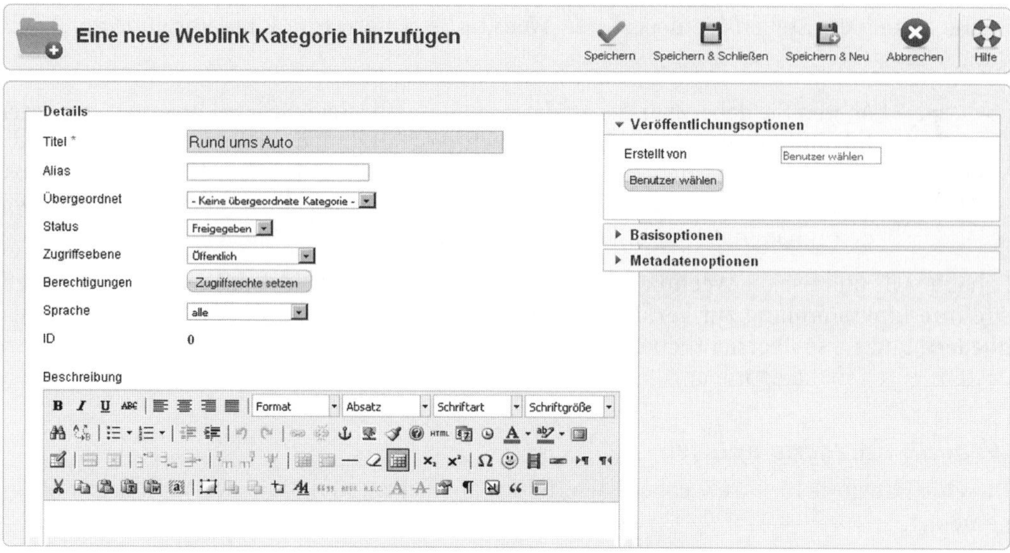

Abbildung 8.11: Eingabefelder für neue Weblink-Kategorie

Weblink eingeben

Wenn Sie mindestens eine Weblink-Kategorie angelegt haben, können Sie Ihre Sammlung von Webadressen (Links) eingeben und sie so Besuchern Ihrer Website zur Verfügung stellen.

1. **Klicken Sie in der Administration auf das Menü Komponenten|Weblinks|Links.**

   Die Weblink-Verwaltung mit einer Übersicht über Ihre Weblinks wird angezeigt.

2. **Klicken Sie auf die Schaltfläche Neu.**

   Die Seite Komponenten: Weblinks – Weblink zum Anlegen neuer Weblinks wird angezeigt (siehe Abbildung 8.12).

3. **Geben Sie in das Textfeld Titel den Namen des neuen Weblinks ein.**
4. **Geben Sie in das Textfeld Webadresse die Webadresse des Weblinks ein.**
5. **Wählen Sie im Auswahlmenü Kategorie die Kategorie für den neuen Weblink.**
6. **Bei den Basisoptionen im Auswahlmenü Ziel können Sie entscheiden, ob das Ziel des Links, wenn der Benutzer darauf klickt, in einem neuen Browserfenster oder im selben Fenster geöffnet wird.**
7. **Im Bereich Beschreibung können Sie eine Beschreibung der Website eingeben, auf die Sie verlinken möchten.**

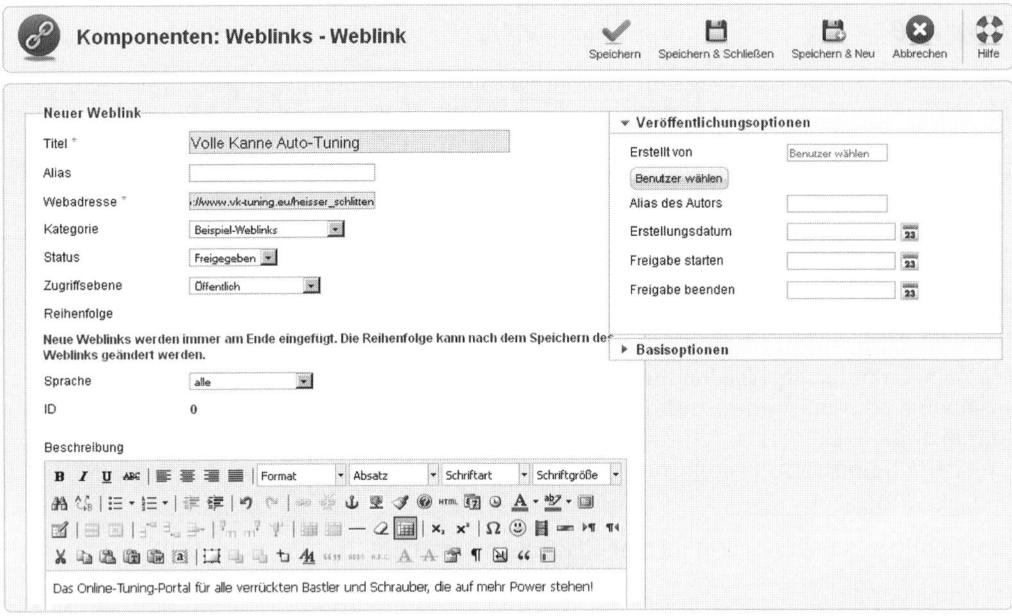

Abbildung 8.12: Eingabefelder für neuen Weblink

8. **Klicken Sie auf die Schaltfläche SPEICHERN & SCHLIESSEN.**

   Der neue Weblink ist jetzt gespeichert und wird in der Übersichtsliste in der Weblink-Verwaltung angezeigt.

Damit haben Sie den neuen Weblink angelegt. Jetzt könnten Sie zum Beispiel einen Menüeintrag zu der Kategorie anlegen, in der sich der Weblink befindet. Mehr Informationen zum Anlegen von Menüs finden Sie in Kapitel 5.

Wenn Sie einen Menüeintrag zu einer Weblink-Kategorie angelegt haben, bekommt der Besucher Ihrer Website eine tabellarische Übersicht über alle Weblinks in dieser Kategorie, wobei er in der Spalte ZUGRIFFE sehen kann, wie häufig der jeweilige Link bereits aufgerufen wurde (siehe Abbildung 8.13).

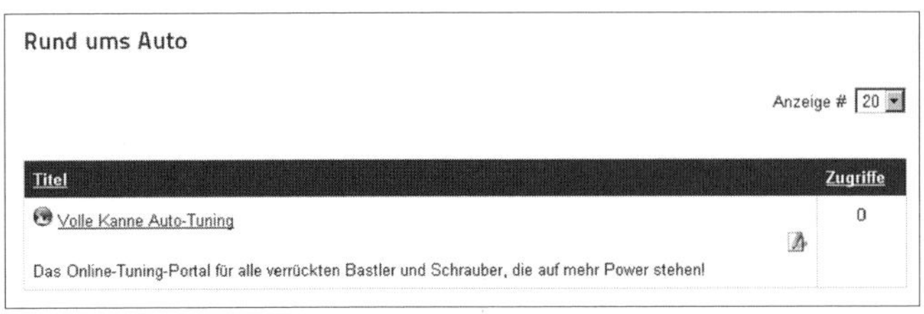

Abbildung 8.13: Link in der Kategorie-Übersicht auf der Website

Module

Ein Modul ist ein Container für die Joomla-Website, in dem Inhalte angezeigt werden. Diese Inhalte können zum Beispiel aus einer Komponente kommen oder auch aus dem Modul selbst. Ein typisches Modul wäre zum Beispiel das Anmeldeformular (Login Form), mit dem Besucher den geschützten Bereich Ihrer Website betreten können. Module können Sie aktivieren und deaktivieren (das heißt, auf der Website ein- und ausblenden). Jedem Modul ist eine bestimmte Modulposition zugewiesen. Dadurch wird die Stelle festgelegt, an der das Modul auf der Website angezeigt wird. Die Modulpositionen werden von dem Template (der Seitenvorlage) definiert. Mehr Informationen zu Modulpositionen und Templates finden Sie in Kapitel 7.

Bei Modulen unterscheidet Joomla zwischen Site-Modulen (für die Website) und Administrator-Modulen (für die Administration). Mit den Administrator-Modulen können Sie die gesamte Administration nach Ihren Wünschen umgestalten. Da die Joomla-Entwickler bei der Gestaltung der Administration gute Arbeit geleistet haben, werden wir uns nur mit den Site-Modulen beschäftigen.

Joomla bringt standardmäßig folgende Modultypen mit:

- ✔ Anmeldung
- ✔ Archivierte Beiträge
- ✔ Banner
- ✔ Beiträge – Newsflash
- ✔ Beiträge – Verwandte Beiträge
- ✔ Beitragskategorien
- ✔ Beitragskategorie
- ✔ Beliebte Beiträge
- ✔ Eigene Inhalte (Leeres Modul)
- ✔ Feed – Anzeige
- ✔ Fußzeile
- ✔ Menü
- ✔ Navigationspfad (Breadcrumbs)
- ✔ Neueste Benutzer
- ✔ Neueste Nachrichten
- ✔ Sprachauswahl
- ✔ Statistiken
- ✔ Suchen

- ✔ Syndication Feeds
- ✔ Weblinks
- ✔ Wer ist online
- ✔ Wrapper
- ✔ Zufallsbild

Mit diesem Satz an Modultypen können Sie beliebig viele Module für Ihre Website erzeugen. Dabei wird sozusagen jedes Mal eine Instanz/Kopie des Modultyps als Modul in die Modul-Verwaltung geladen. Nehmen wir beispielsweise den Modultyp *Banner*. Wenn Sie Joomla mit Beispielinhalten installiert haben, gibt es in der Modul-Verwaltung zwei Banner-Module (mit Namen »Banners« und »Banner«), die beide den Modultyp *Banner* verwenden. Dadurch haben Sie zwei voneinander separate Werbemodule, die Sie auf Ihrer Website platzieren können: eines für Werbebildchen, das andere für Werbetext.

Nach dem gleichen Prinzip können Sie aus jedem Modultyp beliebig viele Module erstellen. Wie Sie mit der Modul-Verwaltung Module deaktivieren und verschieben, erfahren Sie in Kapitel 4.

Modul-Verwaltung aufrufen

Die Schaltstelle für alle Arbeiten an Ihren Joomla-Modulen ist die Modul-Verwaltung. Hier erhalten Sie eine Übersicht über Ihre Module, können diese ein- und ausblenden, auf andere Positionen Ihrer Website verschieben, löschen und neue Module erstellen.

Um in der Modul-Verwaltung mit Modulen zu hantieren, sind Sie in der Administration angemeldet und haben mindestens die Rechte eines Administrators.

Klicken Sie auf das Menü ERWEITERUNGEN|MODULE.

Die Modul-Verwaltung wird mit einer Übersicht über die Module Ihrer Website (siehe Abbildung 8.14) angezeigt.

Den Zugang zu den Administrationsmodulen für die Administration von Joomla finden Sie im ersten Auswahlmenü (unter dem Filterfeld). Dort können Sie zwischen SITE und ADMINISTRATOR wählen.

Modul anlegen

Wenn Sie ein Modul auf Ihrer Website benötigen, das noch nicht in der Modul-Verwaltung vorhanden ist, können Sie auf Basis der zu Beginn dieses Abschnitts beschriebenen Modultypen ein neues Modul anlegen. Das Ganze können Sie so oft wiederholen, wie Sie möchten. Wenn Sie zum Beispiel auf Ihrer Joomla-Website fünf verschiedene Werbebanner benötigen, dann können Sie mit dem Modultyp BANNER fünf Banner-Module anlegen.

Schauen Sie sich zuerst die vorhandenen Module in der Modul-Verwaltung genau an, bevor Sie ein neues Modul anlegen. Vielleicht ist das Modul, das Sie benötigen, bereits vorhanden und nur deaktiviert.

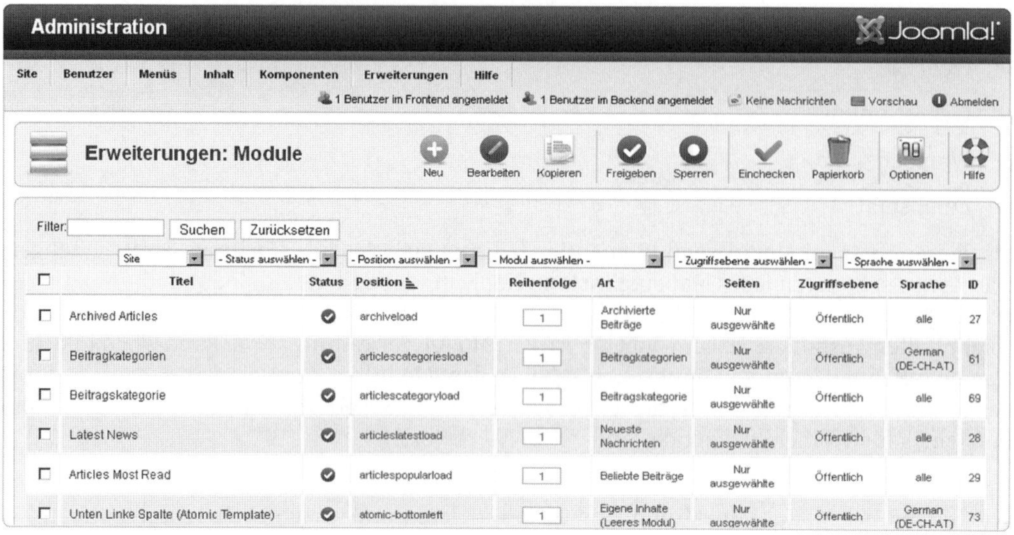

Abbildung 8.14: Modul-Verwaltung

Um ein Modul zu erstellen, sind Sie in der Administration angemeldet und haben mindestens die Rechte eines Administrators. Außerdem befinden Sie sich in der Modul-Verwaltung.

1. **Klicken Sie auf die Schaltfläche Neu.**

   Die Seite Modultyp auswählen wird angezeigt. Sie sehen eine Übersicht über alle verfügbaren Modultypen.

2. **Klicken Sie auf den Modultyp, mit dem Sie ein neues Modul anlegen möchten.**

   (Im folgenden Beispiel auf den Modultyp Archivierte Beiträge.)

3. **Das Fenster schließt sich wieder.**

Die Seite Modul Archivierte Beiträge zum Erstellen beziehungsweise Bearbeiten neuer Module wird angezeigt (siehe Abbildung 8.15).

4. **Geben Sie in das Textfeld Titel den Titel des neuen Moduls ein.**

   Der Titel wird später in der Übersichtsliste der Modul-Verwaltung angezeigt. Außerdem können Sie ihn als Überschrift über dem Modul auf der Website einblenden.

5. **Wählen Sie für den Optionsschalter Titel anzeigen den Wert Anzeigen, um den Modul-Titel auf Ihrer Website über dem Modul anzuzeigen, und den Wert Verbergen, um den Titel auszublenden.**

6. **Wählen Sie im Auswahlmenü Position die Modulposition aus, auf der das Modul angezeigt werden soll.**

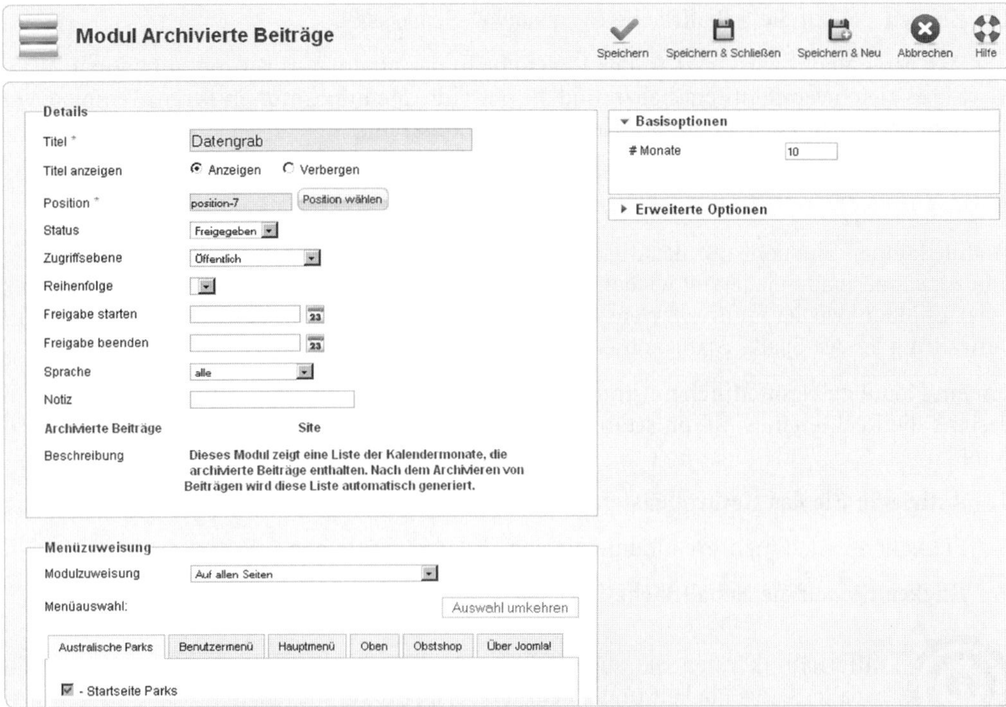

Abbildung 8.15: Eingabefelder für neues Modul

Das Modul wird nach dem Speichern nur auf der Website angezeigt, wenn die ausgewählte Modulposition auch in dem von Ihnen verwendeten Template definiert ist. Mehr Informationen zu Templates und Modulpositionen finden Sie in Kapitel 7.

7. **Mit dem Auswahlmenü Reihenfolge können Sie die Reihenfolge festlegen, in der das Modul auf der gewählten Modulposition angezeigt wird.**

   Wenn Sie eine Modulposition ausgewählt und auf die Schaltfläche Speichern geklickt haben (Schritt 6), sehen Sie im Auswahlmenü Reihenfolge alle bisherigen Module auf dieser Position. Wählen Sie aus, an welcher Stelle sich das neue Modul einreihen soll. Das neue Modul wird dann auf der Website über dem Modul angezeigt, das Sie hier ausgewählt haben.

8. **Wählen Sie in der Auswahlliste Status, ob das neue Modul nur für registrierte Benutzer (Registriert), für alle Benutzer (Öffentlich) Ihrer Website oder nur für Administratoren sichtbar sein soll.**

9. **Im Bereich Parameter können Sie je nach Modultyp noch spezielle Einstellungen treffen.**

10. **Wählen Sie im Bereich Menüzuweisung, auf welchen Seiten beziehungsweise unter welchen Menüeinträgen Ihrer Joomla-Website das Modul angezeigt werden soll.**

11. **Klicken Sie auf die Schaltfläche SPEICHERN & SCHLIESSEN.**

    Das neue Modul wird jetzt in der Übersicht in der Modul-Verwaltung aufgeführt. Wenn Sie es gleich veröffentlicht haben und die gewählte Modulposition in Ihrem Template vorhanden ist, wird das Modul auf Ihrer Website angezeigt.

Modul veröffentlichen

Module können Sie nicht nur deaktivieren, das heißt auf Ihrer Website ausblenden (siehe Kapitel 4), sondern auch jederzeit wieder aktivieren (veröffentlichen), wenn Sie ein bislang deaktiviertes Modul wieder auf Ihrer Website benötigen. Sie erkennen in der Übersicht der Modul-Verwaltung an der Spalte STATUS, ob ein Modul veröffentlicht ist oder nicht.

Um ein Modul zu veröffentlichen, sind Sie in der Administration angemeldet und haben mindestens die Rechte eines Administrators. Außerdem befinden Sie sich in der Modul-Verwaltung.

1. **Aktivieren Sie das Kontrollkästchen des Moduls, das Sie veröffentlichen möchten.**

   Sie können auch mehrere Module gleichzeitig veröffentlichen.

2. **Klicken Sie auf die Schaltfläche FREIGEBEN.**

Alternativ können Sie auch auf das rote Symbol mit dem weißen Kreis in der Spalte STATUS klicken und so ein Modul direkt veröffentlichen.

Das von Ihnen gewählte Modul ist jetzt veröffentlicht und wird, wenn alle Einstellungen stimmen, auf Ihrer Website angezeigt.

Das Deaktivieren von Modulen geht genauso einfach. Klicken Sie dazu auf die Schaltfläche DEAKTIVIEREN oder direkt auf das grüne Symbol mit dem Häkchen.

Moduleinstellungen verändern

Alle Module haben etwas gemeinsam: Sie haben die gleichen Grundeinstellungen. So können Sie zum Beispiel den Titel eines Moduls, seine Position und so weiter verändern. Darüber hinaus hat jedes Modul aber noch eigene, ganz spezielle Einstellungen, die vom jeweiligen Modultyp abhängen. Diese Moduleinstellungen können Sie nicht nur beim Anlegen neuer Module festlegen, Sie können auch jederzeit an vorhandenen Modulen herumschrauben und diese Einstellungen ändern. Dieses Fine-Tuning ist allerdings nur für fortgeschrittene Anwender empfehlenswert.

Weitere Informationen zum Anpassen von Modulen finden Sie in Kapitel 4.

Ändern Sie keine Moduleinstellungen, wenn Sie sich nicht sicher sind, was die Änderung bewirkt. Sonst zerstören Sie möglicherweise die Darstellung Ihrer Website.

Um die Einstellungen eines Moduls zu verändern, sind Sie in der Administration angemeldet und haben mindestens die Rechte eines Administrators. Außerdem befinden Sie sich in der Modul-Verwaltung.

1. **Aktivieren Sie das Kontrollkästchen des Moduls, dessen Einstellungen Sie verändern möchten.**
2. **Klicken Sie auf die Schaltfläche Bearbeiten.**

Alternativ können Sie auch direkt auf den Namen eines Moduls in der Übersicht der Modul-Verwaltung klicken, um das Modul beziehungsweise seine Einstellungen anzupassen.

Die Seite Modul (Modulname) zum Bearbeiten von Modulen wird angezeigt.

3. **Ändern Sie die Moduleinstellungen nach Ihren Wünschen.**

   Die allgemeinen Einstellungen finden Sie im Bereich Details. Die Einstellungen, die sich speziell auf den verwendeten Modultyp beziehen, finden Sie im Bereich Basisoptionen und Erweiterte Optionen.

4. **Klicken Sie auf die Schaltfläche Speichern & Schliessen.**
5. **Die veränderten Moduleinstellungen sind jetzt gespeichert.**

Modultypen

Joomla besitzt 23 Modultypen, die in der Liste zu Beginn dieses Abschnitts aufgeführt wurden. Alle Module, die Sie in der Modul-Verwaltung sehen, basieren auf einem solchen Modulbaustein. Daher schauen wir uns diese Modultypen und ihre Funktion einmal etwas genauer an.

Archivierte Beiträge

Wenn Beiträge auf Ihrer Website nicht mehr aktuell sind, können Sie diese Inhalte im Joomla-Archiv archivieren. So haben Sie immer einen Überblick über alte Beiträge und können diese bei Bedarf wiederverwenden. Sie haben aber auch die Möglichkeit, das Archiv den Besuchern Ihrer Website zur Verfügung zu stellen. Somit können die Besucher beliebig in alten Beiträgen stöbern. Dafür gibt es den Modultyp Archivierte Beiträge, nachdem Sie Joomla installiert haben. Dieses Modul zeigt alle archivierten Inhalte an, gruppiert nach Erstellungsmonat und Erstellungsjahr.

Pfad zur Webseite

Manchmal bestehen Websites im Internet nur aus einer einzigen Seite. Doch das kommt immer seltener vor. Mittlerweile bestehen Websites meist aus vielen Unterseiten, die sich in einer komplexen Struktur befinden. Die *Breadcrumb*-Navigation (zu Deutsch Brotkrümel-Navigation) ist ein Navigationselement auf Websites, das dem Besucher der Website immer seine aktuelle Position auf der Website anzeigt, egal, auf welcher Unterseite er sich gerade befindet (siehe Abbildung 8.16). So kann er sich orientieren, eine Kategorieebene nach oben springen und so weiter.

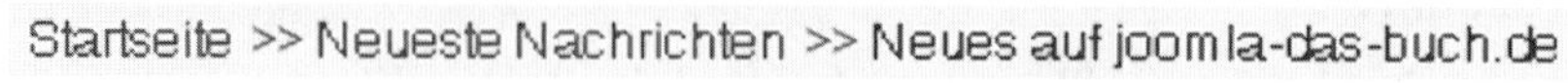

Abbildung 8.16: Breadcrumb-Navigation

Dafür gibt es den Modultyp *Navigationspfad*, auf dessen Basis es bereits ein Modul namens *Breadcrumbs* gibt, nachdem Sie Joomla installiert haben. Dieses Modul zeigt die Position des aktuellen Beitrags in der Breadcrumb-Navigation an. Befindet sich der Besucher zum Beispiel auf der Startseite Ihrer Website, wird in diesem Modul »Home« angezeigt. Natürlich können Sie diese Voreinstellung in den Modulparametern ändern und zum Beispiel »Startseite« anzeigen lassen.

Fußzeile

Mit dem Modultyp *Fußzeile* können Sie die Joomla-Copyright-Informationen auf Ihrer Website anzeigen lassen. Standardmäßig gibt es nach der Installation bereits ein gleichnamiges Modul *Fußzeile*, das sich auf der Modulposition »footerload« befindet. Damit die Fußzeile angezeigt wird, muss das Modul freigegeben und im Bereich Menü-Zuweisung einer Seite Ihrer Website zugeordnet sein. Mehr Informationen zu Templates finden Sie in Kapitel 7.

Neueste Beiträge

Sie schreiben auf Ihrer Website neue Beiträge am laufenden Band. Wenn ein Besucher Ihre Website aufruft, sollen ihm die neuesten Beiträge in einer kompakten Listenübersicht präsentiert werden. Dafür bietet Joomla das Modul *Neueste Nachrichten*, das standardmäßig die kürzlich veröffentlichten Beiträge in Form einer Liste aufführt (siehe Abbildung 8.17). Klickt der Besucher auf einen Beitragstitel in dieser Übersicht, gelangt er direkt zu diesem Beitrag und kann ihn sich ausführlich durchlesen. Gemäß der Grundeinstellung werden nur Beiträge aufgeführt, die sich in einer bestimmten Kategorie befinden. Sie können jedoch diese Einstellung verändern und auch Beiträge anzeigen lassen, die sich nicht in einer Kategorie befinden.

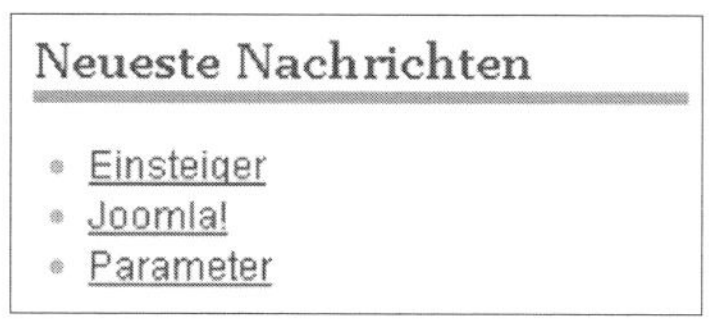

Abbildung 8.17: Modul Neueste Nachrichten

Menü

Der Modultyp *Menü* ist, wie der Name schon sagt, dazu gedacht, Menüs für Ihre Website zu erstellen und zu platzieren. Wie auf der Speisekarte im Restaurant bieten Menüs den Besuchern eine anschauliche Übersicht über die besonderen Schmankerl Ihrer Website. Über die Menüs navigiert der Website-Besucher durch Ihre Beiträge und hangelt sich von Unterseite zu Unterseite. Die Navigationsmenüs sind also sehr wichtige Basiselemente einer Website.

Das Menü-Modul bietet den Menüs einen Container, um sie auf der Website darzustellen (siehe Abbildung 8.18). Die wichtigsten Standardmenüs sind:

- ✔ Hauptmenü
- ✔ Menü oben
- ✔ Benutzermenü

Um die Menüs Ihrer Website zu verwalten (neu anlegen, löschen, Einträge verändern und so weiter), gibt es in Joomla die Menü-Verwaltung. Mehr Informationen zur Verwaltung von Menüs finden Sie in Kapitel 6.

Abbildung 8.18: Hauptmenü mit Beispieleinträgen

Beiträge – Newsflash

Das Modul *Beiträge – Newsflash* ist ein Blickfang auf Ihrer Homepage und macht den Besucher, der nur mal so reinschaut, neugierig auf Ihre Beiträge. Es zeigt nach dem Zufallsprinzip kurze Beiträge aus einer bestimmten Kategorie. Das heißt, bei jedem Aufruf Ihrer Website wird ein anderer Kurzbeitrag angezeigt. Sie können dieses Modul auch für die Anzeige der neuesten Schlagzeilen benutzen.

Zufallsbild

Das Modul *Zufallsbild* zeigt bei jedem Aufruf Ihrer Website ein zufällig ausgewähltes Bild aus einem bestimmten Ordner an. Diesen Ordner können Sie in der Modul-Verwaltung im Textfeld BILDVERZEICHNIS angeben, wenn Sie das Modul bearbeiten. Mit diesem Modul sieht die Website bei jedem Aufruf etwas anders aus und es kommt ein wenig Abwechslung in Ihre Website.

Suchen

Viele Websurfer gehen in der Flut von Informationen unter, die ihnen entgegenkommt. Deshalb sind Suchmaschinen von großer Bedeutung, um Informationen im Internet zu finden. Joomla bietet eine eigene, eingebaute Suchmaschine, mit der alle Beiträge Ihrer Website durchsucht werden können. Das Modul *Suche* zeigt ein Textfeld an, in das Suchbegriffe eingegeben werden können.

Statistiken

Im heutigen Datenzeitalter schwört alle Welt auf Zahlen und Statistiken. Um diesen Informationsdurst zu stillen, gibt es in Joomla eine *Statistikfunktion*, die Sie ein- und ausschalten sowie individuell konfigurieren können.

Mit dem Statistik-Modul sind die Besucher immer rundum über den Stand Ihrer Website informiert. Die nützlichste und gebräuchlichste Funktion dieses Moduls ist der Zähler, der die Aufrufe Ihrer Website zählt. Damit sind die Besucher Ihrer Website immer im Bilde, wie erfolgreich Sie mit Ihrem Webangebot sind, da jeder sehen kann, wie oft Ihre Website bereits aufgerufen wurde. Besonders für kommerzielle Anbieter von Websites sind Statistiken von Zugriffszahlen und Suchbegriffen ein Muss, um von Werbekunden für Banner entsprechende Gebühren zu kassieren. Aber auch der Otto-Normal-Website-Inhaber interessiert sich häufig dafür, wie oft seine Seite aufgerufen und nach welchen Begriffen gesucht wird.

Zusätzlich zu den Site-Aufrufen können Sie mit diesem Modul noch einige andere Statistikinformationen einblenden, wie zum Beispiel die Anzahl der registrierten Benutzer, die Anzahl der Beiträge und so weiter (siehe Abbildung 8.19). Welche Statistikwerte angezeigt werden, können Sie mit den Einstellungen des Moduls *Statistiken* in der Modul-Verwaltung festlegen, wenn Sie das Modul bearbeiten.

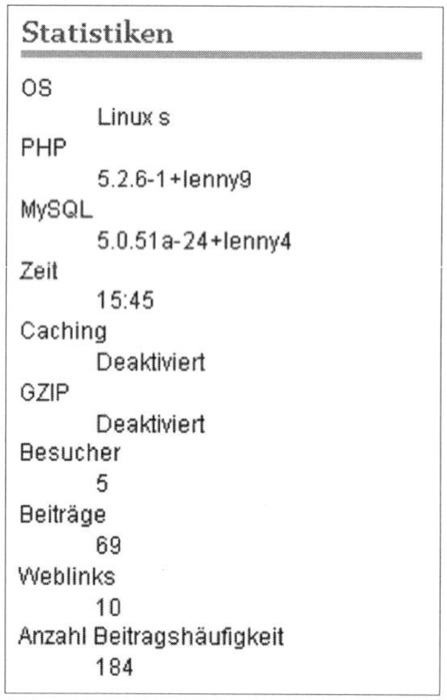

Abbildung 8.19: Statistische Informationen über die Website

Wer ist online?

Mit diesem kleinen, aber feinen Modul können Sie die Website-Besucher stets wissen lassen, wie viele Benutzer Ihre Website gerade aufgerufen haben. Dabei unterscheidet das Modul zwischen Gästen und registrierten Benutzern, die sich angemeldet haben (siehe Abbildung 8.20). Es ist auch möglich, die Namen der angemeldeten Benutzer auflisten zu lassen. Diese Einstellungen können Sie in der Modul-Verwaltung vornehmen, indem Sie das Modul *Wer ist online* bearbeiten.

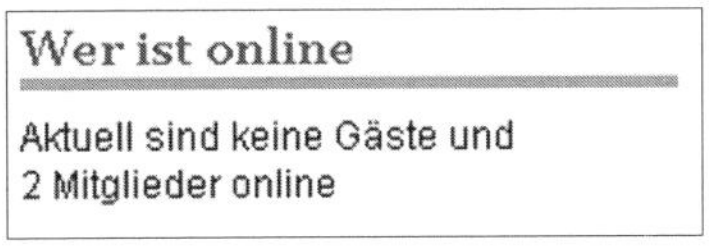

Abbildung 8.20: Wer ist gerade online?

Banner

Werbebanner können auf Ihrer Website eine erhebliche Einnahmequelle darstellen. Im Abschnitt *Komponenten* weiter vorne in diesem Kapitel wurde beschrieben, wie Sie ein neues Werbebanner anlegen. Wenn Sie das gemacht haben, wird das Banner aber immer noch nicht auf Ihrer Website angezeigt. Um das zu ändern, stellen Sie sicher, dass

- ✔ das Modul *Banner* freigegeben (veröffentlicht) ist,
- ✔ sich das Modul *Banner* auf einer Modulposition befindet, die in Ihrem Template auch definiert ist,
- ✔ das Modul *Banner* mindestens einer Bannerkategorie (im Bereich Basisoptionen) Ihrer Website zugeordnet ist,
- ✔ das Modul *Banner* mindestens einem Menü zugeordnet ist (im Bereich MENÜZUWEISUNG, wenn Sie das Modul bearbeiten).

Dann brauchen Sie nur noch einen Bannerkunden für das Modul auszuwählen. Wenn Sie mehrere Banner (zum Beispiel von mehreren Werbekunden) einblenden möchten, können Sie beliebig oft ein neues Banner-Modul erstellen, das auf dem Modultyp *Banner* basiert. Diese Einstellungen können Sie in der Modul-Verwaltung vornehmen. Hier können Sie auch auswählen, ob Ihre Banner per Zufallsprinzip oder der Reihe nach angezeigt werden sollen.

Feed – Anzeige

Newsfeeds sind nützliche Abonnements zum Beispiel von Nachrichten im Internet. Mit ihnen erhalten Sie als Websurfer immer die aktuellsten Neuigkeiten einer Website, ohne die Site tatsächlich aufrufen zu müssen. Um Newsfeeds darzustellen, benötigen Sie einen Newsfeed-Reader, d.h. eine Lesesoftware. Auch die Webbrowser Mozilla Firefox und Windows Internet Explorer 7 können Newsfeeds anzeigen.

Mit dem Modul *Feed – Anzeige* können Sie die Newsfeeds einer fremden Website auf Ihrer eigenen Joomla-Website einbinden. So können die Besucher Ihrer Website ohne Newsfeed-Reader Ihre Lieblings-Newsfeeds lesen, wenn sie Ihre Website besuchen.

Das Modul zeigt erst Newsfeed-Beiträge an, wenn Sie eine Feed-URL im Bereich BASISOPTIONEN des Moduls eintragen. Die Newsfeed-Beiträge werden dann aus dieser URL geladen. Im Bereich BASISOPTIONEN können Sie noch weitere Einstellungen vornehmen wie zum Beispiel, ob der Titel des Newsfeeds und seine Beschreibung angezeigt werden oder wie viele Newsfeed-Beiträge angezeigt werden sollen.

Eigene Inhalte (Leeres Modul)

Das Modul *Eigene Inhalte* ist sozusagen ein leerer Modulcontainer. Mit ihm können Sie einen beliebigen Text im Editor des Moduls verfassen, formatieren und auf Ihrer Website einblenden, ohne dass Sie dafür ein eigenes Modul schreiben müssen. Standardmäßig gibt es nach der Installation mehrere Module des Modultyps *Eigene Inhalte*. Wenn Sie einen solchen Container benötigen, müssen Sie ein vorhandenes Modul ändern oder ein neues Modul anlegen. Mehr Informationen zum Anlegen eines Moduls finden Sie im Abschnitt *Modul anlegen* weiter vorne in diesem Kapitel.

Anmelden

Das Modul *Anmeldung* zeigt ein Anmeldeformular auf Ihrer Website an. Damit können sich registrierte Benutzer anmelden und erhalten so Zugang zu geschützten Bereichen. Wenn ein Benutzer sein Passwort vergessen hat, kann er es sich mit diesem Modul per E-Mail zuschicken lassen. Wenn Sie die Benutzerregistrierung aktiviert haben, können sich mit dem Modul *Anmeldung* neue Benutzer auf Ihrer Website registrieren. Wie Sie die Benutzerregistrierung aktivieren, erfahren Sie in Kapitel 4.

Meistgelesene Beiträge

Bei den ganzen Beiträgen auf Ihrer Website wollen sich Besucher vielleicht erst einmal die beliebtesten Beiträge anschauen, das heißt diejenigen, die am meisten gelesen wurden. Dafür gibt es in Joomla den Modultyp *Beliebte Beiträge*, auf dessen Basis es nach der Installation standardmäßig auch schon ein Modul namens *Articles Most Read* gibt, wenn Sie die Installation mit Beispieldaten gewählt haben. Das Modul zeigt auf der Startseite eine Beitragsliste an, ähnlich wie das Modul *Neueste Nachrichten*. Darin werden die am häufigsten gelesenen Beiträge aufgeführt. In den Moduleinstellungen können Sie festlegen, wie viele Listeneinträge angezeigt werden sollen.

Verwandte Beiträge

Das Modul *Beiträge – Verwandte Beiträge* zeigt Beiträge verwandter Themen an, das heißt, Beiträge, die dem gerade angezeigten Beitrag thematisch naheliegen (siehe Abbildung 8.21). Die Anzeige wird über die Metadaten der Beiträge gesteuert. Die Metadaten eines Beitrags bestehen aus einem beschreibenden Text und Schlüsselwörtern. Für die Anzeige verwandter Themen sind nur die Schlüsselwörter wichtig. Die Schlüsselwörter des angezeigten Beitrags werden mit denen anderer veröffentlichter Beiträge verglichen und bei Übereinstimmung in Listenform in diesem Modul angezeigt. Wie Sie zu einem Beitrag Metadaten eingeben, erfahren Sie in Kapitel 5.

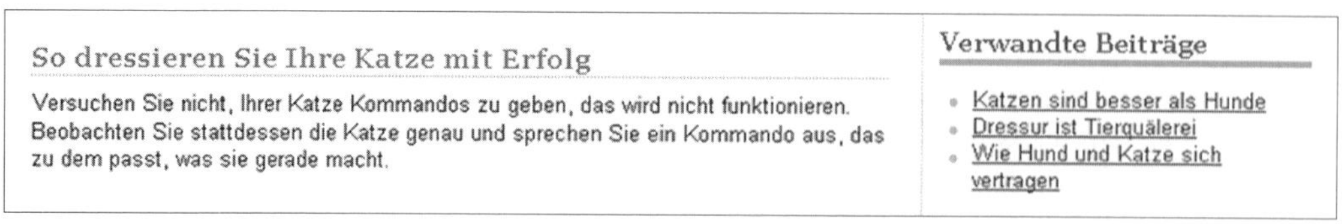

Abbildung 8.21: Beitrag mit Modul »Beiträge – Verwandte Beiträge«

Syndication Feeds

Sie möchten, dass die Besucher Ihrer Website immer über die aktuellsten Beiträge Ihrer Website informiert sind, ohne ständig auf Ihre Site surfen zu müssen? Das geht mit Newsfeeds und dem Modul *Syndication Feeds*, das einen Newsfeed für die Seite erstellt, auf der es angezeigt wird (siehe Abbildung 8.22). Möchten Sie Ihre Newsfeed-Abonnenten zum Beispiel über die Beiträge auf der Startseite informieren, blenden Sie dieses Modul nur auf der Startseite ein. Den Text, der mit dem Newsfeed-Link angezeigt wird, können Sie in den Moduleinstellungen in der Modul-Verwaltung verändern, wenn Sie das Modul *Syndication Feeds* bearbeiten.

Abbildung 8.22: Modul Syndication Feeds mit Newsfeed-Link

Wrapper

Das *Wrapper*-Modul kann fremde Websites einpacken und auf Ihrer eigenen Joomla-Website anzeigen, ohne dass der Besucher Ihre Site verlassen muss. Dabei wird sozusagen die fremde Website in Ihre eigene eingebettet (siehe Abbildung 8.23).

Abbildung 8.23: Modul Wrapper mit eingebetteter Website

Aber Vorsicht! Für eingebettete Sites gilt dasselbe wie für verlinkte Websites. Achten Sie genau darauf, welche Websites Sie einbetten. Wenn deren Inhalte illegal oder urheberrechtlich geschützt sind, können Sie schnell Probleme bekommen. Sie sollten auch auf jeden Fall einen so genannten Disclaimer (Haftungsausschluss) auf Ihre Website stellen, mit dem Sie sich von den Inhalten der eingebetteten Websites ausdrücklich distanzieren.

Plugins

Plugins sind Programmbestandteile im Kern von Joomla, die bestimmte allgemeine Aufgaben übernehmen. Typische Plugins sind zum Beispiel die beiden Texteditoren, mit denen man Beiträge bearbeiten kann. Mehr Informationen zur Arbeit mit dem Texteditor TinyMCE finden Sie in Kapitel 5.

Auch die Suchfunktion und die suchmaschinenfreundlichen URLs funktionieren mit Plugins. Die meiste Zeit verrichten diese unscheinbaren Helferlein ihre Arbeit unscheinbar im Hintergrund, und Sie als Benutzer merken gar nicht, dass Plugins am Werk sind. Erst wenn es um die Erweiterung von Joomla mit neuen Plugins geht, treten sie in den Vordergrund.

Neue Erweiterungen – Anbau leicht gemacht

9

In diesem Kapitel

- Erweiterungen installieren – so geht's
- Eine Erweiterung zum Newsletter schreiben
- Ein Forum für Joomla
- Gästebuch-Erweiterung
- Bildergalerie-Erweiterung
- Termin- und Veranstaltungsverwaltung

Immer wieder hört man: »Joomla ist ja ganz hübsch, aber mir fehlt die Funktion XYZ.« Auf manche Zusatzfunktionen wie ein Gästebuch oder eine Sitemap möchte man aber einfach nicht verzichten. Gut, dass es genau dafür Erweiterungen gibt, die zahllose fleißige Entwickler meist kostenlos zur Verfügung stellen. Wie in Kapitel 8 beschrieben, bestehen auch sämtliche zusätzliche Erweiterungen aus Komponenten, Modulen und Plugins.

Doch seien Sie auf der Hut, denn nicht jede Erweiterung ist sicher! Die meisten Sicherheitsprobleme bei Joomla entstehen durch die arglose Installation von Erweiterungen. Viele davon sind schlampig programmiert. Eine Liste der bekannten unsicheren Erweiterungen finden Sie im Internet unter `http://docs.joomla.org/Vulnerable-Extensions-List`. Informieren Sie sich außerdem in Kapitel 10 über wichtige Sicherheitsvorkehrungen für Joomla.

Alle Erweiterungen, die in diesem Kapitel beschrieben werden, finden Sie auch auf der CD, die diesem Buch beiliegt, im Ordner `Joomla 1.6/Erweiterungen`.

Info

Auf der Webseite `http://www.joomla16-das-buch.de` im Menü Buch im Kapitel 9 finden Sie die Beschreibungen zusätzlicher Erweiterungen: *Xmap 2 für J1.6* erzeugt eine Sitemap, also eine Übersichtsseite über alle Seiten der Website.

Erweiterungen installieren und montieren

In diesem Abschnitt erfahren Sie, wie Sie Erweiterungen in Joomla installieren. Das funktioniert bei allen Erweiterungen auf die gleiche Art und Weise.

1. **Klicken Sie in der Administration auf das Menü Erweiterungen|Erweiterungen.**

   Die Seite Erweiterungen mit der Registerkarte Installieren wird geöffnet (siehe Abbildung 9.1).

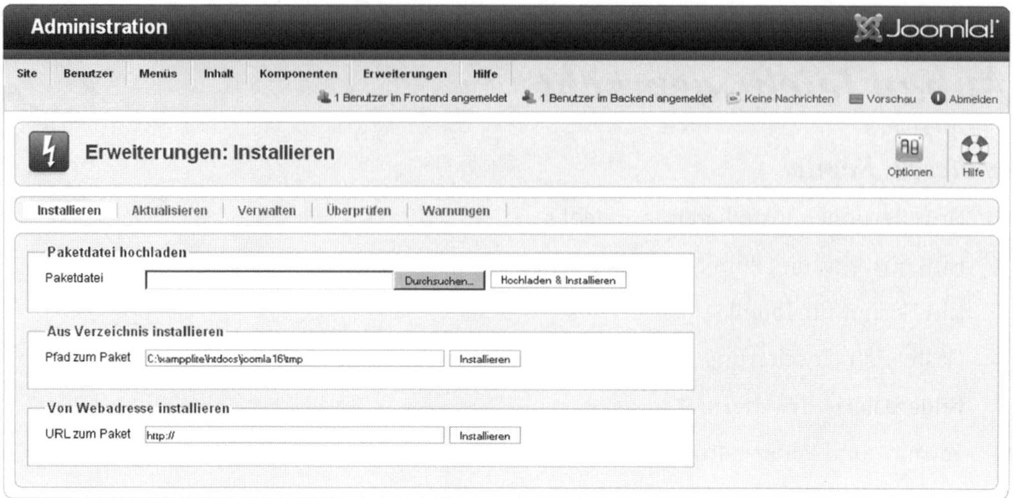

Abbildung 9.1: Erweiterungen hochladen und installieren

2. **Klicken Sie im Bereich Paketdatei hochladen auf die Schaltfläche Durchsuchen.**

   Das Dialogfenster Datei uploaden wird geöffnet. Hier können Sie eine Installationsdatei für eine Erweiterung auf Ihrem Computer auswählen.

3. **Wählen Sie die Installationsdatei der Erweiterung aus und klicken Sie auf die Schaltfläche Öffnen.**

   Der Pfad der Installationsdatei wird nun im Textfeld Paketdatei angezeigt.

4. **Klicken Sie auf die Schaltfläche hochladen & Installieren.**

   Die Erweiterung wird installiert und kann anschließend in der Administration eingerichtet werden.

   Um die Erweiterung für die Nutzer Ihrer Website zugänglich zu machen, müssen Sie noch einen Menüeintrag auf die Erweiterung anlegen.

5. **Klicken Sie in der Administration auf das Menü Menüs|Hauptmenü.**

   Die Seite Menüeinträge: [hauptmenü] wird geöffnet. Sie können den Menüeintrag aber auch in jedem anderen Menü erstellen.

6. **Klicken Sie auf die Schaltfläche Neu, um einen neuen Menüeintrag anzulegen.**

   Die Seite Menüs: Neuer Menüeintrag wird geöffnet. Klicken Sie auf Details. Hier finden Sie die soeben installierte Erweiterung, wie in Abbildung 9.2 gezeigt.

7. **Klicken Sie auf den Namen Ihrer Erweiterung.**

8. **Geben Sie im Bereich Details in das Textfeld Titel den Namen des Menüeintrags ein.**

   Verwenden Sie möglichst eine schlüssige Bezeichnung, beispielsweise `Gästebuch` für eine Gästebuch-Komponente oder `Sitemap` für eine Sitemap-Erweiterung.

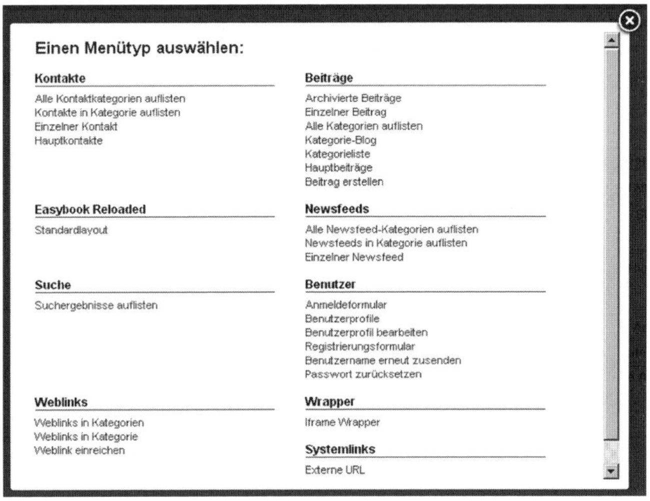

Abbildung 9.2: Einen neuen Menüeintrag für eine Erweiterung erstellen

9. **Klicken Sie auf die Schaltfläche SPEICHERN & SCHLIESSEN.**

   Im Menü wird ein Eintrag für die soeben installierte Erweiterung angelegt. Diese kann nun auf der Site genutzt werden.

Ein Forum mit Feuer – Kunena

Die Besucher Ihrer Website sollen miteinander plaudern können? Dann muss ein Diskussionsforum her. *Kunena* ist so ein Forum, und es hat einen Funktionsumfang, bei dem man nur mit den Ohren schlackern kann:

- ✔ beliebig viele Foren und Unterforen einricht- und verwaltbar
- ✔ umfangreiche Verwaltungsoberfläche in der Administration von Joomla
- ✔ Zugriffsschutz für jedes Unterforum separat einstellbar
- ✔ Spam-Schutz (Flood Protection)
- ✔ volle Integration der Site-Benutzer in das Forum
- ✔ Benutzerprofile beispielsweise mit Signaturtexten, Avataren
- ✔ Zusammenspiel mit zahlreichen Erweiterungen wie dem *Community Builder*

Kunena lässt sich wie jede gewöhnliche Erweiterung installieren und in die Menüs einbinden. Wie das geht, erfahren Sie im Abschnitt *Erweiterungen installieren und montieren* weiter vorne in diesem Kapitel. Die Installationsdateien finden Sie auf der beiliegenden CD im Ordner `Joomla 1.6/Erweiterungen/Kunena` oder die neueste »Stable«-Version im Internet unter `http://www.joomlaos.de/option,com-remository/Itemid,41/func,select/id,421.html`.

Hier kann nur ein kleiner Teil des riesigen Funktionsumfangs von Kunena beschrieben werden. Mehr Anleitungen und Betreuung finden Sie im offiziellen deutschsprachigen Kunena-Forum unter `http://www.kunena.org/forum/36-german`.

Kunena einrichten

Nach erfolgreicher Installation geht es nun frisch ans Werk, schließlich will so eine umfangreiche Erweiterung eingerichtet werden. Hier die wichtigsten Einstellungen:

1. **Klicken Sie in der Administration auf das Menü KOMPONENTEN|KUNENA FORUM.**

   Die Verwaltungsoberfläche von Kunena wird geöffnet (siehe Abbildung 9.3). Nicht wundern: Die Oberfläche sieht der Administration von Joomla ein wenig ähnlich.

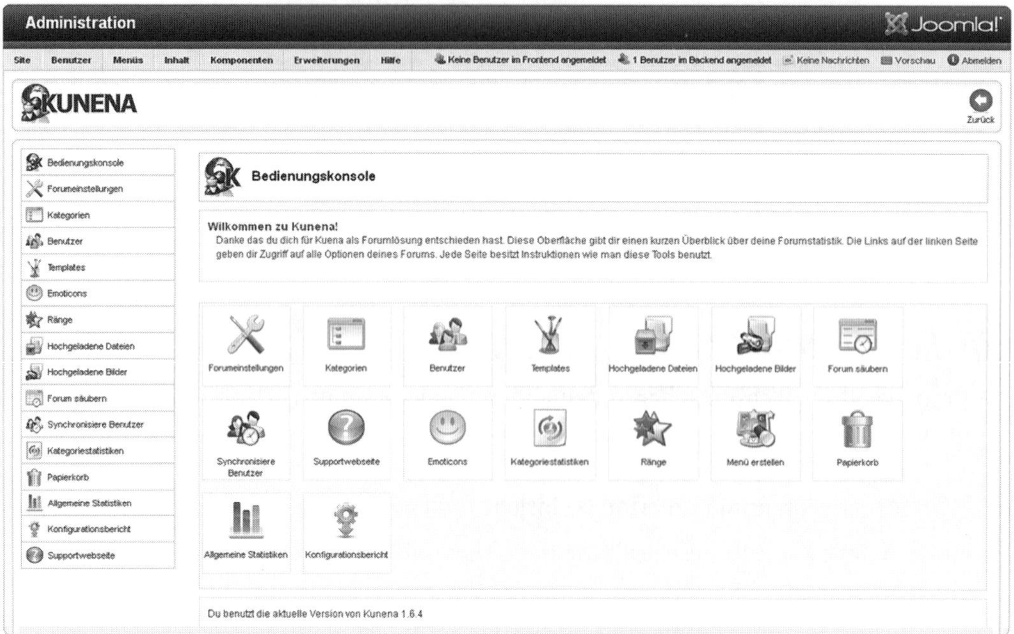

Abbildung 9.3: Administration von Kunena

2. **Klicken Sie auf die FORUMEINSTELLUNGEN.**

   Die Seite FORUMEINSTELLUNGEN wird geöffnet (siehe Abbildung 9.4).

3. **Geben Sie in das Textfeld FORUMTITEL einen Namen ein.**

   Dieser Name wird überall im Forum angezeigt.

4. **Geben Sie in das Textfeld E-MAIL-ADRESSE DES FORUMS Ihre E-Mail-Adresse ein.**

   An diese E-Mail-Adresse werden alle Benachrichtigungen für den Foren-Administrator geschickt.

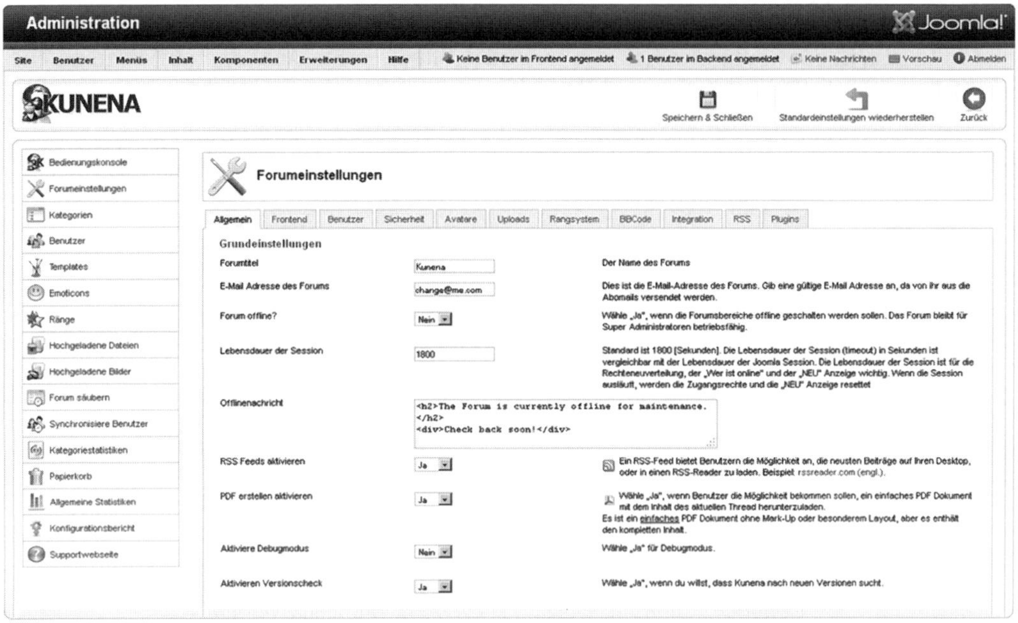

Abbildung 9.4: Grundeinstellungen von Kunena

5. **Klicken Sie auf die Schaltfläche SPEICHERN & SCHLIESSEN.**

   Der Name des Forums und die E-Mail-Adresse des Foren-Administrators wurden nun geändert.

Natürlich können Sie noch wesentlich mehr an Ihrem neuen Forum einstellen, beispielsweise dessen Darstellung, weitere Zugriffsrechte, das Zusammenspiel mit anderen Erweiterungen und vieles mehr. Schauen Sie dazu doch mal in die anderen Registerkarten hinein. Doch Vorsicht: Probieren Sie die verschiedenen Einstellungen zuerst auf einem Testsystem aus, erst danach auf Ihrer Website.

Forum anlegen

Momentan ist Kunena zwar aktiv, es gibt aber noch keine Foren, in denen Ihre Benutzer diskutieren können. Dazu brauchen Sie in jedem Fall mindestens eine der so genannten Kategorien, in denen Sie schließlich Ihre Foren anlegen können.

Bei diesen Kategorien handelt es sich zwar nicht um die Kategorien, die Sie aus der Beitrags-Verwaltung von Joomla kennen, doch sie dienen demselben Zweck, Ihre Inhalte – hier die einzelnen Foren – nach Themen zu untergliedern. Ein paar Kategorien sind beim Installieren bereits angelegt worden, was das Zurechtfinden vereinfacht.

1. **Klicken Sie in der Administration auf das Menü KOMPONENTEN|KUNENA FORUM.**

   Die Verwaltungsoberfläche von Kunena wird geöffnet.

2. **Klicken Sie auf Kategorien.**

   Die Übersicht der Foren und Kategorien wird geöffnet, wie in Abbildung 9.5 gezeigt. Hier werden später alle Kategorien und Bereiche gelistet.

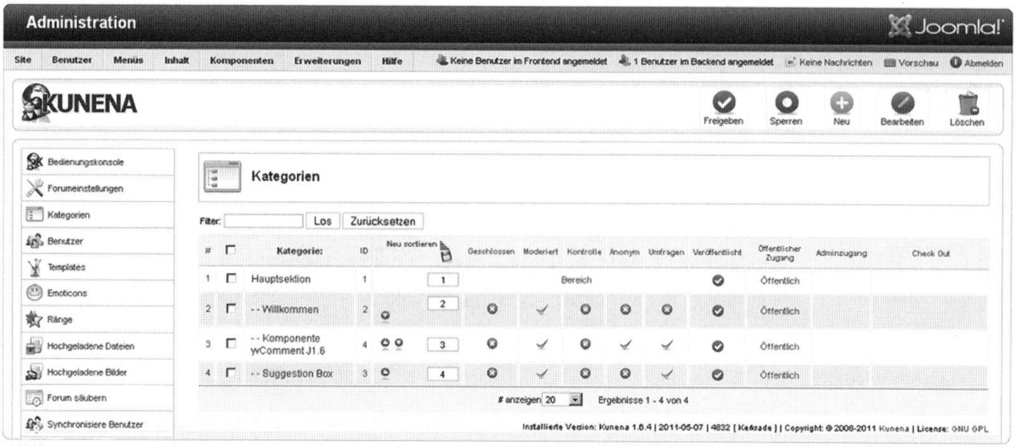

Abbildung 9.5: Kunena-Administration für Forenkategorien

3. **Klicken Sie auf die Schaltfläche Neu.**

   Die Seite Kategorien wird geöffnet (siehe Abbildung 9.6).

4. **Wählen Sie bei Elternteil den Eintrag Hauptsektion.**

5. **Geben Sie in das Textfeld Name den Namen der Kategorie ein.**

   Auch wenn Ihnen verschiedene Kategorien nicht sinnvoll erscheinen, mindestens eine Kategorie benötigen Sie aus technischen Gründen. Nennen Sie in diesem Fall die Kategorie beispielsweise `Diskussionen`.

6. **Klicken Sie auf die Schaltfläche Speichern & Schliessen.**

   Eine Kategorie auf oberster Ebene wurde nun angelegt und die Übersicht der Kategorien wird wieder geöffnet.

7. **Klicken Sie auf der Seite Kategorien auf die Schaltfläche Neu.**

   Die Seite Kategorien wird wieder geöffnet (siehe Abbildung 9.6).

8. **Wählen Sie im Auswahlmenü Elternteil die soeben angelegte übergeordnete Kategorie aus.**

   So legen Sie fest, dass es sich diesmal um ein Forum handelt und nicht um eine neue Kategorie.

9. **Geben Sie in das Textfeld Name den Namen des Forums und in den Textbereich Beschreibung einen Beschreibungstext ein.**

   Dieser Beschreibungstext erscheint auf der Site in der Übersichtstabelle der Foren (siehe Abbildung 9.7).

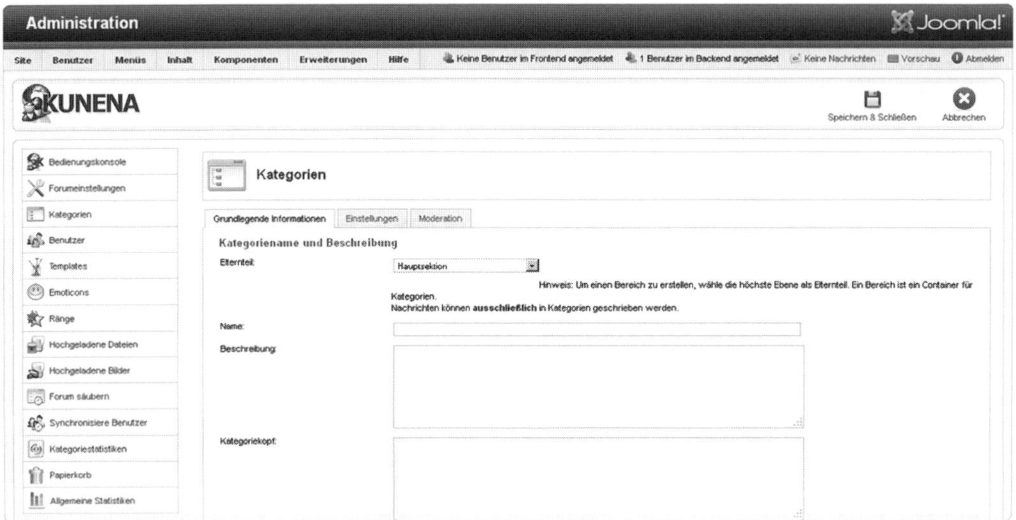

Abbildung 9.6: Neue Forenkategorie anlegen

10. Klicken Sie auf die Schaltfläche SPEICHERN & SCHLIESSEN.

Ein neues Forum wurde nun innerhalb der Kategorie erstellt. Die Übersicht der Foren und Kategorien wird wieder geöffnet.

11. Klicken Sie nun auf jede Kategorie, zum Beispiel jedes Forum, in der Spalte VERÖFFENTLICHT auf das rote Symbol mit dem weißen X.

Damit werden alle Kategorien und Foren auf der Site freigegeben. Jetzt können die Benutzer auf der Site Kategorien und Foren sehen, Benutzer können sich registrieren, Forenbeiträge schreiben und munter losdiskutieren. Abbildung 9.7 zeigt, wie die Forenübersicht auf der Site aussieht, wenn Sie einige Foren und Kategorien angelegt haben.

Forenbeiträge erstellen und verwalten

In Ihrem Webforum werden sich bald zahlreiche Meinungen und zum Teil zweifelhafte Beiträge tummeln. Bald werden Sie den Wunsch verspüren, Beiträge zu löschen oder einzelne Stellen in Beiträgen zu ändern, beispielsweise um Links auf unerwünschte Websites zu entfernen.

Benutzer der Administration, also Manager und alle Administratoren, sind auch bei Kunena automatisch die Chefs und dürfen Foren moderieren, alle Beiträge verändern oder löschen und vieles mehr.

Die Forenbeiträge lassen sich direkt auf der Site bearbeiten, sofern Sie als Moderator, zum Beispiel als Administrator, dort angemeldet sind.

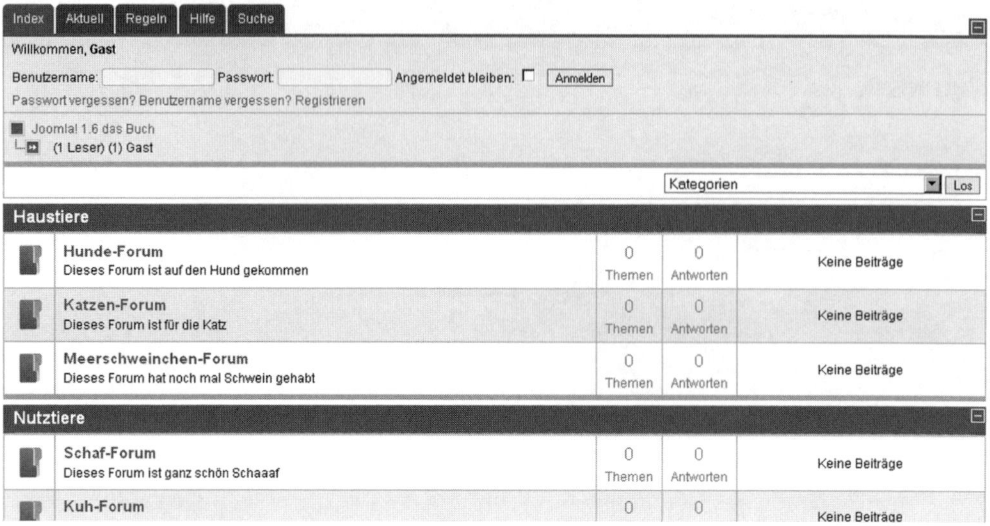

Abbildung 9.7: Forenübersicht auf der Site

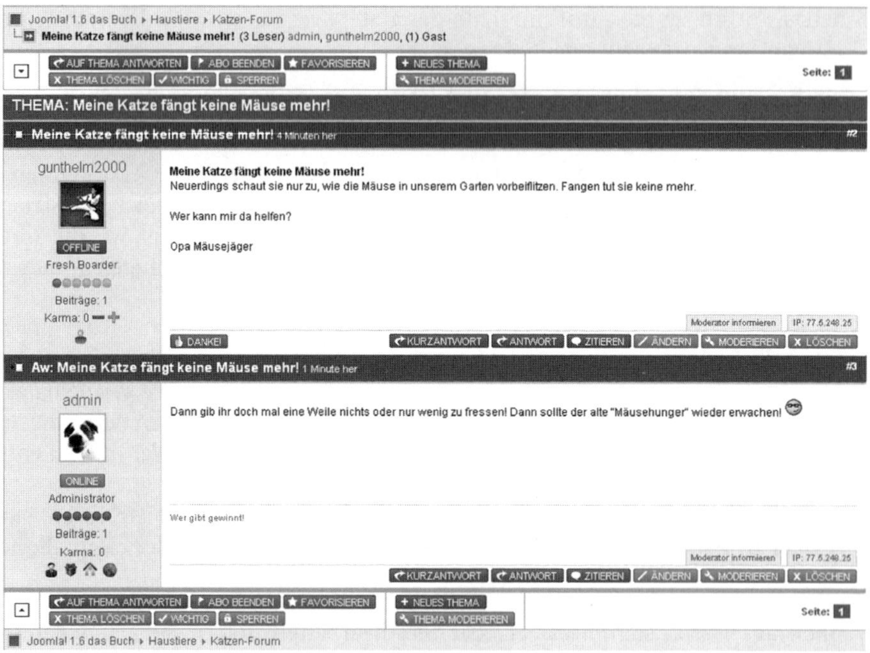

Abbildung 9.8: Diskussion im Forum

Wie Sie in Abbildung 9.8 sehen, gibt es unter jedem Forenbeitrag einige Links, die unterschiedliche Funktionen besitzen. Die drei Grundfunktionen sind:

- **Kurzantwort/Antwort:** Auf einen Forenbeitrag antworten. In einem Texteingabefeld können Sie eine Antwort verfassen und mitdiskutieren.
- **Zitieren:** Einen Forenbeitrag beantworten und ihn dabei ganz oder teilweise zitieren. Der ursprüngliche Text wird dabei in den neuen Forenbeitrag hineinkopiert.
- **Ändern:** Jeder registrierte Benutzer kann seine eigenen Beiträge bearbeiten. Moderatoren und Benutzer der Administration können Beiträge beliebig verändern.

Wenn Sie wie in Abbildung 9.8 als Moderator oder Administrator angemeldet sind, stehen Ihnen zudem noch folgende Funktionen zur Verfügung:

- **Löschen:** In Ausnahmefällen empfiehlt es sich, einen Forenbeitrag komplett zu löschen, beispielsweise wenn er schlimme Dinge wie Verleumdungen, Beleidigungen oder einen Aufruf zu einer Straftat enthält.

Wenn Sie den *ersten Forenbeitrag* einer Diskussion löschen, wird die gesamte Diskussion gelöscht, also auch alle nachfolgenden Antworten.

- **Moderieren:** Für den ersten Beitrag einer Diskussion gibt es die Möglichkeit, diesen Beitrag und dazu auch die gesamte Diskussion in ein anderes Forum zu verschieben, wenn er hier fehl am Platz ist.
- **Wichtig:** Damit können Sie eine besonders wichtige Diskussion auf der Forenübersicht »festtackern«. Das heißt, sie bleibt immer ganz oben, auch wenn es neuere Diskussionen gibt.
- **Sperren:** Sie können eine ganze Diskussion sperren. Das heißt, hier können keine weiteren Antworten mehr hinzugefügt werden. Die Diskussion kann aber weiterhin gelesen werden.

Wenn Sie eine richtige Online-Gemeinschaft, neudeutsch *Community* aufbauen möchten, lohnt es sich, einen Blick auf die tolle Joomla-Erweiterung *Community Builder* zu werfen. Diese im Funktionsumfang schwer aufgebohrte Benutzerverwaltung verträgt sich übrigens hervorragend mit Kunena.

Gästebuch ganz easy mit EasyBook

Wenn Sie ein wenig Interaktion mit Ihren Website-Besuchern möchten, ein Forum aber zu groß erscheint, ist ein Gästebuch wie das *EasyBook* genau das Richtige. Besucher können hier einen Gruß hinterlassen, wie Abbildung 9.9 zeigt.

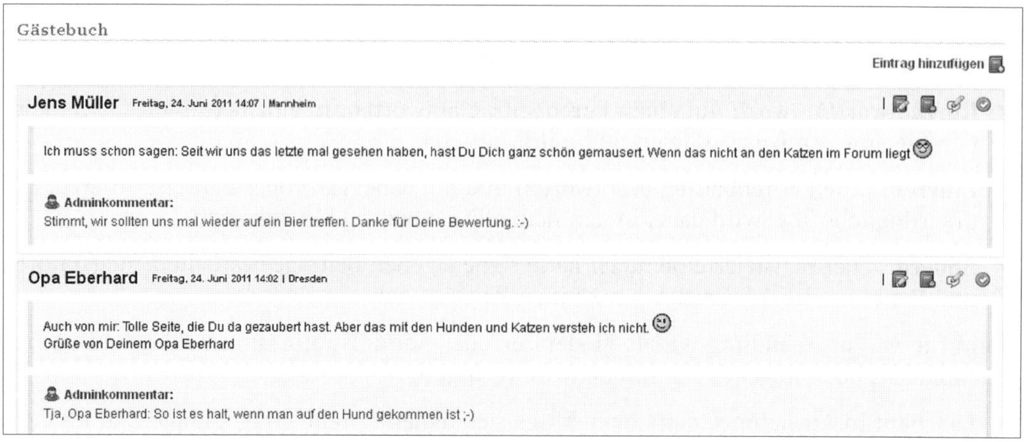

Abbildung 9.9: EasyBook auf der Site

Dabei macht EasyBook seinem Namen alle Ehre. Es ist eine prima Erweiterung, die direkt nach der Installation einsatzbereit ist und dennoch Funktionen bereitstellt, dass es eine wahre Pracht ist:

- ✔ Gästebucheinträge mit Smileys, E-Mail-Adresse, Homepage und vieles mehr, die von den Site-Betreibern sogar kommentiert werden können (siehe Abbildung 9.9)
- ✔ Verwaltungsoberfläche in der Administration und für Administratoren auch auf der Site von Joomla
- ✔ einstellbare Zusatzinformationen, was zu jedem Eintrag mitgespeichert wird (IP-Adresse, Browserversion, Datum und so weiter)
- ✔ erweiter- und änderbarer Wortfilter, damit unflätige Ausdrücke von vorneherein bei Ihrem Gästebuch außen vor bleiben und durch Sternchen ersetzt werden
- ✔ auf Wunsch Spamschutz durch Captchas (das sind Codes, die abgelesen und eingetragen werden müssen, bevor ein Gästebucheintrag erstellt werden kann). Wenn Sie die Komponente EasyCaptcha installieren, bleiben massenweise unerwünschte Einträge außen vor.

Wie Sie eine Erweiterung installieren und einen Menüeintrag dafür anlegen, haben Sie bereits im Abschnitt *Erweiterungen installieren und montieren* erfahren. Die Installationsdateien für eine deutschsprachige Version von EasyBookfinden Sie auf der beiliegenden CD im Ordner `Joomla 1.6/Erweiterungen/Easy Book` oder im Internet: `http://www.joomlaos.de/option,com-remository/Itemid,41/func,fileinfo/id,6607.html`.

EasyBook einrichten

Auch wenn das Gästebuch sofort einsatzbereit ist, nachdem es installiert wurde und einen Menüeintrag bekommen hat, möchten Sie vielleicht doch noch das eine oder andere anpassen.

1. **Klicken Sie in der Administration auf das Menü KOMPONENTEN|EASYBOOK RELOADED.**

   Die Verwaltungsoberfläche von EasyBook wird geöffnet (siehe Abbildung 9.10).

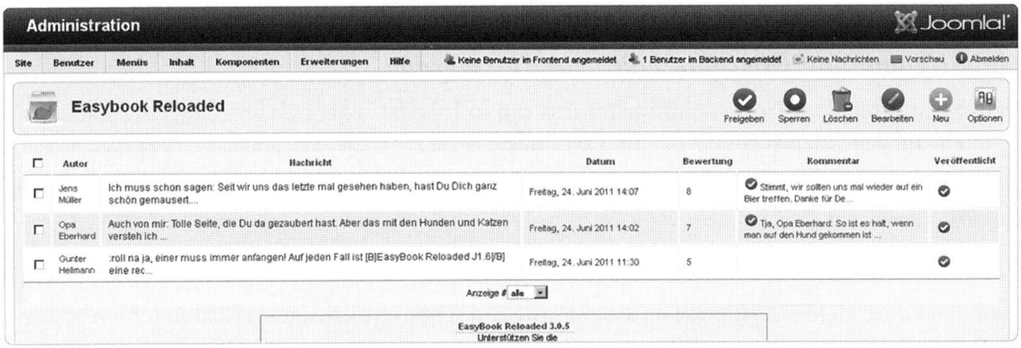

Abbildung 9.10: Verwaltungsoberfläche von EasyBook Reloaded

2. **Klicken Sie auf die Schaltfläche OPTIONEN.**

   Ein Fensterchen öffnet sich. Hier können Sie zahlreiche Dinge einstellen. Einige interessante Einstellungsmöglichkeiten:

   - MAIL IST PFLICHTFELD: Regelt, ob Sie von jedem Gast die E-Mail-Adresse verlangen.
   - EASYCALCCHECK SPAMSCHUTZ AKTIVIEREN: Wenn Sie hier JA angeben, muss bei jedem Eintrag zunächst eine kleine Rechenaufgabe ausgeführt werden; sinnvoll, wenn sich viele unerwünschte Werbe-Einträge in Ihrem Gästebuch tummeln.
   - BENUTZERGRUPPE FÜR HINZUFÜGEN: Regelt, ob jeder Besucher (Everybody) oder nur registrierte Benutzer einen Gästebucheintrag hinzufügen dürfen.

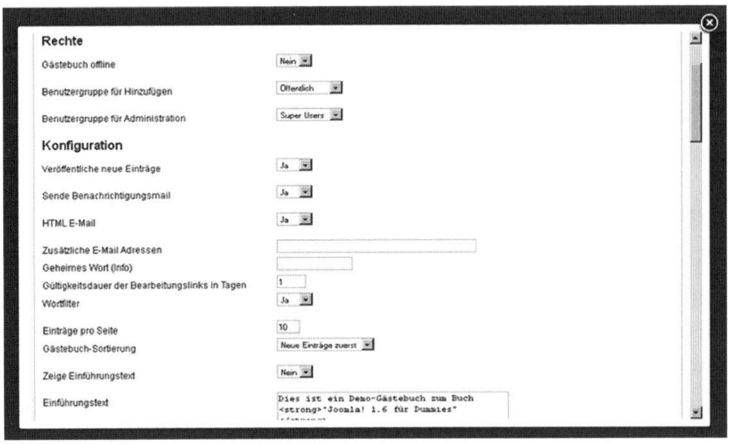

Abbildung 9.11: Parameter-Fenster von EasyBook

3. **Klicken Sie abschließend auf die Schaltfläche Speichern & Schliessen.**

   Die Änderungen an den Einstellungen wurden nun gespeichert.

Sie kommen ebenso auf die Konfiguration, wenn Sie auf Komponenten|EasyBook Reloaded|Einstellungen klicken.

Unwillkommene Gästebucheinträge loswerden

Dem Spamfilter zum Trotz – nicht jeder Eintrag in Ihrem Gästebuch wird Sie entzücken. Um solche Einträge loszuwerden, tun Sie Folgendes:

Klicken Sie in der Administration von Joomla auf das Menü Komponenten|EasyBook Reloaded|Einträge verwalten.

Die Verwaltungsoberfläche von EasyBook wird geöffnet (siehe Abbildung 9.10).

Sie haben dort mehrere Möglichkeiten, was Sie mit einem unliebsamen Gästebucheintrag tun können:

- ✔ **Löschen:** Aktivieren Sie das Kontrollkästchen vor dem Eintrag, der gelöscht werden soll, und klicken Sie auf die Schaltfläche Löschen. Sie können dabei auch mehrere Gästebucheinträge auf einmal auswählen.
- ✔ **Sperren:** Dabei bleibt der Eintrag gespeichert, wird aber auf der Site nicht mehr angezeigt. Klicken Sie zum Sperren eines Gästebucheintrags in der Spalte Veröffentlicht auf das Symbol mit dem grünen Häkchen, nun ist der Eintrag gesperrt und das rote Symbol mit dem weißen X wird angezeigt.
- ✔ **Inhalt verändern:** Klicken Sie in der Spalte Nachricht auf den Text des Eintrags, dann wird ein Formular geöffnet. Im Ausklappbereich Basisdaten können sämtliche Felder des Gästebucheintrags geändert werden. Dazu zählt unter anderem das Datum, die angegebene E-Mail-Adresse und natürlich der Inhalt des Gästebucheintrags. Hier können Sie außerdem einen Kommentar verfassen, der auf der Website erscheinen wird, und so Stellung zum Gästebucheintrag nehmen. Im Ausklappbereich Kontaktdetails können Sie zudem die Angaben Homepage, ICQ-Nummer und so weiter bearbeiten. Abschließend klicken Sie auf die Schaltfläche Speichern & Schliessen.

Dateiverwaltung mit eXtplorer

Die Joomla-Installation liegt physisch auf einem Server beim Webanbieter. Die Dateistruktur mit den Ordnern und Dateien, also die Bestandteile, aus denen Joomla besteht, können Sie sich mit einem FTP-Programm anschauen und neue Dateien, zum Beispiel Bilder für Ihre Bildergalerie, auf den Server hochladen.

Doch wäre es nicht viel praktischer, die komfortablen Funktionen des Windows-Dateiexplorers direkt in der Joomla-Administration nutzen zu können, ohne das lästige FTP-Programm? Dank der Erweiterung *eXtplorer* ist das kein Problem. Ähnliches wie eXtplorer kann übrigens auch die von Joomla mitgebrachte Medien-Verwaltung, allerdings mit sehr viel weniger Funktionen und ist dabei nur auf den Bilderordner im Dateisystem beschränkt.

eXtplorer bietet eine Reihe nützlicher Funktionen:

- ✔ Ordner- und Dateistruktur anzeigen und darin navigieren
- ✔ Dateien betrachten, bearbeiten, löschen, kopieren, umbenennen, archivieren, in einen anderen Ordner verschieben
- ✔ Dateien hochladen, herunterladen und suchen
- ✔ komprimierte Dateien direkt auf dem Server entpacken
- ✔ Dateien und Ordner komprimieren
- ✔ neue Dateien und Ordner erstellen
- ✔ Zugriffsrechte für Ordner und Dateien ändern

Sie sehen, der eXtplorer ist eine sehr mächtige Erweiterung mit vielen Funktionen, die tief in die Innereien der Joomla-Systemdateien eingreifen kann. Da darf natürlich die Sicherheit nicht zu kurz kommen. Deshalb ist diese Erweiterung nur für Super-Administratoren zugänglich. Damit ist gewährleistet, dass auch wirklich nur Benutzer der höchsten Zugangsstufe (nämlich Super-Administratoren) Einblick in das Dateisystem bekommen. Überlegen Sie sich also genau, welchen Benutzern Sie Super-Administrator-Rechte geben.

eXtplorer lässt sich wie jede gewöhnliche Erweiterung installieren. Wie das geht, haben Sie im Abschnitt *Erweiterungen installieren und montieren* weiter vorne in diesem Kapitel erfahren. Die Installationsdateien finden Sie auf der beiliegenden CD im Ordner `Joomla 1.6/Erweiterungen/eXtplorer` oder im Internet unter `http://extplorer.sourceforge.net/`.

eXtplorer aufrufen

Nach der erfolgreichen Installation von eXtplorer steht dieser in der Administration zur Verfügung. Um die Erweiterung aufzurufen, befinden Sie sich in der Administration und haben die Rechte eines Super-Administrators.

Klicken Sie in der Administration auf das Menü KOMPONENTEN|EXTPLORER.

Abbildung 9.12 zeigt den eXtplorer mit einer Übersicht über die Dateien und Ordner im Joomla-Verzeichnis.

Dateimodus vs. FTP-Modus

In der ersten Zeile im eXtplorer erhalten Sie Auskunft darüber, in welchem Modus er sich befindet. Das Programm startet immer im Dateimodus (`eXtplorer`), in dem Sie keine weiteren Zugangsdaten benötigen.

Wenn Sie mit eXtplorer die volle Funktionalität eines FTP-Programmes auskosten wollen, lässt sich der Modus ganz einfach auf FTP umschalten. Die Verwendung von FTP empfiehlt

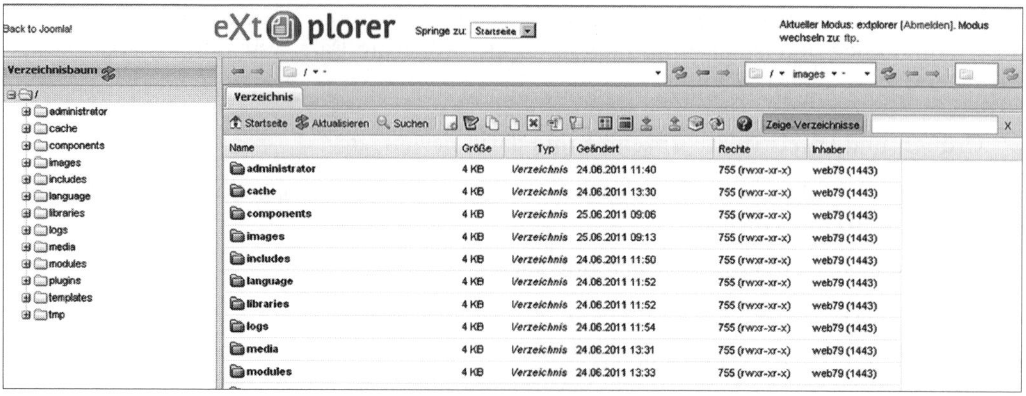

Abbildung 9.12: eXtplorer mit Datei- und Ordnerübersicht

sich, wenn bei Ihrem Webanbieter der so genannte *Safe-Mode* aktiviert ist. Mehr Informationen dazu finden Sie in Kapitel 2.

In den FTP-Modus umschalten

Bei Erstellung dieses Buches konnte diese Funktion nicht genutzt werden, da sie zu einer Fehlermeldung *Verzeichnis "" existiert nicht* führt. Um den eXtplorer wieder nutzen zu können, muss er de- und dann neu installiert werden.

Wenn Sie eXtplorer im FTP-Modus nutzen möchten, legen Sie sich die FTP-Zugangsdaten (Benutzername, Passwort und Serveradresse) Ihres Webanbieters bereit.

1. **Klicken Sie auf das Menü KOMPONENTEN|EXTPLORER.**

   Die Übersicht über Dateien und Ordner wird angezeigt.

2. **Klicken Sie auf den Link FTP in der ersten Zeile.**

   Die Seite FTP AUTHENTIFIZIERUNG für die Eingabe der FTP-Zugangsdaten wird angezeigt (siehe Abbildung 9.13).

3. **Geben Sie in das Textfeld FTP NUTZERNAME Ihren FTP-Benutzernamen ein.**

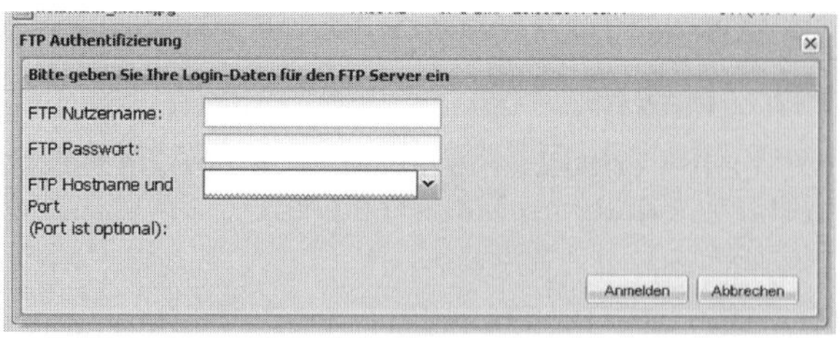

Abbildung 9.13: Eingabefelder für FTP-Zugangsdaten

4. **Geben Sie in das Textfeld FTP Passwort Ihr FTP-Passwort ein.**

   Das dritte Textfeld FTP Hostname und Port enthält die Adresse des FTP-Servers. Der Standardwert ist hier `localhost:21`, den Sie in den meisten Fällen so belassen können. Sollte das nicht klappen, geben Sie in dieses Textfeld die Adresse des FTP-Servers ein, die Sie von Ihrem Webanbieter bekommen haben.

5. **Klicken Sie auf die Schaltfläche Anmelden und bestätigen Sie die Meldung mit OK.**

   Der eXtplorer befindet sich jetzt im FTP-Modus.

   Sie sehen alle Ordner, die sich auf dem Konto bei Ihrem Webanbieter befinden. Ein Klick auf den blauen Link file in der ersten Zeile schaltet wieder in den Dateimodus um. Sie können dann jederzeit wieder in den FTP-Modus wechseln, ohne jedes Mal die Zugangsdaten neu einzugeben. Wenn Sie auf den Link [ABMELDEN] in der ersten Zeile klicken, wird die Verbindung zum FTP-Server beendet. Dann müssen Sie die Zugangsdaten beim nächsten Mal erneut eingeben.

Funktionen kennen lernen

Die vielfältigen Funktionen des eXtplorers werden fast alle mit Symbolen ausgeführt. Dazu gibt es eine Symbolleiste oben und einige Symbole in der Spalte Aktionen direkt bei dem jeweiligen Ordner zum Beispiel bei der Datei. Die Bedeutung der einzelnen Symbole sehen Sie in Tabelle 9.1.

Um die entsprechende Funktion auszuführen, klicken Sie auf ein Symbol.

Symbol	Funktion
	Ordner oder Datei umbenennen
	Inhalt der Datei bearbeiten
	Inhalt der Datei ansehen
	Datei herunterladen
	Datei oder Ordner löschen
	Zurück zur Startseite des eXtplorers
	Ansicht aktualisieren
	Suchen

Symbol	Funktion
	Datei oder Ordner kopieren
	Datei oder Ordner verschieben
	Zugriffsrechte für einen Ordner oder eine Datei ändern
	Eine oder mehrere Dateien auf den Server hochladen
	Datei entpacken
	Datei oder Ordner archivieren. Die Dateien oder Ordner werden gepackt und zum Download angeboten.

Tabelle 9.1: Funktionen im eXtplorer

Löschen Sie keine Dateien oder Ordner, wenn Sie sich nicht ganz sicher sind, was die Änderung bewirkt. Sonst wird Ihre Joomla-Installation möglicherweise zerstört.

Virtuelles Fotoalbum – Phoca Gallery

Bildergalerien finden sich mittlerweile sehr viele im Internet. Viele Website-Inhaber lassen ihre Freunde und Bekannte an ihren besten Schnappschüssen teilhaben. Auch Joomla bietet die Möglichkeit, den Besuchern einer Website Bilder in Form einer Bildergalerie zu präsentieren.

Dieser Abschnitt widmet sich der einfach zu bedienenden und dennoch umfangreichen Komponente *Phoca Gallery*. Neben einer Vielzahl von Funktionen und Einstellmöglichkeiten verfügt sie auch über eine deutsche Sprachunterstützung (muss extra installiert werden). Zu den Funktionen der Phoca Gallery zählen unter anderem:

- ✔ Bilder kommentieren und bewerten
- ✔ Diashow-Funktion (Slideshow)
- ✔ viele Bilder auf einmal hochladen (Batch Upload)
- ✔ Bilder per FTP hochladen
- ✔ unbegrenzte Anzahl an Kategorien und Unterkategorien
- ✔ Wasserzeichen zum Schutz Ihrer Bilder
- ✔ Darstellung von Miniaturbildern

Die Phoca Gallery lässt sich leider nicht wie jede gewöhnliche Erweiterung installieren. Zumindest bei der Joomla-Version 1.6.3 klappte es nur über ERWEITERUNGEN|ERWEITERUNGEN|AUS DEM VERZEICHNIS INSTALLIEREN. Vorher das entpackte Verzeichnis mit seinen Dateien mittels FTP in das Verzeichnis TMP hochladen. Die Installationsdateien finden Sie auf der beiliegenden CD im Ordner `Joomla 1.6/Erweiterungen/Phoca Gallery` oder im Internet unter `http://www.joomlaos.de/option,com-remository/Itemid,41/func,fileinfo/id,6537.html`.

Phoca Gallery aufrufen

Nach der erfolgreichen Installation steht Ihnen die Bildergalerie in der Administration zur Verfügung.

Klicken Sie in der Administration auf das Menü KOMPONENTEN|PHOCA GALLERY.

Das PHOCA GALLERY CONTROL PANEL wird geöffnet (siehe Abbildung 9.14).

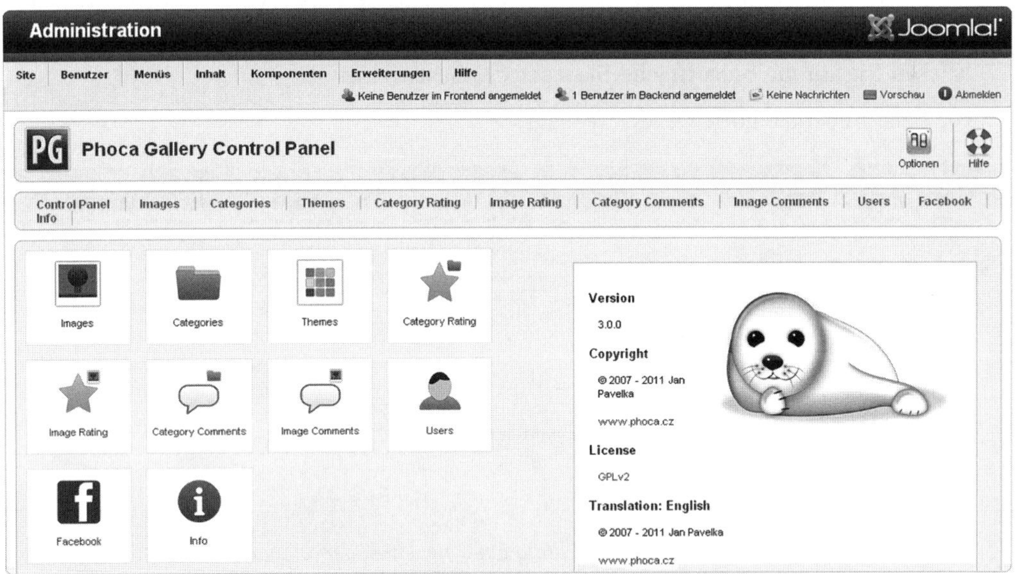

Abbildung 9.14: Phoca Gallery Kontrollzentrum

Bilderkategorie erstellen

Bevor Sie Schnappschüsse in die Galerie hochladen können, benötigen Sie zuerst mindestens eine Bilderkategorie. Mit diesen Kategorien werden Bilder gruppiert und geordnet. Sie können aber auch alle Bilder in einen Pott schmeißen und nur eine Kategorie anlegen.

1. **Klicken Sie in der Administration auf das Menü KOMPONENTEN|PHOCA GALLERY|KATEGORIEN.**

   Die Seite KATEGORIEN mit einer Übersicht über die Bilderkategorien wird geöffnet. Die Übersicht ist leer, da es noch keine Kategorien gibt.

Wenn Sie sich bereits auf einer Unterseite in der Komponente Phoca Gallery (zum Beispiel auf der Seite Bilder) befinden, brauchen Sie nicht jedes Mal erneut in das Menü zu gehen, um eine andere Unterseite aufzurufen. Klicken Sie stattdessen einfach auf die entsprechende Registerkarte.

2. **Klicken Sie auf die Schaltfläche Neu.**

   Die Seite Kategorie: [Neu] zum Erstellen einer neuen Bilderkategorie wird angezeigt.

3. **Geben Sie in das Textfeld Titel den Namen der neuen Bilderkategorie ein.**

   Falls es bereits Kategorien gibt und Sie die neue Kategorie als Unterkategorie einer anderen erstellen möchten, wählen Sie im Auswahlmenü Übergeordnete Kategorie die übergeordnete Kategorie aus.

4. **Im Textbereich Beschreibung können Sie eine Beschreibung der neuen Bilderkategorie eingeben.**

5. **Wählen Sie im Auswahlmenü Zugangsrechte, ob alle Besucher diese Kategorie anschauen dürfen oder nur registrierte Benutzer.**

6. **Klicken Sie auf die Schaltfläche Speichern & Schliessen.**

   Die neue Bilderkategorie wurde angelegt.

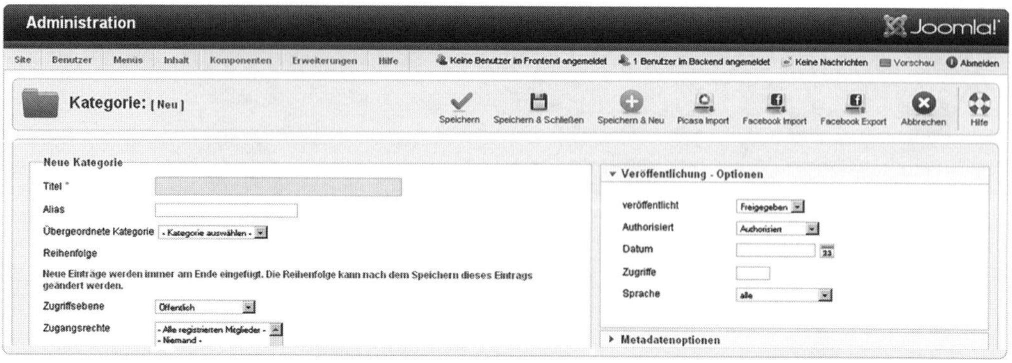

Abbildung 9.15: Erstellung einer neuen Bilderkategorie

Drei Methoden, Bilder hochzuladen

Nachdem Sie mindestens eine Bilderkategorie erstellt haben, können Sie damit beginnen, Bilder auf den Server hochzuladen, das heißt, für die Bildergalerie zur Verfügung zu stellen. Dazu gibt es drei Möglichkeiten:

- **Manuelles Hochladen der einzelnen Bilder (Hochladen):** Diese Methode eignet sich, um schnell und unkompliziert einzelne Bilder hochzuladen.
- **Hochladen ganzer Ordner per FTP-Programm und anschließendes Einlesen in die Bildergalerie (FTP Upload):** Hierbei können Sie viele Bilder auf einmal bequem per FTP hochladen. Allerdings müssen diese dann erst noch eingelesen werden.

- ✔ **Hochladen vieler Bildern (MEHRFACHES HOCHLADEN oder JAVA UPLOAD):** Das mehrfache Hochladen eignet sich am besten, um ohne viel Aufwand große Bildermengen hochzuladen.

Die drei Methoden finden Sie im Menü KOMPONENTEN|PHOCA |GALLERY|BILDER|MEHRFACHES HINZUFÜGEN.

Mehrere Bilder hochladen

Achten Sie bei der Veröffentlichung von fremden Bildern darauf, dass Sie keine Urheberrechte verletzen. Ansonsten könnten Sie deswegen rechtlich belangt werden.

1. **Klicken Sie in der Administration auf das Menü KOMPONENTEN|PHOCA GALLERY|BILDER in der Werkzeugleiste auf MEHRFACHES HINZUFÜGEN.**

   Die Seite zum Hochladen mehrerer Bilddateien wird angezeigt (siehe Abbildung 9.16).

2. **Klicken Sie auf die Registerkarte MEHRFACHES HOCHLADEN.**

3. **Wählen Sie ein Verzeichnis aus, in das die Bilder abgelegt werden sollen, und klicken Sie dann auf BILDER HINZUFÜGEN.**

   Ein Dialogfenster zur Auswahl der Bilder auf Ihrem Computer wird angezeigt.

4. **Wählen Sie die Bilder auf Ihrem Computer und klicken Sie auf die Schaltfläche ÖFFNEN.**

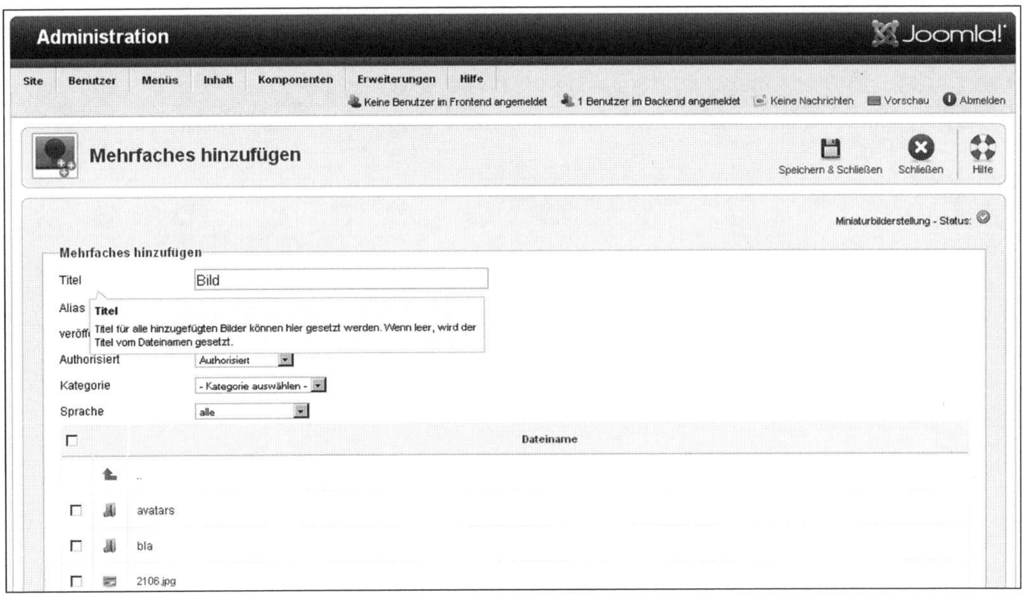

Abbildung 9.16: Mehrere Bilder hochladen

5. **Klicken Sie auf die Schaltfläche Hochladen starten.**

   Die Bilder werden jetzt hochgeladen. In der Übersicht des Mehrfaches hinzufügen sehen Sie jetzt Ihre hochgeladenen Bilder, wie in Abbildung 9.17 zu sehen.

   Geben Sie in das Textfeld Titel einen Titel für alle Bilder ein, die Sie hochgeladen haben. Wählen Sie im Auswahlmenü in der nächsten Zeile die Kategorie aus, in der die Bilder abgelegt werden sollen. Markieren Sie die Kästchen links neben den Bildern, die Sie einfügen wollen.

   Mit diesem allgemeinen Titel (Beispielsweise Bild) werden alle Bilder aus der Bilddatei benannt und mit dem Dateinamen versehen (beispielsweise »BildImg–3802«, »BildIMG–3803« und so weiter).

6. **Klicken Sie auf die Schaltfläche Speichern & Schliessen.**

   Die Bilder werden in die gewählte Kategorie ins Album eingefügt und automatisch Vorschaubilder erzeugt.

7. **Klicken Sie auf den Titel des jeweiligen Bildes, um die Bildbeschreibung zu bearbeiten.**

   Klicken Sie auf Speichern & Schliessen.

Die hochgeladenen Bilder werden nicht angezeigt? Sie sind für die Besucher Ihrer Website erst dann sichtbar, wenn Sie einen Menüeintrag für die Bildergalerie erstellt haben. Wie das geht, haben Sie im Abschnitt *Erweiterungen installieren und montieren* weiter vorne in diesem Kapitel erfahren. Außerdem müssen die Bilder und die Bilderkategorie freigegeben sein, damit sie auf der Website angezeigt werden.

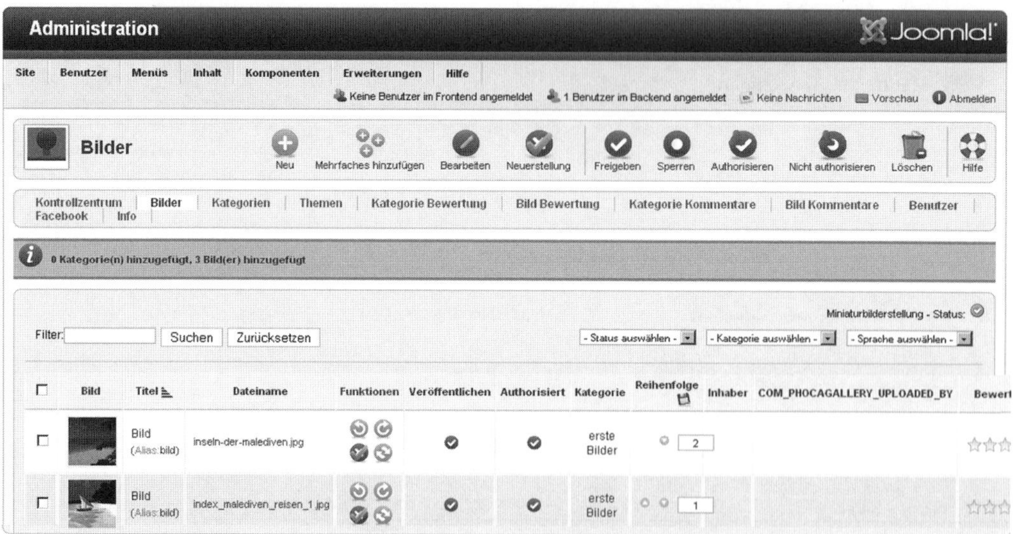

Abbildung 9.17: Bildergalerie mit hochgeladenen Bildern auf der Site

Bildergalerie individuell anpassen

Nach der Installation der *Phoca Gallery*-Komponente ist diese bereits fertig konfiguriert, und Sie können mit den Standardeinstellungen Bilder veröffentlichen. Vielleicht möchten Sie die Galerie aber auch übersichtlicher gestalten und Funktionen, die Sie nicht brauchen, abschalten.

Zum Beispiel können Sie die maximale Größe der Bilder und ihre Qualität einstellen oder die Kommentar- und Bewertungsfunktion abschalten.

1. **Klicken Sie in der Administration auf das Menü KOMPONENTEN|PHOCA GALLERY|KONTROLLZENTRUM.**

   Das PHOCA GALLERY KONTROLLZENTRUM mit elf Registerkarten wird angezeigt.

2. **Klicken Sie auf das Werkzeugsymbol OPTIONEN und passen Sie die Galerie nach Ihrem Geschmack an.** Klicken Sie auf SPEICHERN. Das Fenster PHOCA GALLERY OPTIONEN bleibt offen und Sie können die Einstellungen im Frontend überprüfen.

3. **Klicken Sie auf die Schaltfläche SPEICHERN & SCHLIESSEN.**

   Die Galerie wurde gemäß den Einstellungen angepasst.

Kleine Kalender-Komponente gefällig?

Termine, Termine – nichts als Termine! Wie im richtigen Leben auch kommt irgendwann die Einsicht, dass es ohne Terminkalender nicht mehr geht. Dasselbe gilt auch für Ihre Website. Wenn sich die Termine und Veranstaltungen häufen, dann wird schnell der Wunsch nach einer komfortablen Terminverwaltung laut.

EventList ist eine solche Erweiterung zur Terminverwaltung. Die Besucher Ihrer Website erhalten damit einen kleinen, aber feinen Terminkalender, der unter anderem folgende Funktionen besitzt:

- ✔ beliebig viele verschiedene Terminkategorien und Termine
- ✔ Verwaltung von Terminkategorien und Terminen in der Administration und auf der Site von Joomla
- ✔ beliebige Dauer und Wiederholung von Terminen (praktisch etwa für Ferienzeiten oder für Stammtische, die immer Sonntagabend stattfinden)
- ✔ deutsche Darstellung des Kalenders auf der Site in Listenansicht (siehe Abbildung 9.18) sowie eine Vorschau in der Modulposition.

Abbildung 9.18: EventList auf der Site: Monatsansicht und Vorschau

EventList können Sie wie jede andere Erweiterung installieren und in die Menüs einbinden. Wie das geht, finden Sie im Abschnitt *Erweiterungen installieren und montieren* weiter vorne in diesem Kapitel. Die Installationsdateien finden Sie auf der beiliegenden CD im Ordner `Joomla 1.6/Erweiterungen/EventList` oder im Internet unter `http://www.joomlaos.de/Joomla-1.6-Downloads/Joomla-1.6-Komponenten/EventList-J1.6.html`.

EventList-Kalender einrichten

Nach der Installation und dem Erstellen eines Menüeintrags steht EventList sofort zur Verfügung, ohne dass viel eingestellt werden muss. In der Administration von Joomla gibt es eine Verwaltungsoberfläche für EventList, die Sie über das Menü KOMPONENTEN|EVENTLIST aufrufen können.

- **Registerkarte EVENTS:** Über diese Verwaltungsoberfläche können Sie bequem alle Termine verwalten – also löschen, bearbeiten, freigeben, archivieren oder eben auch neue Termine erstellen, wie im Abschnitt *Termine eintragen* weiter hinten in diesem Kapitel beschrieben.
- **Registerkarte CATEGORIES:** Hier können Sie Terminkategorien erstellen, bearbeiten, löschen, archivieren und freigeben – ganz so, wie Sie es bei Joomla gewohnt sind. Am Anfang enthält diese Übersicht noch keine einzige Terminkategorie, doch das lässt sich schnell ändern, wie der nächste Abschnitt zeigt.
- **Registerkarte EVENTLIST|SETTINGS:** Hier können Sie Anzeige- und Bearbeitungseinstellungen verändern.

  Unter EDIT CSS können Sie Farben und Aussehen Ihres Kalenders anpassen. Mehr zur Formatierung mittels CSS finden Sie in Kapitel 7.

Terminkategorie anlegen

Bevor Sie einen Termin eintragen können, benötigen Sie mindestens eine Terminkategorie. Damit lassen sich Termine thematisch sortieren. Eine solche Terminkategorie könnte beispielsweise `Feste und Feiern` heißen, `Privates` oder auch `Geschäftliches`.

1. **Klicken Sie in der Administration auf das Menü Komponenten|EventList.**

   Die Verwaltungsoberfläche von EventList wird geöffnet.

2. **Klicken Sie auf die Schaltfläche Add Category.**

   Eine Seite wird geöffnet, auf der Sie eine neue Kategorie anlegen können (siehe Abbildung 9.19).

3. **Geben Sie in das Textfeld Category einen Namen ein.**

4. **Wählen Sie bei Bedarf in der Auswahlliste Access eine Zugriffsebene aus.**

   Dies ist sinnvoll, wenn die Kategorie und alle ihre Termine nur für angemeldete Benutzer auf der Site (Registriert) oder sogar nur für höhergestellte Benutzer wie etwa Administratoren (Zugriffsebene Spezial) verfügbar sein sollen.

5. **Wenn Sie mögen, geben Sie einen Beschreibungstext für die Terminkategorie unten in den Textbereich ein.**

6. **Klicken Sie auf die Schaltfläche Speichern & Schliessen.**

   Die Kategorie wurde nun gespeichert und die Übersicht der Terminkategorien wird wieder geöffnet.

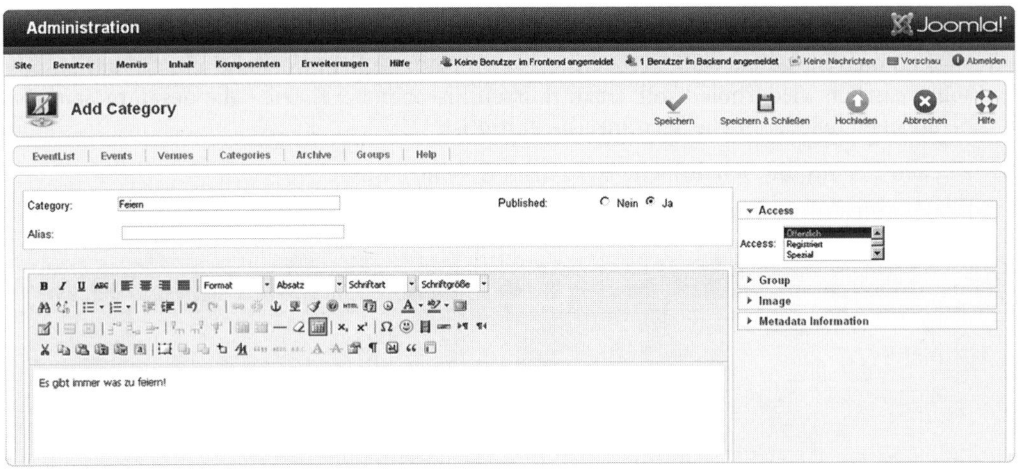

Abbildung 9.19: Neue Termin-Kategorie anlegen

Termine eintragen

Nachdem Sie mindestens eine Terminkategorie angelegt haben, können Sie nun beliebig viele Termine in die EventList eintragen.

1. **Klicken Sie in der Administration auf das Menü Komponenten|EventList auf den Reiter Events.**

2. **Klicken Sie auf die Schaltfläche Neu.**

   Eine Seite zum Anlegen eines neuen Termins wird geöffnet (siehe Abbildung 9.20).

3. **Geben Sie in das Textfeld Event title: den Namen des Termins ein.**

   Das ist die Bezeichnung für den Termin. Dieser Name wird in der Monatsübersicht und in der Detailansicht angezeigt.

4. **Wählen Sie im Auswahlmenü Category die gewünschte Terminkategorie aus.**

   Wie Sie Terminkategorien anlegen können, haben Sie im vorherigen Abschnitt erfahren.

5. **Venue: Nennen Sie hier den Veranstaltungsort. Wenn er noch nicht angelegt ist, klicken Sie auf ADD, um ihn hinzuzufügen.**

6. **Geben Sie bei Bedarf in den Textbereich unten einen Beschreibungstext für den Termin ein.**

   Hier können Sie Informationen über den Termin eintragen, und schreiben, worum es bei diesem Termin genau geht.

7. **Im Ausklappmenü Details.**

   - Date: Legen Sie hier fest, zu welchem Datum und bei Start:, zu welcher Uhrzeit der Termin oder die Veranstaltung beginnt.
   - Enddate: Wann die Veranstaltung endet, legen Sie hier mit Datum und bei End: mit Uhrzeit fest.

8. **Klicken Sie auf das Ausklappmenü Repeating Events.**

   Hier können Sie genau festlegen, ob sich der Termin täglich, wöchentlich, monatlich oder sogar jährlich wiederholen soll. Dazu müssen Sie oben bei Enddate die gesamte Zeitspanne angeben, wie lange die Terminreihe gültig ist.

9. **Klicken Sie auf die Schaltfläche Speichern & Schliessen.**

   Der Termin wurde nun gespeichert und ist ab sofort auf der Site EventList sichtbar.

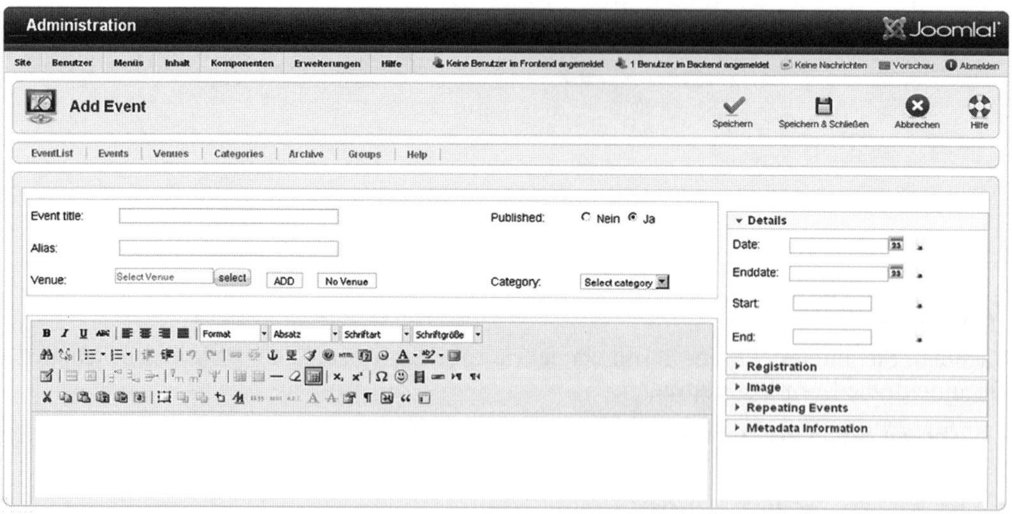

Abbildung 9.20: Neuen Termin anlegen

Veranstaltungsort eintragen

1. **Klicken Sie in der Administration auf das Menü KOMPONENTEN|EVENTLIST auf den Reiter VENUES.**
2. **Klicken Sie auf die Schaltfläche NEU.**

   Eine Seite zum Anlegen eines neuen Veranstaltungsortes wird geöffnet.
3. **Geben Sie in das Textfeld VENUE: den Namen des Veranstaltungsortes ein.**

   Das ist die Bezeichnung für den Ort der Veranstaltung. Dieser Name wird in der Monatsübersicht und in der Detailansicht angezeigt.
4. **Geben Sie im Ausklappfeld ADDRESS alle Adressangaben ein.**
5. **Klicken Sie auf die Schaltfläche SPEICHERN & SCHLIESSEN.**
6. **Der Veranstaltungsort wurde nun gespeichert und ist ab sofort für die Veranstaltungseinträge verfügbar.**

Teil IV

Joomla verwalten

»Ich habe von allem ein Backup.«

In diesem Teil ...

Nun ist es an der Zeit, sich Gedanken über das Wohlergehen Ihrer Website und deren Daten zu machen. Bedauernswerterweise haben Sie es als Website-Betreiber nämlich nicht immer nur mit angenehmen Dingen zu tun. Kapitel 10 beschäftigt sich deshalb mit dem sicheren Betrieb Ihrer Website – damit Sicherheitsprobleme gar nicht erst entstehen. Schließlich sollen Viren draußen bleiben und Hacker sich die Zähne an Ihrer Website ausbeißen. Anschließend erfahren Sie in Kapitel 11, wie sich die Daten Ihrer Website, also Inhalte und Einstellungen, schnell und unkompliziert sichern lassen. Denn ohne regelmäßige Sicherungskopien kann man ganz schön alt aussehen, wenn dem Server einmal die Puste ausgeht. Und weil es manchmal notwendig ist, eine Joomla-Website mit Haut und Haaren auf einen anderen Server umzusiedeln, bekommen Sie die dafür nötigen Handgriffe gleich mitgeliefert. Hinterher werden Sie zugeben, diesen vierten Teil des Buchs völlig schmerzfrei überstanden zu haben. Versprochen.

Sicherheit geht vor

10

In diesem Kapitel

- Die Gefahr durch Hacker
- Grundlegende Sicherheitsmaßnahmen
- Sichere Passwörter benutzen
- Sicherheitseinstellungen des Webservers
- Datei- und Ordnerrechte vergeben
- Administration zusätzlich schützen
- Mit sensiblen Daten umgehen

Würden Sie Ihre Haustür Tag und Nacht unverschlossen lassen, in der Annahme, dass schon niemand einbrechen wird? Und wäre es Ihnen egal, ob das Kellerfenster gekippt ist oder nicht? Wohl kaum! Im Internet geschieht dies jedoch ständig. Offensichtliche und weniger offensichtliche Sicherheitslücken bleiben oft ungestopft. Eigentlich kein Wunder, dass zwielichtige Gestalten daraus einen Nutzen ziehen möchten, indem sie in fremden Sachen herumschnüffeln, Sachen stehlen oder noch schlimmere Dinge im Sinn haben. Wird beispielsweise Ihre gekaperte Website für Straftaten benutzt, zeigt zunächst einmal jeder auf Sie. Und auch den Benutzern Ihrer Website kann man es nicht zumuten, von Einbrechern überrumpelt zu werden.

Sie sehen, es ist wichtig, Ihre Website optimal zu schützen. Und wer, wenn nicht Sie, soll sich um die Sicherheit kümmern? Sie sind schließlich der Herr (oder die Frau) im Haus und wollen die Kontrolle behalten, und zwar jederzeit.

Traurig, aber wahr, viele unwissende Website-Betreiber machen es Hackern viel zu leicht, die Tür bleibt angelehnt oder steht sogar sperrangelweit offen. Doch wie Sie sehen werden, ist gar nicht so viel Aufwand nötig, Ihre Website vor Hackerangriffen zu schützen.

Allgemeine Sicherheitsvorkehrungen – Hacker bleiben draußen

Hacker kennen die Sicherheitslücken im System häufig sehr präzise und nutzen dieses Wissen gezielt, um die Kontrolle über Ihre Website zu übernehmen und an Ihre Daten zu kommen. Ihre Aufgabe als Website-Betreiber ist, diese Sicherheitslücken zu schließen, indem Sie gewisse Dinge beachten, Einstellungen vornehmen und immer wachsam bleiben.

Was kann einer Website schon passieren?

Diese Frage werden Sie sich jetzt vielleicht stellen. Die Antwort lautet: Eine Menge! Hat ein Hacker erst einmal die Kontrolle übernommen, zeigt sich, ob rein »sportlicher« Ehrgeiz dahintersteckt und er lediglich sich selbst und Ihnen beweisen möchte, wie leicht die Website zu knacken ist, oder aber ob mehr kriminelle Energie in ihm steckt, um schlimme Dinge zu tun wie:

- ✔ geheime Daten ausspionieren (zum Beispiel Benutzerprofile, Passwörter und Kontodaten)
- ✔ massenhaft Spam-Mails über Ihren Server versenden
- ✔ Daten löschen oder manipulieren, um Inhalte auf Ihrer Website zu vernichten oder zu verfälschen
- ✔ illegale oder urheberrechtlich geschützte Dateien zum Download anbieten
- ✔ die arglosen Besucher Ihrer Website täuschen und in eine Falle locken

Diese Liste lässt sich leider beliebig fortsetzen. Der (kriminellen) Fantasie sind hier keine Grenzen gesetzt.

Wie überall gibt es auch für Joomla keine 100-prozentige Sicherheit. Sicherheitslücken lassen sich nie ganz ausschließen, jedoch lässt sich die Gefahr mit einigen Handgriffen erheblich verringern.

So schützen Sie Ihre Website

Bevor Sie jetzt in Panik ausbrechen, eine gute Nachricht: Man kann ja etwas gegen Hackerangriffe tun! Wichtig ist ein gutes Sicherheitsbewusstsein, das einen stets begleitet, wann immer man als Administrator mit Joomla arbeitet.

Deshalb hier auf einen Blick die wichtigsten Sicherheitstipps für die Arbeit mit Joomla, die auf jeden Fall beherzigt werden sollten:

- ✔ **Bei der Installation auf Sicherheit achten:** Installieren Sie Joomla nur auf einem Server mit den Sicherheitseinstellungen, die in Kapitel 2 empfohlen wurden, und verwenden Sie auf jeden Fall Passwörter für die MySQL-Datenbank und den FTP-Zugang.
- ✔ **Sichere Passwörter verwenden:** Der einfachste Weg für Hacker, unerlaubten Zugriff auf Ihre Website zu erhalten, ist, das Administrator-Passwort zu knacken. Vermasseln Sie ihm diese Chance, indem Sie ausschließlich sichere Passwörter verwenden. Das gilt übrigens auch für alle anderen Zugangsdaten (FTP-Zugang, MySQL-Datenbank und gegebenenfalls für die SSH-Konsole). Mehr dazu im Abschnitt *Unsichere Passwörter ade* finden Sie weiter hinten in diesem Kapitel.
- ✔ **Benutzerrechte einschränken:** Bedenken Sie, dass nicht alle Verantwortlichen auf Ihrer Website die Allmacht eines Super-Administrators haben müssen. Dadurch erhöht sich die Gefahr des Passwortmissbrauchs und der Fehlkonfiguration immens. Wählen Sie also gut aus, wer was tun darf.

Legen Sie außerdem für jeden, der Zugriff auf Ihre Website benötigt, ein *eigenes Benutzerkonto* mit den entsprechenden Rechten an. Lassen Sie keinesfalls zu, dass Zugangsdaten von mehreren Personen benutzt werden.

Wie man mit Benutzern und Passwörtern richtig umgeht, erfahren Sie in Kapitel 4.

✔ **Updates einspielen:** Installieren Sie nur die aktuellste freigegebene (»stable«) Version von Joomla und dessen Erweiterungen. Denken Sie immer daran, Updates einzuspielen, wenn es neue gibt. Denn damit werden bekannt gewordene Sicherheitslücken geschlossen. Das gilt nicht nur für Joomla selbst, sondern auch für alle zusätzlich installierten Erweiterungen! Mehr Informationen zu Sicherheitsupdates finden Sie in Kapitel 11.

✔ **Nicht verwendete Templates deinstallieren:** Meist verwendet man ohnehin nur ein einziges Template für eine Website. Deinstallieren Sie alle weiteren Templates, weil sich darin Sicherheitsrisiken verbergen können.

✔ **Vorsicht mit Erweiterungen:** Nicht alle Erweiterungen für Joomla sind sicher und professionell programmiert. Genau genommen verbergen sich die meisten Sicherheitslücken in so genannten »3rd-Party-Erweiterungen und -Komponenten«, also Software-Erweiterungen, die nicht von den offiziellen Joomla-Entwicklern stammen. Verzichten Sie also besser auf Erweiterungen mit folgenden Eigenschaften:

- Neue und wenig getestete Erweiterungen – meist erkennbar an niedrigen Versions- oder Unterversionsnummern wie `0.1.1` oder `1.0.0`
- Erweiterungen, die auch von anderen Joomla-Nutzern selten in Joomla-Foren genannt werden oder dort als unsicher oder schlampig programmiert bezeichnet wurden
- Erweiterungen, die eine Anpassung der Serverkonfiguration erfordern, wie zum Beispiel *register–globals* einzuschalten. Damit wird die Sicherheit Ihrer gesamten Website gefährdet!
- Erweiterungen aus unseriösen Quellen. Und was *ist* unseriös? Ganz einfach: Wenn es auch nur den geringsten Anlass zu Zweifeln an Herkunft und Qualität einer Erweiterung gibt, beispielsweise aufgrund einer zwielichtigen Downloadseite, installieren Sie diese Erweiterung besser nicht.

Mehr zum Thema Erweiterungen erfahren Sie in Kapitel 9.

Unsichere Passwörter ade

Bereits die Existenz eines Passworts scheint für viele Computernutzer ein Sicherheitsmerkmal zu sein. Doch einfache, häufig benutzte Passwörter sind leichter zu knacken, als man gemeinhin denkt! Es gibt Programme, mit denen Hacker mit brutaler Gewalt in kürzester Zeit Tausende solcher »schlechten« Passwörter ausprobieren können – viel zu häufig mit Erfolg!

Verwenden Sie niemals Ihren Benutzernamen oder Ihren eigenen Namen als Passwort! Arbeiten Sie außerdem – und das gilt für jede Software – niemals völlig ohne Passwort. Bei Joomla kann man sich ohne Passwort erst gar nicht einloggen, bei vielen anderen Programmen dagegen schon.

Achten Sie darauf, dass *jedes* Passwort, insbesondere das Administratoren-Passwort, folgende Kriterien erfüllt:

- **Mindestens acht Zeichen lang:** Je länger das Passwort, desto schwerer lässt es sich knacken. An langen Passwörtern beißen sich selbst professionelle Passwortcracker die Zähne aus.
- **Enthält Sonderzeichen, Zahlen und Groß- und Kleinschreibung:** Das sind beispielsweise `#~$%!` und `123` beziehungsweise `AaBb`. Seien Sie kreativ und verwenden Sie für Ihre Passwörter Zahlen, Sonderzeichen und bunt gemischt Groß- und Kleinbuchstaben, das erhöht die Passwortsicherheit entscheidend!
- **Keine gängigen Namen oder Wörter:** Passwortcracker verwenden häufig riesige Wörterbücher für ihre Attacken, die automatisch abgearbeitet werden. Nehmen Sie also keine geläufigen Wörter wie `Liebe` oder Vornamen wie `Carla` als Passwort.
- **Erst recht keine privaten Daten:** Das Geburtsdatum, der Name der Ehefrau oder Ihres Wellensittichs sind als Passwort ebenfalls tabu: Diese und ähnliche private Daten könnten dem Hacker bekannt sein.
- **Keine Allerweltspasswörter:** Damit sind Passwörter gemeint wie `123456` und `asdf` (das ist eine Zeichenreihenfolge auf der Tastatur) oder Klassiker wie `Passwort` oder `geheim`, die millionenfach verwendet werden. Klar, dass Passwortcracker die zuerst probieren.
- **Nur für dieses Benutzerkonto verwendet:** Viele Computernutzer verwenden immer und überall dasselbe Passwort, sei es für den Arbeitsplatzrechner, das E-Mail-Konto oder eben als Joomla-Administrator. Wird das Passwort versehentlich bekannt, ist der Jammer groß. Verwenden Sie deshalb für jeden Zweck unterschiedliche Zugangsdaten.
- **Regelmäßig geändert:** Ändern Sie regelmäßig alle Ihre Passwörter. Selbst wenn ein Fremder Ihr altes Passwort ergattern konnte, das neue kennt er nicht.

Uff! Diese Liste ist ganz schön beeindruckend. Bleiben da überhaupt noch Passwörter, die sicher sind *und* die man sich merken kann? Ja, die gibt es tatsächlich. Dazu gibt es einen Trick: Denken Sie sich einen Satz aus und nehmen Sie jeweils die Anfangsbuchstaben der Wörter und die Satzzeichen als Passwort. Idealerweise werden dabei gleich noch weitere Sonderzeichen mit eingebaut.

Nehmen wir zum Beispiel das Passwort `A1kUg2xtr.` – der zugehörige Satz lautet:

Auch 1 kaputte Uhr geht 2x täglich richtig.

Wie man sieht, es ist möglich. Doch jetzt sind Sie an der Reihe! Denken Sie sich einen vergleichbaren Satz aus, und bitte nicht dieses Beispiel verwenden, Tausende Leser kennen es jetzt.

Ändern Sie den Standardbenutzernamen `admin` des Super-Administrators in etwas weniger Offensichtliches. So müssen Hacker erst einmal herausfinden, wie der Benutzername lautet. Wie Sie Benutzer anlegen und Einstellungen verändern, erfahren Sie in Kapitel 4.

Einstellungen des Webservers auf Herz und Nieren checken

Alle Sicherheitseinstellungen in Joomla nützen wenig, wenn der Webserver, auf dem die Website liegt, das ist meist ein Apache-Webserver, nicht sicher konfiguriert ist. Joomla ist so programmiert, dass zahlreiche Funktionen, die Apache und seine Module anbieten und die als potenziell unsicher eingeschätzt werden, gar nicht benötigt werden.

Verschaffen Sie sich nun einen Überblick über die Sicherheitseinstellungen Ihres Webservers und finden Sie heraus, ob er für den sicheren Betrieb von Joomla im Internet wirklich geeignet ist.

1. **Klicken Sie in der Administration auf das Menü SITE|SYSTEMINFORMATIONEN.**

   Die Seite SYSTEMINFORMATIONEN wird geöffnet. Hier erhalten Sie nicht nur Informationen über die Konfiguration von Joomla, sondern auch über den Server, auf dem Ihre Website läuft, und dessen Einstellungen.

2. **Klicken Sie auf die Registerkarte PHP-INFORMATIONEN.**

   Sie sehen nun alle Einstellungen des Webservers (siehe Abbildung 10.1). Hier werden die Einstellungen jedoch nur *angezeigt*, ändern lassen sich die Werte an dieser Stelle leider nicht.

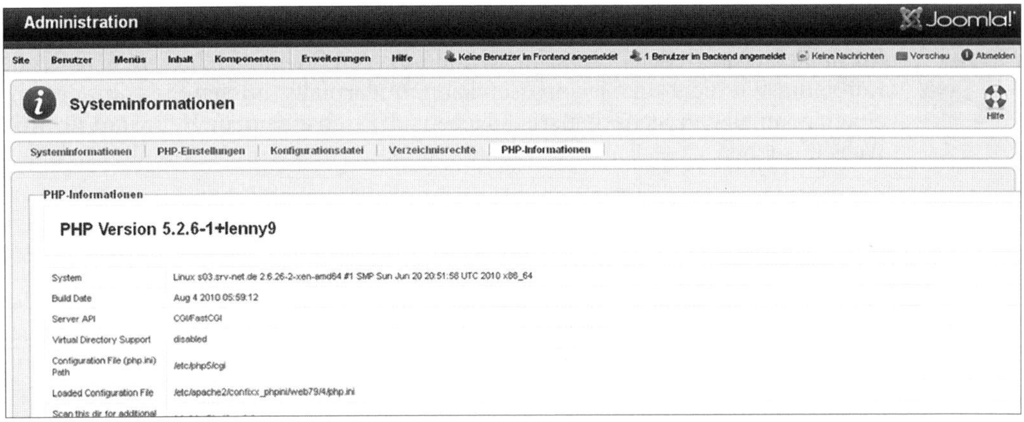

Abbildung 10.1: Informationen über die PHP-Einstellungen des Webservers

3. **Suchen Sie auf der Seite PHP-INFORMATIONEN nun alle folgenden Einstellungen.**

   Überprüfen Sie, ob die Einstellungen auf Ihrem Server mit den hier empfohlenen Werten übereinstimmen.

Wesentlich komfortabler geht's mit der Suchfunktion Ihres Webbrowsers. Drücken Sie dazu die Tasten [Strg]+[F], geben Sie den entsprechenden Begriff ein und drücken Sie dann die [↵]-Taste.

- `register-globals: off` (aus)

  Die wichtigste Option, um die Manipulation von Einstellungen zu verhindern

- `safe-mode: off` (aus)

  Kann andernfalls zu Funktionsproblemen führen – wenn trotz aktiviertem *Safe Mode* alles auf Ihrer Website läuft, ist das aber auch in Ordnung.

- `disable-functions: show-source, system, shell-exec, passthru, exec, popen, proc-open`

  Schaltet die genannten potenziell kritischen Funktionen ab, dies ist aber nicht zwangsläufig notwendig.

- `allow-url-fopen: off` (aus)

  Verhindert, dass Daten von einem anderen Server eingeschleust werden können – muss ebenfalls nicht unbedingt abgeschaltet sein.

- `magic-quotes-gpc: on` (an)

  Verhindert die Manipulation von Einstellungen. Idealerweise ist diese Option eingeschaltet.

Nicht alle Einstellungen auf Ihrem Webserver stimmen mit dieser Liste überein? Ihr Anbieter hat vielleicht so seine Gründe. Fragen Sie ihn doch einmal, ob er die Konfiguration nicht für Sie anpassen kann. Andernfalls müssen Sie entweder mit einem potenziellen Sicherheitsrisiko leben oder sich eine neue Heimstatt für Ihre Website suchen.

Datei- und Ordnerrechte – die Lizenz zum Löschen

Wenn Sie Ihre Website sicher machen möchten, werden Sie ums Thema Zugriffsrechte, das heißt um die Rechteverwaltung für Dateien und Ordner, nicht herumkommen. Es ist zugegebenermaßen ein recht trockenes Thema. Aber überblättern Sie das Kapitel bloß nicht, denn für die Sicherheit Ihrer Joomla-Website ist es äußerst wichtig!

Für alle Dateien und Ordner auf Ihrem Webserver muss nämlich festgelegt werden, ob sie nur gelesen/geöffnet werden dürfen oder ob sie beschrieben/geändert und gelöscht werden dürfen. Außerdem muss festgelegt werden, ob eine Datei oder ein Ordner ausgeführt werden darf. Das hat nichts mit einem schicken Restaurant oder einem Kinobesuch zu tun, sondern bedeutet, dass eine Programmdatei gestartet werden darf. Für Ordner bedeutet »ausführbar«, dass der Benutzer diese verlassen beziehungsweise in sie hineinwechseln darf.

Bei *Windows*-Betriebssystemen sind Dateien ausführbar, wenn ihre Dateinamen bestimmte Endungen besitzen. Dazu gehören `.exe`, `.com` und `.bat`. Doch der Server Ihres Webanbieters läuft höchstwahrscheinlich mit einem anderen Betriebssystem, nämlich mit einem *Unix*-System – meist ist dies *Linux*. Hier wird nicht über den Namen einer Datei festgelegt, ob sie ausführbar ist, sondern auf dieselbe Weise wie beim Schreibschutz, nämlich über ein Dateiattribut.

Unter gewissen Umständen können die Joomla-Dateien und -Ordner auf einem Webserver manipuliert werden, und zwar durch Hacker, die über verschiedene Wege ins System eingedrungen sind. Und einer dieser gewissen Umstände ist eben, wenn die Zugriffsrechte unzureichend beschränkt wurden. Durch Ändern der Datei- und Ordnerrechte gebieten Sie den Unholden Einhalt, sie können nicht mehr beliebig Daten verändern und löschen.

Joomla wurde so entwickelt, dass Programmdaten und Inhalte klar getrennt sind:

- ✔ Die gesamten Daten, die zum Betrieb von Joomla benötigt werden, befinden sich in Ordnern und Dateien. Dazu gehören Komponenten, Module, Templates und die Joomla-Systemdateien, aber auch Konfigurationsdateien, in denen Einstellungen gespeichert sind.
- ✔ Inhalte (wie Beiträge, Menüeinträge und so weiter) werden ausschließlich in der MySQL-Datenbank abgelegt. Weil die Inhalte nur hier gespeichert werden, heißt das, im laufenden Betrieb muss nie etwas im Joomla-Ordner verändert werden.

Sie ahnen vielleicht schon, wozu diese strikte Trennung gut ist. Nämlich um die Zugriffsrechte für Dateien und Ordner beschränken zu können. Diese müssen für den laufenden Betrieb jetzt nur noch lesbar und zum Teil ausführbar und gar nicht mehr beschreibbar/löschbar sein.

Ob Ihre Ordner schreibgeschützt sind, können Sie prüfen, indem Sie in der Administration auf das Menü Site|Systeminformationen und auf der Seite Systeminformationen auf die Registerkarte Verzeichnisrechte klicken. Hier sehen Sie gleich auf einen Blick, für welche Ordner die Zugriffsrechte verändert werden müssen, wie im nächsten Abschnitt beschrieben wird.

Zugriffsrechte für Dateien und Ordner setzen

Legen Sie nun los, überprüfen und ändern Sie bei Bedarf die Zugriffsrechte für alle Dateien und Ordner, die sich im Joomla-Ordner auf Ihrem Webserver befinden. »Das sind doch Hunderte«, werden Sie jetzt sagen. Zugegeben, es ist ein wenig aufwendig, aber unbedingt notwendig.

Wenn Joomla zunächst auf einem Windows-Computer, also lokal installiert wurde, so sind die folgenden Einstellungen wirkungslos. Erst wenn Sie Ihre Website auf einen Server im Internet umsiedeln, wie in Kapitel 11 beschrieben, ist es sinnvoll und notwendig, die Zugriffsrechte festzulegen.

1. **Starten Sie Ihr FTP-Programm und verbinden Sie sich mit dem Server, auf dem Ihre Joomla-Website liegt.**

   Hier im Beispiel handelt es sich um das FTP-Programm *FileZilla*. Dieses Programm finden Sie auf der beiliegenden CD im Ordner `Software/FileZilla`. Wenn Sie ein anderes FTP-Programm verwenden, kann die Bedienoberfläche anders aussehen, und manche Funktionen könnten fehlen.

   Wenn alle Einstellungen korrekt sind, sehen Sie nun das Stammverzeichnis auf Ihrem Server (siehe Abbildung 10.2). Bei den meisten FTP-Programmen werden links die Dateien und Ordner auf Ihrem Computer und rechts die Dateien und Ordner auf dem Server angezeigt. Für diese sollen nun die Zugriffsrechte verändert werden.

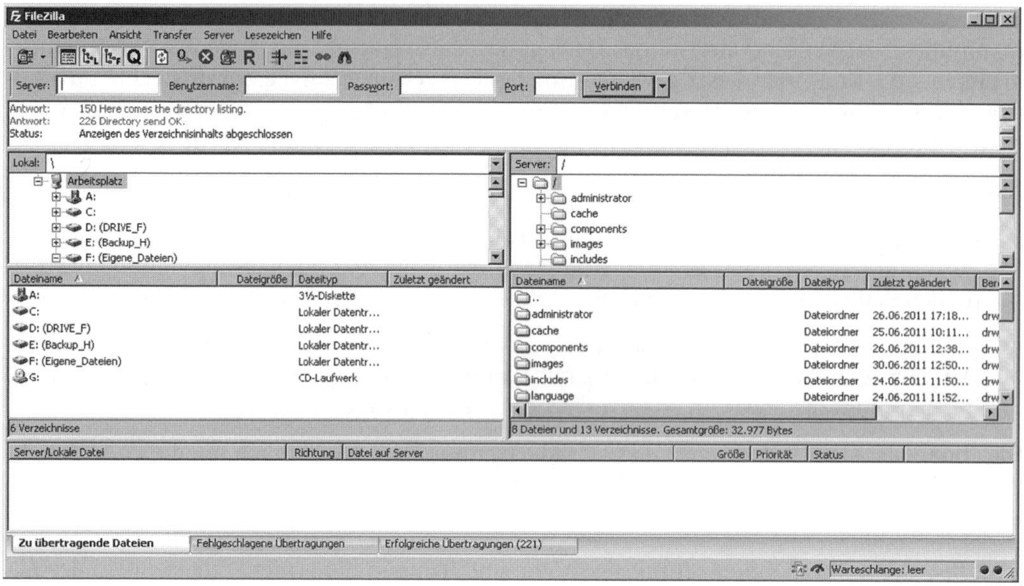

Abbildung 10.2: Zugriffsrechte ändern im FTP-Programm

2. **Wählen Sie auf der rechten Seite einen oder mehrere Ordner aus und klicken Sie mit der rechten Maustaste auf einen der Ordner.**

   Im selben Ordner lassen sich mehrere Unterordner gleichzeitig auswählen, wodurch man jede Menge Zeit und Arbeit sparen kann. Halten Sie dazu die `Strg`-Taste gedrückt und klicken Sie weitere Ordner an. Dasselbe funktioniert auch für Dateien.

   Das Kontextmenü für die ausgewählten Ordner wird geöffnet, wie in Abbildung 10.3 gezeigt.

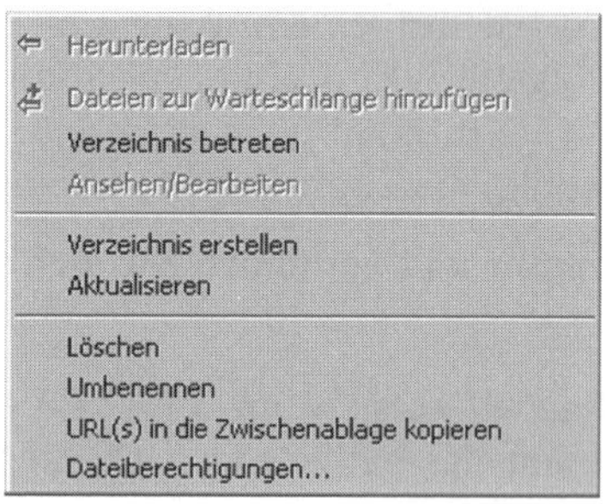

Abbildung 10.3: Kontextmenü im FTP-Programm FileZilla

3. **Klicken Sie im Kontextmenü auf DATEIBERECHTIGUNGEN.**

   Ein Dialogfenster zum Ändern der Ordnerattribute wird geöffnet (siehe Abbildung 10.4). Hier lassen sich die Zugriffsrechte auf Dateien und Ordner einstellen.

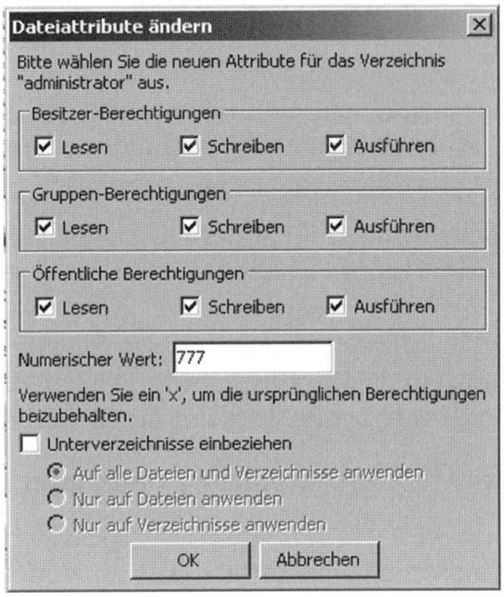

Abbildung 10.4: Ordner- /Dateiattribute vor dem Ändern

4. **Ändern Sie gegebenenfalls den angezeigten Wert im Textfeld NUMERISCHER WERT auf** `755`.

   Damit wird das öffentliche Schreibrecht für den Ordner entzogen.

5. **Bei FileZilla aktivieren Sie nun das Kontrollkästchen UNTERVERZEICHNISSE EINBEZIEHEN.**

   So können Sie die soeben eingegebenen Rechte gleich für alle Unterordner anwenden. Das spart jede Menge Zeit und Arbeit.

6. **Wählen Sie bei FileZilla den Optionsschalter NUR AUF VERZEICHNISSE ANWENDEN und klicken Sie auf die Schaltfläche OK.**

   Jetzt wurden die Zugriffsrechte des ersten Ordners geändert, so dass nur noch der Eigentümer (also Sie) vollen Zugriff hat. Benutzer Ihrer Gruppe und andere Personen dürfen den Ordner nur noch lesen und ausführen. Näheres zu den Zahlencodes erfahren Sie im Kasten *Das Geheimnis der Zahlencodes verstehen*.

Wenn Sie auch für alle anderen Ordner die Zugriffsrechte geändert haben, sind nun die Zugriffsrechte der Dateien dran:

1. **Wählen Sie alle Unterordner im Joomla-Ordner aus, wie eben beschrieben.**

2. **Klicken Sie wieder mit der rechten Maustaste und dann im aufklappenden Kontextmenü auf DATEIBERECHTIGUNGEN.**

   Das Dialogfenster DATEIATTRIBUTE ÄNDERN wird geöffnet (siehe Abbildung 10.4).

3. **Tippen Sie in das Textfeld NUMERISCHER WERT den Wert** `644` **ein.**

4. **Bei FileZilla aktivieren Sie nun das Kontrollkästchen UNTERVERZEICHNISSE EINBEZIEHEN.**

   So können Sie die soeben eingegebenen Rechte gleich für alle Dateien, die in Unterordnern liegen, anwenden.

5. **Wählen Sie bei FileZilla den Optionsschalter Nur auf Dateien anwenden und klicken Sie auf die Schaltfläche OK.**

   Damit haben Sie sämtlichen Dateien, die in diesem Ordner liegen, verboten, ausführbar zu sein. Niemand außer Ihnen darf sie mehr verändern oder löschen, lediglich lesen darf man sie noch.

6. **Wenden Sie die obigen Schritte auch für sämtliche Dateien an, die direkt im Joomla-Ordner liegen.**

Wenn Sie nicht FileZilla verwenden, müssen Sie eventuell für jeden Unterordner und jede Datei einzeln die Zugriffsrechte anpassen. Auch wenn es mühsam ist, es lohnt sich, denn es geht schließlich um die Sicherheit Ihrer Website!

7. **Trennen Sie nach getaner Arbeit die Verbindung zum Server und schließen Sie das FTP-Programm.**

Einige Experten empfehlen außerdem, bestimmte Dateien ausschließlich lesbar zu machen, also auf `444` zu setzen. Das hat jedoch einen kleinen Nachteil: Jedes Mal, wenn Sie etwas in der Konfiguration von Joomla ändern wollen oder ein neues Template installieren möchten, müssen Sie zunächst den Schreibschutz wieder aufheben und nach getaner Arbeit wieder zurücksetzen.

Folgende Dateien sollen demnach auf »nur lesen« gesetzt werden:

- `configuration.php`
- `index.php` und `index2.php`
- im Ordner `/administrator` die Dateien `index.php` und `index2.php`
- im Unterordner von `/templates`, in dem Ihr Template liegt, die Datei `index.php`.

Administrator-Ordner absichern

Wer ganz sichergehen möchte, dass sich keiner unbefugt an seiner Joomla-Website zu schaffen macht und in die Administration eindringt, der kann auf seiner Website den Zugriff auf den Ordner `/administrator` einschränken. Nur mit den korrekten Zugangsdaten kann man dann mit dem Browser auf diesen Ordner zugreifen und sich wie gewohnt in der Administration anmelden.

Dies funktioniert nur mit einem Apache-Webserver. Ob Ihre Joomla-Installation auf einem Apache-Webserver läuft, können Sie feststellen, indem Sie in der Administration auf das Menü Site|Systeminformationen klicken. Auf der Registerkarte Systeminformationen sollte nun in der Zeile Webserver der Wert *Apache*, gefolgt von einer Versionsnummer stehen.

Um den Passwortschutz einzurichten, müssen Sie zwei Dateien erstellen. Einmal die `.htaccess`-Datei, in der festgelegt wird, dass es einen Passwortschutz geben soll, und dann noch die `.htpasswd`-Datei, in der Benutzernamen und die zugehörigen Passwörter verwaltet werden.

Das Geheimnis der Zahlencodes verstehen

Sie wundern sich über diese seltsamen Zahlencodes zum Setzen der Zugriffsrechte? Die Bedeutung von `755` oder `644` lässt sich durchaus entschlüsseln! Sie brauchen dazu lediglich ein paar Minuten Zeit und Lust zum Addieren einiger Zahlen.

Zunächst ist es wichtig zu wissen, dass das Dateisystem auf einem Unix-Server drei verschiedene Typen von Benutzern unterscheidet:

- ✔ **Besitzer** (Eigentümer): Das sind Sie, wenn Sie per FTP die Dateien und Ordner auf Ihren Webserver kopiert haben.
- ✔ **Gruppe** (Benutzergruppe): Benutzer werden in Gruppen verwaltet, auch Ihr FTP-Benutzername gehört zu einer solchen Gruppe. Die hierfür gesetzten Zugriffsrechte gelten für alle Benutzer dieser Gruppe.
- ✔ **Alle anderen** (Öffentliche): Benutzer, die weder der Eigentümer sind noch zu Ihrer Benutzergruppe gehören. Das ist beispielsweise der Apache-Webserver, der häufig mit den Benutzerrechten einer anderen Gruppe auf Ihre Daten zugreift.

Für jede Datei und für jeden Ordner können Sie festlegen, ob sie gelesen, geschrieben oder ausgeführt werden dürfen (Letzteres gilt für Programmdateien). Natürlich lassen sich diese drei Optionen frei kombinieren, beispielsweise nur lesen und ausführen oder nur lesen und schreiben oder etwa für sicherheitsrelevante Dateien nur lesen.

Die Tabelle zeigt, wie sich diese Zugriffsrechte für jeden Benutzertyp festlegen lassen.

Benutzer	Leserecht	Schreibrecht	Ausführrecht	Vollzugriff
Besitzer (Sie)	400	200	100	*700*
Gruppe	040	020	010	*070*
Alle anderen	004	002	001	*007*
Jeder	*444*	*222*	*111*	*777*

Unix-Zugriffsrechte

Die letzte Zeile enthält jeweils die Summe der Zahlen von Besitzer, Gruppe und »Alle anderen«, jeder besitzt also dieses Recht. Dasselbe gilt für die letzte Spalte: Werden die Zahlen für jeden Benutzertyp addiert, erhält dieser Vollzugriff. Dies wird man jedoch aus Sicherheitsgründen nur selten zulassen.

So bedeutet beispielsweise der Code `700`, dass nur der Eigentümer Vollzugriff hat, niemand sonst. Oder `440` bedeutet, dass nur der Eigentümer und die Benutzergruppe lesen dürfen, niemand kann jedoch schreiben und ausführen.

Diese Dateinamen beginnen mit einem Punkt. Das bedeutet für Unix-Betriebssysteme, dass es sich um versteckte Dateien handelt. Wenn Ihre Website bei einem Webanbieter liegt, läuft der Webserver höchstwahrscheinlich unter einem Unix-Betriebssystem, zum Beispiel mit Linux.

1. **Erstellen Sie mit einem Texteditor (*Editor* beziehungsweise *Notepad*) eine neue Textdatei.**
2. **Schreiben Sie folgende vier Zeilen in die Textdatei:**

```
AuthType Basic
AuthName "Login"
AuthUserFile /SERVERPFAD/administrator/.htpasswd
require valid-user
```

3. **Ändern Sie in der dritten Zeile den fett gedruckten Text** `SERVERPFAD` **in den korrekten Pfad zu Ihrer Passwortdatei** `.htpasswd`**.**

   Beispiele für vollständige Pfade zur `.htpasswd`-Datei sind `/home/www/web/html/administrator/.htpasswd` oder, wenn Sie Joomla auf einem Windows-Computer betreiben, `C:xampphtdocsjoomlaadministrator.htpasswd`.

Sie kennen den Serverpfad zu Ihrer Joomla-Installation nicht? Dann schauen Sie nach, indem Sie in der Administration auf das Menü SITE|KONFIGURATION klicken. Unter der Registerkarte SERVER finden Sie den Serverpfad im Textfeld PFAD ZUM TEMP-VERZEICHNIS. Allerdings müssen Sie sich das Anhängsel `/tmp` wegdenken, um den korrekten absoluten Pfad zu erhalten. Oder aber Sie fragen Ihren Webanbieter.

4. **Speichern Sie die Textdatei unter exakt dem Namen** `.htaccess` **im Joomla-Ordner** `/administrator`.

   Wenn Sie den Editor (Notepad) unter Windows verwenden, achten Sie darauf, dass Sie im Dialogfenster SPEICHERN UNTER im Auswahlmenü DATEITYP den Wert `Alle Dateien` auswählen, wie in Abbildung 10.5 zu sehen. Am besten speichern Sie die Datei in den entsprechenden Ordner auf Ihrer lokalen Joomla-Installation.

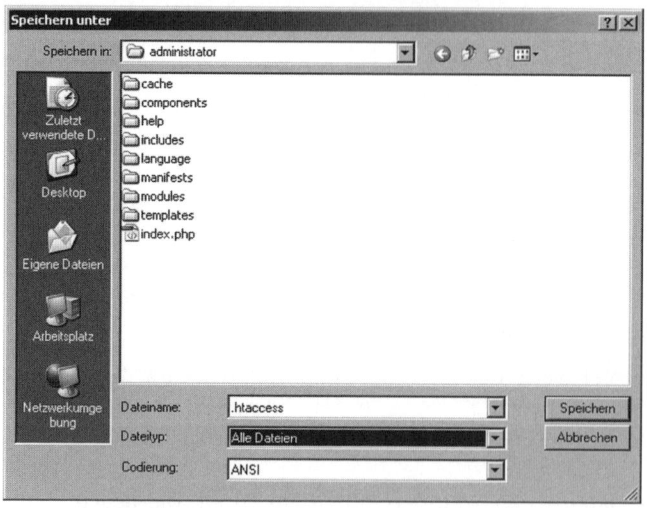

Abbildung 10.5: Datei `.htaccess` speichern

5. **Erstellen Sie nun die zweite Textdatei.**

   Hier notieren Sie pro Zeile eine zulässige Benutzername-Passwort-Kombination, immer nach dem Schema `Benutzername:Passwort`.

   Beispiel: `adminbereichs-zugang:X2mUkpT-w8n`

   Um diese Kombination auch verwenden zu können, muss sie verschlüsselt werden. Auf der Webseite `http://www.manitu.de/webhosting/support/onlinetools/htpasswd/` können Sie die beiden Einträge eingeben und erhalten dann das verschlüsselte Passwort zum obigen Beispiel:

   `adminbereichs-zugang:$1$PXIbAt/D$GR4GWhC5MGmrF6wwna4Fl/`

6. **Speichern Sie die Textdatei unter genau dem Namen** `.htpasswd` **in demselben Ordner wie die Datei** `.htaccess`.

   Verfahren Sie dabei auf dieselbe Weise wie beim Speichern der `.htaccess`-Datei.

7. **Laden Sie per FTP die beiden Dateien** `.htaccess` **und** `.htpasswd` **in den Unterordner** `/administrator` **von Joomla hoch.**

   Achten Sie darauf, dass die Dateinamen nicht zusätzlich die Endung `.txt` besitzen. Dies können Sie mit dem FTP-Programm für jede Datei über Rechtsklick, dann UMBENENNEN verändern.

8. **Geben Sie im Browser in der Adressleiste die Adresse Ihrer Joomla-Website ein und fügen Sie** `/administrator` **hinzu.**

   Beispiel: `http://www.domainname.de/administrator`. Bei einer lokalen Installation, also auf Ihrem Computer, könnte dies lauten: `http://localhost/joomla/administrator`.

   Sie werden nun aufgefordert, die festgelegten Zugangsdaten einzugeben (siehe Abbildung 10.6).

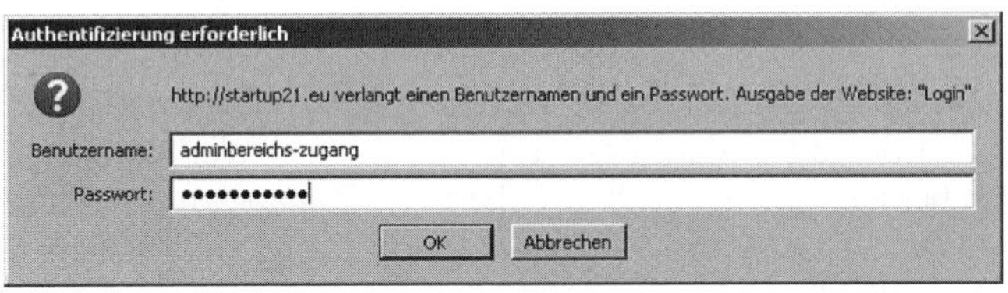

Abbildung 10.6: Passwortschutz für den Ordner `/administrator`

Der Zugriffsschutz funktioniert nicht? Möglicherweise hat Ihr Webanbieter den Einsatz von `.htaccess`-Dateien deaktiviert. In diesem Fall müssen Sie leider auf diese Sicherheitsmaßnahme verzichten.

Sensible Daten und das Internet

Nun zu einem Thema, das Sie nicht nur als Website-Betreiber betrifft, sondern auch als ein Mensch, der offensichtlich mit einem Computer arbeitet. Viele Leute gehen äußerst leichtfertig mit ihren persönlichen Daten um. Dabei sind im Informationszeitalter die eigenen Daten das wichtigste Eigentum! Schützen Sie diese Daten entsprechend gut, Sie bieten dadurch wenig Angriffsfläche für Datenklau und Missbrauch.

Personen- und Benutzerdaten hüten

Eines Morgens im Büro begrüßt Sie ein Kollege mit einem wissenden Lächeln. Jedes Mal, wenn Sie ihm begegnen, grinst er Sie an, auch die anderen Kollegen beginnen, über Sie zu tuscheln und zu kichern. Als Sie schließlich eine geschäftliche E-Mail erhalten, in der Sie mit einem recht intimen Spitznamen angeredet werden, werden Sie vollends misstrauisch und stellen die Kollegen zur Rede. »Nun ja«, sagen diese zögerlich, »auf Ihrer privaten Website schreiben Sie ja so allerhand über sich ...«

Denken Sie daran, dass Ihre Website meist von jedem eingesehen werden kann, auch von Ihren Kollegen – obwohl die Informationen vielleicht gar nicht für sie bestimmt waren. Zwei Fragen, die Sie sich deshalb unbedingt stellen sollten, lauten:

- ✔ Müssen gewisse Informationen über Sie oder Ihre Website-Benutzer überhaupt im Netz stehen? Denn allzu intime Details oder Informationen, mit denen jemand Unfug treiben kann, gehören nicht ins Internet.
- ✔ Müssen manche Informationen lediglich für bestimmte Personen zugänglich sein? Dann bietet sich an, einen Passwortschutz für diese Inhalte zu verwenden. Wie Sie einzelne Seiten oder ganze Bereiche auf Ihrer Website nur für registrierte Benutzer zugänglich machen, erfahren Sie in Kapitel 5.

Wenn Sie also Personendaten veröffentlichen, überlegen Sie genau, was Sie veröffentlichen und für welchen Zweck. Manche Daten sind nämlich ziemlich problematisch, dazu gehören:

- ✔ **E-Mail-Adressen:** So genannte Spam-Harvester grasen automatisiert Websites nach E-Mail-Adressen ab und verwenden diese, um tausendfach Werbemüll zu verschicken. Verzichten Sie also besser auf das Veröffentlichen von E-Mail-Adressen auf frei zugänglichen Bereichen Ihrer Website. Ein Kontaktformular erfüllt meist denselben Zweck. Ihr Posteingang wird es Ihnen danken.
- ✔ **Postanschrift:** Damit gelingt es Leuten, die aus welchen Gründen auch immer gezielt im Internet nach Informationen zu einer Person suchen, unterschiedliche Daten und Profile genau dieser einen Person zuzuordnen. Wenn Sie die Angabe der Adresse nicht zwingend benötigen – außer im Impressum Ihrer Website –, dann lassen Sie sie besser weg.
- ✔ **Lebenslauf und Zeugnisse:** Bedenken Sie: Hier steckt eine Menge Information über Ihr Leben und Ihre Leistungen drin. Warum soll jeder erfahren, dass Sie in Mathe vielleicht eine Fünf hatten? Und für Bewerbungsgespräche ist ein lapidares »Steht alles auf meiner Website« ohnehin nicht besonders hilfreich.

Speichern Sie niemals Passwörter und Kontodaten, zum Beispiel für das Online-Banking, auf Ihrer Website! Diese Art von Informationen gehört nicht ins Internet, erst recht nicht unverschlüsselt, sondern bestenfalls in ein Schließfach.

Bedenken Sie außerdem: Viele Hacker durchstöbern gezielt eine Website, um nützliche Informationen zum Einbruch zu erhalten. Der Name der Frau oder des Haustieres, das Geburtsdatum, der Spitzname oder der zweite Vorname werden häufig als Passwörter verwendet. Diese Daten probiert der Passwortcracker natürlich als Erstes! Wenn Sie die Anweisungen aus dem Abschnitt *Unsichere Passwörter ade* befolgt haben, können Sie darüber jedoch bloß müde lächeln.

Fühlen Sie sich außerdem für die Benutzer Ihrer Website verantwortlich, die sich dort vielleicht mit einem Steckbrief oder gar einem eigenen Bereich präsentieren. Helfen Sie, die Daten Ihrer Benutzer zu schützen, indem Sie nie ohne deren Einverständnis Persönliches oder Fotos von ihnen veröffentlichen. Seien Sie als Administrator bei Steckbriefen sparsam mit Pflichtfeldern – gerade Familienstand, Alter und Hobbys möchte nicht jeder nennen. Ermöglichen Sie Ihren Benutzern außerdem, ein Pseudonym (oder neudeutsch »Nickname«) zu verwenden, um nach außen hin anonym bleiben zu können.

Website-Daten nicht verraten ...

Als Website-Besitzer können Sie stolz auf Ihr Werk sein, und dass Sie ein so tolles System wie Joomla verwenden, ist ein weiterer Grund, sich stolz und glücklich zu fühlen. Doch vermeiden Sie besser, auf Ihrer Website und anderswo, allzu viele technische Details über Ihre Website und deren Verwaltung preiszugeben. Dazu gehören folgende Informationen:

- ✔ **Die verwendete Versionsnummer:** Viele Sicherheitslücken bestehen nur für eine einzige Version von Joomla oder eine Erweiterung. Wenn ein Hacker nicht weiß, welche Version Sie verwenden, kann er daraus keinen Nutzen ziehen.
- ✔ **Details zur Serverkonfiguration:** Verraten Sie besser nicht, wie Ihr Server eingestellt ist und welche potenziellen Schwachstellen sich daraus ergeben.
- ✔ **Serverpfade:** Veröffentlichen Sie aus demselben Grund nicht Ihre Ordnerstruktur und die Pfade zu bestimmten Servermodulen, beispielsweise für den Mailversand.
- ✔ **Verwendete Zugangsdaten:** Hoffentlich eine Selbstverständlichkeit: Geben Sie niemals Zugangsdaten (Benutzernamen und Passwörter) an Dritte weiter!

Wenn Sie Experten um Rat fragen – wofür sich Webforen hervorragend eignen – ist es sinnvoll und oft notwendig, manche dieser Daten zu nennen. Vermeiden Sie jedoch, hier im gleichen Atemzug den richtigen Namen und die Adresse Ihrer Website zu nennen. Schreiben Sie Ihr Hilfegesuch so, dass personalisierte Daten und Namen unkenntlich gemacht sind. So können diese Daten keiner konkreten Website zugeordnet werden, diese Informationen sind für potenzielle Hacker damit wertlos.

Datenpflege – mit Joomla Daten sichern und umziehen

11

In diesem Kapitel

- Dateien von Joomla sichern
- Die Datenbank in trockene Tücher bringen
- Joomla mit allen Einstellungen vom eigenen Rechner auf einen Server im Web übertragen
- Per Joomla-Update auf dem neuesten Stand bleiben

Es dröhnt ohrenbetäubend. Der Boden wankt, Stühle, Tische und Wände wackeln, feine Risse durchschneiden das Blümchenmuster der Tapete, Porzellan zerspringt in Scherben. Die Erde bebt. Sekunden des Schreckens verstreichen – und plötzlich liegt das Traumhaus in Trümmern. Nur allzu oft zeigt sich irgendwann, dass mancher Webanbieter ein ziemlich brüchiges Fundament für Joomla-Websites bereitstellt. Auf einmal funktioniert nichts mehr außer den Fehlermeldungen, die Joomla-Website ist spurlos verschwunden, wie vom Erdboden verschluckt. Damit im Katastrophenfall Ihre Daten nicht komplett verloren sind, muss Vorsorge getroffen werden: Für den Fall des Falles lassen sich Datenbank und Dateien einer Joomla-Installation recht einfach sichern. Wie das geht, erfahren Sie in diesem Kapitel. Schutzhelm und Taschenlampe bereithalten!

Die 30 Quadratmeter Ihrer Wohnung sind entschieden zu wenig, im Haus gegenüber erfüllt ein gewissenhafter Vater Tag für Tag seinen Bildungsauftrag, indem er seinem Nachwuchs anhand einer lautstark kommentierten Gerichtsverhandlung von *Richterin Barbara Salesch* das deutsche Rechtswesen vermittelt, und Nachbars Lumpi hat sein Geschäft schon wieder vor Ihrer Tür verrichtet. Kurz: Die Decke fällt Ihnen auf den Kopf? Zeit für einen Wohnungswechsel mit Kind und Kegel. Ziehen Sie mit Ihrer Joomla-Website vom eigenen Rechner in die weite Welt des Webs um.

Außerdem erfahren Sie, wie Handwerker Ihr Haus kostenlos auf den allerneuesten Stand der Technik bringen. Die Entwickler von Joomla sind nimmermüde und veröffentlichen laufend aktuelle Versionen, die Joomla um neue Funktionen ergänzen und bekannt gewordene Sicherheitslücken schließen. Der Website tut eine Frischzellenkur immer gut.

Vorsicht ist besser als Nachsicht – Backup

Ein *Backup* ist eine Sicherung aller Daten. Für Joomla heißt das, dass nicht nur Inhalte, Menüs und Templates, sondern auch sämtliche Programmdateien gesichert werden müssen. Dazu ist es notwendig, die MySQL-Datenbank und die Dateien auf dem Webserver zu sichern. Bei dieser Aufgabe helfen Software-Werkzeuge wie die Datenbank-Verwaltung *phpMyAdmin* und ein FTP-Programm wie FileZilla.

Backup der Datenbank anlegen

Mit einer Datenbank-Verwaltung wie *phpMyAdmin* lassen sich die Inhalte von Datenbanken mit einem Webbrowser anzeigen und bearbeiten. Diese Verwaltung wird bei praktisch allen Webanbietern mitgeliefert und ist auch im XAMPP-Paket enthalten.

Für die folgenden Schritte kann man sich phpMyAdmin als fleißigen Archivar vorstellen, der unermüdlich die Joomla-Datenbank durchblättert und ihre Inhalte zur Sicherung in eine so genannte *Dump*-Datei abschreibt.

1. **Öffnen Sie Ihren Browser und rufen Sie phpMyAdmin auf.**

   Wenn Sie Joomla mit XAMPP auf dem eigenen Rechner installiert haben, geben Sie in die Adresszeile Ihres Browsers die Adresse `http://localhost/phpmyadmin` ein.

   Wenn Sie dagegen Joomla bei einem Webanbieter installiert haben:

   - Rufen Sie das Kundenmenü Ihres Webanbieters auf und melden Sie sich dort mit Ihren Kunden-Zugangsdaten an (hier beispielhaft beschrieben für den Webanbieter 1&1. Wie Sie bei *Ihrem* Webanbieter die Datenbank-Verwaltung phpMyAdmin aufrufen, erfahren Sie auf dessen Support-Seiten).
   - Klicken Sie im Bereich HOMEPAGE/ANWENDUNGEN auf den Link MYSQL-DATENBANK beziehungsweise rufen Sie die Datenbank-Verwaltung auf.
   - Klicken Sie in der Spalte DATENBANKNAME auf den Namen der Datenbank beziehungsweise wählen Sie die Datenbank aus, die Sie sichern wollen.

   Nun wird phpMyAdmin geöffnet (siehe Abbildung 11.1). Möglicherweise sieht Ihr phpMyAdmin anders aus als in den Abbildungen. Das liegt daran, dass Webanbieter unterschiedliche Versionen von phpMyAdmin mit angepasster Oberfläche einsetzen.

2. **Öffnen Sie die Datenbank, auf die Joomla zugreift.**

   - Falls Sie Joomla auf Ihrem Rechner installiert haben, wählen Sie im Auswahlmenü DATENBANK die Datenbank, in die Sie Joomla installiert haben. Wenn Sie Joomla wie in Kapitel 2 beschrieben installiert haben, heißt sie bezeichnenderweise `joomla`.
   - Ihre Joomla-Datenbank bei einem Webanbieter lässt sich bearbeiten, indem Sie in der linken Spalte von phpMyAdmin auf den Namen der Datenbank klicken.

   phpMyAdmin zeigt den Inhalt der Datenbank, also die einzelnen Tabellen, wie in Abbildung 11.2 an. Keine Sorge, lassen Sie sich von den seltsamen Namen und den ungewohnten Symbolen nicht aus der Fassung bringen.

3. **Klicken Sie auf die Registerkarte EXPORTIEREN.**

   Die Seite DUMP (SCHEMA) DER DATENBANK ANZEIGEN wird geöffnet, wie Abbildung 11.3 zeigt.

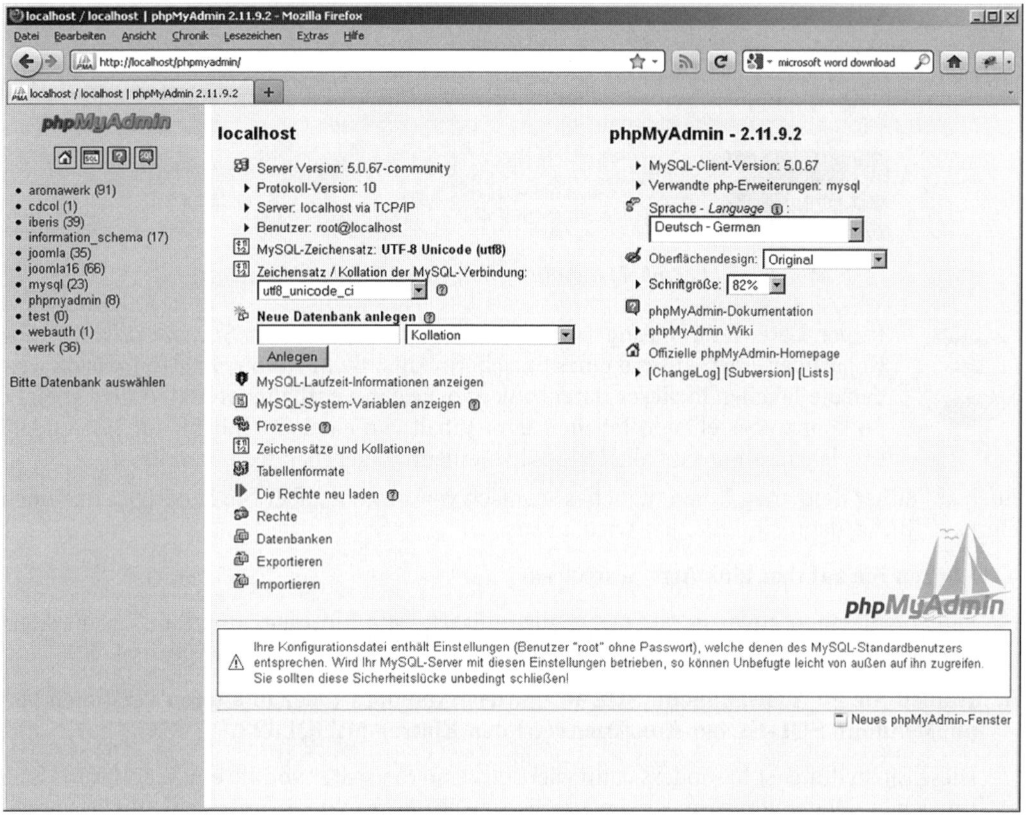

Abbildung 11.1: phpMyAdmin

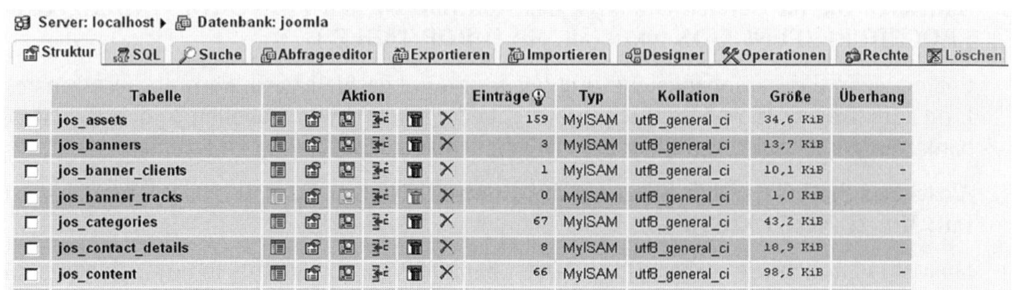

Tabelle	Aktion	Einträge	Typ	Kollation	Größe	Überhang
jos_assets		159	MyISAM	utf8_general_ci	34,6 KiB	-
jos_banners		3	MyISAM	utf8_general_ci	13,7 KiB	-
jos_banner_clients		1	MyISAM	utf8_general_ci	10,1 KiB	-
jos_banner_tracks		0	MyISAM	utf8_general_ci	1,0 KiB	-
jos_categories		67	MyISAM	utf8_general_ci	43,2 KiB	-
jos_contact_details		8	MyISAM	utf8_general_ci	18,9 KiB	-
jos_content		66	MyISAM	utf8_general_ci	98,5 KiB	-

Abbildung 11.2: phpMyAdmin – Inhalt der Datenbank

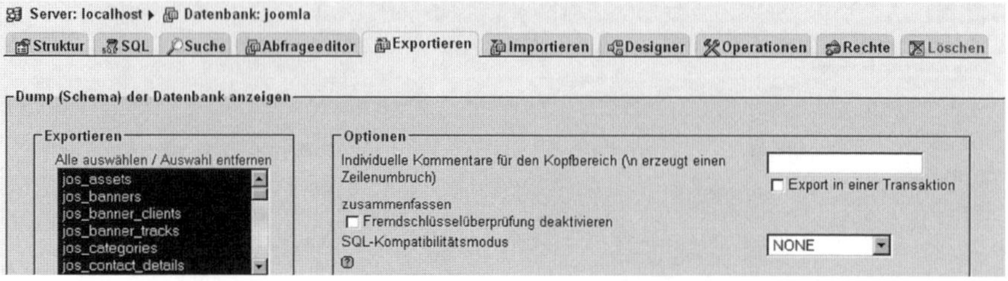

Abbildung 11.3: phpMyAdmin – Dump der Datenbank anzeigen

In der Datenverarbeitung bezeichnet *Dump* (auf Deutsch *Speicherauszug*) eine Kopie oder einen Auszug eines Speicherinhalts. Beim Dump einer Datenbank werden die Tabellen in dieser Datenbank und die darin enthaltenen Datensätze kopiert. So können bestehende Tabellen samt Inhalt von einer Datenbank auf eine andere umziehen, ohne dass alle Datensätze erneut eingegeben werden müssen.

Auch auf dieser Seite mag Ihnen manches spanisch vorkommen, aber Sie benötigen nur noch ein paar Klicks, dann sind Sie hier wieder raus.

4. **Klicken Sie auf den Link Alle auswählen.**

   Falls nicht schon zuvor in der Auswahlliste Export alle Einträge, also Tabellen markiert waren, ist das spätestens jetzt der Fall. Sie wollen schließlich keine vergessen!

5. **Wählen Sie im Auswahlmenü SQL-Kompatibilitätsmodus (oder in älteren Versionen von phpMyAdmin SQL-Export-Kompatibilität) den Eintrag MYSQL323.**

   Diese Einstellung ist besonders dann wichtig, wenn Sie später von Ihrem Rechner ins Web umziehen: Möglicherweise verwenden Sie und Ihr Webanbieter unterschiedliche Versionen des MySQL-Datenbank-Serverprogramms. Die Einstellung MySQL323 stellt dabei den kleinsten gemeinsamen Nenner dar, um die Datenbank später wieder einlesen zu können.

6. **Aktivieren Sie im Bereich Struktur das Kontrollkästchen Füge DROP TABLE/VIEW/PROCEDURE/FUNCTION hinzu (alt: Mit 'DROP TABLE').**

   Später, wenn die Datenbanksicherung wieder zurückgespielt wird, kommt diese Einstellung zum Tragen: Womöglich schon bestehende gleichnamige Tabellen in der Zieldatenbank werden gelöscht, um Platz für die Tabellen aus dem Backup zu schaffen.

7. **Aktivieren Sie im Bereich Struktur das Kontrollkästchen Füge IF NOT EXISTS hinzu (alt: Mit 'IF NOT EXISTS').**

   Hier ist es ähnlich wie vorhin: Da alle Datenbanktabellen von Joomla in der Zieldatenbank noch nicht vorhanden sind, werden diese Tabellen neu angelegt, bevor sie mit Daten befüllt werden.

8. **Aktivieren Sie im Bereich Daten das Kontrollkästchen Vollständige 'INSERT's.**

   Mit dieser Einstellung schreibt phpMyAdmin die Einträge der einzelnen Tabellen nicht in Steno, sondern in normaler Schreibschrift. So wird sichergestellt, dass keine Missverständnisse auftreten.

9. Aktivieren Sie das Kontrollkästchen SENDEN.

Damit wird das Backup der Datenbank als Dump-Datei auf Ihren Rechner übertragen und nicht einfach nur im Browser angezeigt.

Werfen Sie zur Sicherheit einen Blick auf Abbildung 11.4, ob Sie alles richtig eingestellt haben.

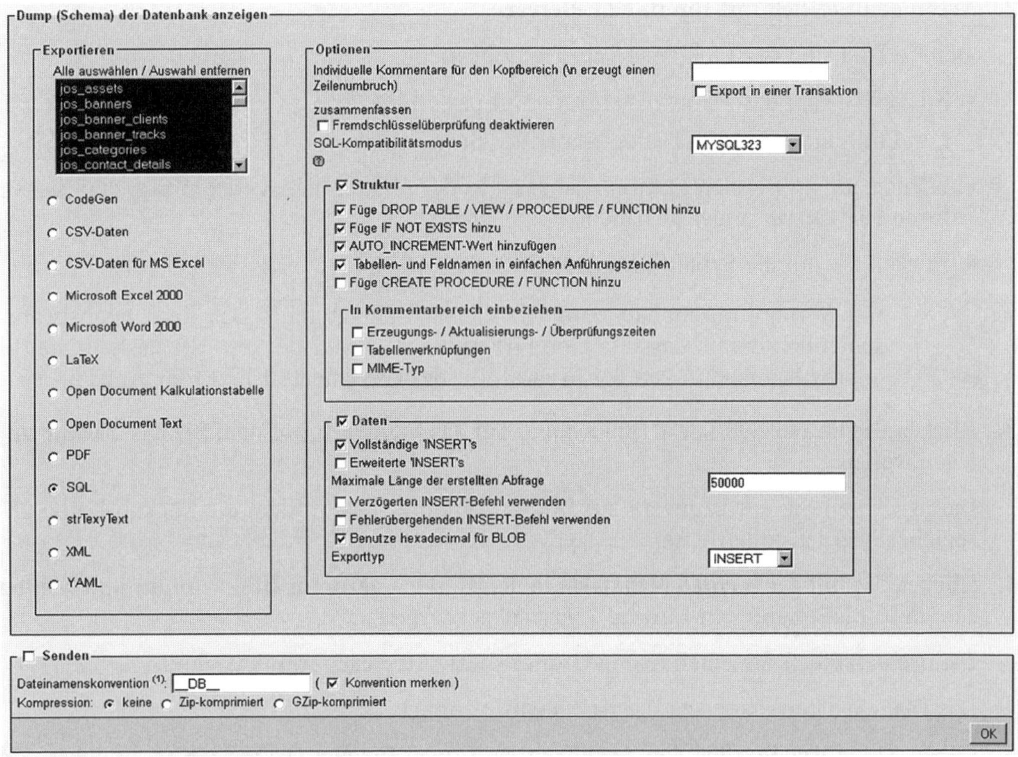

Abbildung 11.4: phpMyAdmin – Einstellungen für einen Datenbank-Dump

10. Klicken Sie auf die Schaltfläche OK.

Ein Dialogfenster Ihres Browsers wird geöffnet.

11. Speichern Sie die Dump-Datei auf Ihrem Rechner.

In dieser Datei, in den meisten Fällen hat sie die Dateiendung `.SQL`, lagert jetzt gut verpackt der zerbrechliche Inhalt der Datenbank. Behandeln Sie die Datei also mit Vorsicht!

Backup der Dateien anlegen

Nicht nur die Datenbankinhalte, auch die Ordner und Dateien Ihrer Joomla-Installation wollen gesichert werden. Dazu benötigen Sie ein FTP-Programm wie *FileZilla*.

Falls Sie FileZilla noch nicht installiert oder die Verbindung zum FTP-Server Ihres Webanbieters noch nicht eingerichtet haben, lesen Sie die entsprechenden Abschnitte in Kapitel 2.

1. **Starten Sie das FTP-Programm, für FileZilla klicken Sie im Startmenü PROGRAMME auf FILEZILLA CLIENT|FILEZILLA.**

   Das Fenster des FTP-Programms FileZilla wird geöffnet.

2. **Verbinden Sie sich mit Ihrem FTP-Server.**

   Bei FileZilla sind dazu folgende Schritte notwendig:

   - Klicken Sie auf das Menü DATEI|SERVERMANAGER.

     Daraufhin erscheint das Dialogfenster des Servermanagers.

   - Wählen Sie im Bereich EINTRAG AUSWÄHLEN in der Auswahlliste den Eintrag, den Sie für Ihren FTP-Server angelegt haben.

   - Klicken Sie auf die Schaltfläche VERBINDEN.

Der Verbindungsaufbau zum FTP-Server schlägt fehl? Das liegt höchstwahrscheinlich daran, dass Sie eine Firewall verwenden. Lockern Sie deshalb die Sicherheitseinstellungen der Firewall für das verwendete FTP-Programm.

3. **Klicken Sie im Bereich LOKAL (links oben) auf das Laufwerk, auf dem Sie das Backup anlegen wollen.**

   Damit wählen Sie ein Laufwerk auf Ihrem Computer aus, in dem die Backup-Daten gespeichert werden sollen.

4. **Klicken Sie mit der rechten Maustaste in den Bereich darunter (links unten) und wählen Sie im Kontextmenü den Eintrag VERZEICHNIS ERSTELLEN.**

   Dadurch erstellen Sie einen neuen Ordner speziell für das Joomla-Backup.

   Das Dialogfenster VERZEICHNIS ERSTELLEN wird geöffnet.

5. **Geben Sie in das Textfeld den gewünschten Namen für den Ordner ein und klicken Sie auf die Schaltfläche OK.**

   Der neue Ordner wird im Bereich LOKAL angezeigt.

6. **Klicken Sie in den Bereich SERVER daneben (rechts unten).**

   Nun widmen Sie sich den Dateien und Ordnern auf dem Server.

7. **Drücken Sie die Tasten [Strg]+[A].**

   Alle Dateien und Ordner von Joomla auf dem Server werden nun markiert.

8. **Klicken Sie auf die markierten Elemente, halten Sie die linke Maustaste gedrückt, ziehen Sie den Mauszeiger nach links unten in den Bereich LOKAL und lassen Sie die Maustaste dort los.**

   Damit werden alle Dateien und Ordner in den soeben angelegten Ordner auf Ihrem Rechner kopiert. Abbildung 11.5 zeigt, wie FileZilla während des Ziehens aussehen soll.

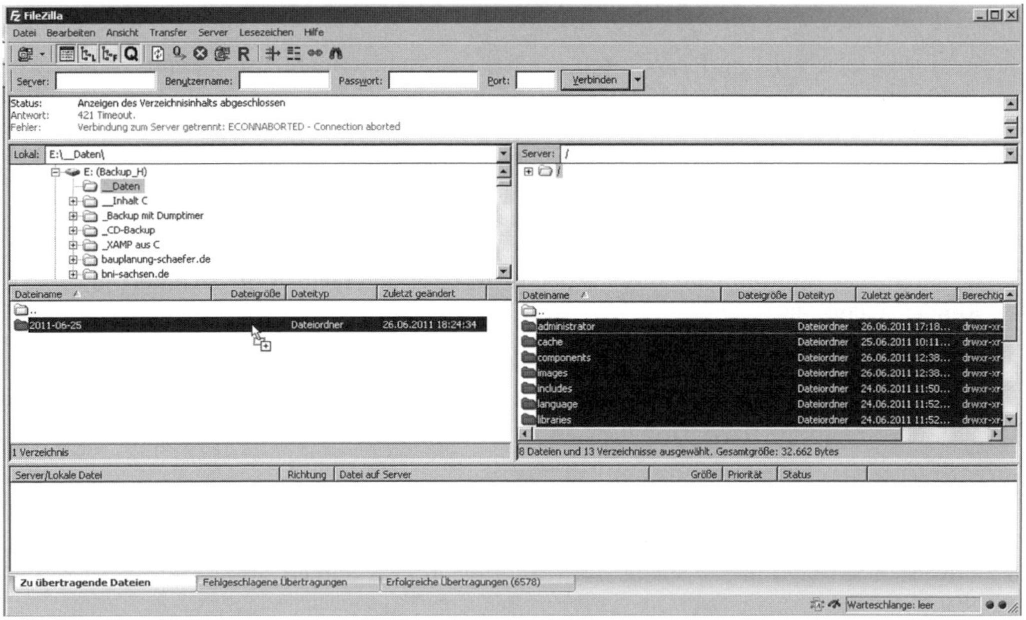

Abbildung 11.5: FileZilla – Dateien vom Server auf die Festplatte kopieren

Das war's. Sobald die Warteschlange unten wieder leer ist, haben Sie Joomla erfolgreich auf Ihrem Rechner gesichert.

Joomla zieht um mit Sack und Pack

Manchmal im Leben muss man umziehen, ob es einem gefällt oder nicht. Dabei möchte man sein Hab und Gut selbstverständlich mitnehmen. Hier erfahren Sie, wie Joomla mit Sack und Pack auf einen anderen Server umzieht, beispielsweise wie im Folgenden von der Lokalinstallation auf dem eigenen Rechner zur Webinstallation bei einem Webanbieter.

Genauso können Sie vorgehen, wenn Sie Joomla von einem Webserver auf einen anderen verschieben, also beispielsweise bei einem Webanbieter-Wechsel, oder wenn Sie lediglich den Ordner von Joomla auf demselben Server verschieben und damit die Adresse Ihrer Website ändern.

Die Voraussetzungen, die ein Webanbieter für die Installation von Joomla erfüllen muss, gelten ebenso für den Umzug. Lesen Sie den entsprechenden Abschnitt in Kapitel 2.

Erster Schritt des Umzugs: Sichern Sie Datenbank und Dateien von Joomla wie im Abschnitt *Vorsicht ist besser als Nachsicht – Backup* weiter vorne in diesem Kapitel beschrieben.

Inhalte in die Datenbank einspielen

Bevor es jetzt gleich richtig losgeht, müssen Sie für Joomla noch eine Datenbank anlegen. Wie das geht, lesen Sie in Kapitel 2.

In diesem Abschnitt wird das Einlesen einer Datenbank beispielhaft für den Webanbieter 1&1 beschrieben. Wie Sie bei *Ihrem* Webanbieter die Datenbank-Verwaltung phpMyAdmin aufrufen, erfahren Sie auf dessen Supportseiten.

1. **Rufen Sie das Kundenmenü Ihres Webanbieters auf und melden Sie sich dort mit Ihren Kundenzugangsdaten an.**

   Das Kundenmenü Ihres Webanbieters wird geöffnet.

   Nun gilt es, die Verwaltungsoberfläche von MySQL-Datenbanken, phpMyAdmin, aufzurufen und die richtige Datenbank für Joomla auszuwählen.

   Als 1&1-Kunde gehen Sie folgendermaßen vor:

   - Klicken Sie im Bereich Homepage/Anwendungen auf den Link MySQL-Datenbank.
   - Klicken Sie dann in der Spalte Datenbankname auf den Namen der Datenbank.

     Die Oberfläche von phpMyAdmin wird geöffnet (siehe Abbildung 11.6).

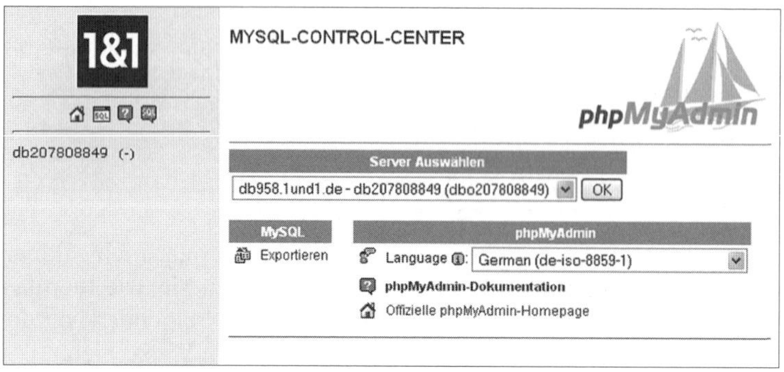

Abbildung 11.6: MySQL-Control-Center alias phpMyAdmin

   - Klicken Sie in der linken Spalte von phpMyAdmin auf den Namen der Datenbank.

     Nun wird die noch leere Datenbank angezeigt.

2. **Klicken Sie in phpMyAdmin auf die Registerkarte SQL.**

   Die Seite SQL wird angezeigt wie in Abbildung 11.7.

3. **Klicken Sie im Bereich Datei auf die Schaltfläche Durchsuchen.**

   Das Dialogfenster Datei uploaden wird geöffnet.

Abbildung 11.7: phpMyAdmin – SQL-Befehle

4. **Wählen Sie die Dump-Datei der Datenbank auf Ihrem Computer aus und klicken Sie auf die Schaltfläche Öffnen.**

Im phpMyAdmin Ihres Webanbieters gibt es auf der Registerkarte SQL keinen Bereich Datei und keine Schaltfläche Durchsuchen? Folgender Umweg schafft Abhilfe: Öffnen Sie auf Ihrem Rechner die SQL-Datei mit einem Texteditor, markieren Sie dort durch Drücken der Tasten [Strg]+[A] den gesamten Inhalt der Datei und kopieren Sie ihn mit den Tasten [Strg]+[C] in die Zwischenablage. Wechseln Sie in phpMyAdmin auf die Registerkarte SQL und fügen Sie den Inhalt der Zwischenablage in den Textbereich SQL-Befehl(e) in Datenbank ausführen über das Tastenkürzel [Strg]+[V] ein.

5. **Zurück in phpMyAdmin klicken Sie auf die Schaltfläche OK.**

   Die Datenbank-Verwaltung liest jetzt die Daten ein. Wenn phpMyAdmin alle Tabellen von Joomla in die Datenbank geschrieben hat, sieht das in etwa so aus wie in Abbildung 11.8. Sie können das Browserfenster mit phpMyAdmin jetzt schließen.

Möbelpacker ans Werk – Dateien übertragen

FileZilla ist ein FTP-Programm und dient Ihnen als Möbelpacker: Es ist das Programm der Wahl, um Ihr fertig eingerichtetes Joomla-Traumhaus von Ihrer Festplatte auf den Server des Webanbieters zu transportieren.

Falls Sie FileZilla noch nicht installiert oder die Verbindung zum FTP-Server Ihres Webanbieters noch nicht eingerichtet haben, lesen Sie die entsprechenden Abschnitte in Kapitel 2.

1. **Starten Sie das FTP-Programm, für FileZilla klicken Sie im Startmenü auf Programme | FileZilla Client | FileZilla.**

   FileZilla wird geöffnet (siehe Abbildung 11.9).

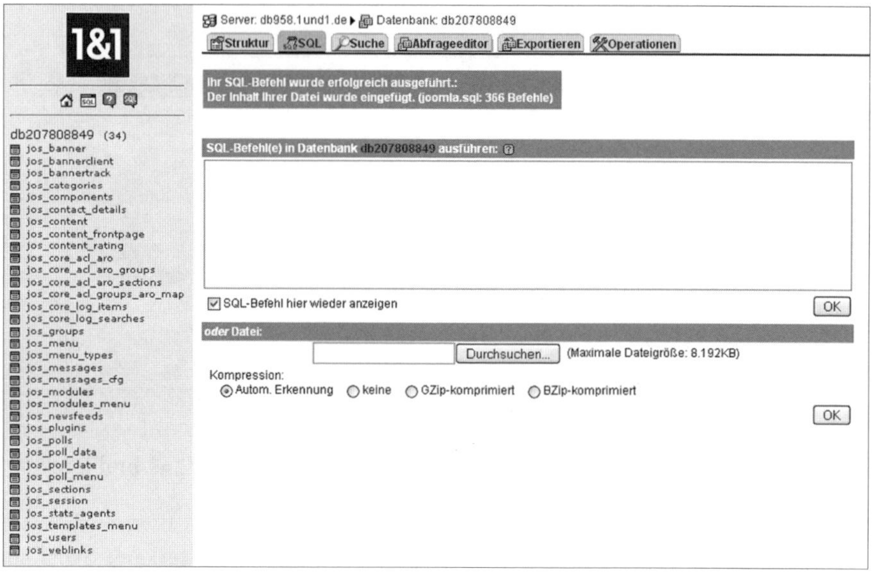

Abbildung 11.8: phpMyAdmin – importierte Datenbank

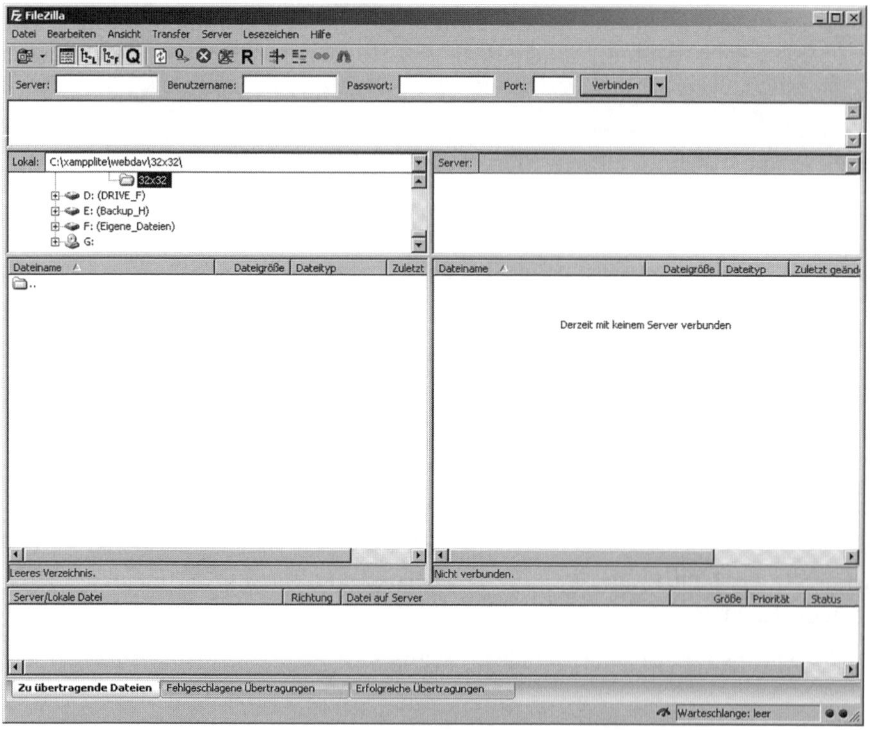

Abbildung 11.9: FileZilla nach dem Start

2. **Verbinden Sie sich mit Ihrem FTP-Server.**

   Bei FileZilla sind dazu folgende Schritte notwendig:

   - Klicken Sie auf das Menü DATEI|SERVERMANAGER.

     Das Dialogfenster des Servermanagers erscheint.

   - Wählen Sie im Bereich EINTRAG AUSWÄHLEN in der Auswahlliste den Eintrag, den Sie für Ihren FTP-Server angelegt haben.

   - Klicken Sie auf die Schaltfläche VERBINDEN.

   Falls in Windows XP, Vista oder Windows 7 die eingebaute Windows-Firewall ihren Dienst versieht, wie das in der Voreinstellung der Fall ist, meldet sich das Betriebssystem mit einer Sicherheitswarnung zu Wort. Aktivieren Sie in diesem Fall, falls vorhanden, das Kontrollkästchen MELDUNG FÜR DIESES PROGRAMM NICHT MEHR ANZEIGEN. Klicken Sie nun auf die Schaltfläche NICHT MEHR BLOCKEN oder OK.

Der Verbindungsaufbau zum FTP-Server schlägt fehl? Das liegt höchstwahrscheinlich daran, dass Sie eine Firewall verwenden. Lockern Sie die Sicherheitseinstellungen der Firewall für FileZilla.

   Falls Sie als Servertyp eine verschlüsselte Verbindung gewählt haben und zum ersten Mal eine Verbindung mit dem FTP-Server herstellen, erscheint das Dialogfenster UNBEKANNTER SERVER-SCHLÜSSEL. Aktivieren Sie das Kontrollkästchen DIESEM SERVER IMMER VERTRAUEN, DIESEN SCHLÜSSEL SPEICHERN und klicken Sie auf die Schaltfläche OK.
   FileZilla nimmt nun die Verbindung zum FTP-Server auf.

3. **Klicken Sie im Bereich LOKAL: (links oben) auf den Unterordner von XAMPP, in den Sie Joomla installiert haben.**

   Wenn Sie Joomla wie in Kapitel 2 beschrieben auf dem eigenen Rechner installiert haben, heißt der Ordner `C:xampphtdocsjoomla`.

4. **Klicken Sie in den Bereich darunter (links unten).**

5. **Drücken Sie die Tasten** Strg+A.

   Damit werden alle Dateien und Ordner von Joomla markiert, die momentan noch auf Ihrem Rechner liegen.

6. **Klicken Sie auf die markierten Elemente, halten Sie die linke Maustaste gedrückt, ziehen Sie den Mauszeiger nach rechts unten in den Bereich SERVER: und lassen Sie die Maustaste dort los.**

   Abbildung 11.10 zeigt, wie FileZilla während des Ziehens aussehen soll.

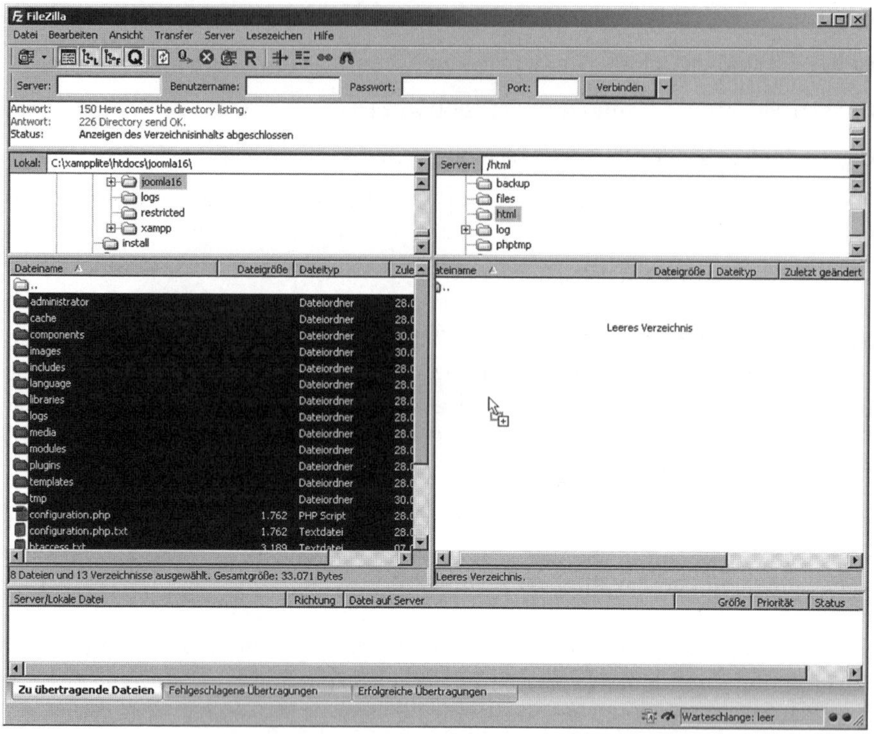

Abbildung 11.10: FileZilla – Dateien von der Festplatte auf den Server kopieren

Jetzt geschieht zweierlei: Durch den Statusbereich oben im FileZilla-Fenster flitzen wieselflinke Statusmeldungen; und die Warteschlange unten füllt sich mit Dateien, die auf ihren Transport warten. Das heißt: Die Möbelpacker sind fleißig am werkeln und verfrachten jede Menge Joomla-Hausrat von Ihrem Rechner auf den Server beim Webanbieter. Bei rund 4.600 Dateien kann der Umzug eine Weile dauern. Lehnen Sie sich zurück und sehen Sie den Möbelpackern beim Arbeiten zu.

Sobald oben im Statusbereich der Status »Dateitransfer erfolgreich« erscheint und die Warteschlange unten wieder gänzlich leer ist, haben die Dateien den Transport unbeschadet überstanden; nichts ist zu Bruch gegangen.

7. **Lassen Sie FileZilla geöffnet.**

   Denn Sie benötigen gleich wieder FTP-Zugriff, wenn Sie den Umzug abschließen, wie im nächsten Abschnitt beschrieben wird.

Datenbankeinstellungen in Joomla ändern

Falls man schon jetzt versuchen würde, die Joomla-Site in ihrer neuen Heimat im Web aufzurufen, erhielte man eine Fehlermeldung (»Database Error: Unable to connect to the database«). Denn Joomla hat vom Umzug noch gar nichts mitbekommen und glaubt, am alten Ort (beispielsweise auf Ihrem Rechner) installiert zu sein – der Konfigurationsdatei configuration.php ist der Umzug bisher schlichtweg nicht bewusst. In dieser Datei sind zum Beispiel Einstellungen zum Datenbankserver und zum Ordner, in dem Joomla installiert ist, gespeichert.

1. **Legen Sie die diesem Buch beiliegende CD in Ihr CD-Laufwerk ein, wechseln Sie in Ihr FTP-Programm (hier FileZilla), klicken Sie im Bereich Lokale Ansicht (links oben) auf das CD-Laufwerk und dort in den Ordner** `Joomla1.6/Umzug`**.**

Im Bereich darunter ist der Ordner mit der Datei `umzug.php` zu sehen.

2. **Scrollen Sie im Bereich Server: (rechts unten) nach ganz unten, bis die Datei** `configuration.php` **zu sehen ist.**
3. **Klicken Sie im Bereich Lokal: (links unten) auf die Datei** `umzug.php`**, halten Sie die linke Maustaste gedrückt, ziehen Sie den Mauszeiger nach rechts unten in den Bereich Server: und lassen Sie die Maustaste dort los.**

   Damit kopieren Sie die Datei `umzug.php` in den Ordner auf dem Webserver, in der sich die Datei `configuration.php` befindet.
4. **Lassen Sie FileZilla geöffnet.**
5. **Öffnen Sie Ihren Browser und geben Sie in die Adresszeile Ihres Browsers die Adresse ein, unter der Joomla später im Web erreichbar sein wird, gefolgt von** `/umzug.php`**.**

   Wenn Joomla nach dem Umzug beispielsweise unter `http://www.domainname.de/` aufgerufen werden kann, lautet die Adresse `http://www.domainname.de/umzug.php`.

   Die Seite Umzugshelfer wird geöffnet, wie in Abbildung 11.11 gezeigt.

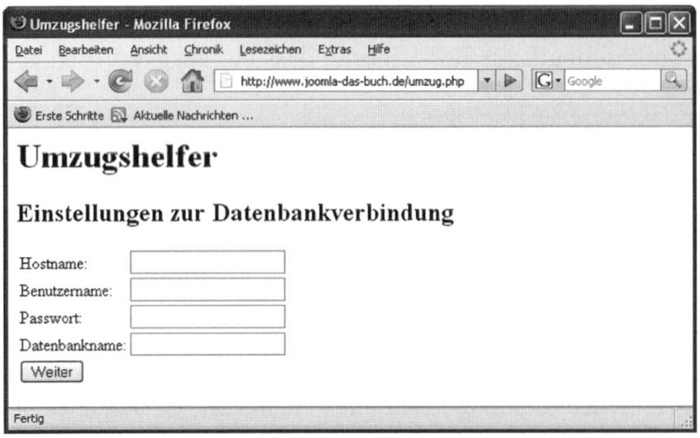

Abbildung 11.11: Umzugshelfer

6. **Nehmen Sie unter Einstellungen zur Datenbankverbindung die folgenden Einstellungen vor:**
   - Geben Sie in das Textfeld Hostname die Adresse des Datenbankservers ein.

Je nach Webanbieter kann die richtige Einstellung hier sehr unterschiedlich sein; beispielsweise `localhost`, wenn Web- und MySQL-Datenbank-Serverprogramm beim Webanbieter auf demselben Server laufen, oder eine komplette Adresse in der Form `db123.webanbieter.de`. Beachten Sie dazu bitte die Informationen Ihres Webanbieters.

- Geben Sie in das Textfeld Benutzername den Benutzernamen für die Datenbank ein.
- Geben Sie in das Textfeld Passwort das Passwort der Datenbank ein.
- Geben Sie in das Textfeld Datenbankname den vorgegebenen Namen der Datenbank ein.

7. **Klicken Sie auf die Schaltfläche Weiter.**

   Der Umzugshelfer ändert jetzt die Einstellungen in der Konfigurationsdatei `configuration.php` auf dem Webserver.

   Sobald er fertig ist, vermeldet er: »Umzug erfolgreich!«

Eine Fehlermeldung wie »Permission denied« (Zugriff verweigert) erscheint? Das bedeutet, dass die Rechte auf die Konfigurationsdatei `configuration.php` zu streng gesetzt sind. Lesen Sie in Kapitel 10 den Abschnitt über Datei- und Ordnerrechte und vergeben Sie für die Datei `configuration.php` die Zugriffsrechte `755`. Wiederholen Sie danach die Schritte ab einschließlich Schritt 6. Falls auch jetzt noch eine Fehlermeldung erscheint, setzen Sie die Rechte auf `777`. Vergeben Sie nach erfolgreichem Umzug für die Konfigurationsdatei wieder die Rechte wie in Kapitel 10 beschrieben.

8. **Klicken Sie im FTP-Programm im Bereich Server: rechts unten auf die Datei `umzug.php` und drücken Sie die [Entf]-Taste.**

   Ein Dialogfenster erscheint zur Bestätigung, dass die ausgewählten Dateien und Ordner gelöscht werden.

9. **Klicken Sie auf die Schaltfläche Ja.**

   Damit wird die Datei des Umzugshelfers wieder gelöscht. Die Möbelpacker haben ihre Arbeit getan. Sie können das FTP-Programm jetzt getrost schließen.

   Das war's: Umzug erfolgreich abgeschlossen. Ihre Joomla-Website läuft fortan unter der neuen Adresse.

Beim Aufruf unter der neuen Adresse bleibt der Bildschirm weiß oder kryptische PHP-Fehlermeldungen erscheinen? Prüfen Sie, ob Sie die richtige Adresse eingegeben haben. Wenn Sie dieser Beschreibung nicht genau gefolgt sind, könnte es sein, dass Sie einen Pfad wie `/joomla` an den Domainnamen anhängen müssen, also in die Adresszeile `http://www.domainname/joomla` eingeben. Wenn Sie sicher sind, dass die Adresse stimmt, lesen Sie in Kapitel 10 den Abschnitt über Datei- und Ordnerrechte und setzen Sie die Zugriffsrechte wie dort beschrieben. Beachten Sie auch die Hinweise zu den Zugriffsrechten bei der Webinstallation in Kapitel 2.

Auf dem Laufenden bleiben – Joomla updaten

Joomla wird ständig weiterentwickelt, und Fehler werden ausgemerzt. Im Handumdrehen lässt sich eine laufende Joomla-Website aktualisieren. In diesem Abschnitt wird beschrieben, wie ein Update von Joomla 1.6 auf die neueste Unterversion eingespielt wird.

In Unterversionen werden meist Fehler behoben und bekannt gewordene Sicherheitslücken geschlossen. Bei Unterversionen variiert bei der Versionsnummer nur die letzte Zahl, beispielsweise von der Version 1.6.0 auf die Version 1.6.1.

Ganz gleich, welcher Versionssprung bevorsteht, einige Vorkehrungen müssen vor jedem Update getroffen werden: Laden Sie sich die neueste Version von Joomla herunter und entpacken Sie sie in einen Ordner auf Ihrer Festplatte, was wie bei der Installation funktioniert. Wenn Sie wissen wollen, wie das genau geht, lesen Sie die entsprechenden Abschnitte in Kapitel 2.

Erstellen Sie vor dem Update unbedingt ein Backup von der Datenbank und den Programmdateien wie im Abschnitt *Vorsicht ist besser als Nachsicht – Backup* weiter vorne in diesem Kapitel beschrieben. Falls beim Einspielen der aktuellsten Version etwas schiefgehen sollte, können Sie das Backup von Joomla wiederherstellen, wie es im Abschnitt *Joomla zieht um mit Sack und Pack* weiter vorne beschrieben wird.

Um ein Update auf die aktuellste Version durchzuführen, gibt es zwei Möglichkeiten:

Update über das System

1. **Ab Joomla 1.6 gibt es eine sehr bequeme Art, ein Update durchzuführen. Dabei prüft das System die vorhandene Version und bietet das Update an.**
2. **Klicken Sie in der Administration auf das Menü ERWEITERUNGEN|ERWEITERUNGEN.**
3. **Dort klicken Sie auf die Registerkarte AKTUALISIEREN.**
4. **Klicken Sie auf AKTUALISIERUNGEN SUCHEN. Falls ein Update zur Verfügung steht, setzen Sie ein Häkchen links neben dem Namen und klicken dann in der Werkzeugleiste auf AKTUALISIEREN. Das war's dann auch.**

Eine Fehlermeldung wie »Install path does not exist, Fehler beim aktualisieren ... « erscheint? Das bedeutet, dass eine Installation über das automatische Aktualisieren nicht geklappt hat. Dann hilft nur die klassische Variante mittels FTP-Programm (siehe nächster Abschnitt).

Update von Joomla auf die klassische Weise:

Die Updates werden mittels FTP-Programm auf den Webserver übertragen.

Neue Dateien mit FTP auf den Server übertragen

Für größere Versionssprünge (etwa von 1.5 auf 1.6) stellen die Entwickler von Joomla meist ein spezielles Update-Programm zur Verfügung, was momentan jedoch noch nicht zur Verfügung steht.

Bei kleineren Versionssprüngen ändern sich lediglich die Programmdateien von Joomla, die Datenbank bleibt gleich und muss somit für ein Update nicht verändert werden. Deshalb genügt es, die neuen Dateien auf dem Webserver zu überschreiben.

1. **Schalten Sie Joomla aus.**

   Wie das genau geht, erfahren Sie in Kapitel 4. Hier noch einmal die Kurzfassung:

   - Melden Sie sich als Super-Administrator in der Administration an.
   - Rufen Sie die Konfiguration über das Menü SITE|KONFIGURATION auf.
   - Wählen Sie auf der Registerkarte SITE für den Optionsschalter SITE OFFLINE den Wert JA und klicken Sie auf die Schaltfläche SPEICHERN & SCHLIESSEN.

2. **Starten Sie Ihr FTP-Programm, beispielsweise FileZilla.**

   Falls Sie das hier beschriebene FTP-Programm FileZilla noch nicht installiert haben oder die Verbindung zum FTP-Server Ihres Webanbieters noch nicht eingerichtet haben, lesen Sie die entsprechenden Abschnitte in Kapitel 2.

   Klicken Sie im Startmenü auf PROGRAMME|FILEZILLA CLIENT|FILEZILLA und das Fenster von FileZilla wird sogleich geöffnet.

3. **Verbinden Sie sich mit Ihrem FTP-Server.**

   Bei FileZilla sind dazu folgende Schritte notwendig:

   - Klicken Sie auf das Menü DATEI|SERVERMANAGER.

     Das Dialogfenster des Servermanagers wird geöffnet.

   - Wählen Sie im Bereich EINTRAG AUSWÄHLEN in der Auswahlliste den Eintrag, den Sie für Ihren FTP-Server angelegt haben.
   - Klicken Sie auf die Schaltfläche VERBINDEN.

Der Verbindungsaufbau zum FTP-Server schlägt fehl? Das liegt höchstwahrscheinlich daran, dass Sie eine Firewall verwenden. Lockern Sie am besten die Sicherheitseinstellungen der Firewall für FileZilla.

4. **Scrollen Sie im Bereich SERVER: (rechts unten) nach ganz unten.**
5. **Klicken Sie im Bereich LOKAL: (links oben) auf den Ordner, in den Sie die Dateien für das Joomla-Update entpackt haben.**
6. **Klicken Sie in den Bereich darunter (links unten).**
7. **Drücken Sie die Tasten [Strg]+[A].**

   Alle neuen Dateien und Ordner von Joomla, die momentan noch auf Ihrem Rechner liegen, werden nun markiert.

8. **Klicken Sie auf die markierten Elemente, halten Sie die linke Maustaste gedrückt, ziehen Sie den Mauszeiger nach rechts unten in den Bereich Server: und lassen Sie die Maustaste dort los.**

   Damit übertragen Sie sämtliche Dateien des Updates auf den Webserver. Abbildung 11.12 zeigt, wie FileZilla während des Ziehens aussieht.

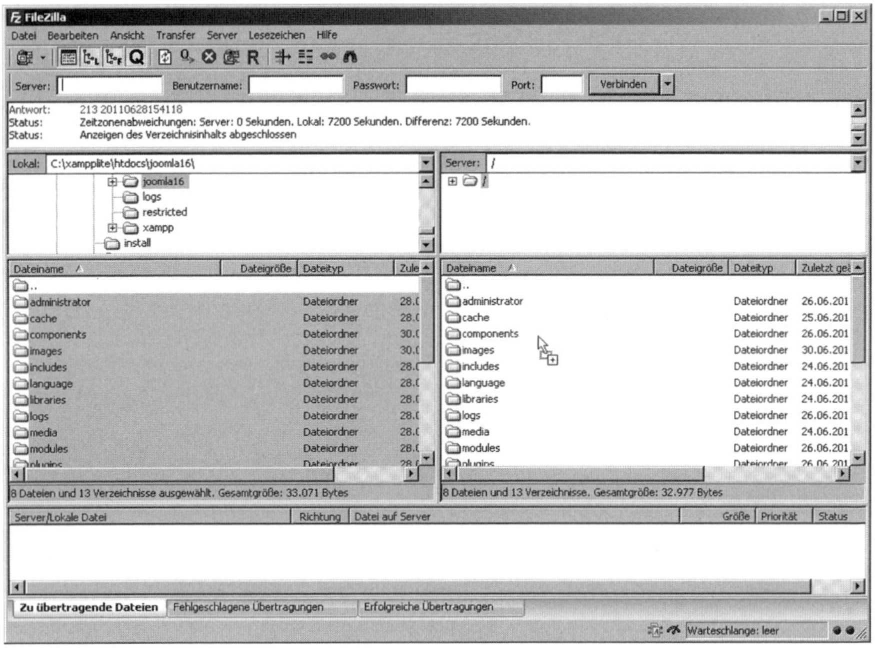

Abbildung 11.12: FileZilla – Dateien von der Festplatte auf den Server kopieren

Das Dialogfenster Zieldatei existiert bereits (oder ein vergleichbares Fenster bei anderen FTP-Programmen) wird geöffnet.

9. **Aktivieren Sie das Kontrollkästchen Immer diese Aktion ausführen.**

   Im Folgenden werden Sie nicht bei jeder einzelnen Datei erneut nach Ihrer Zustimmung gefragt.

10. **Aktivieren Sie das Kontrollkästchen Nur auf aktuelle Warteschlange anwenden und klicken Sie auf die Schaltfläche OK.**

    Das bedeutet: Wenn Sie zu einer anderen Zeit wieder mit FileZilla arbeiten und Dateien überschreiben, erscheint abermals dieses Dialogfenster und Sie können dann erneut die gewünschten Einstellungen vornehmen.

    Sobald oben im Statusbereich »Dateitransfer erfolgreich« erscheint und die Warteschlange unten wieder gänzlich leer ist, ist der Transport und damit das Update abgeschlossen, die Site ist aber noch immer abgeschaltet.

11. Schalten Sie Joomla über die Administration wieder ein.

Wie das geht, erfahren Sie in Kapitel 4. Hier noch einmal in Kürze:

- Melden Sie sich als Super-Administrator in der Administration an.
- Rufen Sie die Konfiguration über das Menü Site|konfiguration auf.
- Wählen Sie auf der Registerkarte Site für den Optionsschalter Site Offline den Wert Nein und klicken Sie auf die Schaltfläche Speichern & Schliessen.

Wenn Sie das erledigt haben, heißt Ihre runderneute Joomla-Site jetzt Besucher wieder willkommen.

Damit Sie selbst alle Änderungen an der aktualisierten Joomla-Site sehen, löschen Sie am besten in Ihrem Browser alle Cookies und leeren den Cache des Browsers. In Mozilla Firefox 4.0 klicken Sie dazu auf das Menü Extras|Einstellungen, wählen den Reiter Netzwerk und klicken beim Offline-Speicher auf Jetzt leeren.

Teil V

Feintuning – auf der Zielgeraden

In diesem Teil ...

Mittlerweile steht die Website im Großen und Ganzen – und kann sich durchaus sehen lassen. In fünften Teil erfahren Sie nun, wie man einer Joomla-Website den letzten Schliff verpasst. Hier noch an einem Schräubchen drehen und dort noch ein wenig Hand anlegen und schon können die Besucher massenweise herbeiströmen. So erfahren Sie in Kapitel 12, was zu beachten ist, wenn keine Besucher ausgesperrt werden sollen, nur weil diese eine Behinderung haben. Und Sie lernen die Grundbegriffe eines barrierefreien Webauftritts mit Joomla kennen. Nachdem die Besucher aus Fleisch und Blut versorgt sind und fortan mühelos durch die Website streifen können, sind in Kapitel 13 dann die Maschinen dran. Klingt verrückt, ist es aber nicht wirklich. Denn mindestens ebenso wichtig für die Website sind die so genannten Suchmaschinenroboter. Nur wenn sich diese Blechmänner gut zurechtfinden, wird Ihre Website richtig bekannt und bei Suchmaschinenanfragen ganz oben in der Trefferliste stehen. Auch hier gibt es einige Kniffe und Tricks, die Ihnen nicht vorenthalten bleiben sollen.

Barrierefreiheit – Joomla für alle!

12

In diesem Kapitel

- Was Barrierefreiheit eigentlich bedeutet
- Anwender und Standards kennen
- Die wichtigsten Maßnahmen, um Barrieren abzubauen
- Barrierefreie Websites mit Joomla erstellen
- Was Sie für Ihre Joomla-Website außerdem tun können

»Bitte hier klicken!« So prangt es einem auf einer Website entgegen. Worauf dieser Link wohl verweist? Einen Klick später öffnet sich ein neues Fenster. Alles blinkt. Fanfarengeräusche ertönen. Als sich der Surfer vom ersten Schrecken erholt hat, entziffert er mühsam die hellgrüne Schrift auf gelbem Hintergrund. Oh nein – nicht schon wieder ein »Bitte hier klicken!« Es ist zum Verzweifeln …

Derlei unübersichtliche Websites, quietschbunt und unmöglich zu bedienen, begegnen uns noch immer viel zu häufig. Was dem geduldigen Durchschnittssurfer bloß auf die Nerven geht, ist für andere schlichtweg unbenutzbar, denn ein nicht unwesentlicher Teil aller Webbenutzer ist körperlich beeinträchtigt. Für diese Menschen bleiben zahllose Websites ein Mysterium, weil sie eine Sehbehinderung haben oder körperlich so eingeschränkt sind, dass sie keine Maus bedienen können.

Doch es geht auch anders. Mit Webstandards wie XHTML und CSS ist es durchaus möglich, Websites für alle zugänglich zu machen. Was das für Sie und Ihre Joomla-Website bedeutet, erfahren Sie auf den folgenden Seiten.

Web ohne Hürden

Unabhängig von technischen Voraussetzungen und körperlichen Einschränkungen soll Ihre Website für alle nutzbar und frei von Barrieren sein. Ganz gleich, mit welcher Technik der Benutzer auf die Website zugreift, sie soll stets übersichtlich, funktional zu bedienen und reich an Informationen sein.

Wenn keine Besucher ausgesperrt werden sollen, dann gestalten Sie Ihre Website am besten von Anfang an so barrierefrei wie möglich. Jeder, der indes behauptet, seine Website sei komplett barrierefrei, der übertreibt, denn Barrierefreiheit ist ein Ziel, das praktisch nie vollkommen erreicht werden kann. Aber Sie können sich natürlich Mühe geben.

Das *W3C* (World Wide Web Consortium), verantwortlich für die Standardisierung der Techniken des Webs, beschäftigt sich in der *Web Accessibility Initiative* (WAI) mit dem barrierefreien Zugang zu Websites. Die WAI veröffentlichte bereits im Jahr 2002 den *WCAG 1.0-Standard*, der als Grundlage für zahlreiche nationale Richtlinien dient. Dazu zählt die deutsche *BITV* (Barrierefreie Informationstechnik-Verordnung) sowie die US-amerikanische *Section 508* des Gesetzes zur Gleichstellung von Menschen mit Behinderungen. Für deutsche Bundesbehörden sind barrierefreie Websites seit Ende 2005 übrigens gesetzlich vorgeschrieben.

Zielgruppen für barrierefreie Websites

Der Großteil der Website-Besucher benötigt zum Surfen lediglich einen Computer mit zeitgemäßem Webbrowser wie *Mozilla Firefox* und einen Internetzugang. Doch in diesem Kapitel stehen insbesondere die Personen im Vordergrund, die zusätzliche Hilfsmittel benötigen, um eine Website aufzurufen und zu nutzen, also hauptsächlich:

- ✔ Blinde Menschen
- ✔ Fehlsichtige Menschen, dazu zählen auch ältere Menschen oder Personen mit krankheitsbedingten Sehstörungen
- ✔ Menschen mit eingeschränkter Farbwahrnehmung, landläufig nicht ganz korrekt als Farbenblinde bezeichnet
- ✔ Benutzer, die keine Maus bedienen können
- ✔ Gehörlose und Menschen mit vermindertem Sprachvermögen
- ✔ Besucher mit uralten Webbrowsern oder Webbrowsern, die nicht alles darstellen können

Problem: Daten ein- und ausgeben

Viele der eben genannten Personengruppen können aufgrund ihrer körperlichen Einschränkungen klassische Ein- und Ausgabegeräte des Computers wie Maus und Monitor gar nicht oder nur teilweise nutzen. Für diese Personen bleiben oft nur die Tastatur und spezielle Sprachein- und -ausgabesysteme. Blinde verwenden beispielsweise selten eine Maus, weil für sie die Position des Cursors nur schwer zu bestimmen ist.

Als Ersatz für den Monitor benutzen Blinde häufig so genannte *Screenreader*-Programme. Diese erfassen den Bildschirminhalt und lesen entweder automatisiert vor oder geben die Bildschirminhalte auf spezielle Geräte für Blindenschrift aus. Diese Geräte machen Texte für den blinden Leser zeilenweise ertastbar. Alles Weitere, wie Bilder und Grafiken, kann nicht wiedergegeben werden.

Für Screenreader-Programme, die den Bildschirminhalt von links nach rechts und von oben nach unten durchgehen, sind klassische Websites oft eine Katastrophe: Zusammengehörige Elemente wie Menüs sind in zahlreichen Tabellenzellen verstreut, Inhalte einander nicht logisch zuordenbar und die ohnehin unsichtbaren Grafiken des Seitenlayouts sind nur ärgerliche Stolpersteine.

Das Ziel lautet deshalb, möglichst viel Struktur mit HTML-Mitteln abzubilden. Denn damit machen Sie möglich, dass Ihre Website auf verschiedenen Ausgabemedien wiedergegeben werden kann – egal ob Webbrowser, Sprachausgabe oder Textbrowser. Damit ermöglichen Sie wirklich allen einen komfortablen Zugriff auf Ihre Website.

Seitenaufbau gründlich planen

Für Benutzer, die ohne Maus auf Ihre Website zugreifen, bietet sich die Möglichkeit, sich per Tastatur mit der [Tab]-Taste durch die Website und die Navigationsmenüs zu hangeln. Das geht allerdings nur dann komfortabel, wenn festgelegt wurde, in welcher Reihenfolge Seitenelemente wie Navigationsmenü, Inhalte und Kopfbereich angeordnet wurden.

Um Ihre Website fit für den barrierefreien Zugang zu machen, ist es wichtig, eine klare Seitenstruktur zu entwickeln, in der Elemente wie Menüeinträge, Überschriften, Texte und Formulare sinnvoll gruppiert werden. Das heißt, dass sich beispielsweise alle Einträge eines Navigationsmenüs in demselben Bereich befinden.

Mit den modernen Handwerkszeugen *(X)HTML* und *CSS* ist genau das möglich. Seitenbereiche wie Navigationsmenü, Inhalt und Kopfbereich lassen sich mit dem HTML-Element `<div>` gruppieren und per CSS-Formatvorlage anordnen und formatieren.

Das Aussehen wird also mit dem Stylesheet bestimmt, und die logische Struktur, nämlich die durchdachte Aufteilung in Funktionsbereiche, steckt bereits in der HTML-Datei. Listing 12.1 zeigt die Aufteilung einer Webseite in solche Bereiche.

```
<div id = "kopfbereich">
  Kopfbereich
</div>
<div id = "navigation">
  Menüeinträge
</div>
<div id = "inhalt">
  Inhalte
</div>
```

Listing 12.1: Seitenbereiche mit <div>-Elementen

Das Tolle ist, dass sich unabhängig von der Reihenfolge, mit der die `<div>`-Elemente notiert wurden, die `<div>`-Elemente per CSS-Stylesheets frei positionieren lassen, wie in Abbildung 12.1 dargestellt.

Doch die Reihenfolge der `<div>`-Elemente im HTML-Quelltext ist von großer Bedeutung, denn nicht jeder verwendet Ihre Stylesheets. Screenreader beispielsweise pfeifen auf sie und stellen die Seitenelemente in genau der Reihenfolge dar, wie sie im HTML-Quelltext auftauchen. Deshalb ist es wichtig, dass Sie dort eine sinnvolle Reihenfolge verwenden – zunächst Kopfbereich und Seitentitel, dann Navigationsmenüs und danach die Inhalte.

Ein weiterer Vorteil dieser `<div>`-Elemente ist, dass sie sich mittels Stylesheets leicht an unterschiedliche Bildschirmauflösungen und Ausgabegeräte anpassen lassen.

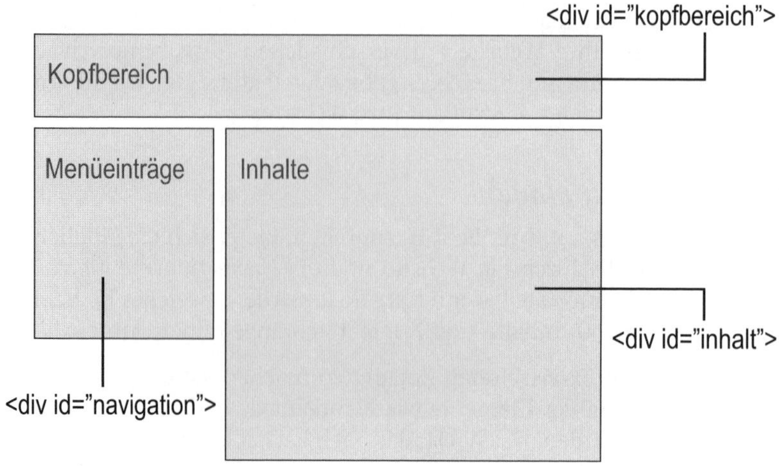

Abbildung 12.1: `<div>`-Elemente mit CSS positioniert

Auch Joomla setzt seit der Version 1.5 auf das Seitenlayout per `<div>`-Elemente und verwendet standardkonformen Quelltext – ein wichtiger Beitrag für den barrierefreien Zugang zu Ihrer Website.

Richten Sie das Layout Ihrer Site nicht für eine bestimmte Fenstergröße oder Bildschirmauflösung ein. Im Gegenteil: Achten Sie darauf, dass sich die Website problemlos skalieren lässt, das heißt, dass die Website mit der Fenstergröße des Webbrowsers mitwächst oder eben mitschrumpft, wenn sehbehinderte Besucher die Website mit einer sehr niedrigen, dafür aber stark vergrößerten Auflösung aufrufen.

Sagen Sie deshalb ein für alle Mal »Tschüss« zu Tabellenlayouts! Früher wurden unsichtbare Tabellen nämlich häufig für die Anordnung von Seitenelementen missbraucht, obwohl diese doch eigentlich ausschließlich für tabellarische Listen gedacht sind. Bei Websites mit Tabellenlayout wurden Zeilen und Spalten beispielsweise als Abstandhalter verwendet, wodurch viele Tabellenzellen zwischen Navigation und eigentlichem Inhalt leer blieben – eine Katastrophe für Screenreader.

Dieselben Probleme gelten außerdem für Websites, die Frames verwenden. Bei dieser mittlerweile etwas in Verruf geratenen Technik werden verschiedene HTML-Dateien gleichzeitig aufgerufen und in eigenen Bildschirmbereichen dargestellt. Auch hier entstehen häufig leere Bereiche. Eine für Blinde verwirrende Anzeigereihenfolge und fehlende Beschriftung kommen oft noch erschwerend hinzu.

Navigationsmenüs gliedern

Auch für die Navigation Ihrer Website werden logische Strukturen benötigt, die von verschiedenen Ausgabemedien verarbeitet werden können.

Bei der Benennung Ihrer Menüeinträge sollten Sie darauf achten, selbsterklärende Bezeichnungen zu verwenden, die das Ziel des Links möglichst treffend beschreiben, nicht etwa, wie eingangs erwähnt, »Bitte hier klicken«.

Für die einzelnen Menüeinträge sollten, da es sich hier um eine Liste mit Menüeinträgen handelt, immer die HTML-eigenen Listenelemente <li> verwendet und anschließend bei Bedarf per CSS angepasst werden – nicht jeder wünscht sich Aufzählungszeichen in seinem Navigationsmenü. In der HTML-Datei notieren Sie dazu beispielsweise:

```
<div id = "menu">
  <ul>
    <li>Startseite</li>
    <li>Über mich</li>
    <li>Gästebuch</li>
  </ul>
</div>
```

Listing 12.2: Navigationsmenü formatiert als Aufzählungsliste

Mit einem Stylesheet lässt sich die Darstellung dieser Seitenbereiche nun nahezu beliebig anpassen. Sollen beispielsweise für alle Listenpunkte innerhalb des Bereichs menu die Aufzählungszeichen ausgeblendet werden, notieren Sie im zugehörigen CSS-Stylesheet: #menu li {list-style-type:none; }. Wenn man innerhalb der geschweiften Klammern beispielsweise noch float:right; ergänzt, werden die Menüeinträge nicht mehr untereinander, sondern nebeneinander dargestellt.

Sie sehen: Mit ein wenig CSS-Kenntnissen lässt sich die Darstellung vollkommen individuell gestalten. Bedenken Sie außerdem, was es mit einem Tabellenlayout für ein Aufwand wäre, untereinander angeordnete Zeilen in nebeneinanderliegende Spalten zu überführen!

Natürlich lassen sich Listen auch ineinander verschachteln, um dadurch die Inhalte weiter zu untergliedern. Außerdem können Sie mit ein wenig CSS-Kenntnissen auch die Form des Aufzählungszeichens anpassen oder gegen eine Grafik austauschen, ganz wie es Ihnen gefällt. Mehr zu Layoutanpassung und CSS finden Sie in Kapitel 7.

Inhalte aufbereiten

Damit Besucher mit Handicap die Inhalte Ihrer Website problemlos erfassen können, müssen auch die Seiteninhalte logisch strukturiert werden. Das bedeutet, dass eine Überschrift für Mensch und Maschine auch als Überschrift erkennbar sein muss und eine echte Tabelle als Tabelle. Dazu ist es notwenig, dass die entsprechenden HTML-Elemente korrekt eingesetzt werden. Verwenden Sie also in jedem Fall das entsprechende HTML-Element (zum Beispiel <h1> für Überschriften erster Ordnung) und verzichten Sie beispielsweise auf Überschriften, die keine sind – sondern lediglich umformatierte Absätze.

Ein gut gemeinter Rat zu den Texten auf der Website: Teilen Sie längere Texte in appetitliche Häppchen auf. Viele Besucher, nicht bloß Sehbehinderte, werden von umfangreichen Texten abgeschreckt. Gliedern Sie Ihren Text deshalb gut und überfüllen Sie eine Seite nicht mit allzu viel Text. Wenn Sie viel zu sagen haben, sollte der Text auf mehrere Seiten verteilt werden, das schafft Überblick und nimmt die Furcht vorm Lesekollaps. Wie sich für Beiträge Seitenumbrüche einfügen lassen, erfahren Sie in Kapitel 5.

Achten Sie beim Verfassen Ihrer Texte darauf, Formulierungen wie »im violetten Menü« und Ähnliches zu vermeiden. Viele Leute können diese Information nicht auswerten, weil sie entweder die Farbe nicht wahrnehmen, ohnehin individuelle Farbeinstellungen verwenden oder weil sie ausschließlich textbasiert auf Ihre Website zugreifen, wie dies beispielsweise bei Blinden der Fall ist.

Links, die im Fließtext vorkommen, also zum Beispiel in einem Beitrag, sollten Sie deutlich hervorheben. Häufig werden Links, die sich mitten im Text befinden, von Ihren Besuchern nicht als solche wahrgenommen (siehe Abbildung 12.2). Heben Sie diese deshalb grafisch hervor. Dazu eignen sich CSS-Stylesheets optimal. So können Sie beispielsweise festlegen, dass alle im Seitenelement `inhalt` vorkommenden Links farbig hinterlegt und fett dargestellt werden. Der CSS-Code dafür lautet:

```
#inhalt a {background-color:yellow; font-weight:bold; }
```

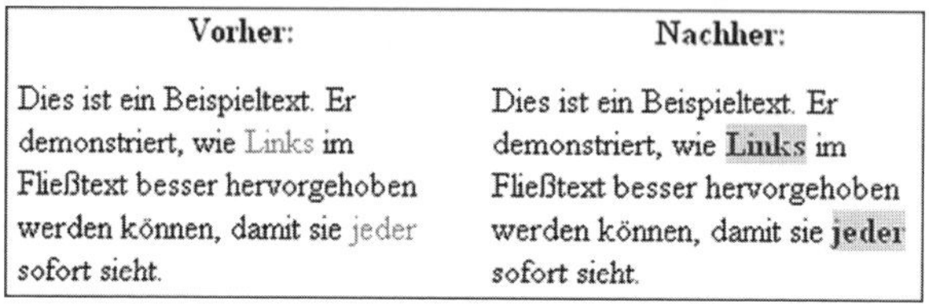

Abbildung 12.2: Im Fließtext hervorgehobene Links

Zur besseren Übersicht wird von der Web Accessibility Initiative außerdem die Verwendung einer *Sitemap* empfohlen, also die hierarchische Auflistung aller Menüeinträge und Seitenbereiche, die besonders für umfangreiche Websites wichtig ist, um sich zurechtzufinden.

Info

Eine Beschreibung der Sitemap-Komponente *Xmap 2 für J1.6* finden Sie im Internet unter der Adresse `http://www.joomla16-das-buch.de/` im Menü `Buch, Kapitel 9`.

Farben, Kontraste und Unterscheidungsmerkmale setzen

Für Menschen mit einer Farbsehschwäche, das sind immerhin rund zehn Prozent der Gesamtbevölkerung, ist es oft schwer, verschiedene Farben, die einen ähnlichen Helligkeitswert besitzen, zu unterscheiden.

Dinge, die den meisten förmlich ins Auge springen, bleiben für viele Menschen mit einer Farbwahrnehmungsschwäche unauffällig oder werden erst gar nicht wahrgenommen. Menschen mit Rot-Grün-Schwäche wird beispielsweise ein roter Hinweis in einem grün gestalteten Text ähnlicher Helligkeit nicht auffallen.

Für alle Hervorhebungen sollten Sie deshalb mindestens zwei Merkmale einsetzen – Farben alleine reichen nicht aus. Gestalten Sie also jede Hervorhebung mit Farbe und einem zusätzlichen Element, zum Beispiel mit einem Rahmen oder einem vorangestellten Symbol.

Sie können herausfinden, ob Ihre Website auch für Benutzer mit Farbwahrnehmungsschwäche geeignet ist, wenn Sie ein wenig mit Bildbearbeitungsprogrammen wie *Adobe Photoshop* oder *GIMP* umgehen können. Machen Sie mit der `Druck`-Taste einen Screenshot Ihrer Website und fügen Sie diesen in ein Bildbearbeitungsprogramm ein. Wandeln Sie dann den Screenshot in ein Graustufenbild um und prüfen Sie, ob alle Elemente auf Ihrer Website noch immer unterscheidbar sind. Ja? Dann haben Sie es richtig gemacht – andernfalls zurück an die Farbpalette.

Verwenden Sie ausschließlich kontrastreiche Farbkombinationen für Hintergrund und Schrift. Der beste Kontrast wäre natürlich schwarz auf weiß – doch einige Menschen werden von leuchtend weißen Flächen schmerzhaft geblendet. Tönen Sie den Hintergrund also ab oder verwenden Sie stattdessen helle Schrift auf einem dunklen Hintergrund.

Viele Sehbehinderte haben die schlechten Kontraste und winzigen Schriften irgendwann endgültig satt. Sie helfen sich selbst, indem sie beispielsweise die Kontrastfunktion von Windows verwenden, die mit der Tastenkombination `Alt`+`⇧`+`Druck` aufgerufen werden kann. Alle Inhalte werden nun in Falschfarben und stark vergrößert dargestellt. Das bedeutet meist: schwarzer Hintergrund und weiße Riesenschrift.

Grafiken und Multimedia einbinden

Lässt sich reiner Text noch vergleichsweise simpel für Blinde oder Sehbehinderte aufbereiten, sieht dies bei Grafiken, aber auch bei allen Formen von Multimediaobjekten schon ganz anders aus. Grafiken, Flash-Animationen oder Videos können von Blinden nicht bildlich wahrgenommen werden und benötigen daher einen aussagekräftigen Alternativtext und womöglich sogar eine längere Beschreibung, was auf dem Bild dargestellt wird. Genau dafür gibt es in HTML das Attribut `alt`. Verwenden Sie dieses Attribut für jede Grafik, die auf der Website eingebunden wird. Achten Sie darauf, immer sinnvolle Alternativtexte zu vergeben, die den dargestellten Inhalt beschreiben und gegebenenfalls die Funktion der Grafik erläutern. Der Grafik in Abbildung 12.3 beispielsweise den Alternativtext `Bild1` zuzuweisen, ist ungeeignet, besser wäre ein beschreibender Alternativtext.

Verwenden Sie das `alt`-Attribut unbedingt für:

- ✔ Schaltflächengrafiken, zum Beispiel in Navigationsmenüs oder Formularen
- ✔ Bilder, also für Fotos, Diagramme oder Zeichnungen
- ✔ GIF-Animationen aller Art

Alternativtexte haben außerdem den Vorteil, dass sie auch Normalsichtigen nützliche Bildinformationen liefern – etwa wenn Grafiken nicht im Webbrowser geladen und angezeigt werden können. Der XHTML-Standard schreibt Alternativtexte für alle Grafiken deshalb zwingend vor.

Abbildung 12.3: Sinnvoller Alternativtext: »Winkender Mann mit Hut vor dem Eiffelturm«

Für Multimediaobjekte, die Sie mit dem `<object>`-Element einbinden, sind Alternativtexte etwas komplizierter zu handhaben. Entweder sie wurden bereits in die Multimediadatei eingebettet, wie dies bei Flash-Animationen möglich ist, oder es sieht recht düster aus für die barrierefreie Nutzung. Lassen Sie derartige Spielereien also besser bleiben, wenn Sie eine ausdrücklich barrierefreie Website aufbauen möchten.

Formulare gestalten

Ein weiterer wichtiger Aspekt der Barrierefreiheit sind Formulare. Zur Anordnung von Formularfeldern ist es oft sinnvoll, diese in einer Tabelle unterzubringen. Achten Sie dabei jedoch auf die richtige Reihenfolge der Formularfelder, damit diese auch für Screenreader stimmt, denn diese lesen Tabellen immer zeilenweise. Abbildung 12.4 zeigt, wie man es nicht machen sollte: In der oberen Tabelle liest der Screenreader zunächst beide Titel, dann erst kommen die Eingabefelder, bei der unteren Tabelle wird die logische Abfolge der Felder durcheinandergebracht.

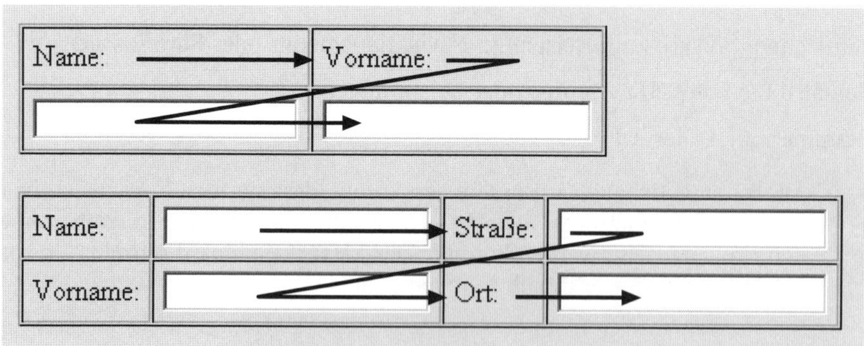

Abbildung 12.4: Formulare mit ungünstiger Anordnung für Screenreader

In manchen Fällen kann es hier sinnvoll sein, mit dem Attribut tabindex die Reihenfolge der angesprungenen Formularfelder festzulegen. Das Eingabefeld mit dem niedrigsten tabindex-Wert, beispielsweise tabindex = "1", wird zuerst angesprungen, danach kommen die nächsthöheren Werte.

Abhilfe für die Zuordnungsprobleme von Feldbeschreibung und Formularfeld können so genannte *Labels* schaffen. Dieses HTML-Element ermöglicht die logische Zuordnung von Beschreibung und Feld. Das Tag <label> zeichnet dabei die Feldbeschreibung aus und über das Attribut for lässt sich der Name des zugehörigen Formularfelds angeben. Sehen Sie dazu als Beispiel folgenden Codeschnipsel:

```
<label for = "feld-1">Vorname:</label>
<input type = "text" title = "feld-1" />
```

Listing 12.3: Formularfeldbeschriftung mit <label>

Auf diese Weise spielt es nahezu keine Rolle, ob sich die Feldbeschreibung beispielsweise in einer anderen Tabellenzelle befindet oder nicht. Der logische Bezug wurde über die Struktur hergestellt. Genau das ist es, was Screenreader sich wünschen würden.

Darüber hinaus lassen sich Formularfelder mit dem HTML-Element <fieldset> logisch miteinander gruppieren. So können zusammengehörige Daten, wie Namen oder Adressdaten, innerhalb eines Formulars sinnvoll gegliedert werden, und mit dem Element <legend> kann diesen Formulargruppen ein Name gegeben werden:

```
<fieldset><legend>Name</legend>
  <label for = "name">Nachname:</label>
    <input type = "text" title = "name" />
  <label for = "vorname">Vorname:</label>
    <input type = "text" title = "vorname" />
</fieldset>
<fieldset><legend>Adressdaten</legend>
  <label for = "strasse">Straße und Hausnummer:</label>
    <input type = "text" title = "strasse" />
  <label for = "plz">Postleitzahl:</label>
    <input type = "text" title = "plz" />
  <label for = "ort">Ort:</label>
    <input type = "text" title = "Ort" />
</fieldset>
```

Listing 12.4: Formularfelder gruppieren mit <fieldset>

Mit technischen Spielereien umgehen

Wann immer Sie Techniken, die über HTML und CSS hinausgehen, zur Darstellung Ihrer Website einsetzen, bedenken Sie zunächst die Vor- und Nachteile, die derartige Spielereien für Ihre Besucher mit sich bringen.

Berücksichtigen Sie die teilweise eingeschränkten Möglichkeiten Ihrer Besucher. Sie können nicht verlangen, dass jeder Besucher der Website ein Flash-Plugin, eine Java-Laufzeitumgebung oder gar einen ActiveX-fähigen Webbrowser besitzt, um durch Ihre Website zu navigieren oder sogar auf Inhalte zugreifen zu können. Für Blinde ist dies in der Regel sogar völlig unmöglich. Vermeiden Sie deshalb unbedingt JavaScript-Links in Ihren Navigationsmenüs, dasselbe gilt für Flash-Animationen und Java-Applets.

Wenn Sie darauf jedoch gar nicht verzichten können oder möchten, spendieren Sie zumindest ein zusätzliches Navigationsmenü, das alle Menüeinträge enthält und für alle benutzbar ist.

Verzichten Sie generell auf schnelle automatische Weiterleitungen, blinkende Animationen und sonstige Mittel, die Besucher unnötig in Aufregung versetzen könnten.

Joomla und Barrierefreiheit

Zunächst eine erfreuliche Nachricht vorneweg: Barrierefreiheit ist bei Joomla bereits ab der Version 1.5 ein erklärtes Ziel. Die Entwickler orientieren sich nun an den Vorgaben der US-amerikanischen Gesetzgebung und der so genannten *Section 508*-Verordnung zum barrierefreien Zugang zu Websites. Deshalb wurden die wesentlichen Punkte bereits berücksichtigt.

Doch es gibt auch eine Handvoll Dinge, die Ihnen Joomla nicht abnehmen kann, wenn Ihre Joomla-Website so barrierefrei wie möglich gestaltet werden soll. Dazu gehört, dass Sie beim Anlegen neuer Inhalte stets die Prinzipien der Barrierefreiheit im Hinterkopf behalten. Hierzu finden Sie eine Checkliste im Abschnitt *Worauf Sie selbst achten sollten*.

Darüber hinaus ist es aber auch möglich, den Zugang zu Ihrer Joomla-Website noch leichter zu gestalten. Dazu ist es notwendig, Veränderungen und Einstellungen vorzunehmen und sinnvolle Erweiterungen zu installieren. Was Sie tun können und wie das geht, erfahren Sie gleich im Abschnitt *Was zusätzlich getan werden kann*.

Das bewältigt Joomla mit links

Viele wichtige Punkte, die Sie nun bereits kennen gelernt haben, sind für die Site bereits ab Werk verfügbar:

- ✔ Für das Seitenlayout werden `<div>`-Elemente und keine Frames verwendet. Die logische Anordnung der Seitenbereiche wurde auch für Screenreader und Textbrowser berücksichtigt. Damit ist die Verwendung von `<tabindex>` zum Festlegen der Tabulator-Reihenfolge praktisch überflüssig geworden.
- ✔ Joomla benutzt die HTML-eigenen Strukturelemente wie Überschriften und Textformate, wie es sich gehört. Damit finden sich nicht nur Besucher mit Behinderung besser zurecht, auch Suchmaschinen wird so ein Gefallen getan.
- ✔ Die geforderte Größenanpassung der Website auf unterschiedliche Darstellungsgrößen und Bildschirmauflösungen ist mit dem mitgelieferten barrierefreien Templates problemlos möglich:

- Schrift lässt sich im Webbrowser problemlos größer stellen – alles bleibt bedienbar und das Seitenlayout wird nicht gesprengt.
- Das Seitenlayout passt sich an alle Auflösungen problemlos an.

✔ Die standardmäßig mitgelieferten barrierefreien Site-Templates bieten gute Kontraste, wenn auch noch etwas Feintuning nicht schaden kann (dazu gleich mehr).

✔ Sämtliche Navigationsmenüs wurden gemäß der W3C-Anforderung mit Listen umgesetzt und besitzen eine anpassbare Beschriftung.

✔ Die von Joomla bereitgestellten Formulare (zum Beispiel für die Benutzeranmeldung) verwenden das `Label`-Element und sind vorbildlich angeordnet.

Worauf Sie selbst achten sollten

Es gibt noch einige Aspekte, bei denen Joomla Ihre Unterstützung braucht. Die folgenden Dinge werden von Joomla zwar unterstützt, aber was bringt's, wenn manche Grundsätze nicht berücksichtigt werden? Denken Sie also schon beim Erstellen der Inhalte an die Barrierefreiheit und achten Sie auf die folgenden Dinge:

✔ Packen Sie Inhalte in kleine, leicht verdauliche Häppchen: Lange Beiträge sollten Sie auf mehrere Seiten verteilen. Wie das geht, erfahren Sie in Kapitel 5.

✔ Verwenden Sie, wann immer möglich, Text statt Grafiken. Auch mit den Bordmitteln von HTML und CSS lassen sich bereits tolle Effekte erzielen.

✔ Beim Einfügen von Grafiken in Beiträge tragen Sie immer gleich Alternativtexte mit ein. Wie das geht, erfahren Sie ebenfalls in Kapitel 5.

✔ Benennen Sie Ihre Menüeinträge selbsterklärend und das Linkziel beschreibend.

✔ Erstellen Sie eigene Formulare gemäß den Vorschlägen im Abschnitt *Inhalte aufbereiten*.

Was zusätzlich getan werden kann

Wenn Sie Ihre Joomla-Website noch mehr in Richtung Barrierefreiheit ausbauen möchten, dann können Sie folgende Punkte berücksichtigen:

✔ Verwenden Sie eine Sitemap, also eine Gesamtübersicht für Ihre Website. Diese Funktion lässt sich durch eine entsprechende Erweiterung nachrüsten.

Info

Eine Beschreibung der Sitemap-Komponente *Xmap* finden Sie im Internet unter der Adresse `http://www.joomla16-das-buch.de` im Kapitel 9.

Fit für die Suchmaschinen

13

In diesem Kapitel

- Einblick in die Detektivarbeit der Suchmaschinen
- Schlüsselwörter finden leicht gemacht
- Mit guten Inhalten Nutzer und Maschinen begeistern
- Seitentitel und Metainformationen ausnutzen
- Links empfehlen Ihre Website weiter
- Mit URLs Suchmaschinen freundlich stimmen

Bühne frei – die Website ist bereit für Publikum. Doch wie sollen Leser gerade Ihren Webauftritt zwischen Milliarden anderer im Internet finden? Etwa 85 Prozent aller Internetnutzer benutzen zur Recherche von Informationen Suchmaschinen wie *Google*. Dabei kommt ein Großteil der Suchenden erst gar nicht über die erste Ergebnisseite hinaus. Wenn Sie also möchten, dass neben den Eingeweihten auch viele neue Leser Ihre Website besuchen, dann müssen Sie diesen Suchmaschinen die Site schmackhaft machen und die sprichwörtliche Suche nach der Nadel im Heuhaufen erleichtern. Wie Ihre Site angepasst werden kann, um sie für Suchmaschinen zu optimieren, lernen Sie hier. Denn was bringt Ihnen die schönste Website, wenn keiner sie findet?

Ihnen wird im Zusammenhang mit der Suchmaschinenoptimierung öfter die Abkürzung *SEF* begegnen. Das steht für die englische Bezeichnung *Search Engine Friendly* und bedeutet *suchmaschinenfreundlich*.

Eine Beschreibung für eine *Sitemap*-Komponente, die hilft, Ihre Website durch eine Gesamtübersicht der Site suchmaschinen- und nutzergerecht zu gestalten, finden Sie im Internet unter der Adresse `http://www.joomla16-das-buch.de` im Menü `Buch` in Kapitel 9.

Wir dürfen vorstellen: Google und Co.

Sie sind also fest entschlossen, den Suchmaschinen mit Ihrer Website zu imponieren. Aber welchen der unzähligen Websuchmaschinen denn genau?

In Deutschland verwenden etwa 85 Prozent der Nutzer Google zur Recherche. Weit danach erst kommen *Yahoo* und *MSN* (Windows Live Search) mit jeweils etwa vier Prozent. Damit ist Google die ungeschlagene Nummer 1, und hier liegt das Hauptaugenmerk bei der Suchmaschinenoptimierung. Die Überlegung, für welche Suchmaschine Sie Ihre Site optimieren wollen, ist insofern wichtig, als dass es bei der Aufstellung der Rangliste für die Suchtreffer Unterschiede zwischen den Suchmaschinen gibt. Eine Webseite, die bei Google auf Platz 1 ist, kann bei Yahoo nur auf Platz 7 der Rangliste stehen.

In diesem Kapitel werden Optimierungsmöglichkeiten vorgestellt, die für alle Suchmaschinen, in besonderem Maße aber für Google, gelten.

Detektivarbeit

Eine Suchmaschine ist ein `Programm`, das Dokumente in einem `Computernetzwerk` aufsucht. In diesem Fall ist das Computernetzwerk das `World Wide Web` und die Dokumente sind die Inhalte der Webseiten.

Stellen Sie sich eine Suchmaschine wie ein digitales Detektivbüro vor. Die Detektive, die diese Dokumente im Netz aufspüren und für die Suchmaschinen sammeln, sind die so genannten *Suchroboter* (Robots), *Webcrawler* oder *Spider* (Spinnen). Diese durchstöbern automatisch ununterbrochen das Netz und gelangen durch Verlinkungen zwischen Dokumenten von einer Webseite auf weitere Webseiten. Die Seiten werden heruntergeladen und von der Suchmaschine auf bestimmte Begriffe, die späteren *Suchwörter* (Keywords), durchsucht. Die Suchbegriffe werden in einem *Index* gespeichert und den Webadressen (URLs) der Dokumente zugeordnet, in denen der Begriff vorkommt.

Damit die Suchmaschine immer aktuelle Suchergebnisse liefern kann, werden nicht nur regelmäßig neue Dokumente in den Index aufgenommen, sondern auch die bereits erfassten Dokumente und Informationen werden immer wieder überprüft.

Suchtreffer in Reih und Glied

Bei der Internetrecherche geben Sie einen Suchbegriff oder mehrere in die Benutzeroberfläche der Suchmaschine ein und zack! – spuckt die Maschine eine Liste von Verweisen auf möglicherweise für Sie interessante Dokumente beziehungsweise Webseiten aus. Dabei schaut die Suchmaschine im Index nach, unter welchen Webadressen diese Wörter vorkommen.

Um zu bewerten, welche Seite am relevantesten für Ihre Suchabfrage ist und um die Rangliste der Suchtreffer festzulegen, greifen Suchmaschinen auf eine bestimmte Formel zurück. Diese Formel ist ein wohlgehütetes Geheimnis der Suchmaschinenbetreiber und variiert zwischen den verschiedenen Maschinen, um vor Manipulation und Missbrauch zu schützen. Trotzdem sind einige Teile der Formel bekannt, die die Relevanzbewertung einer Seite beeinflussen, zum Beispiel die Anzahl der Suchwörter in bestimmten Textpassagen und Verlinkungen zu einer Seite. Genau diese Faktoren müssen bei der Suchmaschinenoptimierung optimal angepasst werden, um auf die vorderen Plätze zu kommen. Also legen Sie los!

Die geheime Formel für die Relevanzbewertung der Webseiten wird auch als *Suchmaschinenalgorithmus* bezeichnet und ändert sich mit der Zeit, um Manipulation zu erschweren. Für aktuelle Informationen zur Suchmaschinenoptimierung aus erster Hand lohnt sich ein Besuch der Google-Seite für Webmaster unter der folgenden Adresse: `http://www.google.de/webmasters/`.

Die richtigen Worte finden

Zu den wichtigsten Faktoren bei der Suchmaschinenoptimierung gehören die Auswahl und der Einsatz der richtigen Suchwörter (Keywords). Über diese sollen Suchende später Ihre Webseiten finden. Es gibt verschiedene Stellen, an denen diese Suchwörter auf der Website auftauchen sollten, damit die Seiten für bestimmte Suchanfragen als relevant beziehungsweise relevanter als andere Seiten eingestuft werden:

- ✔ Überschriften und Beitragstexte selbst
- ✔ Seitentitel und Metainformationen
- ✔ URLs
- ✔ Linktexte

Doch für welche Suchwörter wollen Sie Ihre Website eigentlich optimieren?

Jede einzelne Unterseite einer Website kann für andere spezifische Suchwörter optimiert werden, die zum Inhalt der Seite passen. Davon sollten Sie auch unbedingt Gebrauch machen, denn jede Seite ist ein Eingangstor, durch das Leute in die Website hineinspazieren können. Damit Besucher von jeder Unterseite aus in der gesamten Website umherwandern, sollten die suchmaschinenoptimierten Unterseiten informativ und klar strukturiert sein und zum Beispiel auch die komplette Navigation des Hauptmenüs enthalten. Ordnen Sie am besten von Anfang an Ihre Seiteninhalte thematisch und schmeißen Sie Inhalte nicht durcheinander. Wenn es zum Beispiel einen Bereich »Autos« auf der Website gibt, sollte hier keine Kategorie »Kochrezepte« mit Beiträgen über Schneehasenzüchter auftauchen. Das gemeinsame Thema der Inhalte ist sicher eines der Hauptschlüsselwörter.

Konzentrieren Sie sich dann erst mal auf die drei bis sechs relevantesten Suchwörter für die Website. Wenn sich die Inhalte Ihrer Website unter viel Konkurrenz von anderen Website-Betreibern befinden, konzentrieren Sie sich lieber nur auf drei Hauptsuchwörter, auf die die Seiten optimiert werden sollen. Wenn die Konkurrenz nicht so groß ist, kann man auch mehr verwenden. Bei der Suche nach guten Suchwörtern helfen auch Suchwortdatenbanken. Damit kann man unter anderem herausfinden, wie groß die Konkurrenz für bestimmte Suchwörter ist und nach welchen Suchwörtern und Suchwortkombinationen die Leser zu einem bestimmten Thema am meisten suchen. Ein Beispiel für eine kostenlose Datenbank ist:

`https://adwords.google.de/select/KeywordToolExternal`

Qualität und Aktualität – Inhalt ist König

Wenn Sie Ihre Website regelmäßig mit neuen und guten Beiträgen füttern, werden nicht nur die Besucherzahlen steigen, sondern auch die Suchroboter von Google und Co. sich über das gefundene Fressen freuen und öfter vorbeischauen. Langfristig führen aktuelle, qualitativ hochwertige und für die Website relevante Beiträge am ehesten an die Spitze der Suchergebnisse. Am besten versuchen Sie, wie Google auch, die Webseiten einem Thema zuzuordnen und sie mit thematisch passenden Inhalten zu bestücken. Wenn zwischen 20 Themen gesprungen wird, landet die Seite irgendwo zwischen dem anderen Sand am Meer.

Suchwörter im Text einbauen

Die Suchwörter, auf die Ihre Beitragsseite optimiert werden soll, müssen natürlich auch im eigentlichen Beitragstext erscheinen. Wie oft ein potenzielles Suchwort auf einer einzelnen Webseite vorkommt, wird dabei durch die Suchwortdichte wiedergegeben. Wenn in einem Beitrag von 220 Wörtern ein potenzielles Suchwort elfmal vorkommt, so entspricht das für dieses Wort einer *Suchwortdichte* von fünf Prozent.

Übertreiben Sie die Verwendung von Schlüsselwörtern nicht bewusst beim Schreiben von Beiträgen. Suchmaschinen erkennen diesen Betrug. Die Manipulation von Suchmaschinen durch bewusste Häufung von potenziellen Suchbegriffen wird Spamming genannt und führt sogar zur Abwertung der Website. Experten empfehlen eine Suchwortdichte von fünf bis acht Prozent. Denken Sie daran: Sie schreiben für Ihre Leser, nicht für die Suchmaschinen! Wichtige Schlüsselwörter fließen dann meist ganz natürlich in den Text ein.

Sich mit Überschriften und Hervorhebungen wichtig machen

Suchmaschinen versuchen, den Text aus Sicht eines Lesers zu bewerten. Genau wie der Leser erwarten sie, dass Überschriften und Hervorhebungen Kerninformationen enthalten, auf die im Text näher eingegangen wird. Wenn Schlüsselwörter an diesen Stellen auftauchen, werden sie für den Text als relevanter bewertet, als wenn sie im übrigen Fließtext stehen. Wie man an der Formatierung der Beiträge für die Suchmaschinenoptimierung feilen kann, sehen Sie im Folgenden:

1. **Klicken Sie in der Administration auf das Menü INHALT|BEITRÄGE.**
2. **Klicken Sie in der Listenansicht auf einen bestehenden Beitrag oder auf die Schaltfläche NEU, um einen neuen Beitrag anzulegen.**

   Die Bearbeitungsseite für den Beitrag öffnet sich, wie in Abbildung 13.1 gezeigt.

3. **Nehmen Sie mit Hilfe der Bearbeitungsleiste des WYSIWYG-Editors folgende Formatierungen vor:**

   - Wählen Sie im Auswahlmenü ABSATZ für die Überschriften und Unterüberschriften der Beiträge die vorgefertigten Formate ÜBERSCHRIFT 1–6. Eine Überschrift auf der ersten Ebene wird in diesem Fall mit dem Format ÜBERSCHRIFT 1 belegt, eine Unterüberschrift auf der zweiten Ebene mit ÜBERSCHRIFT 2 und so weiter.
   - Heben Sie Ihre Schlüsselwörter im Fließtext mit den Formatierungen fett (B) und kursiv (I) hervor. Die Schlüsselwörter müssen nicht überall im Text hervorgehoben werden, sondern nur dort, wo für den Leser wichtige Informationen stehen.

Bei fetter Hervorhebung steht der Text im HTML-Quelltext der Seite in den `<b>`-Tags, bei kursiver Hervorhebung in `<i>`-Tags. Die Überschriften mit den Formatierungen ÜBERSCHRIFT 1–6 werden automatisch in `<h1>` bis `<h6>`-Tags gesetzt. Das Aufkommen von Schlüsselwörtern in diesen Tags wird von den Suchmaschinen besonders gewichtet. Wenn die Überschriften ohne die vorgefertigten Formate formatiert werden, stehen sie nicht in diesen Tags.

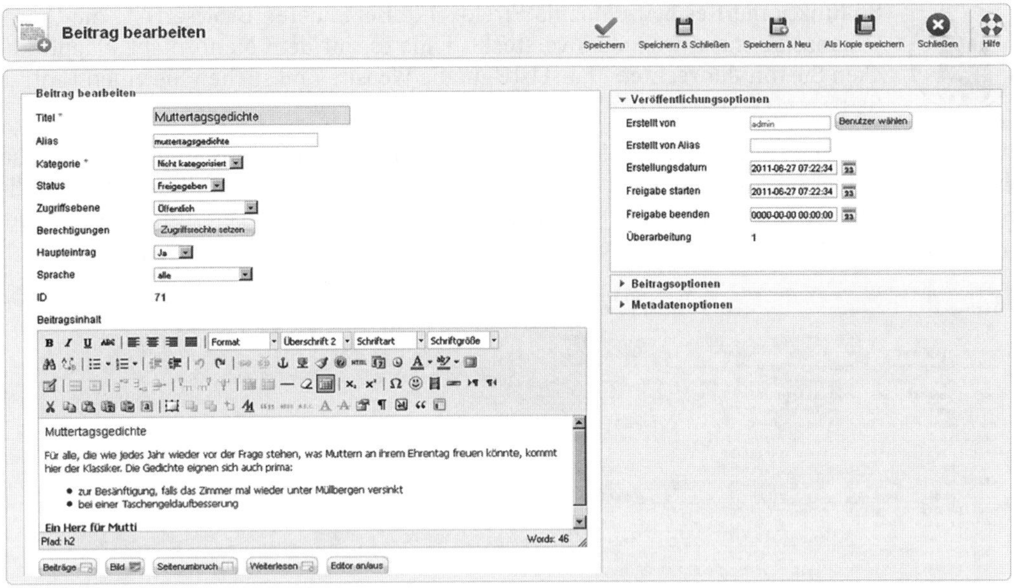

Abbildung 13.1: Auswahl der Formate für einen Beitrag

Keine Inhalte für Suchmaschinen

Ein Text sagt mehr als tausend Bilder, jedenfalls bei der Suchmaschinenoptimierung. Text, der als Bild oder Grafik gespeichert ist, kann von Suchmaschinen nicht gelesen werden. Benutzen Sie normalen Text und gestalten Sie ihn mit den Mitteln, die der WYSIWYG-Editor bietet. Wenn man dennoch ein Bild mit Text verwenden will, kann man im Quelltext der Seite diesen Text für Suchmaschinen sichtbar machen. Dazu müssen beim Einfügen des Bildes der Titel sowie eine Beschreibung des Bildinhaltes angeben werden, die den Text enthält. Wie das genau funktioniert, steht in Kapitel 5. Suchmaschinen haben außerdem ein Problem mit Flash-Animationen, denn in solchen Animationen werden Texte und Verlinkungen von der Suchmaschine auch nicht erkannt.

Mit den Augen einer Suchmaschine – Seitentitel und Metainformationen

Haben Sie Ihre Seite schon mal mit den Augen einer Suchmaschine gesehen? Nein? Dann wird jetzt ein Blick hinter die Kulissen geworfen. Aber bitte nicht erschrecken. Was Suchmaschinen 24 Stunden, 365 Tage im Jahr zu sehen bekommen, kann auf den ersten Blick, sofern man kein passionierter Programmierer ist, ein wenig einschüchternd wirken.

Zum Quelltext der Seite gelangen Sie, indem Sie Ihre Site im Browser öffnen und in der Menüleiste des Browserfensters auf das Menü ANSICHT|SEITENQUELLTEXT ANZEIGEN klicken.

So funktioniert es beim Mozilla Firefox 4.0. Bei anderen Browsern ist die Quelltextanzeige meist woanders versteckt. Falls es mit dem Menü nicht klappt, klicken Sie mit der rechten Maustaste auf die Website und suchen Sie einen Eintrag SEITENQUELLTEXT ANZEIGEN oder ähnlich.

Wenn Ihnen dieser Anblick aus Abbildung 13.2 noch nicht aus anderen Kapiteln bekannt ist, dürfen wir Sie hier mit dem Quelltext Ihrer Website bekannt machen. Mit diesem Text ist die Site programmiert, und Sie haben daran aus der Administration, ohne es zu merken, mitgewirkt. Mehr Informationen zur Programmsprache des Quelltextes gibt es in Kapitel 7.

```
<!DOCTYPE html PUBLIC "-//W3C//DTD XHTML 1.0 Transitional//EN" "http://www.w3.org/TR/xhtml1/DTD/xhtml1-transitional.dtd">
<html xmlns="http://www.w3.org/1999/xhtml" xml:lang="de-de" lang="de-de" dir="ltr" >
        <head>
                <base href="http://localhost/joomla16/" />
  <meta http-equiv="content-type" content="text/html; charset=utf-8" />
  <meta name="robots" content="index, follow" />
  <meta name="keywords" content="Kochrezepte, kochen, Gericht, Gerichte" />
  <meta name="rights" content="(c) Der Chefkoch" />
  <meta name="language" content="de-DE" />
  <meta name="description" content="Kochportal für Feinschmecker" />
  <meta name="generator" content="Joomla! 1.6 - Open Source Content Management" />
  <title>Feinschmecker Kochportal</title>
  <link href="/joomla16/index.php?format=feed&amp;type=rss" rel="alternate" type="application/rss+xml" title="RSS 2.0" />
  <link href="/joomla16/index.php?format=feed&amp;type=atom" rel="alternate" type="application/atom+xml" title="Atom 1.0" />
  <link href="/joomla16/templates/beez_20/favicon.ico" rel="shortcut icon" type="image/vnd.microsoft.icon" />
  <script src="/joomla16/media/system/js/core.js" type="text/javascript"></script>
  <script src="/joomla16/media/system/js/mootools-core.js" type="text/javascript"></script>
  <script src="/joomla16/media/system/js/caption.js" type="text/javascript"></script>
  <script src="/joomla16/media/system/js/mootools-more.js" type="text/javascript"></script>
  <script src="/joomla16/templates/beez_20/javascript/md_stylechanger.js" type="text/javascript" defer="defer"></script>
  <script type="text/javascript">
function keepAlive() {  var myAjax = new Request({method: "get", url: "index.php"}).send();} window.addEvent("domready", function(){ keepAliv
  </script>

              <link rel="stylesheet" href="/joomla16/templates/system/css/system.css" type="text/css" />
              <link rel="stylesheet" href="/joomla16/templates/beez_20/css/position.css" type="text/css" media="screen,projection" />
              <link rel="stylesheet" href="/joomla16/templates/beez_20/css/layout.css" type="text/css" media="screen,projection" />
              <link rel="stylesheet" href="/joomla16/templates/beez_20/css/print.css" type="text/css" media="print" />
              <link rel="stylesheet" href="/joomla16/templates/beez_20/css/general.css" type="text/css" />
              <link rel="stylesheet" href="/joomla16/templates/beez_20/css/general_mozilla.css" type="text/css" />
              <link rel="stylesheet" href="/joomla16/templates/beez_20/css/personal.css" type="text/css" />
              <!--[if lte IE 6]>
```

Abbildung 13.2: Anzeige des Quelltextes im Browser

Den Metainformationen auf der Spur

Für Sie ist im Hinblick auf die Suchmaschinenoptimierung nur der erste kleine Teil des Quelltextes interessant. Hier werden allgemeine Informationen zur Site angezeigt:

```
<head>
  <base href = "http://localhost/joomla16/" />
  <meta http-equiv = "content-type" content = "text/html; charset = utf-8" />
  <meta name = "robots" content = "index, follow" />
  <meta name = "keywords" content = "Kochrezepte, kochen, Gericht, Gerichte" />
  <meta http-equiv = "content-type" content = "text/html; charset = utf-8" />
  <meta name = "robots" content = "index, follow" />
  <meta name = "keywords" content = "Kochrezepte, kochen, Gericht, Gerichte" />
  <meta name = "rights" content = "(c) Der Chefkoch" />
  <meta name = "language" content = "de-DE" />
  <meta name = "description" content = "Kochportal für Feinschmecker" />
  <meta name = "generator" content = "Joomla 1.6 - Open Source Content Management" />
  <title>Feinschmecker Kochportal</title>" />
  <meta name = "language" content = "de-DE" />
```

```
<meta name = "description" content = "Kochportal für Feinschmecker" />
<meta name = "generator" content = "Joomla 1.6 - Open Source Content Management" />
<title>Feinschmecker Kochportal</title>
```

Listing 13.1: Metainformationen im Quelltext einer Joomla-Webseite

Was man über den Quelltext für die Suchmaschinenoptimierung wissen sollte:

✔ **Seitentitel:** Dieser befindet sich zwischen den `<title>`-Tags. Der Seitentitel wird von den Suchmaschinen als wichtiges Kriterium bei Suchanfragen bewertet. Er wird im Browser als Fenstertitel angezeigt und als Text für die Lesezeichen (Bookmarks) im Browser verwendet. Daher sollte er kurz und prägnant in Bezug auf den Inhalt Ihrer Webseiten sein und die Hauptschlüsselwörter enthalten.

✔ **Metainformationen:** Diese sind mittlerweile für Suchmaschinen fast gar nicht mehr relevant, da sie häufig zur Manipulation genutzt wurden und daher zur Bewertung der Relevanz oft nicht mehr ernst genommen werden. Trotzdem sollten Sie sie nutzen, da sie an einigen Stellen noch eine Rolle spielen.

- Im `<meta name = "description">`-Tag steht eine prägnante **Inhaltsbeschreibung** der Seite, die die Schlüsselwörter enthält. Der Text sollte zwischen 20 und 30 Wörter lang sein. Einige Suchmaschinen zeigen diesen Textauszug bei der Beschreibung der Links in der Liste der Suchergebnisse an. Suchmaschinen wie Google ignorieren diesen Textauszug erst einmal für die Suchergebnisliste der Beiträge, in denen das Suchwort auf der Seite vorkommt. Wenn die Seite aber keinen längeren Text enthält, wird auf diese Metabeschreibung zurückgegriffen.

- Im `<meta name = "keywords">`-Tag werden die **Schlüsselwörter** der Seite angegeben. Da gerade diese Metainformationen zur Manipulation genutzt wurden, ist fraglich, ob Suchmaschinen diesem Tag überhaupt noch Beachtung schenken.

- Im `<meta name = "robots">`-Tag können **Anweisungen an die Suchroboter** gegeben werden, wie sie mit der Seite verfahren sollen. Als Standardwert ist meist `content = "index,follow"` angegeben, was den Robotern erlaubt, die Seite in den Index aufzunehmen und den Links auf der Seite zu folgen. Wenn Sie nicht wollen, dass die Seite im Index erscheint, muss hier `content = "noindex"` stehen. Mit `content = "nofollow"` erlaubt man den Suchrobotern, die Seite zu indizieren, verbietet aber, den Links auf der Seite zu folgen.

- Im `<meta name = "author">`-Tag wird der Name des Autors und damit der für den Inhalt Verantwortliche angegeben.

- Im <meta name = «rights«>-Tag kann können Sie angeben, wer die Inhaltsrechte besitzt.

Der Vorteil von Joomla ist, dass Sie nicht im Quelltext herumschreiben müssen, sondern gezielt auf Stellen im Quelltext über die Benutzeroberfläche der Administration zugreifen können. Wo und wie man herumschrauben muss, um die Suchwörter an die richtige Stelle zu bringen, werden wir uns jetzt Schritt für Schritt anschauen.

Seitentitel und Metainformationen übergreifend angeben

1. **Klicken Sie in der Administration auf das Menü Site|Konfiguration.**

   Die Konfiguration wird wie in Abbildung 13.3 angezeigt. Hier werden Einstellungen vorgenommen, die die gesamte Website betreffen.

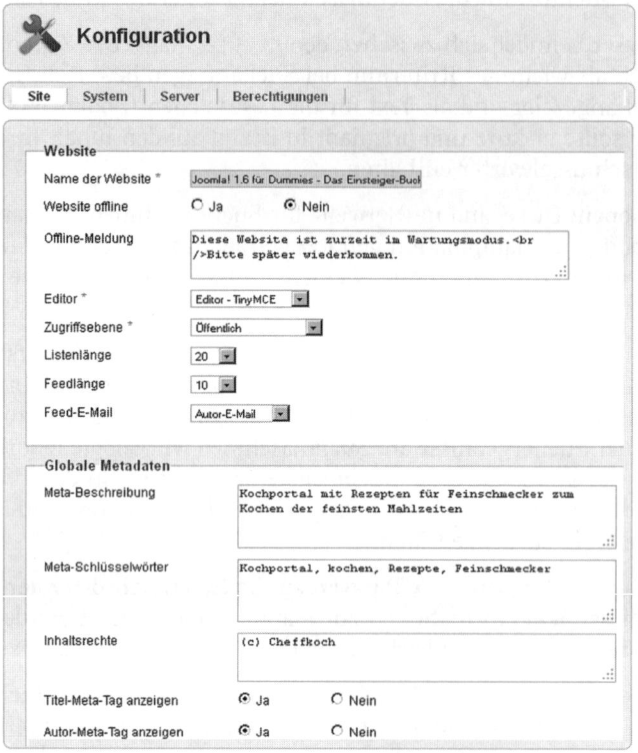

Abbildung 13.3: Einstellung des Seitentitels und der Metadaten für die Site

2. **Geben Sie im Bereich Website in das Textfeld Name der Website den Namen der Website ein.**

   Der Text, der hier eingegeben wird, ist der Name Ihrer Website. Er taucht unter anderem auf einigen Seiten als Fenstertitel im Browser und im `<title>`-Tag des Quelltextes einiger Seiten auf.

Die Seitentitel für die Kategorieseiten werden nach dem Muster Seitentitel der Homepage plus Linkname für den Bereich gebildet.

3. **Geben Sie im Bereich GLOBALE METADATEN in das Textfeld META-BESCHREIBUNG eine prägnante Zusammenfassung des Website-Inhalts an, die die Hauptstichwörter enthält.**

   Dieser Text steht im Quelltext der Startseite (Home) und der Kategorieseiten im Tag <meta name = "description">.

4. **Geben Sie in das Textfeld META-SCHLÜSSELWÖRTER die drei bis sechs Hauptschlüsselwörter für die Website ein.**

   Diese Schlüsselwörter werden im Tag <meta name = "keywords"> angezeigt.

5. **Geben Sie bei Bedarf in das Textfeld INHALTSRECHTE entsprechende Hinweise ein.**

   Die Hinweise zum Rechteinhaber werden als Meta-Tag angezeigt, zum Beispiel:

   ```
   <meta name = "rights" content = "(c) Chefkoch" />
   ```

6. **Wählen Sie für den Optionsschalter TITEL-META-TAG ANZEIGEN den Wert JA.**

   Der Titel der Beitragsseiten wird zusätzlich zum <title>-Tag als Meta-Tag angezeigt, zum Beispiel:

   ```
   <meta name = "title" content = "Was ist neu in 1.6?" />
   ```

7. **Wenn Sie den Autor der einzelnen Beitragsseiten in den Meta-Informationen anzeigen wollen, wählen Sie für den Optionsschalter AUTOR-META-TAG ANZEIGEN den Wert JA.**

   Der Autor der Seite wird als Meta-Tag angezeigt, zum Beispiel:

   ```
   <meta name = "author" content = "Administrator" />
   ```

8. **Klicken Sie auf die Schaltfläche SPEICHERN & SCHLIESSEN, um Ihre Einstellungen zu speichern.**

Seitentitel und Metainformationen für Beiträge angeben

Die Seitentitel und Metainformationen für die einzelnen Beiträge kann man individuell, das heißt unabhängig von den Angaben der übrigen Webseiten, so angeben:

1. **Klicken Sie in der Administration auf das Menü INHALT|BEITRÄGE.**

2. **Klicken Sie auf einen bestehenden Beitrag oder klicken Sie auf die Schaltfläche NEU, um einen neuen Beitrag zu erstellen.**

   Die Seite BEITRAG BEARBEITEN wird angezeigt (siehe Abbildung 13.4).

3. **Geben Sie in das Textfeld TITEL einen treffenden Titel für Ihren Beitrag ein.**

   Der Beitragstitel steht als Seitentitel im Tag <title>.

Das Textfeld ALIAS wird von Joomla selbst nicht zur Suchmaschinenoptimierung genutzt. Einige SEF(Search Engine Friendly/suchmaschinenfreundliche)-Erweiterungen, die Sie zusätzlich installieren, können aber auf diesen alternativen Titel zugreifen. Der alternative Titel kann dann beispielsweise anstatt des normalen Titels in der URL angezeigt werden.

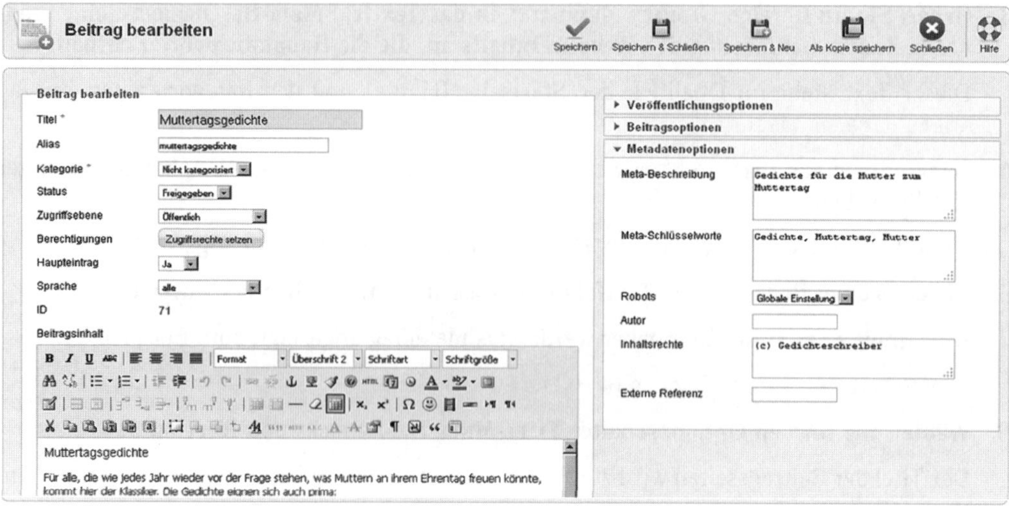

Abbildung 13.4: Meta-Informationen für einzelne Beiträge einstellen

4. **Klicken Sie rechts auf den Ausklappbereich Metadatenoptionen und nehmen Sie folgende Einstellungen vor:**

   - Geben Sie in das Textfeld Meta-Beschreibung eine prägnante Zusammenfassung Ihres Beitrags ein, die die Suchwörter für diesen Beitrag enthält. Dieser Text steht im Quelltext der Seite für den Beitrag im Tag `<meta name = "description">`.
   - Geben Sie in das Textfeld Meta-Schlüsselworte die Schlüsselwörter für die Website ein. Diese Schlüsselwörter werden im Tag `<meta name = "keywords">` angezeigt.
   - Geben Sie in das Textfeld Autor den Namen des Autors an. Der Name wird im Tag `<meta name = "author">` angezeigt. Wenn nichts eingeben wird, wird automatisch der Name des Super-Administrators angezeigt.
   - Geben Sie bei Bedarf im Textfeld Inhaltsrechte den Rechteinhaber ein. Der Name wird im Tag `<meta name = "rights">` angezeigt.
   - Geben Sie bei Bedarf im Textfeld Externe Referenz zum Beispiel eine Domain ein. Dieser Eintrag steht im Quelltext der jeweiligen Seite für den Beitrag im Tag `<meta name = "xreference">`.

Im Textfeld Robots kann man angeben, wie der Suchroboter mit der Beitragsseite verfahren soll. Die Angabe wird im Tag `<meta name = "robots">` als Wert für `content = " "` angezeigt. Normalerweise geben Sie hier nichts ein, da standardmäßig der Suchroboter das Kommando erhält, die Seite in den Index der Suchmaschine aufzunehmen. Welche Möglichkeiten es sonst noch gibt, erfahren Sie im Abschnitt *Den Metainformationen auf der Spur* weiter vorne in diesem Kapitel.

5. **Klicken Sie auf die Schaltfläche Speichern & Schliessen, um den Beitrag zu speichern.**

Die erfolgreiche Verlinkungsstrategie

Was ist überzeugender als Empfehlungen mehrerer vertrauenswürdiger und sachkundiger Leute? Genau, nichts! Und so ist das auch mit Ihrer Website. Empfehlungen im Web werden in Form von Links gegeben, mit denen andere Website-Betreiber auf Ihre Seiten verweisen. Je mehr eingehende Links die Seiten erhalten, als umso bedeutsamer beziehungsweise relevanter wird der Inhalt eingestuft.

Diese Erkenntnis hat dazu geführt, dass sich regelrechte Link-Farmen entwickelt haben. Das sind Seiten, deren einziger Sinn darin besteht, die Anzahl der eingehenden Links für andere Seiten durch enorme Mengen von Verweisen zu erhöhen. Das stinkt nach Betrug. Und da Suchmaschinen keinesfalls dumm sind und einen Riecher für Manipulation haben, wurden Verfahren eingeführt, die nicht nur die Anzahl, sondern auch die Qualität der eingehenden Links prüfen.

Qualitätsmerkmal PageRank

Google greift auf das so genannte *PageRank*-Verfahren zur Bewertung von Webseiten zurück. Hier gilt auch, je mehr Links auf eine Seite verweisen, als umso beliebter erscheint sie. Dabei werden Links von Seiten, die selbst einen hohen PageRank-Wert haben, höher gewertet als solche, die von Seiten mit niedrigem Wert auf die eigene Seite verweisen. Die PageRank-Skala geht von 0 bis 10. Ab einem Wert von 5 gelten Seiten als populär.

Um herauszufinden, welchen PageRank eine Seite belegt, helfen kostenlose Webdienste, wie sie unter `http://www.gaijin.at/olsgprank.php` zu finden sind. Auch die *Google-Toolbar*, die Ihnen die Suche im Internet durch mehrere nützliche Funktionen erleichtert, zeigt den PageRank der aktuellen Webseite an. Die Google-Toolbar können Sie unter `http://toolbar.google.de` herunterladen.

Wege zu mehr Links

Wie schaffen Sie es, dass andere hochwertige Websites genau auf Ihre Inhalte verlinken?

Wie immer gilt: Inhalt ist König. Wenn man mit relevanten, informativen und aktuellen Beiträgen überzeugen kann, werden die Links von anderen Seiten automatisch kommen. Um die Leute auf Ihre grandiosen Inhalte aufmerksam zu machen, hilft ein wenig Werbung. Die folgende Auflistung enthält Hinweise, wo Sie die Werbetrommel für Ihre Website rühren können und was man bei der Verlinkung beachten sollte:

- ✔ Melden Sie Ihre Site kostenlos bei seriösen Webkatalogen an. Das sind Websites mit thematisch geordneten Linklisten. Große Webkataloge sind das *Open Directory Project*, *Yahoo* und *Web.de*. Das Anmeldeformular sollte man sehr sorgfältig ausfüllen und auf weitere Hinweise der Webkataloge achten.
- ✔ Suchen Sie nach seriösen Websites, die selbst einen hohen PageRank besitzen und thematisch zu Ihrer Website passen oder sich gut mit den Inhalten ergänzen. Schlagen Sie diesen einen Linktausch vor. Dabei ist zu beachten, dass zu viele ausgehende Links von einer Website zu anderen den eigenen PageRank senken können.

- Der Text, auf den der Verweis auf Ihre Seite gesetzt wird, sollte das Hauptschlüsselwort enthalten, unter dem der Inhalt gefunden werden soll, oder Varianten davon.

  Auf der Website, die auf Ihre Site verweist, steht z. B.: »Mehr Informationen über Schneehasen finden Sie unter der Adresse www.Ihre-Website.de«. Dann sollte der Link auf das Schlüsselwort »Schneehasen« gesetzt werden. Wenn der Domainname bereits das Schlüsselwort beinhaltet, kann auch dieser verwendet werden.

- Stellen Sie sicher, dass Ihre Links auch funktionieren und nicht ins Leere führen.

URLs für Suchmaschinen anrichten

Suchmaschinen sind kleinlich und wählerisch. Auch die Adressen, unter denen die Inhalte im Internet auftreten (URLs), werden bewertet. Wenn die Adresse unverständlich ist, sind die Inhalte schwerer zu finden und werden häufig nicht richtig in das Adressbuch der Maschine aufgenommen. Außerdem gilt »nomen est omen«: Klingen Name und Anschrift vielversprechend, erwarten Suchmaschinen Großes. Dies bedeutet, dass man auch hier seine Suchwörter richtig in Szene setzen sollte.

Der richtige Domainname

Der Domainname ist so etwas wie ein Oberbegriff für alle Inhalte, die sich auf Ihrer Website befinden. Allgemein gilt, dass der Domainname möglichst kurz, einprägsam und schwer falsch zu schreiben sein sollte. Außerdem sollte der Name Auskunft über den Inhalt oder den Betreiber der Website geben.

Nehmen wir mal an, Sie hätten einen Pizzaservice namens »Blitz« in Berlin. Die Zielgruppe wird bei der Suche im Internet höchstwahrscheinlich nach den Worten »Pizza«, »Pizzaservice« und »Berlin« suchen. Wenn der Firmenname bekannt ist, suchen einige vielleicht auch nach »Blitz«.

In diesem Fall würde sich als Domainname zum Beispiel `www.pizza-blitz-berlin.de` anbieten. Als Trennzeichen zwischen den einzelnen Wörtern sollte ein Bindestrich verwendet werden. Suchmaschinen erkennen Wörter, die durch Bindestrich getrennt sind, als einzelne Einheiten. Dadurch erhöhen Sie die Anzahl Ihrer Suchwörter. Wörter, die durch Zeichen wie Unterstriche getrennt werden, werden als zusammenhängendes Wort angesehen.

Um Rechtsstreitigkeiten bei der Wahl des Domainnamens aus dem Weg zu gehen, verwendet man am besten Städtenamen nicht allein. Vermeiden sollte man auch Namen von bekannten Unternehmen, Berühmtheiten oder geschützte Markennamen. Ob Ihr gewählter Domainname noch verfügbar ist, können Sie direkt bei Ihrem Webanbieter prüfen lassen. Für Domainnamen mit der Endung .de können Sie auch unter dieser Adresse nachschauen: `www.denic.de`.

Suchmaschinenfreundliche URLs

Joomla zaubert aus Ihren Inhalten dynamische Webseiten. Solche Seiten werden im Gegensatz zu bereits vorliegenden statischen HTML-Seiten erst in dem Moment, in dem ein Nutzer die Seite aufruft, automatisch aus verschiedenen Datenquellen zusammengestellt. Das System nimmt Ihnen damit viel Arbeit ab. Joomla generiert Ihnen automatisch aktuelle Inhalte und benutzerspezifische Informationen, wie zum Beispiel das Ergebnis einer Suchanfrage.

Der Nachteil dynamischer Webseiten für die Suchmaschinenoptimierung ist, dass die Suchroboter der Suchmaschinen die URL der Seite oft nicht richtig lesen können oder nicht annehmen, da sie denken, dass sich der Inhalt der Seite eh bald ändern wird. Die Seite wird dann nicht in den Index der Suchmaschine aufgenommen und folglich auch nicht gefunden. Sehr störend bei Adressen sind Sonderzeichen wie ?, !, &, %.

So sieht eine dynamische Grusel-Adresse aus:

```
http://www.joomla16-das-buch.de/index.php?option = com-content&view =
article&id = 47:die-joomla-community&catid = 19&Itemid = 279
```

Aber auch dafür gibt es bei Joomla schon eine mitgelieferte Lösung: eine Funktion, die Ihre URLs suchmaschinen- und benutzerfreundlich umschreibt, damit sie für die Suchmaschine statisch aussehen und problemlos gelesen werden können. Hier sehen Sie den positiven Unterschied mit derselben URL in der freundlichen Variante:

```
http://www.joomla16-das-buch.de/buch.html
```

Wenn man mit suchmaschinenfreundlichen URLs arbeitet, sollte man von Anfang an eine Struktur für die Website planen und dabei bleiben. Ändert sich am Ende die URL und Google findet diese nicht mehr, wirft das ein schlechtes Licht auf die Site.

Aktivieren Sie die Funktion erst, wenn Ihre Website online auf dem Server liegt und nicht bei Ihrer lokalen Testinstallation. Damit Sie die Funktion nutzen können, muss Ihr Webanbieter, bei dem Sie Ihre Website angelegt haben, mit dem Webserver-Programm Apache arbeiten. Bei früheren Joomla-Versionen musste ebenfalls die Funktion »mod–rewrite« aktiviert sein. Die Funktion ist dafür zuständig, die URLs in eine freundliche Form umzuschreiben. Sie steht aber nicht bei allen Webanbietern zur Verfügung. Das ist mit Joomla 1.6 nun auch nicht mehr unbedingt nötig. Mit der aktivierten Funktion sehen die URLs allerdings noch etwas schöner aus.

Bevor Sie die Komponente aktivieren können, müssen Sie die Datei `htaccess.txt` in `.htaccess` umbenennen.

1. **Verbinden Sie sich mit Ihrem Webserver und öffnen Sie das Verzeichnis, in das Sie Joomla installiert haben.**
2. **Benennen Sie die Datei** `htaccess.txt` **in** `.htaccess` **um.**

   Sie können Dateien umbenennen, indem Sie mit der rechten Maustaste auf die Datei klicken und UMBENENNEN auswählen.

Um die Datei umbenennen zu können, benötigen Sie Schreibrechte. Wenden Sie sich bei Problemen an den Webanbieter oder Administrator des Servers.

3. **Klicken Sie in der Administration von Joomla auf das Menü Site|Konfiguration.**

   Die Konfiguration wird wie in Abbildung 13.5 angezeigt.

Abbildung 13.5: Einstellung für suchmaschinenfreundliche URLs

4. **Wählen Sie im Bereich Seo für den Optionsschalter Suchmaschinenfreundliche URLs den Wert Ja.**
5. **Wählen Sie für den Optionsschalter URL-Rewrite nutzen den Wert Ja.**
6. **Wählen Sie für den Optionsschalter Dateiendung an URL anfügen den Wert Ja.**

   An die Adressen wird das Suffix `.html` angehängt. Dadurch sieht Ihre Seite wie eine statische HTML-Seite aus. Ob das Suchmaschinen aber wirklich beeinflusst, ist umstritten.

7. **Klicken Sie auf die Schaltfläche Speichern & Schliessen, um Ihre Einstellungen zu speichern.**

   Die URLs Ihrer Webseiten sind jetzt suchmaschinenfreundlich.

Im Menü Erweiterungen|Plugins muss das Plugin System – SEF freigegeben sein, das für die freundlichen URLs verantwortlich ist. Standardmäßig ist es freigegeben.

Sie haben alles wie hier beschrieben gemacht, doch die URLs sind immer noch nicht freundlicher? Das kann daran liegen, dass Joomla in einem Unterordner auf Ihrem Webserver installiert ist und nicht alle Dateien direkt auf oberster Ebene liegen. In diesem Fall müssen Sie durch ein paar Änderungen an der `.htaccess`-Datei angeben, wo genau sich Joomla befindet. Öffnen Sie dazu die Datei `.htaccess` mit einem Texteditor. Gehen Sie in der Datei zur Zeile `#RewriteBase /` und ändern Sie die Zeile in `RewriteBase /unterverzeichnis`. Wenn Sie Joomla beispielsweise von der ersten Ebene auf dem Webserver aus gesehen im Ordner `joomla` installiert haben, sieht die Zeile so aus: `RewriteBase /joomla`. Manchmal hilft es auch, die Zeile `Options +FollowSymLinks` auszukommentieren, also das Zeichen # davorzustellen. Das sieht dann so aus: `#Options +FollowSymLinks`.

Teil VI

Der Top-Ten-Teil

»Sie sind aber ein besonders blutiger Anfänger.«

In diesem Teil …

So schnell kann's gehen: Sie haben den Top-Ten-Teil aufgeschlagen. Das bedeutet, dass sich dieses Buch langsam dem Ende zuneigt. Doch halt, es erwartet Sie hier noch eine geballte Ladung Praxiswissen – *für Dummies*-typisch gleich im Zehnerpack! Wenn noch Fragen zu Joomla offengeblieben sind, dann werfen Sie am besten einen Blick in Kapitel 14. Denn hier finden Sie zehn Fragen zu Joomla, die von Anfängern so häufig gestellt werden, dass sie ein für alle Mal geklärt werden müssen. Im nächsten Kapitel, also Kapitel 15, bekommen Sie genau zehn Gründe serviert, warum Joomla das richtige Web-CMS für Sie ist. Damit dürften auch die letzten Zweifel behoben sein. Und im letzten Kapitel dieses Buchs, das ist Kapitel 16, bekommen Sie nicht mehr und nicht weniger als zehn Webadressen mit auf den Weg, die Ihnen bei der Arbeit mit Joomla am meisten weiterhelfen werden.

Die zehn häufigsten Anfängerfragen

14

In diesem Kapitel

- Verstehen, wo die ganzen Inhalte liegen und wie der Serverpfad lautet
- Was das Schloss-Symbol und die einzelnen Zugriffsebenen bedeuten
- Ob Sie mit Joomla Geld verdienen dürfen
- Aussehen der Startseite bestimmen
- Verlorene Passwörter wiederbekommen
- Der Unterschied zwischen Modulen, Komponenten und Plugins

Aller Anfang ist bekanntlich schwer. Und manchmal kommen Fragen auf, die man sich kaum zu fragen traut, die einem aber dennoch förmlich unter den Nägeln brennen. Dann ist es tröstlich zu erfahren, dass sich viele andere oft dasselbe fragen. Deshalb finden Sie hier zehn Fragen zu Joomla, die so häufig gestellt wurden, dass sie ein für alle Mal beantwortet werden müssen.

Wo liegen eigentlich die ganzen HTML-Seiten mit den Inhalten?

Diese Frage stellen sich häufig Website-Betreiber, die bisher nur statische HTML-Seiten erstellt haben. Die Antwort lautet: Bei Joomla gibt es ausschließlich dynamisch erzeugte Seiten. Dazu dienen PHP-Dateien. PHP ist eine Programmiersprache fürs Web. Um PHP-Programmcode auszuführen, benötigt man einen Webserver, der diese PHP-Programme ausliest. Heraus kommen am Schluss dynamisch erzeugte HTML-Dateien. Ohne Webserver (wie etwa den *Apache*-Webserver) bekommt man jedoch nur den PHP-Quelltext zu Gesicht.

Und wo befinden sich dabei die ganzen Inhalte? Nun, die werden nicht etwa in den PHP-Dateien gespeichert, sondern zentral in einer MySQL-Datenbank, die ebenfalls auf dem Webserver läuft. Joomla legt die Inhalte fein säuberlich in zahlreichen Datenbanktabellen ab und zaubert sie wieder hervor, wenn ein Besucher die Website aufruft. Das ist das Prinzip von dynamisch erzeugten Websites. Toll, nicht?

Kann ich meinen Computer als richtigen Webserver verwenden?

Theoretisch ist das möglich, aber lassen Sie es besser bleiben. Zunächst einmal holen Sie sich damit einige Risiken ins Haus, denn einen Internetserver zu administrieren ist eine anspruchsvolle und zeitraubende Tätigkeit (das gesamte System einrichten, vor Hackern schützen, Serversoftware aktualisieren und so weiter). Dann bräuchten Sie eine zügige Internetanbindung mit hohem Upstream (also eine anständige Hochladegeschwindigkeit), damit Ihre Website einigermaßen akzeptabel schnell geladen werden kann – auch bei mehreren Aufrufen gleichzeitig. Außerdem ist ein Internetserver Marke Eigenbau bei den meisten Internetanbietern nicht erlaubt.

Sie betreiben also Ihre Joomla-Website besser bei einem Webanbieter (das sind Profis wie *Domainfactory* oder *1&1*) und verwenden Joomla auf Ihrem Computer nur als Testsystem.

Woher erfahre ich den absoluten Serverpfad?

Das ist eine gute Frage, denn der Pfad, unter dem sich Joomla auf dem Server auffinden lässt, wird bei Joomla 1.6 nicht gesondert angezeigt. Wenn Sie sich in der Administration anmelden und auf das Menü SITE|KONFIGURATION klicken und dort die Registerkarte SERVER aufrufen, so können Sie im Textfeld TEMPVERZEICHNIS zumindest den absoluten Pfad zum Temp-Ordner von Joomla sehen. Entfernen Sie bei diesem den Zusatz `/tmp` und tadaa! – Sie erhalten den absoluten Pfad.

Darf ich mit Joomla Geld verdienen oder kann ich Joomla verkaufen?

Die richtigen Antworten lauten ja und nein. Klar dürfen Sie Joomla kommerziell einsetzen und beispielsweise eine Firmen-Website mit Joomla betreiben. Auch eine Webagentur darf für ihre Kunden ohne Weiteres Joomla-Websites erstellen und anpassen. Nur eines darf niemand: Joomla als sein Werk verkaufen. Das liegt an seiner Lizenz, der *GPL* (General Public License, siehe `http://www.gnu.de/gpl-ger.html`). Ganz grob zusammengefasst besagt dieser Lizenztext, dass die Software prinzipiell kostenlos ist und frei verbreitet und verändert, aber eben nicht verkauft werden darf.

Kurz: Für Joomla selbst können Sie kein Geld verlangen, für die Installation, Anpassung, Pflege und so weiter aber sehr wohl.

Was bedeutet das Schloss-Symbol und wie bekomme ich es wieder weg?

Steht in der Administration ein Schloss-Symbol (siehe Seitenrand) vor einem Element (beispielsweise vor Beiträgen, Menüeinträgen, Modulen) und ist der Titel ausgegraut, so bedeutet dies, dass ein anderer Benutzer gerade daran arbeitet. Das Element ist währenddessen gesperrt. So können diese Änderungen nicht aus Versehen von einem anderen Benutzer überschrieben werden. Wenn der Benutzer die Bearbeitung ohne zu speichern abgebrochen hat, dann bleibt diese Sperrung trotzdem aktiv – ärgerlich, oder?

Wenn Sie sicher sind, dass an einem gesperrten Element nicht mehr gearbeitet wird, dann können Sie es als Super-Administrator wieder entsperren. Bei Joomla wird dies *Einchecken* genannt. Klicken Sie dazu in der Administration auf das Menü SITE|WARTUNG|GLOBALES EINCHECKEN. Alle gesperrten Elemente werden so zurückgesetzt und lassen sich wieder bearbeiten.

Damit heben Sie alle Sperrungen auf, die gerade aktiv sind – also werden auch Elemente eingecheckt, die wirklich gerade bearbeitet wurden. Diese Änderungen gehen möglicherweise verloren.

Ebenso können Sie auf das Schloss-Symbol in der Listenansicht bei INHALT|BEITRÄGE klicken und den Artikel wieder einchecken.

Wenn Sie aber nur einen einzelnen Artikel entsperren wollen, dann klicken Sie ganz einfach auf das Schloss-Symbol am Anfang der Zeile des jeweiligen Artikels.

Kann ich einen Beitrag mehreren Kategorien zuordnen?

Nein, das ist zumindest mit Joomla 1.6 standardmäßig noch nicht möglich. Stattdessen können Sie einen Beitrag aber über unterschiedliche Menüeinträge mehrfach aufrufen. Einen Beitrag über Tennis könnten Sie beispielsweise in einem Menü sowohl unter »Meine Hobbys« als auch unter »Meine Lieblingssportarten« verlinken. Wie Sie einen Menüeintrag für einen einzelnen Beitrag erstellen, erfahren Sie in Kapitel 6.

Wie bekomme ich verlorene Passwörter zurück?

Sollten Sie Ihr Passwort vergessen haben, dann klicken Sie auf der Site im Modul ANMELDUNG auf den Link PASSWORT VERGESSEN. Eine Seite wird geöffnet, auf der Sie Ihre E-Mail-Adresse eingeben. Wenn Sie nun auf SENDEN klicken und die E-Mail-Adresse mit den Daten übereinstimmt, die in der Datenbank hinterlegt wurden, dann wird Ihnen eine E-Mail mit einem neuen Passwort zugeschickt. Das funktioniert übrigens mit allen Benutzern, also auch bei Super-Administratoren.

Schwieriger wird es, wenn auf Ihrer Website das Modul ANMELDUNG nicht angezeigt wird und Sie sich als Super-Administrator quasi selbst ausgesperrt haben. Dann hilft nur noch ein beherzter Griff in die Datenbank.

1. **Rufen Sie die Datenbank-Verwaltungsoberfläche *phpMyAdmin* auf und melden Sie sich mit Ihren Zugangsdaten an.**
2. **Wählen Sie im Auswahlmenü DATENBANK Ihre Joomla-Datenbank aus und klicken Sie dann in der Liste der Datenbanktabellen auf die Tabelle** `jos-users`.
3. **Klicken Sie oben auf die Schaltfläche ANZEIGEN.**

   Ihr Benutzername sowie das MD5-verschlüsselte Passwort werden hier angezeigt.
4. **Klicken Sie auf das Stiftsymbol (siehe Seitenrand) vor dem Tabelleneintrag.**

   Eine Seite zum Bearbeiten der Werte wird geöffnet.

5. **In der Zeile PASSWORD wählen Sie nun im Auswahlmenü FUNKTION den Wert MD5.**
6. **Geben Sie in das Textfeld WERT Ihr neues Passwort ein und klicken Sie abschließend auf die Schaltfläche OK.**

   Das neue Passwort wurde nun verschlüsselt gespeichert und Sie können sich damit auf der Site und in der Administration anmelden.

Was bedeuten die Zugriffsebenen Öffentlich, Registriert und Special?

Die Zugriffsebene bestimmt, welche Inhalte die Besucher und Benutzer auf der Site zu sehen bekommen.

- ✔ **Öffentlich:** Es gibt keinen Zugriffsschutz. Die Inhalte mit dieser Zugriffsebene sind für alle verfügbar, also auch für nicht registrierte Besucher der Site.
- ✔ **Registriert:** Um diese Inhalte zu sehen, muss ein registrierter Benutzer auf der Site angemeldet sein.
- ✔ **Admins:** Nur Benutzer mit den Rechten eines Autors, Editors, Publishers oder alle Benutzer der Administration (Manager, Administratoren und Super-Administratoren) bekommen diese Inhalte nach der Anmeldung auf der Site zu sehen.

Mehr zu Benutzerrechten finden Sie in Kapitel 4.

Wie bestimme ich, was auf der Startseite zu sehen ist?

Im Wesentlichen beeinflussen vier Dinge das Aussehen der Startseite:

- ✔ **Welche Beiträge für die Startseite freigegeben sind:** In der Administration von Joomla können Sie in der Beitrags-Verwaltung (erreichbar über das Menü INHALTE|BEITRÄGE) für jeden Beitrag festlegen, ob er auf der Startseite erscheinen soll. Klicken Sie dazu in der Spalte HAUPTEINTRAG auf das graue Symbol mit dem weißen Kreis.

  Alle Beiträge, die bereits für die Startseite freigegeben sind, erhalten das blaue Symbol mit weißem Sternchen. Beachten Sie, dass nur Beiträge auf der Website angezeigt werden, die den Status *Freigegeben* besitzen und nicht abgelaufen sind. Mehr zu den Inhalten für die Startseite finden Sie in Kapitel 6.

- ✔ **Welche Einstellungen für den Startseiten-Menüeintrag getroffen wurden:** Bei Joomla werden alle Seiten der Website über Menüeinträge erzeugt, also auch die Startseite. Dies ist in der Regel ein Menüeintrag vom Typ *Hauptbeiträge*. In der Menü-Verwaltung können Sie zahlreiche Dinge für diesen Menüeintragstyp festlegen. Einen Startseiten-Menüeintrag im *Hauptmenü* namens »Startseite« können Sie etwa ändern, indem Sie in der Administration von Joomla auf das Menü MENÜS|HAUPTMENÜ klicken und den Eintrag STARTSEITE aufrufen. Welche Einstellungen Sie für die Startseite verändern können, erfahren Sie in Kapitel 6.

- **Welcher Menüeintrag als Startseite festgelegt wird:** Da bei Joomla die Seiten der Website über Menüeinträge erzeugt werden, kann jeder beliebige Eintrag als Startseite verwendet werden. Dabei spielt es keine Rolle, ob der Eintrag vom Typ *Hauptbeiträge* ist oder beispielsweise ein einzelner Beitrag (Menüeintragstyp *Einzelner Beitrag*). Alles was Sie tun müssen, um einen Menüeintrag als neue Startseite zu bestimmen, ist, in der Menü-Verwaltung das entsprechende Menü aufzurufen (etwa das *Hauptmenü* über MENÜS|HAUPTMENÜ), das Kontrollkästchen vor dem gewünschten Menüeintrag zu aktivieren und auf die Schaltfläche STANDARD zu klicken.
- **Welche Module auf der Startseite eingeblendet wurden:** Es liegt in Ihrer Hand, ob auf der Startseite bestimmte Module wie *Latest News* oder *Articles Most Read* angezeigt werden. Dies können Sie über die Modul-Verwaltung für jedes Modul einzeln steuern. Wenn Sie genau wissen wollen, wie man Module auf Übersichtsseiten aus- und einblendet, dann werfen Sie am besten einen kurzen Blick in Kapitel 6.

Was ist der Unterschied zwischen Modulen, Komponenten und Plugins?

Auf den ersten Blick sieht es so aus, als wäre alles ein und dasselbe: nämlich Erweiterungen für Joomla. Doch es gibt Unterschiede! Ein *Modul* dient als spezieller Anzeigebereich für Inhalte auf der Site und eine *Komponente* ist ein kleines Anwendungsprogramm, das die Funktionen von Joomla erweitert. Ein *Plugin* hingegen ist mehr als eine zusätzlich installierte Komponente, es greift in den Kern von Joomla ein und erweitert diesen um Zusatzfunktionen.

Noch Fragen? Dann werfen Sie doch einen raschen Blick ins Glossar am Ende des Buchs und vergleichen Sie dort die Definitionen.

Zehn Gründe für Joomla

15

Als mittlerweile fachkundig gewordener Joomlianer werden Sie vermutlich nach und nach immer mehr Website-Projekte in Angriff nehmen. Dabei werden Sie immer wieder unwissenden oder uneinsichtigen Menschen begegnen, die Joomla noch nicht kennen und schätzen gelernt haben. Diesen Leuten muss man oft erst noch erklären, warum für dieses oder jenes Webprojekt ausgerechnet Joomla zum Einsatz kommen soll und nicht ein anderes Web-Content-Management-System, eine selbst programmierte Lösung oder gar eine statische Website.

Hier bekommen Sie die nötigen Argumente, um die letzten Zweifel an Joomla auszuräumen und ein Webprojekt mit Joomla durchzuziehen.

Joomla ist kostenlos und Open Source

Keiner wird jemals Lizenzgebühren für eine installierte Version oder für ein Update von Joomla von Ihnen verlangen. Hinter Joomla steckt keine Firma, die bankrottgehen kann oder von irgendwelchen Investoren aufgekauft wird. Joomla wird von Leuten entwickelt, die mit Spaß bei der Sache sind und keine kommerziellen Interessen haben, sondern der Allgemeinheit etwas Gutes tun wollen. Dabei handelt es sich überwiegend um Profis auf dem Gebiet der Software-Entwicklung, die ihr ganzes Know-how mit einbringen.

Die Benutzergemeinde steht über das Internet im direkten Kontakt zu den Entwicklern und hilft mit, Fehler zu finden, Anregungen zu geben und Wünsche zu äußern, damit sich Joomla immer weiter verbessert.

Joomla hat viele Freunde

Hunderttausende Menschen auf der ganzen Welt sind Teil der Joomla-Community. Jeder Einzelne hat ganz eigene Erfahrungen im Umgang mit Joomla. Dennoch ziehen alle am selben Strang und sorgen dafür, dass sich Joomla immer weiter verbessert. Die Community hilft sich in Webforen gegenseitig weiter. Und jeden Tag werden es mehr Menschen, die Joomla einsetzen und Spaß damit haben.

Joomla ist einfach zu bedienen

Ähnlich aufgebaute Dialogfenster und Seiten erleichtern Ihnen schon nach kurzer Zeit die Arbeit in der Administration von Joomla, weil sich auch bei unterschiedlichen Aufgabenstellungen die Arbeitsweise immer ähnelt.

Mit Joomla sehen Sie schnell Erfolge

Mit Joomla können Sie direkt loslegen und Ihre Website mit Inhalten befüllen, ohne lange Einarbeitungszeit, lästige Systemanpassungen und ewiges Herumprobieren.

Für Joomla sind keine Programmierkenntnisse erforderlich

Um mit Joomla zu arbeiten, brauchen Sie kein Programmierer oder Computerspezialist zu sein, ein wenig Geduld und dieses Buch sollten genügen.

Joomla ist extrem flexibel

Über Erweiterungen lässt sich nahezu jede beliebige Funktion nachrüsten, sei es für ein Shopsystem oder für ein Newsportal. So ist es außerdem möglich, andere Netzanwendungen wie Forensysteme oder Wikis einzubinden. Und Leute mit Programmierkenntnissen können leicht neue Erweiterungen erstellen oder vorhandene abändern.

Das Layout Ihrer Joomla-Website lässt sich praktisch zu 100 Prozent anpassen. Mit ein wenig Geduld, CSS-Kenntnissen und natürlich mit Kapitel 7 in diesem Buch meistern Sie Ihr individuelles Layout.

Joomla ist sicher

Das Joomla-Grundsystem (der Kern) ist solide und professionell programmiert. Das System profitiert von den Erfahrungen der Vorgängerversionen. Sollte doch einmal eine Sicherheitslücke im Joomla-Kern entdeckt werden, so wird diese von den Entwicklern in Windeseile geschlossen und ein Update bereitgestellt.

Joomla verfügt über ein ausgeklügeltes Rechtemodell

Zahlreiche Benutzer können gemeinsam an einer Website arbeiten. Jeder Benutzer besitzt dabei die Rechte, die er für seine Aufgabe benötigt. So können Site-Benutzer Beiträge einreichen, die von höher gestellten Redaktionsmitgliedern (Publisher, Manager) überprüft und freigegeben werden. Administratoren kümmern sich um den laufenden Betrieb der Website und Super-Administratoren stehen über den Dingen, weil sie alles dürfen.

Joomla sieht gut aus

Schluss mit hässlichen Weboberflächen! Bei Joomla sieht die Site, ebenso wie die Administrationsoberfläche, schon von Haus aus ansprechend aus – dank eines tollen Standardtemplates, das gleich mitgeliefert wird. Und für diejenigen, denen das nicht genügt, gibt es zahlreiche Templates, die stattdessen installiert werden können. Hinzu kommt, dass sich das Aussehen einer Joomla-Website ohne Mühe den eigenen Vorstellungen anpassen lässt, wie Kapitel 7 zeigt.

Joomla erzeugt sauberen XHTML-Quelltext

Tabellenlayouts und unzugängliche Websites ade! Joomla liefert mit den drei mitgelieferten Templates bereits von Haus aus beste Voraussetzungen für barrierefreie Webseiten und lässt sich auch von Menschen mit Handicap und auf verschiedenen Ausgabemedien komfortabel benutzen. Überzeugen Sie sich selbst und werfen Sie einen Blick in Kapitel 12.

Die zehn besten Webadressen

16

Früher oder später werden bei Ihnen sicherlich einige Fragen und Wünsche aufkeimen, die über die Inhalte dieses Buches hinausgehen. Die Autoren möchten Ihnen deshalb zum Abschluss noch einige Webtipps mit auf den Weg geben. Denn aller Anfang ist schwer – auch das Finden von nützlichen Websites zum Thema Joomla. Hier werden Ihnen die zehn besten Webadressen rund um die eigene Website und Joomla präsentiert.

www.joomlaportal.de

Deutschsprachiges Forum mit sehr hilfsbereiten Teilnehmern. Hier gibt es speziell für Joomla-Neulinge ein Anfängerforum, wo man keine Scheu haben muss, mit vermeintlich »dummen« Fragen anzuecken.

forum.joomla.org

Das hochoffizielle Joomla-Forum. Hier tummeln sich auch die Entwickler von Joomla. Großteils wird hier Englisch gesprochen, es gibt aber auch ein deutsches Unterforum (das GERMAN FORUM), direkt erreichbar unter `http://forum.joomla.org/viewforum.php?f = 14`.

www.joomlabook.org

Hierbei handelt es sich um ein deutschsprachiges Dokumentationsprojekt in Form eines Wikis, bei dem jeder Inhalte und Ideen beisteuern kann – ganz nach dem Vorbild der Online-Enzyklopädie *Wikipedia*. Nur geht es eben hier ausschließlich um Joomla.

www.joomlaos.de

Auf dieser deutschsprachigen Website finden Sie unzählige kostenlose Erweiterungen und Templates für Joomla zum Herunterladen und Installieren.

www.joomlaclub.ch

Der JoomlaClub in der Schweiz mit vielen Neuigkeiten rund um Joomla. Hier finden Sie Gruppen, die sich zu den verschiedensten Themen austauschen und wo man auf Fragen auch recht schnell eine Antwort bekommt.

www.rockettheme.com

Hier gibt es die wahrscheinlich besten Templates für Joomla. Joomla-Chefdesigner Andy Miller und unzählige Mitstreiter, allesamt Webentwickler vom Fach, präsentieren auf dieser Website unzählige kostenlose und kostenpflichtige Joomla-Templates. Da sollte für jeden Geschmack etwas dabei sein.

www.webhostlist.de

Zahlreiche Webanbieter im Überblick. Für die einzelnen Webanbieter gibt es neben den »harten Fakten« auch äußerst nützliche Benutzerbewertungen. Hier finden Sie mit Sicherheit den optimalen Anbieter für Ihre Joomla-Installation.

www.joomlacode.org

Die englischsprachige Projektseite für den Joomla-Kern und zahllose andere Projekte wie Joomla-Erweiterungen, Übersetzungen und so weiter. Hier bekommen Sie Installationspakete für (fast) alles, was das Joomla-Herz begehrt.

Wenn Sie einen Programmfehler in Joomla gefunden haben, dann können Sie ihn hier im so genannten »Tracker« melden. Dieser ist direkt erreichbar unter: `www.joomlacode.org/gf/project/joomla/tracker/`.

www.joomlalinks.de

Eine umfangreiche Linksammlung zum Thema Joomla sowie Links zu Websites, die mit Joomla erstellt wurden. Eines ist hier gewiss: Stöbern lohnt sich!

www.joomla-das-buch.de

Bei dieser Website handelt sich um die Website der Autoren des Buchs für Joomla 1.5. Stöbern lohnt sich!

www.joomla16-das-buch.de

Bei dieser Website handelt sich um die zugehörige Website zum Buch *Joomla für Dummies*. Wenn Sie aktuelle Informationen zu Joomla lesen möchten, dann schauen Sie doch einmal hier vorbei!

Glossar

A

Administration (Backend). Verwaltungsbereich eines *CMS (Content-Management-Systems).* Hierauf haben nur Benutzer mit besonderen Rechten Zugriff, beispielsweise *Administratoren.*

Administrator. Benutzer, der Vollzugriff auf fast alle Einstellungen und Inhalte der Website hat, andere Benutzer verwalten und sich sowohl auf der Site als auch in der Administration anmelden kann. Es gibt verschiedene Administratorentypen, wobei ein *Super-Administrator* die meisten Rechte hat.

Apache-Webserver. Programm auf einem *Webserver,* das Anfragen eines Webbrowsers beantwortet und Dateien zur Verfügung stellt. Der *Apache-Webserver* ist Grundvoraussetzung für Joomla.

Auschecken (Check out). Sperrmaßnahme von Joomla gegen Datenverlust. Wenn ein Beitrag zur Bearbeitung geöffnet ist, wird er so lange für andere Benutzer gesperrt, bis der Beitrag wieder *eingecheckt* wurde. Dies gilt auch für andere Elemente in der *Administration,* beispielsweise für momentan bearbeitete Menüeinträge.

Backend. Siehe *Administration*

Barrierefreiheit. Bestreben, Websites auch für Menschen mit eingeschränkten körperlichen Fähigkeiten und für verschiedene Ausgabemedien zugänglich zu machen.

Beitrag. Bei Joomla zentraler Bestandteil der Website. Die Inhalte der Website, wie Texte und Bilder, werden in Beiträgen abgelegt. Dabei lassen sich Beiträge mittels *Kategorien* thematisch gruppieren.

Bereich (Section). Diente bis zu Joomla 1.5 dazu, *Beiträge* thematisch zu gruppieren. Beiträge wurden einem *Bereich* und einer *Kategorie* zugeordnet.

Blog Layout. Darstellungsform von Inhalt auf einer Übersichtsseite. Alle Inhalte werden untereinander dargestellt. Zu jedem Eintrag werden meist lediglich der Beitragstitel, ein *Introtext* und ein *Link* zum vollständigen *Beitrag* angezeigt.

Category. Siehe *Kategorie*

CMS (Content-Management-System). Programm zum Verwalten von Inhalten. Fast immer ist mit CMS ein Web-CMS gemeint, also ein CMS speziell für Websites. Joomla ist so ein Web-CMS (auch WCMS). Üblicherweise läuft ein CMS auf einem Server und stellt den Benutzern ein Frontend (*Site*) und den *Administratoren* ein Backend (*Administration*) zur Verfügung. Inhalte und Datenstruktur werden in einer Datenbank (bei Joomla *MySQL*) abgelegt.

CSS (Cascading Style Sheets). Web-Standard des *W3C* zur Formatierung von HTML-Elementen. Durch Cascading Style Sheets lassen sich Inhalte und deren Formatierung völlig voneinander trennen.

Einchecken (Check-In). Vorgang, um *ausgecheckte* Elemente wieder bearbeitbar zu machen. Die Sperrung wird dadurch wieder aufgehoben. Beim Einchecken kann es jedoch zu Datenverlust kommen, da die Änderungen des Bearbeiters nicht immer übernommen werden.

Erweiterung. Software, die Joomla mit zusätzlichen Funktionen ausstattet, aber nicht eigenständig lauffähig ist. Eine Erweiterung kann ein *Plugin*, eine *Komponente*, ein *Template*, ein Sprachpaket oder ein *Modul* sein. Diese stammen häufig nicht von den offiziellen Joomla-Entwicklern.

Forum. Diskussionsplattform für Websites. Benutzer können hier Texte schreiben und beantworten. Solche Diskussionen werden auch Threads oder Diskussionsfäden genannt.

Frontend. Oberfläche eines *CMS (Content-Management-Systems)*, auf der die Inhalte dargestellt werden. Bei Joomla gleichbedeutend mit *Site*. Siehe auch *Administration*

FTP (File Transfer Protocol). Methode zum Austausch von Daten zwischen Ihrem Computer und dem *Webserver*. Dabei erhalten Sie Zugriff auf das Dateisystem des *Webservers* und können Dateien und Ordner hoch- und herunterladen sowie Zugriffsrechte der Dateien und Ordner auf dem Server verändern.

Globales Einchecken. Funktion speziell für Administratoren zum *Einchecken* aller *ausgecheckten* Elemente wie Beiträge, Menüeinträge, Module. Das ist sinnvoll, wenn Sie ausgecheckte Elemente bearbeiten möchten und Sie sich sicher sind, dass niemand mehr daran arbeitet.

Hacker. Computerspezialist, der Sicherheitslücken in Computersystemen aufspürt und gegebenenfalls auf diese Fehler hinweist, ohne dem System oder dessen Betreiber Schaden zuzufügen. Kriminelle Hacker, die in Computersysteme eindringen und dem Betreiber Schaden zufügen, nennt man hingegen Cracker.

Hauptmenü (Main Menu). Wichtigstes Navigationsmenü auf der *Site*. Dessen Menüeinträge verweisen auf die einzelnen Seiten Ihrer Website.

HTML (Hypertext Markup Language). Sprache des Webs. Praktisch jede Webseite ist in HTML geschrieben. HTML besteht aus einem festgelegten Satz von *Tags*, also Auszeichnungselementen. Mit *CSS* lassen sich die Elemente einer HTML-Seite formatieren.

Introtext. Kurzer Einleitungstext eines Beitrags, der beispielsweise auf der Startseite angezeigt wird. Er lädt den Besucher Ihrer Website ein, auf den WEITERLESEN-Link zu klicken und den vollständigen Beitrag zu lesen. Das erzeugt Spannung und spart Platz auf der Übersichtsseite.

Kategorie (Category). In einer Kategorie werden *Beiträge* thematisch gruppiert abgelegt.

Komponente. Anwendung in Joomla. Es gibt Komponenten, die zur Joomla-Standardinstallation gehören, wie beispielsweise die *Weblinks*-Komponente. Darüber hinaus lassen sich Komponenten aber auch als *Erweiterung* nachinstallieren.

Link. Verweis auf eine andere Website in Form von Text oder einer Grafik, die man anklicken kann.

Login. Anmeldeformular für registrierte Benutzer auf der Site. Nach dem Anmelden können Benutzer mit den entsprechenden Rechten beispielsweise Beiträge verfassen oder Weblinks einreichen. Das zugehörige Modul heißt ANMELDEN.

Modul. Anzeigebereich für Daten auf der *Site*, zum Teil mit eigenen Funktionen. Mit *Templates* lassen sich für jedes Modul die Gestaltung und eine Modulposition festlegen und nahezu beliebig anpassen, aus- oder einblenden. Beispiele für ein Modul sind das *Hauptmenü* oder das *Anmelden*.

MySQL. Freies Datenbanksystem, das sich mit der Sprache SQL (Structured Query Language) abfragen lässt. MySQL eignet sich in Verbindung mit dem *Apache-Webserver* und der Skriptsprache *PHP* hervorragend als Datenbank für Webanwendungen.

Open Source (Quelloffenheit). Meist bei Computersoftware. Programm-Quelltexte stehen frei zur Verfügung und werden von Freiwilligen weiterentwickelt. Dabei steht die Gemeinschaft (Community) der Entwickler, Tester und Nutzer im Vordergrund. Open-Source-Software wird häufig unter so genannten freien Lizenzen veröffentlicht und ist kostenlos erhältlich, darf beliebig weitergegeben und verändert werden. Joomla steht unter der bekanntesten Open-Source-Lizenz, der GPL (General Public License).

PHP (Perl Hypertext Preprocessor). Programmiersprache für dynamische Websites. Um den PHP-Programmcode auszuführen, ist ein Webserver notwendig, der den Code interpretiert und in HTML-Seiten umwandelt. Auch Joomla ist in PHP geschrieben.

Plugin (früher: Mambot). Erweiterungsmöglichkeit von Joomla. Mit einem Plugin lässt sich der Funktionsumfang von Joomla erweitern. Plugins erweitern und verändern dabei den Joomla-Kern. Siehe auch *Komponente*

Relativer Pfad. Angabe eines Ordnerpfades, der von der aktuellen Position in der Ordnerstruktur abhängig ist. Die aktuelle Ordnerposition lässt sich mit `./` relativ angeben. Um einen Unterordner aufzurufen, geben Sie zunächst die aktuelle Ordnerposition gefolgt vom Namen des Unterordners an, beispielsweise `./Bilder`. Um in einen übergeordneten Ordner zu wechseln, geben Sie `../` an.

Section. Siehe *Bereich (wurde bis Joomla 1.5 verwendet)*

Server. Für Website-Betreiber gleichbedeutend mit *Webserver*

Site. Das *Frontend* von Joomla. Hier werden die Inhalte dargestellt. Siehe auch *Website*. Siehe auch *Administration*

Sitemap. Webseite, auf der sämtliche Seiten der gesamten Website aufgelistet und verlinkt werden. Bei Joomla gibt es dafür spezielle Erweiterungen. Alle Menüeinträge tauchen dort automatisch in der Sitemap auf.

Startseite. Seite, die aufgerufen wird, wenn der Besucher Ihre Website ohne direkten Link auf einen Beitrag aufruft, beispielsweise über Ihre Domain (wie `www.joomla.de`). Normalerweise wird hier eine Übersichtsseite aufgerufen, die die wichtigsten und aktuellsten Inhalte zeigt.

Super-Administrator. Benutzer mit den meisten Rechten. Hat Vollzugriff auf alle Einstellungen und Inhalte der Website. Siehe auch *Administrator.*

Tag. Bestimmte Kürzel in Sprachen wie *HTML*, die in spitze Klammern geschrieben werden, um Text zu formatieren. Tags treten meist im Doppelpack auf: vorne ein öffnendes und hinten ein schließendes Tag mit einem Schrägstrich, dazwischen der Text, der formatiert wird. So formatiert `<h1>Beispiel</h1>` den Beispieltext `Beispiel` als Überschrift erster Ordnung.

Template. Gestaltungsvorlage, nach deren Muster eine Website dargestellt wird. Templates umfassen Vorgaben für Farben, Schriftarten, Grafiken, Modulpositionen und vieles mehr. Es gibt Templates für die *Site* und die *Administration* von Joomla.

Thumbnail. Verkleinertes Vorschaubild. Meist werden Thumbnails in Bildergalerien verwendet und dienen als *Link* für das entsprechende Bild in Originalgröße.

Tooltipp. Kleiner Kasten mit hilfreichen Zusatzinformationen, der erscheint, wenn man mit dem Mauszeiger über bestimmte Oberflächenelemente von Joomla fährt.

URL (Uniform Resource Locator). Eindeutige Adresse einer Netzwerkressource. Es handelt es sich dabei meist um eine Webadresse, also einen *Link* zu einer Website wie `http://www.joomla-das-buch.de`.

W3C (World Wide Web Consortium). Gremium zur Standardisierung des World Wide Webs (WWW). Vom W3C verabschiedete Standards sind beispielsweise HTML, CSS und XML.

Webanbieter. Internetanbieter, der seinen Kunden *Webserver* zur Verfügung stellt. Darauf kann der Kunde eine eigene *Website* betreiben. Zur Verfügung gestellt wird meist ein *Apache-Webserver*, eine *MySQL*-Datenbank, *FTP*-Zugriff, Speicherplatz, E-Mail-Adressen sowie die Möglichkeit, verschiedene Einstellungen selbst vorzunehmen.

Webserver. Computer, der Daten und Websites meist über das Internet bereitstellt. Typischerweise läuft auf einem Webserver ein Programm, das *PHP* interpretieren kann (wie der *Apache-Webserver*) und eine *MySQL*-Datenbank. Joomla benötigt zum Laufen einen *Webserver*, dieser muss jedoch nicht notwendigerweise mit dem Internet verbunden sein.

Website. Die Gesamtheit aller Seiten einer Internetpräsenz, auf die Besucher und registrierte Benutzer zugreifen können. Bei Joomla gleichbedeutend mit der *Site.*

WYSIWYG (What You See Is What You Get). Prinzip, bei dem man bereits während der Eingabe im Editor einen Eindruck erhält, wie der Inhalt auf der *Site* später aussehen wird.

Stichwortverzeichnis

C

D

E

F

G

H

O

P

R

S

T

U

W

X

Z

Ruckzuck ans Ziel

ISBN 978-3-527-70627-3

Finden Sie sich ruckzuck in Windows 7 zurecht. Nancy Muir erklärt Ihnen Schritt für Schritt die wichtigsten Funktionen in Windows 7: Vom An- und Abmelden in Windows 7 über die Einrichtung einer Heimnetzgruppe bis hin zur Aktualisierung von Treibern.

ISBN 978-3-527-70660-0

Finden Sie sich ruckzuck in Excel 2010 zurecht: Erstellen Sie Exceltabellen und füllen Sie sie mit Daten, analysieren Sie Ihre Finanzen und zaubern Sie daraus Charts. Diane Koers erklärt Ihnen Schritt für Schritt die wichtigsten Funktionen in Excel 2010 – und das alles in Farbe.

ISBN 978-3-527-70681-5

Mit diesem Buch finden Sie sich ruckzuck mit Ihrem PC zurecht. Nancy Muir erklärt Ihnen Schritt für Schritt alles Wichtige, damit Sie und Ihr PC gute Freunde werden: vom Start Ihres PCs, über den Anschluss von Drucker und Monitor bis zur Einrichtung Ihres Windows 7.

FÜR DUMMIES

COMPUTER-GRUNDLAGEN UND BETRIEBSSYSTEME

Computer für Senioren für Dummies
ISBN 978-3-527-70628-0

Computerlexikon für Dummies
ISBN 978-3-527-70609-9

Das große Computerbuch für Dummies
ISBN 978-3-527-70658-7

Linux für Dummies
ISBN 978-3-527-70649-5

Notebooks für Dummies
ISBN 978-3-527-70293-0

PCs für Dummies
ISBN 978-3-527-70584-9

SuSE Linux 10.x für Dummies
ISBN 978-3-527-70205-3

Windows Vista für Dummies
ISBN 978-3-527-70277-0

Windows Vista für Dummies,
Alles in einem Band
ISBN 978-3-527-70278-7

Windows XP für Dummies
ISBN 978-3-527-70264-0

Windows 7 für Dummies
ISBN 978-3-527-70572-6

Windows 7 für Dummies
Alles in einem Band
ISBN 978-3-527-70573-3